Paul Bösch
Meier 19

Paul Bösch

Meier 19

Eine unbewältigte Polizei- und Justizaffäre

Limmat Verlag
Zürich

Das Erscheinen dieses Buches wurde mit einem Beitrag des
Gönnervereins des Limmat Verlags unterstützt.

Umschlagbild: Meier 19 bei seiner Pressekonferenz vom
18. September 1969 (Comet Foto).
Foto des Autors von Doris Fanconi.

© 1997 by Limmat Verlag, Zürich
ISBN 3 85791 290 1

Inhalt

Volksheld und Rufmörder (Vorspiel) *7*

I. DER AUFSTAND
Ein schlummernder Reflex (1948/65) *21*
Der Zahltagsdiebstahl (1963) *33*
Das Prinzip gegenseitiger Deckung (1963/66) *51*
Der Zerfall des Vertrauens (1965) *64*
«Jetzt aber nicht mehr!» (1965/66) *73*
Die Flucht an die Öffentlichkeit (1966/67) *82*

II. DIE NIEDERWERFUNG
Verurteilt und entlassen (1967) *95*
Fanal und Idol (August/September 1967) *108*
Querulant und Psychopath (1967/68) *121*
Auf dem Abstellgleis (1967/72) *131*
Beim Tatort beobachtet (1967/68) *139*
Die PUK und der Krawall (1968) *155*
Die Eisschollen der Korruption (1968/70) *164*

III. DIE ESKALATION
Der Mann im Hintergrund (1968/75) *171*
Der Fall Alexander Ziegler (1968/69) *187*
Im Zweifelsfalle gegen Meier 19 (1969/72) *202*
Die Schubladisierung (1969) *213*
Der Feldzug gegen Bundesanwalt Walder (1969/73) *222*
Die Anprangerung (1969/70) *230*
Dem Zugriff der Justiz entwischt (1969/74) *246*

IV. DIE ENTDECKUNG
Das falsche Alibi (1971) *253*
Pro und Kontra (Zwischenspiel) *267*
Regierung deckt Vertuschung (1971/73) *273*
Das Flugblatt (1972) *283*

V. DIE STILLEGUNG
Sechs Monate für sechs Fragen (1972/74) *293*
Kabarett mit Alfred Rasser (1974) *304*
Schockierende Enthüllungen (1974/75) *314*
«Doch nöd so ganz eifach alles lätz» (1975) *328*
In der Versenkung (1975/95) *335*
Neue Hoffnungen (Nachspiel) *338*

Zeittafel 349
Personenregister 355

Volksheld und Rufmörder (Vorspiel)

Am 26. August 1967 war Thomas Held in Fahrt. Der spätere Ringier-Verlagsdirektor und heutige Unternehmensberater beteiligte sich im Zürcher Niederdorf an einer Kundgebung, die klein begann und dann zu einer der grossen Demonstrationen der 68er Unruhen ausartete. «Zürcher Jugend probte den Aufstand», meldete der «Blick» hernach in fetten Lettern.

Thomas Held im «Blick» vom 28. August 1967

Thomas Held war nach jenem turbulenten Samstagabend in den Zeitungen mehrfach abgebildet, denn der 21jährige Soziologiestudent zählte zu den führenden Köpfen der aufbegehrenden Jugend. Der «Blick» zeigte ihn, wie er einen Polizistenhelm in die Höhe hält und der Menge etwas zuruft. Die Bildlegende liefert die Erklärung. Der umgekehrte Helm diente als Sammelbüchse, und Helds Ruf lautete: «En Zweier für de Meier!»

Mit Meier war Kurt Meier gemeint, ein Detektivwachtmeister der Stadtpolizei Zürich; für ihn war die Geldsammlung gedacht. Ausgerechnet einem Polizisten galt die Sympathie der Menge, die sich im übrigen alles andere als polizeifreundlich gebärdete. «Nieder mit der Polizei!» brüllten die Sprechchöre und gleichzeitig immer wieder: «Bravo Meier 19!»

Geheime Akten veröffentlicht
«Meier 19» war der polizeiinterne Name des Beamten, dem die Bravo-Rufe galten. Meier 19 hatte sich am Mittwochnachmittag jener Woche vor Gericht verantworten müssen, und die Zeitungsberichte über den Prozess hatten den unbekannten Detektivwachtmeister von einem Tag auf den andern zum Volkshelden gemacht.

Meier 19 hatte wiederholt erlebt, wie seine Vorgesetzten mit ungleichen Ellen massen. Der Fall eines Obersten, der als Verkehrssünder dreimal mit Samthandschuhen angefasst worden war, bewegte ihn zum Handeln. Weil er der Gerechtigkeit zum Durchbruch verhelfen wollte, gab er geheime Akten über diese Privilegierung an eine Juristin weiter, und diese sorgte dafür, dass der Skandal in die Zeitung kam. Wegen dieser Amtsgeheimnisverletzung wurde Meier 19 an jenem Mittwochnachmittag vom Bezirksgericht Zürich zu einer Busse von 400 Franken verurteilt.

Der Fall des Obersten war nicht die einzige Sonderbehandlung, die Meier an seinem Prozess ans Tageslicht förderte. Man vernahm von einer äusserst schonungsvoll behandelten Regierungsratsgattin, von verschwundenen Rapporten und von einem angetrunkenen Polizeikommissär, dem erstaunlicherweise die Blutprobe erlassen worden war. Die Gerichtsberichterstatter informierten auch über die harten beruflichen Konsequenzen, die Meiers Tat hatte: Der 42jährige Vater von zwei schulpflichtigen Kindern war vom Amt suspendiert worden, erhielt seit fünf Monaten keinen Lohn mehr und musste auf Ende September den städtischen Dienst verlassen.

«Zürcher Detektiv-Wachtmeister glaubte an Rechtsgleichheit und wurde enttäuscht» – «Misst die Stadtpolizei mit zweierlei Ellen?» – «Skandalöse Zustände in der Führung der Zürcher Stadtpolizei» – so lauteten die Titel in den Zeitungen.

Die Berichte über den Prozess erregten Aufsehen und Empörung – weit über Zürich hinaus. Berner Gewerbeschüler zum Beispiel richteten, angeleitet durch ihren Staatskundelehrer, ermutigende Briefe an den verurteilten Detektivwachtmeister. Eine angehende Grafikerin schrieb zwei Tage nach der Gerichtsverhandlung: «Es ist eine Schande und Ungerechtigkeit, ein solches Urteil gegen einen Mann, der sich für Gerechtigkeit einsetzt. Mit unserem Beitrag möchten wir Ihnen zeigen, dass Sie nicht allein dastehen und es sicher noch viele gibt, die Ihnen zur Seite stehen werden. Ich hoffe, dass Sie den Willen, an Gerechtigkeit zu glauben, nicht verlieren werden!» Und in einem andern Brief hiess es: «Es imponiert uns, dass Sie sich moralisch verpflichtet fühlten, Ihrer Eidespflicht getreu zu handeln. Wir sind mit Ihnen einig und dankbar, dass es noch Leute gibt, die nicht alles schlucken!»

Ein Startsignal für die 68er
Für Thomas Held und andere linke Studenten waren die Zeitungsberichte über Meier 19 ein Startsignal. Schon am Freitag verbreiteten sie ein eng beschriebenes Flugblatt. Hier wurde der «aufrichtige Detektivwachtmeister K. M.» flugs zum Kronzeugen des Klassenkampfes gemacht.

Im Flugblatt werden die Skandale geschildert, die an Meiers Prozess publik geworden waren, und es wird gefragt: «Wird jetzt der Oberst und Fabrikdirektor bestraft? Aber nein, im Gegenteil: Der kleine Polizist wird vom Dienst suspendiert und muss jetzt sehen, wie er sein Geld verdient. Aber damit nicht genug: Er wird vom Bezirksgericht Zürich (wegen ‹Verletzung des Amtsgeheimnisses›) noch zu einer Busse von 400 Franken verurteilt! DAS MASS IST VOLL!!! Alle solche Beispiele beweisen, dass die Reichen und ihre Handlanger in Behörden und Regierung von Gesetz und Richtern geschont werden, die normalen Arbeiter und Angestellten jedoch unterdrückt und bestraft werden. Wir haben eine Klassenjustiz: ‹Die Kleinen hängt man, die Grossen lässt man laufen!›»

Auf die Belehrung folgt der Aufruf zum Handeln: «Zürcher Arbeiter und Angestellte, alle aufrechten Bürger, wir müssen gegen diese Rechtsungleichheit protestieren! Kommt alle am Samstag, dem 26. August 67, um 20.30 Uhr auf den Hirschenplatz (im Niederdorf)! Dort wird gegen die korrupten Polizeichefs und ihre ‹sauberen Freunde› demonstriert!»

Zu den Organisatoren dieser blitzartig beschlossenen Demonstration gehörte auch der heutige Psychoanalytiker Emilio Modena; er hatte als Medizinstudent die «Fortschrittliche Studentenschaft Zürich» (FSZ) mitbegründet. Modena erinnert sich noch gut, weshalb die linken Studenten nach dem Prozess gegen Meier 19 so rasch schalteten. Der Prozess war der Anlass, auf den die Rebellen gewartet hatten – ein Anlass, um eine neue Strategie in die Tat umzusetzen: «In der FSZ gab es eine Gruppierung, die den Kampf aus den Mauern der

Demonstration vom 26. August 1967: Bild oben: Kripo-Chef Walter Hubatka diskutiert mit den Demonstranten (Mitte; links von Hubatka der spätere Meier-19-Mitangeklagte Walter Schmid, er ist auch im oberen Bild auf der gegenüberliegenden Seite zu sehen).

Universität hinaus in die Stadt tragen wollte. Zur gleichen Zeit hatten junge PdA-Mitglieder zunehmend Probleme mit ihren älteren Genossen. Zwischen der Jungen Sektion der PdA und jener FSZ-Gruppierung ergab sich eine Annäherung: Beide hatten dasselbe revolutionäre Anliegen. Der Prozess gegen Meier 19 war nun der erste Anlass, um unseren Kampf gemeinsam in die Stadt zu tragen.»

Noch am selben Freitag, an dem das Flugblatt erschienen war, taten sich die linken Studenten und die jungen PdA-Genossen zu einem Komitee «Zürcher für Polizeisäuberung» zusammen. Am Samstag liess das Komitee ein weiteres Flugblatt zirkulieren. Hier wurde nicht nur zum Protest gegen die Polizei, sondern auch zur Unterstützung für Kurt Meier aufgerufen: «HILFE FÜR MEIER 19!» lautete eine rotgedruckte Überschrift. «400 Franken Busse und Verlust einer in 20jähriger klagloser Dienstzeit aufgebauten Lebensstellung drohen Detektivwachtmeister Kurt Meier 19, weil er nicht glauben wollte, dass seine Dienstoberen laufend Rapporte über ihre besoffen autofahrenden Duzfreunde verschwinden lassen», war zu lesen, und an die Adresse von Stadtrat und Polizeivorstand Albert Sieber sowie von Kriminalpolizeichef Walter Hubatka gerichtet: «Statt ihre Vetterliwirtschaft einmal auszuräumen, stürzten sich die beiden mit doppeltem Fleiss auf Detektiv Meier 19, um ihm wegen Verletzung des Amtsgeheimnisses den Prozess zu machen.» Das Flugblatt, das ebenfalls zur Demonstration im Niederdorf aufrief, forderte die Kassierung des Urteils gegen Meier 19, aber auch den Rücktritt von Sieber und Hubatka.

Dieser Mix von Empörung, Anklage und Mitleid zeigte unerwartet starke Wirkung, und auch die Stimmung jenes lauen Sommerabends war dem Happening, das nun folgte, förderlich. «Es war eine improvisierte Sache, mit nur wenig Organisation», erinnert sich Emilio Modena, damals Medizinstudent im 14. Semester. «Doch das Echo war sehr gross, die Demonstration entglitt uns, und wir hatten plötzlich alle Hände voll zu tun, den Ordnungsdienst aufrechtzuerhalten und die aufgebrachten Leute zu besänftigen.»

Viele Schaulustige mischten sich unter die Demonstranten. Auf dem Hirschenplatz wurde ein Holzgalgen aufgestellt. An ihm baumelte eine lebensgrosse Puppe, und ein Plakat verkündete: «Die Kleinen hängt man, die Grossen lässt man laufen». Erst symbolisierte die Puppe den «Polizeiwinkelried» Meier 19, dann wurde sie zum Sinnbild für die verhasste Polizei und wurde verbrannt.

Nach einer Brandrede gegen den «Polizeistaat in Zürich» sammelten Thomas Held und seine Kommilitonen Geld für den entlassenen Meier 19. Die Polizeihelme, welche als Sammelbüchsen dienten, hatte Roland Gretler, ein Mitglied der Jungen Sektion der PdA, in einem Kostümverleih beschafft. Laut einem Polizeispitzel, der ein paar Tage später eine Manöverkritik der jungen PdA-Leute aushorchte, kamen 330 Franken zusammen.

Hubatkas starker Auftritt
Die Demonstranten – wohl um die tausend Personen – zogen zur Hauptwache der Stadtpolizei an der Uraniastrasse. Dort kam es zu einer Überraschung. Kripo-Chef Hubatka, dessen Absetzung immer wieder gefordert wurde, stellte sich persönlich der aufgebrachten Menge. Zur Verblüffung seiner Gegner schlug er eine Diskussion vor. Der Vorschlag wurde akzeptiert, und die jungen Rebellen entsandten eine Fünferdelegation, darunter auch Thomas Held.

Es war ein starker Auftritt Hubatkas, der – zusammen mit der zurückhaltenden Taktik der Polizei – wesentlich zur Beruhigung der Lage beitrug. Auch später machten die Aktivisten der Bewegung immer wieder die Erfahrung, dass man mit dem Chef der Kriminalpolizei gut verhandeln konnte. Hubatkas Mut an jenem 26. August 1967 steht allerdings im Widerspruch zur Kontaktscheue und zur zögerlichen Haltung, die er später gegenüber seinem Gegenspieler Meier 19 einnehmen sollte.

In der Diskussion mit den fünf abgeordneten Demonstranten wurde der 45jährige Kripo-Chef um sein Urteil über den unbotmässigen Untergebenen gebeten: «Ist Meier 19 ein Gerechtigkeitsfanatiker und Spinner?» fragte ein Student.

«Nur etwas ungeduldig», antwortete Hubatka. «Hätte er noch etwas warten können, wäre alles korrekt gelöst worden.» Hubatka versicherte den jungen Leuten, dass es jedem Polizeibeamten so wie Kurt Meier ergehen werde, wenn er das Amtsgeheimnis verletze. Es spiele keine Rolle, ob die Informationen hochgestellte Persönlichkeiten betreffen oder nicht.

Mitten in diese Diskussion in der Kripo-Leitstelle stürzte ein Detektiv: «Am Central halten sie das Tram auf; seht zu, dass die Leute nicht durchgehen», rief er den Wortführern zu.

Den Organisatoren gelang es zunächst nicht, die Menge wieder unter Kontrolle zu bringen. Die Demonstranten hatten sich auf die Strasse gesetzt. Zwei Stunden lang war der Verkehr lahmgelegt. Ein Tramfenster wurde eingeschlagen, ein Auto eingebeult. Tramzüge und Polizeikanzeln wurden gestürmt und Autofahrer behindert. Dann liehen sich die Organisatoren bei der Polizei Megaphone aus und bewegten das Volk zum Abzug.

Ein Jahr später kam es wieder zu Tumulten auf der Strasse; Höhepunkt war der legendäre «Globus-Krawall» vom 29. Juni 1968. Diese Auseinandersetzungen verliefen nicht mehr so glimpflich wie die Meier-19-Kundgebung vom 26. August 1967. Jetzt gab es zwischen der Polizei und den Demonstranten keinen Austausch von Informationen und Lautsprechern mehr.

«Meier 19 war schuld an der Revolte»
Für den «Spiegel» war Meier 19 der Initiant der Zürcher Unruhen. Das deutsche Nachrichtenmagazin leitete im Juni 1968 einen Bericht über «Weltjugend-Revolte im Rütli-Land» mit dem Satz ein: «Wer immer die Weltrevolte der Studenten verschuldete – in Zürich war Meier 19 schuld daran.» Der Satz, welcher von der Hamburger Zentralredaktion und nicht vom damaligen Schweizer Korrespondenten Ludwig A. Minelli stammt, ist allerdings ein Missverständnis. Der 1925 geborene Kurt Meier ist kein 68er und kein Revoluzzer.

«Meier 19 war mehr ein Anlass», sagt heute Thomas Held. «Er war ein Anlass, doch er erschien uns auch als anständiger Bürger, als ein Polizist, der noch an das Gute glaubt», ergänzt Emilio Modena. Als Polizist, der gegen seine eigene Gruppierung auftrat, habe er allerdings etwas Kauziges an sich gehabt, fügt der Psychoanalytiker an und bekennt: «Doch ich habe ihn nicht gekannt und habe mich auch nie darum bemüht, ihn kennenzulernen.» Der Fotograf Roland Gretler bestätigt: «Meier 19 war ein Symbol, doch als leibhaftiger Mensch stand er uns nicht nahe.»

So war es. Der grosse Held der Solidaritätskundgebung vom 26. August 1967 hatte an jenem Samstagabend keine Ahnung, dass in der Innenstadt für ihn demonstriert wurde. «Mit mir sprach niemand; die Demonstranten suchten mich nicht, und auch ich suchte sie nicht», erzählt Kurt Meier. Erst am Tag danach habe er über einen Kollegen vom grossen Volksauflauf und den Bravorufen erfahren. «Aber auch wenn ich davon gewusst hätte, wäre ich nicht hingegangen», sagt Meier.

Kurt Meier hat nie an einer Demonstration teilgenommen, auch nicht an den Strassenkundgebungen, die später seine Freunde veranstalteten. Der langjährige Polizeibeamte hielt dies für unschicklich. Gleichwohl hatte er sich über die Demonstration im Niederdorf gefreut: «Es war für mich eine Ermutigung», sagt er, und das gesammelte Geld habe er erhalten.

*

Meier 19 war in der Öffentlichkeit auf missverständliche Art und Weise bekannt geworden, als revolutionäres Idol. Missverständlich war auch der Zeitungsartikel, der acht Monate später eine weitere Komponente von Meiers heutigem Image publik machte.

Meier 19 ist für jene, die sich an ihn erinnern, vor allem der Mann, der Kripo-Chef Walter Hubatka des Diebstahls verdächtigte: Ausgerechnet Zürichs oberster Verbrechensbekämpfer soll – so Meiers Verdacht – 1963 in der Polizeihauptwache heimlich einen Tresor geöffnet und daraus 71 Lohntäschchen mit gut 88 000 Franken Inhalt gestohlen haben.

Dass es Meier 19 war, der diesen ungeheuerlichen Verdacht hegte und zur Anzeige gebracht hatte, erfuhr die Zürcher Öffentlichkeit erstmals am 18. April 1968. Der Artikel erschien im Gratisblatt «Züri-Leu», das in alle Zürcher Haushaltungen verteilt wurde. Als Autor zeichnete ein gewisser «Peter Park». Hinter diesem Pseudonym verbarg sich der 24jährige Ökonomiestudent und Reporter Peter Everts,

Ausschnitt aus dem «Züri-Leu» vom 18. April 1968.

heute oberster Boss der Migros. Die Kolumne trug den Titel «Rufmord». Neben dem Titel war ein Bild Hubatkas zu sehen, das Opfer des von Peter Everts angeprangerten Rufmords.

«Peter Park» beschuldigte Meier 19, eine «garstige Hetzjagd auf den Leiter der Kriminalpolizei» zu betreiben. Er informierte seine Leser darüber, dass Meier wegen des Zahltagsdiebstahls Anzeige gegen Hubatka erstattet habe und dass gegen den Kripo-Chef «schon seit vielen Wochen von verschiedenen Gruppen und Grüppchen systematisch Gerüchte ausgestreut» würden – «eine schmutzige Verleumdungskampagne», die auf «läppischen Beweisen» basiere und «in der Limmatstadt ohne Beispiel sein dürfte». Wenn Meier 19 das Bedürfnis habe, seine Vermutungen den Untersuchungsbehörden mitzuteilen, sei das verständlich, räumte der Kolumnist ein, «die wilden Verdächtigungen auch in der Öffentlichkeit breitschlagen» sei jedoch nicht in Ordnung. Ob sich Meier 19 und seine «Helfershelfer» eigentlich bewusst seien, fragte Peter Everts, dass «sie einen Rufmord auf dem Gewissen haben».

Der Vorwurf, die Verdächtigungen gegen Hubatka würden «in der Öffentlichkeit breitgeschlagen», war übertrieben. Die «Züri-Leu»-Kolumne konnte zwar auf die Tatsache verweisen, dass ein Luzerner Sympathisant Meiers allen Mitgliedern des Zürcher Kantonsrats einen Brief mit Indizien für eine Täterschaft Hubatkas zugesandt hatte. Doch von dieser Aktion hatte die breite Öffentlichkeit nichts erfahren.

Es war ausgerechnet diese gegen einen Rufmord gerichtete Kolumne, welche das Publikum erstmals eingehend über die gegen Hubatka laufende «Verleumdungskampagne» informierte! Dies entrüstete damals auch den 82jährigen Friedensapostel Max Daetwyler aus Zumikon; er schrieb einen Leserbrief und kritisierte den «Züri-Leu»-Artikel als «groben Fehler» und als «Taktlosigkeit». Der Mann, der mit seiner weissen Fahne die Welt durchwandert und den Frieden gepredigt hatte, warf dem Blatt vor: «Sie helfen mit, diese Verleumdung publik zu machen.»

Peter Everts prägte ein Vorurteil, das Meiers Image bis heute belastet. Der Vorwurf des Rufmords, den später auch andere erhoben, und die immer wieder vorgebrachte Unterstellung, Meiers Triebfeder sei die Rache gewesen, trübten das lichte Bild jenes Volkshelden, der sich aus ehrlicher Überzeugung gegen Ungerechtigkeiten auflehnte. Seither reagieren viele zwiespältig auf Meier 19.

Von den eigentlichen Beweggründen und von den vielen Erfahrungen, die ihn zum Handeln bewegten, erfuhr das Publikum kaum etwas. Die Medien berichteten zwar häufig über die Affäre; allein der «Tages-Anzeiger» publizierte um die 80 Artikel und Meldungen. Doch die Persönlichkeit Meiers war, wenn überhaupt, ein Randthema, und von einem bestimmten Augenblick an begnügten sich die Zürcher Zeitungen ohnehin damit, nur noch die gegen ihn geführten Prozesse zu rapportieren. Ein Interview mit dem «Volkshelden» und «Rufmörder» oder ein Porträt, das persönliche Hintergründe ausgeleuchtet und Klischee-Vorstellungen hinterfragt hätte, sucht man vergeblich. Persönliches war den Medienschaffenden von damals noch nicht so wichtig.

*

Die sommerliche Nachrichtenflaute des Jahres 1995 war nötig, damit der Gedanke an ein Porträt von Meier 19 aufkommen konnte.

Es war im Juli. Die Redaktion des «Tages-Anzeigers», der ich als Lokalredaktor angehöre, beschloss eine Artikelserie über Leute, die früher einmal im Rampenlicht der Öffentlichkeit gestanden waren. Dabei kam die Sprache auf den schon fast vergessenen Mann mit der polizeiinternen Nummer 19. Könnte man ihn, sofern er noch lebt, nicht befragen, wie er heute über seinen Fall denkt, wie er all die Turbulenzen überstanden hat?

Ich war interessiert. Schon 1975 hatte ich einmal einen kleinen Artikel über die Pressekonferenz eines «Komitees pro Meier 19» geschrieben, ohne dass ich Kurt Meier selbst aber begegnet wäre.

Irgendwann in jenem Juli 1995 machte ich Kurt Meier ausfindig. Er stand kurz vor seinem 70. Geburtstag und reagierte zögernd, als ich ihm telefonierte: «Interessiert denn das heute noch?» Ich insistierte, und er gab nach. Ein paar Tage später klingelte ich an der Tür eines Appartements in einer Alterssiedlung am Zürcher Stadtrand. Ein rüstiger, grosser Mann öffnete mir und führte mich in das einzige Zimmer der Sozialwohnung. Der bemalte Bauernschrank, das Messing-Tablett mit der Szene von König Salomo als gerechtem Richter, die neun antiken Glöcklein auf dem Tisch – fast alles in der Wohnung stammte vom Flohmarkt. Auf einem Hocker lag eine schöne, alte Bibel auf. In Gläsern verdunstete Wasser, das mit Salz aus dem Toten Meer gesättigt war.

Meier wies mir den einzigen bequemen Sessel zu, setzte sich auf sein Bett und begann bedächtig, aber ohne Umschweife zu erzählen. Hin und wieder zog er ein Dokument aus dem kupfernen Kessel, in dem er seine Akten aufbewahrt.

Kurt Meier ist ein umgänglicher Mensch. Der Rentner, der mit einer gekürzten AHV und einigen hundert Franken Pension durchkommen muss, ist nicht verbittert. Obwohl sein Feldzug ihn um Stelle, Vermögen, Ehe und Beziehungen brachte, hat er den inneren Halt nie verloren. Er überlebte dank seiner religiösen Verankerung und dank der erstaunlichen Fähigkeit, immer wieder Hoffnung zu schöpfen, und sei der Anlass dazu auch noch so klein.

Die Liebenswürdigkeit des alten Mannes, sein Schalk und die oft irritierende Mischung von Versessenheit und Gelassenheit, von Vertrauensseligkeit und Argwohn nahmen mich ebenso gefangen wie seine Berichte über den Filz in den höheren Kreisen der Gesellschaft.

Der Fall Meier 19 ist eine verwickelte Geschichte. Juristisch gesehen ist er ein Bündel von drei Dutzend Strafverfahren, welches die gesamte Justiz bis hinauf zum damaligen Zürcher Justizdirektor Arthur Bachmann und zu Bundesrat Kurt Furgler in Trab hielt. Nicht weniger als elfmal fällte das Bundesgericht in dieser Angelegenheit ein Urteil.

Doch ich merkte bald, dass dieser Fall mehr als blosses Juristenfutter ist. Kurt Meier berichtete mir, wie er das Opfer von behördlichen Verunglimpfungen, Gehörsverweigerungen und Unaufrichtigkeiten wurde, wie ihm gewisse Leute und Entdeckungen aber immer wieder weiterhalfen. Ich erkannte, dass man all diese Hintergründe und die Abfolge der Ereignisse und Wissensfortschritte kennen muss, um zu verstehen, weshalb Meiers Kampf gegen Ungleichbehandlungen ein solches Ausmass annehmen konnte, weshalb er immer wieder in Schwung kam, obwohl das Ende bereits erreicht schien. Manchmal kam der Rentner auch auf seine Jugend zu sprechen, und ich realisierte, dass die Affäre Meier 19 nicht erst begonnen hatte, als sie zu Schlagzeilen führte.

Mein kleines Porträt, das der «Tages-Anzeiger» am 27. Juli 1995 publizierte, reichte nirgends hin. Ich versuchte, mit einem längeren Beitrag in der Wochenendbeilage «Magazin» loszuwerden, was ich erfahren hatte. Doch schon damals spürte ich, dass ich ein Buch schreiben müsse, um mich aus dem Bann dieser «Detektivgeschichte» wieder lösen zu können.

PS: Ich habe sehr vielen zu danken, namentlich meiner Familie und der Redaktion des «Tages-Anzeigers», die meine Abwesenheiten hinzunehmen hatten; ferner vielen Zeitzeugen, Institutionen und Experten, darunter Professor Jörg Rehberg; allen voran aber Meier 19, der mir in einer Offenheit begegnet ist, wie ich sie als Journalist kaum je erlebt habe.

I. DER AUFSTAND

Ein schlummernder Reflex (1948/65)

Als sich Kurt Meier im Herbst 1947 bei der Zürcher Stadtpolizei bewarb, reichte er einen sehr idyllischen Lebenslauf ein: «Am 24. September 1925 wurde ich in Schöfflisdorf geboren und bin der Zweitjüngste von 4 Geschwistern. Nachdem ich die Kinderkrankheiten wie Masern und dergleichen überstanden hatte, erfreute ich mich immer einer vollen Gesundheit. Bevor ich die Schule besuchte, war ich immer in der Dorfschmiede, wo ich dem Schmied stundenlang zusehen konnte, wie er das glühende Eisen bearbeitete. Als ich 8 Jahre alt war, kaufte mein Vater ein kleines Gut mit Ziegen, und so konnte ich meine Freizeit nützlicher verbringen und hatte meine grosse Freude an diesen Spielgefährten. Ich besuchte die Primar- und die Se kundarschule. Anschliessend an die Schulzeit trat ich bei der Firma Bucher-Guyer in Niederweningen in eine 4jährige Mechanikerlehre. Den Weg zum Arbeitsplatz legte ich immer mit dem Velo zurück und wurde so ‹wetterhart›. In meinen Ferien und später auf auswärtigen Montagen habe ich die Schweiz gut kennengelernt. Während der Lehrzeit absolvierte ich die Rekrutenschule als Füsilier. Nach Abschluss der Lehre blieb ich noch ein halbes Jahr in der gleichen Firma und dann ging ich ins Welschland, um mein Schulfranzösisch noch zu vervollständigen. Seither war ich ein Jahr in der Uhrenfabrik Zenith als Mechaniker und ein Jahr bis auf weiteres in der Maschinenfabrik Dixi II in Le Locle.»

Eine Jugend zum Hausanzünden
Man kann sich den 22jährigen Mechaniker gut vorstellen, wenn man den Rentner kennt, der auf dem Freizeit-Bauernhof seiner Tochter das Gras mäht und Maschinen repariert; der wetterharte Polizeianwärter von damals spiegelt sich im braungebrannten Grossvater, der häufig mit dem Velo über den Milchbuck fährt.

Doch der Bericht trügt, Kurt Meiers Jugend war keineswegs idyllisch. Als Kurt zwei Jahre alt war, starb die Mutter. Der Vater heiratete wieder, doch die zweite Frau blieb nur kurze Zeit. Es folgte die dritte. Sie war in den Augen ihres Stiefsohns unfähig, den vier Kindern, die sie übernehmen musste, genügend Wärme abzugeben. «Im späteren Leben hatte ich das Gefühl, dass mir die Mutter nie ersetzt werden konnte. Daher habe ich viel vermissen müssen», sagte Meier 1974 vor Gericht. «Was ist mit dir, du lachst nie?» soll die Stiefmutter das Kind einst gefragt haben. Mit einer hilflosen Herausforderung wollte sie den Knaben aus seiner Verschlossenheit herauslocken und gab doch nur den Eindruck der Gefühllosigkeit.

Traumatisierend aber wirkte vor allem der Vater. Er war hauptberuflich Schlosser in der Maschinenfabrik Oerlikon, betrieb nebenbei sein Gütlein und amtete als Sigrist. Kurt trieb er ständig zum Arbeiten an. Deswegen und zur Schonung der Schuhe war es dem Knaben absolut verboten, mit seinen Kollegen Fussball zu spielen. Er musste Ziegen melken, Gras mähen, Beeren sammeln und die Milch austragen. Anstelle eines Dankes gab es Schläge. «Heute noch kommt mir unwillkürlich mein Vater in den Sinn, wenn ich einen Teppichklopfer sehe», erzählt Kurt Meier.

Das Schlimmste aber war der Eindruck, «dass mich der Vater weg haben wollte». Kurt Meier erzählt von Vorfällen, die in dem Kind die Ahnung hochkommen liessen, sein Tod wäre nicht unwillkommen gewesen. Als er einst einen schlimmen Fiebertraum hatte und alles um sich herum wanken sah, liessen ihn die Eltern allein, obwohl sie die Hilferufe des Kindes hatten hören müssen. Noch heute sitzt ihm die Platzangst in den Knochen, die er durchlitt, als er auf Befehl des Vaters durch die knappe Öffnung in ein enges Mostfass hineinkriechen musste, um es zu reinigen. Auch in der Zeit, da er in die Lehre ging, erlebte Kurt Meier Bösartigkeiten. «Aus Eifersucht», wie er sagt, hintertrieb der Vater die Liebschaft mit einem Mädchen aus dem Nachbardorf, indem er deren Liebesbriefe abfing. Kurt war ein stattlicher Bursche und zog die Mädchen an.

Wesentlich war sein Gefühl, gegenüber den Geschwistern benachteiligt zu sein. Die beiden Brüder waren körperlich schwächer als Kurt, der als einziger genügend Kraft hatte, die grosse Kirchglocke zu ziehen. Deshalb lastete alles immer auf ihm, auch die Strafe, wenn er nicht genügte. In der frühen Kindheit erlebte er, was es heisst, ungleich behandelt zu werden – das Thema seines Lebens.

Die Schule bot keinen Ausgleich für die Qual. Dem Sekundarlehrer machte es Freude, die Kinder zu schlagen. Er war im ganzen Tal dafür bekannt. «Am Vormittag schlug er mich, am Abend musste ich ihm die Milch bringen. Ich hätte sie ihm am liebsten ins Gesicht geschüttet», erzählt Kurt Meier.

Die Kälte, die den Knaben umfing, setzte ihm zu. Als Fünfjähriger versuchte er einmal, das Haus anzuzünden. Die Familie befand sich in der Stube, da ging er ins Nebenzimmer und setzte Papier in Brand. Das Feuer wurde rasch entdeckt und gelöscht. Diesmal strafte der Vater den Knaben nicht. «Er ahnte damals vielleicht zum ersten Mal, wie es um mich stand», erzählt Kurt Meier. Geändert habe sich aber nichts.

«Ich gäbe viel darum, wenn ich die zwanzig Jahre im Elternhaus streichen könnte», sagt der Rentner. «Diese Erlebnisse machten mich allergisch auf Gewaltakte und Ungerechtigkeiten. Vielleicht hätte ich aber auch die dreissig Jahre nach meiner Entlassung bei der Stadtpolizei nicht durchgestanden, wenn ich nicht derart gezüchtigt und abgehärtet worden wäre.»

Die Entbehrungen der Jugend haben Kurt Meier sensibel gemacht. Seine Empfindsamkeit und die früh eingeimpfte Skepsis gegenüber Autoritätspersonen erklären die Verbissenheit, mit der Meier 19 jahrelang gegen die Willkür der Gesetzeshüter kämpfte. Er handelte nicht nach einer gesellschaftskritischen Ideologie, er liess sich von seiner Intuition leiten. Politisch war er wenig interessiert, obwohl er die Bürgerpflicht an der Urne immer treu erfüllte – nach seinem Gutdünken, ohne parteipolitische Bindungen.

Der Fall Meier 19 entstand aus einem Reflex heraus. Kurt Meier umschrieb ihn viele Jahre später wie folgt: «Da machte es in mir drin: Jetzt aber nicht mehr, nicht mehr mit mir!» Es ist dies die Reaktion eines Verletzten, der weiteres Unrecht auf keinen Fall mehr hinnehmen will, der um der Gerechtigkeit willen alles, auch sein eigenes Wohlergehen, aufs Spiel setzt.

Regierungsratsgattin mit falschem Namen

Kurt Meier hätte bereits am 10. Februar 1951 Grund gehabt zu sagen: «Jetzt aber nicht mehr!» Es war ein aussergewöhnlich warmer Tag, ein Samstag. Damals wurde am Samstag noch gearbeitet.

Am Mittag begab sich der 25jährige Polizeibeamte Kurt Meier zum Mittagessen in die Hauptwache an der Ecke Uraniastrasse/Bahnhofquai.

Er war – obwohl er die Uniform anhatte – ausserdienstlich unterwegs. Auf seinem Weg hatte er die Kreuzung Urania-/Bahnhofstrasse zu passieren, und hier stand eine der ersten Rotlichtanlagen Zürichs.

Das Signal stand auf Rot. Was dann passierte, schilderte Meier 19 später der parlamentarischen Untersuchungskommission, die seinen Fall überprüfte: «Ich wartete inmitten eines Trüppchens Fussgänger. Plötzlich sprang eine Frau über die Strasse. Es war mir zuwider einzugreifen, und doch war ich dazu verpflichtet, weil ich die Uniform anhatte. Ich machte die Frau darauf aufmerksam, dass sie bei Rot warten müsse. Darüber war die Frau ungehalten und sagte: ‹Lassen Sie mich gehen, Ihr Inspektor wäre froh, wenn er nichts mit mir zu tun hätte.› Ich wollte sie zuerst nur verwarnen, wegen des Hinüberspringens bei Rot wäre sie nicht verzeigt worden. Aber sie blamierte mich vor den Leuten, und so wurde ich interessierter, und ich fragte, wer sie denn sei, da sie sich auf den Inspektor berufe. Sie wollte zuerst ihren Namen nicht nennen. Ein Passant, der gewartet hatte, mischte sich dann ein und sagte, sie müsse ihren Namen nennen. Darauf gab sie einen Namen, einen Vornamen, ein Geburtsdatum, einen ledigen Namen, einen Bürgerort an. Ich merkte bei jedem Wort, dass sie log. Darauf sagte ich, sie müsse sich noch ausweisen. Ich sah, dass sie in der Tasche ein Couvert hatte, und wollte danach greifen. Darauf verschloss sie mit Vehemenz die Tasche. Deshalb war für mich klar, dass etwas nicht stimmte. Ich sagte, wenn sie sich nicht ausweisen wolle, gehen wir auf die Hauptwache. Zuerst weigerte sie sich, und als ich insistierte, kam sie mit. Das Ganze war mir sehr zuwider. Ich wurde vom Publikum zu dieser Handlung gezwungen.»

Auf der Hauptwache gab die 54jährige Frau zu, dass sie einen falschen Namen angegeben habe, und dass sie in Wirklichkeit Margrit Meierhans sei, die Gattin von Regierungsrat Paul Meierhans. Meier eröffnete ihr, dass er sie wegen Angabe von falschen Personalien verzeigen werde. Nach sieben Minuten zogen Margrit Meierhans und Meier 19 wieder ab. Dabei raunte der Postenchef Meier noch zu: «Du wirst sehen, das wird noch Folgen haben.»

Die Sache hatte Folgen. Noch am gleichen Tag telefonierte Regierungsrat Meierhans dem Inspektor (dies ist der offizielle Titel des Stadtzürcher Polizeikommandanten). Meier, der einen Rapport über den Vorfall geschrieben hatte, wurde am Montag zu Polizeiinspektor Albert Wiesendanger gerufen. Meier erinnerte sich noch gut, wie er aus Respekt die Absätze zusammenschlug, als er vor dem 58jährigen Kommandanten stand.

Wiesendanger hatte den Rapport in den Händen und sagte dem Polizisten ohne nähere Erläuterungen, es sei bereits eine Beschwerde eingetroffen: «Wir können diesen Fall nicht wie einen andern behandeln.» Die Stadtpolizei wollte damals ein neues Bootshaus für die Seepolizei bauen und war eben daran, bei der kantonalen Baudirektion um die Bewilligung für die Inanspruchnahme des Seegrundes nachzusuchen. Baudirektor war damals aber Paul Meierhans, der Gatte der Rotlichtsünderin. Er war SP-Mitglied wie auch Wiesendanger.

Der Polizeiinspektor habe Meier 19 darauf aufmerksam gemacht, dass dessen Rapport unter diesen Umständen nicht ordnungsgemäss dem zuständigen Polizeirichteramt weitergeleitet werden könne. «Wenn wir dies täten, würden wir den Mann ‹vertäuben›, und er würde sich nicht mehr so für uns einsetzen», soll er laut Meier gesagt haben.

Wiesendanger bestritt später, diese Äusserung gemacht zu haben. Auch die städtische Disziplinarkommission, die im Herbst 1967 Meiers Entlassung zu überprüfen hatte, hielt es für ausgeschlossen, dass sich der Inspektor «zu einem jungen Untergebenen in solch kompromittierender Weise geäussert» haben könnte. Die Kommission musste aber zugeben, dass das Projekt eines Bootshauses damals tatsächlich anstand: Ihre Recherchen ergaben, dass das Bewilligungsgesuch am 12. März 1951 an Regierungsrat Meierhans abgeschickt worden war – 30 Tage nach dem Vorfall mit dessen Gattin. Diesen Zusammenhang aber konnte Meier 19 schwerlich erst sechzehn Jahre später konstruiert haben, und es ist kaum denkbar, dass er als einfacher Polizist von solchen Interna Kenntnis hatte.

Im übrigen widersprach Wiesendanger der Darstellung, die Meier von der Unterredung gab, nicht. Der Inspektor hatte dem Polizeimann eröffnet, der Fall werde intern erledigt, durch eine blosse Verwarnung.

Für Meier war dies eine «unrechtmässige Erledigung». Doch der 25jährige wagte es nicht, seinem mehr als doppelt so alten Chef zu widersprechen: «Ich war ein junger Polizist und neu. Ich dachte, dass man eben im Polizeidienst gewisse Bücklinge machen müsse.»

Die parlamentarische Untersuchungskommission, die das Vorkommnis 1967/68 überprüfte, sah darin einen «Bagatellfall». Die Intervention von Regierungsrat Meierhans beim Polizeikommandanten dagegen sei nicht zu billigen, fand das freisinnige Kommissionsmitglied Jacques Vontobel, der spätere Stadtzürcher Ombudsmann: Solche Interventionen führten in die Versuchung, sagte er.

«Damals stürzte in mir etwas zusammen», erinnert sich Meier 19. Es war eine Situation, in welcher der Reflex, der in Kurt Meier schlummerte, hätte zünden können: Die Gerechtigkeit war durch jene, die sie schützen sollten, in Frage gestellt, und eine höhergestellte Person sollte in den Genuss einer Vorzugsbehandlung kommen.

Doch der Reflex blieb aus. Der Fall war nicht sonderlich gravierend, und Kurt Meier war noch jung, naiv und autoritätsgläubig. Damals genügte noch der Wink eines «Hohen», damit alle spurten. Die Affäre Meier 19 markiert das Abrücken von dieser Autoritätsgläubigkeit.

Der Reflex blieb auch deshalb aus, weil Polizeiinspektor Wiesendanger das direkte Gespräch gesucht hatte und so fair war, Meier zu attestieren, dass er ordnungsgemäss gehandelt habe. «Ich möchte ausdrücklich erwähnen», sagte Meier später vor der parlamentarischen Untersuchungskommission, «dass der Inspektor in aller Offenheit bestätigte, dass ich die Sache richtig gemacht habe.»

Ein tüchtiger Funktionär
Meier 19 hat in den ersten Jahren als Polizist noch weitere Fälle erlebt, wo einflussreiche Leute in den Genuss von Vorzugsbehandlungen kamen. «Ich bin nach und nach gargekocht worden», sagt er. Doch diese frühen Erfahrungen blieben vorerst Episoden am Rande einer erfolgreichen Karriere. 17 Jahre lang ging es mit dem Polizeibeamten Meier 19 immer nur aufwärts. Er hatte das Zeug für einen guten Polizisten, für manche seiner späteren Anhänger war er sogar ein zu guter Ordnungshüter.

Als sich Meier 1947 bei der Stadtpolizei Zürich bewarb, konnte er beste Referenzen vorweisen. Die Neuenburger Kantonspolizei stellte dem in Le Locle tätigen Mechaniker ein glänzendes Leumundszeugnis aus: «Meier hinterliess überall ausgezeichnete Erinnerungen.» Der Personalchef der Maschinenfabrik bezeichnete ihn als einen seiner besten Leute: «Ein sehr nüchterner junger Mann, von guter Führung und mit schönem Charakter; er ist arbeitsam und gewissenhaft.» – «Ich hatte Freude am Beruf des Mechanikers», sagte Meier 1974 vor Gericht, «ich wusste aber auch, wie krisenempfindlich die Uhrenindustrie ist, darum meldete ich mich bei der Stadtpolizei Zürich.»

Meier 19 als junger Polizist.

Am 1. Juni 1948, mit 22 Jahren, trat Meier ins grösste schweizerische Polizeikorps ein. Was ihn da genau erwartete, hatte er sich nicht gross überlegt: «Ich ging eigentlich blind zur Polizei.» Beim Eintritt erhielt er die Nummer 19. Man unterschied ihn mit diesem Kennzeichen von den 26 andern Meier, Meyer oder Maier im Polizeikorps. Die Nummer 19 war damals gerade frei.

Es war die Zeit des Ausbaus der Stadtpolizei Zürich. Dieser ist eng mit dem Namen Albert Sieber verbunden. Der ehemalige Exportkaufmann und Steuerkommissär stand während 24 Jahren als Mitglied des Stadtrats (Exekutive) dem Polizeiamt vor. In dieser Zeit erhöhte sich der Korpsbestand von 500 auf 1000 Mann. Man nannte Sieber den «Vater des Polizeikorps». Diese Bezeichnung verrät nicht nur Jovialität und Umgänglichkeit, sondern auch Patriarchalismus und Selbstherrlichkeit.

Der Freisinnige war 1946 in einer Kampfwahl in den Stadtrat gewählt worden. Damals hatten die Sozialdemokraten im neunköpfigen Gremium noch fünf Sitze, die Partei der Arbeit einen und die Bürgerlichen nur drei. Der langjährige Zunftmeister der Zunft Wiedikon war ein leutseliger, humorvoller und oft auch feuchtfröhlicher Mensch. Es soll häufig vorgekommen sein, dass Polizeibeamte den wankenden Magistraten spätabends nach Hause chauffieren mussten. Erzählt wird auch die Anekdote, der Stadtrat sei einst in einer Wirtschaft beim Überhöckeln erwischt worden und habe den kontrollierenden Polizeibeamten mit einer Zwanzigernote zum Wegsehen veranlasst. Sieber genoss in weiten Kreisen Popularität. Als er 1972 starb, nahmen im Chor des Fraumünsters rund zwei Dutzend Bannerträger von Vereinen und Gesellschaften Aufstellung. Bei den meisten dieser Institutionen war Sieber Ehrenmitglied oder gar Ehrenpräsident gewesen.

Bereits bei seiner letzten Wiederwahl, 1966, kündete der 64jährige an, nach vier Jahren zurückzutreten. Vielleicht wäre er besser schon damals in Pension gegangen, denn die letzte Amtszeit brachte ihm viel Verdruss. «In der letzten Zeit hatten wir eine Pechsträhne», sagte Sieber am 1. April 1968, kurz vor dem Höhepunkt der Jugendunruhen, anlässlich der Befragung durch die parlamentarische Untersuchungskommission. «Seit 22 Jahren habe ich es – länger als jeder Vorgänger – auf diesem Posten schon ausgehalten. 21 Jahre lang ereignete sich nichts Schwerwiegendes. Seit einem Jahr kommen ständig Vorwürfe.»

Meier wurde zwei Jahre nach Beginn der Ära Sieber Stadtpolizist und blieb es bis drei Jahre vor deren Ende. Nach der Polizeirekrutenschule wurde er 1949 Polizeimann, auf den 1. Januar 1955 hin avancierte er zum Gefreiten. Zehn Jahre lang versah er den Dienst eines Uniformpolizisten. Er patrouillierte durch die Stadt, regelte den Verkehr, büsste Parksünder, nahm auf dem Posten Anzeigen entgegen und schrieb seine Rapporte.

Im Sommer 1957 absolvierte Meier den dreimonatigen Detektiv-Einführungskurs. Er wurde als «der beste Mann» gelobt: «Wir waren mit ihm in jeder Beziehung sehr zufrieden. Er hat sauber, speditiv und zuverlässig gearbeitet und auch eine sehr gute Dienstauffassung vertreten. In allen seinen Handlungen hat er auch schon eine gewisse

Selbständigkeit gezeigt. Meier 19 ist ein anständiger, seriöser und sehr tüchtiger Funktionär.» Ähnlich positiv sind Führungsberichte aus den Jahren 1957, 1958 und 1960.

Auch die städtische Disziplinarkommission, die im Dezember 1967 Meiers Entlassung befürwortete, attestierte ihm, die dienstlichen Qualifikationen lauteten «durchwegs günstig». Schon während seines Dienstes bei der Uniformpolizei habe er überdurchschnittliche Arbeitsleistungen gezeigt und als «gewandt, initiativ und einsatzfreudig» gegolten.

Am 1. Juli 1958 wurde Meier Detektiv. Zu dieser rund 200 Mann starken Elite zu gehören, war der Traum jedes Polizisten. Jeden Morgen hatte Meier 19 nun vor sechs Uhr ein bestimmtes Hotel aufzusuchen, dort die Meldescheine der Gäste zu behändigen und diese in der Hauptwache mit den Ausschreibungen am Fahndungskasten zu vergleichen. Um 7 Uhr folgte der Höhepunkt im Tagesablauf eines Detektivs: der Frührapport. Die Mannschaft wurde über die Delikte der vergangenen 24 Stunden orientiert, und die in Zivil gekleideten Detektive trugen alle Neuausschreibungen fein säuberlich in ihre persönlichen Fahndungsbüchlein ein.

Dann gingen sie auseinander. Meier war einer sieben Mann starken Spezialeinheit zugeteilt, die sich gezielt mit Fahrzeugdelikten beschäftigte, mit Velodiebstählen, Autoeinbrüchen, Fälschungen von Nummernschildern sowie mit Betrugsdelikten. Einer seiner grössten Erfolge war die Aufdeckung eines Versicherungsbetrugs, bei welchem ein Motorradhändler einen Transportwagen mit sechs Rennrädern angezündet und sich damit Versicherungsleistungen von 30 000 Franken eingehandelt hatte.

Meiers Beförderung zum Detektiv wirkte sich auf die militärische Einteilung aus. 1962 wurde er in den militärischen Sicherheitsdienst beordert und lernte das Handwerk der Spionageabwehr – vom diskreten Öffnen von Umschlägen bis zum Anlegen von toten Briefkästen.

Bei der Stadtpolizei stieg Meier mit 39 Jahren, auf den 1. Januar 1965 hin, zum Detektivwachtmeister auf. Seine Beförderung erfolgte noch vor Einführung der Regelung, dass Detektive, die während fünf Jahren nicht negativ aufgefallen waren, automatisch befördert wurden, betonte später Kommandant Rolf Bertschi: «Meier ist aufgrund seiner Leistungen befördert worden.» Er wurde als «fleissig und zuverlässig, mit korrektem Auftreten» qualifiziert.

«Er kann Unrecht nicht leiden»
Schon während dieser guten Zeiten zeigte sich aber auch die Spannung, die seit der Jugend in Meier 19 angelegt war – vorerst sogar mit positiven Auswirkungen. Ein Wachtmeister, dem Meier 19 eine Zeitlang zugeteilt war, sagte später: «Also das kann ich sagen, Kurt ist ein Wahrheitsfanatiker. Er kann Unrecht nicht leiden.»

Vor Gericht sagte Meier einmal, dass er bei seinem Handeln immer die Gerechtigkeit angestrebt habe: «Mit den zahlreichen Delinquenten, welche ich in meiner Polizeitätigkeit behandelte, sass ich vor der schriftlichen Einvernahme immer zusammen. Gemeinsam suchten wir nach einem einigermassen verständlichen Motiv für die deliktischen Handlungen. Alsdann eröffnete ich den Fehlbaren in vollster Überzeugung, dass sie nur mit dem Bekenntnis zur vollen Wahrheit mit einem milden Urteil rechnen könnten. Ich hatte dabei beachtliche Erfolge.» Es sei vorgekommen, dass ihm ehemalige Delinquenten für die anständige Behandlung dankten, erzählt Meier; aber er ist auch so ehrlich zuzugeben, dass er dank diesem Vorgehen etliche Male Geständnisse herausgelockt habe.

Meiers Gradlinigkeit hatte ihre Kehrseite. 1953 stellte ein Vorgesetzter fest: «Anstatt – innerlich kochend – diskussionslos den Platz zu verlassen, kann es Meier 19 meistens nicht unterlassen, sachlich, jedoch ironisch und schlagfertig eine passende Antwort zurückzugeben.» Auch heute noch gehört Kurt Meier zu jenen Menschen, die nichts auf sich sitzen lassen.

In die gleiche Richtung geht eine andere Feststellung, ebenfalls von 1953. Ein Vorgesetzter attestierte Meier zwar, ein «sehr intensiver und schaffensfreudiger Polizeifunktionär» zu sein, sah in ihm aber zugleich den «Typ, der bei der Erledigung seiner Arbeiten etwas forsch ins Zeug geht» – eine Bemerkung, die mit dem Zusatz sogleich gemildert wurde, dass Meier sonst aber «seinen vorgeschriebenen Dienst und seine ihm auferlegte Pflicht konsequent, sehr korrekt und gewissenhaft ausführt».

In der Zeit zwischen 1950 und 1966 wurden 13 Beschwerden von Privatpersonen, mit denen Meier 19 dienstlich zu tun hatte, registriert. Dies ist für einen Polizeibeamten, der täglich an der Front steht, nichts Aussergewöhnliches. Die meisten Beschwerden gegen Meier wurden ohne weitere Folgen ad acta gelegt. Im Jahr 1953 setzte es zweimal eine Belehrung ab. Im einen Fall ging es um ein Wortgefecht mit einem Parksünder, das von Meiers Vorgesetztem allerdings als «verständlich, wenn nicht gar tolerierbar» bezeichnet wurde. Im andern Fall wurde Meier 19 zur Zurückhaltung ermahnt, nachdem er einen Automobilisten mit einem Schlag aufs Wagendach zum Halten aufgefordert hatte. Einmal – 1951 – kam es ferner zu einem mündlichen Verweis. Meier hatte vergessen, zu einer kurzen Überwachung eines Marktes anzutreten.

Zum Vorwurf der Forschheit gesellte sich später ein weiterer Kritikpunkt: Sturheit.

Ein Kriminalkommissär sagte im Herbst 1967 vor der Untersuchungskommission, Meier sei «gut qualifiziert und leistet gute Arbeit. Er geht jedoch in Richtung zu stur. Es trafen schon früher Beschwerden ein, weil er mit Leuten rigoros umgegangen war. Er ist arbeitsmässig gut, aber stur.» Ähnlich sagte ein Detektiv aus: «Aufgrund meiner persönlichen Wahrnehmungen ist Meier 19 sehr stur. Wenn er etwas im Kopf hat, lässt er sich nicht mehr davon abbringen, auch wenn man ihm den Gegenbeweis liefert. Er bleibt immer bei seiner Meinung.» Ein Polizeibeamter, der mit Meier 19 allerdings Differenzen hatte, bezeichnete ihn vor der Untersuchungskommission gar als «krankhaften Querkopf».

«Dies sind Konstruktionen im nachhinein», sagt Meier 19 heute, und tatsächlich finden sich in den Disziplinarakten keine Anhaltspunkte für eine auffallende Sturheit. Die Tatsache, dass Meier mittlerweile mit Schimpf und Schande entlassen worden war, hatte zu Zuspitzungen geführt.

Die Unbeirrbarkeit, mit welcher Meier 19 später für seinen Standpunkt focht, ist vor allem mit seinem unbändigen Optimismus zu erklären. Immer wieder, selbst in der grössten Bedrängnis, fand er zur Überzeugung, dass «es bis zum Durchbruch nicht mehr so lange geht». «Ich bin sehr wohl in der Lage, bis zur Wende auszuhalten», schrieb Meier einst seiner Rechtsanwältin, und ein andermal meinte er: «Ich bin gewiss, dass plötzlich einmal ein anderer Wind wehen könnte.»

Der aufrechte Gang ist für ihn eine Gewissenssache. Er achtet auf Charakterfestigkeit und übt Mässigkeit oder Abstinenz beim Genuss von Alkohol, Nikotin und Fleisch. Der Protestant ist zwar kein fleissiger Kirchgänger. Doch in den «Zufällen» des Lebens erkennt er tagtäglich das Walten einer höheren Macht.

Familie und Eigenheim
Nicht nur im Beruf, auch im privaten Bereich liess sich Meiers Entwicklung sehen. 1953 heiratete er. Seine Frau war Verkäuferin. Während der Verlobungszeit war sie im Geschäft fälschlicherweise des Diebstahls verdächtigt worden. Deshalb hatte sie Verständnis, als sich ihr Mann später gegen Ungerechtigkeiten auflehnte. Meier rühmt vor allem ihre erzieherischen Fähigkeiten: «Sie war die beste Mutter für die Kinder.»

Die Kinder wurden 1954 und 1955 geboren. Der Sohn ist heute Maschineningenieur HTL, die Tochter Primarlehrerin. 1962 kaufte Meier in einem Zürcher Aussenquartier ein Einfamilienhaus. Das Ehepaar stürzte sich wegen der 110 000 Franken in Schulden, doch das Eigenheim war ihm ein Herzenswunsch.

Die beiden Kinder waren 13- und 12jährig, als im März 1967 drei Kantonspolizisten Meiers Haus durchsuchten. An dieses Ereignis erinnern sie sich allerdings nicht mehr. Ihr Vater habe dafür gesorgt, dass sie möglichst unbehelligt blieben von den Folgen seines Kampfes, erzählen sie. Auch über den Polizeialltag hat Meier 19 zu Hause kaum gesprochen; es gehörte sich nicht, dass man privat über dienstliche Angelegenheiten plauderte.

Die Tochter erinnert sich aber daran, wie sie den Vater einst in der Arrestzelle besuchte, als er einen Tag lang in Polizeiverhaft weilte. Und der Sohn wurde als 18jähriger Feinmechanikerlehrling dabei erwischt, wie er für seinen Vater verbotene Flugblätter verteilte. «Ich habe mich mit dem Kampf meines Vaters identifiziert», erzählt er, und die Tochter sagt: «Ich war schon immer stolz auf meinen Vater.»

Der Zahltagsdiebstahl (1963)

1963 wurde eine Tat verübt, mit der Meier 19 zunächst nicht viel zu tun hatte. Später sollte sie zu einem festen Bestandteil seines Lebens werden.
 Der sozialdemokratische Polizeiinspektor Albert Wiesendanger war von einem Freisinnigen abgelöst worden: von Rolf Bertschi, einer smarten Erscheinung. Der ehemalige Untersuchungsbeamte leitete die Zürcher Stadtpolizei während 27 Jahren.
 Als der Jurist 1985 in Pension ging und gegenüber dem «Tages-Anzeiger» Rückblick hielt, fiel den ihn befragenden Journalisten Bertschis Nüchternheit auf. Selbst beim Rekapitulieren des Globus-Krawalls von 1968 sei er ruhig geblieben, und nur ein einziges Mal während des Gesprächs habe er Erregung gezeigt: bei der Erwähnung des Zahltagsdiebstahls von 1963. «Der Zahltagsdiebstahl stösst mir heute noch auf», sagte der abtretende Kommandant, «dieses Ereignis hat uns alle unheimlich getroffen.»

Ausnahmsweise nicht doppelt verschlossen
Der Zahltagsdiebstahl ereignete sich in der Nacht vom 26. auf den 27. März 1963. Eine von Zermatt ausgegangene Typhus-Epidemie erreichte gerade ihren Höhepunkt; die letzte Seegfrörni lag drei Wochen zurück, und der legendär gewordene Gipserstreik sollte in einer Woche ausbrechen.
 Der Zahltagsdiebstahl war *der* Schreck im Leben des Kanzleibeamten Karl Ruoff. Der 53jährige war Chef im Büro 109 im ersten Stock des Amtshauses I am Bahnhofquai 3. Es handelte sich um das «Büro für Personelles» des Polizeiinspektorats; es befand sich zwei Räume vom Büro des Kommandanten entfernt. Hier wurden Personalakten aufbewahrt, und hier holte rund die Hälfte des Polizeikorps gegen Ende Monat den Zahltag ab.
 Kassenwart Ruoff war für die Auszahlung der Löhne zuständig. Am Tag vor der Tatnacht, es war ein Dienstag, stieg Ruoff zusammen mit einem weiteren Polizeibeamten um 7.15 Uhr in einen Dienstwagen. Sie fuhren zum Stadthaus. Hier nahmen sie zwei Kisten mit 605 000 Franken Lohngeldern in Empfang, und sie kehrten unverzüg-

lich ins Amthaus I zurück. Ruoff, seine zwei Bürokollegen und eine Kanzlistin füllten nun die Löhne in beige Papiertaschen ab. Auf jedem Täschchen war der Name des Empfängers zu lesen, ferner die aufgedruckte Empfehlung «Täschchen sorgfältig leeren!»

Um 10.30 Uhr war diese Arbeit beendet. Jetzt marschierten die Lohnempfänger auf, klaubten ihr Guthaben aus den Täschchen und gaben diese dem Bürochef leer zurück. Der Grossteil der Lohngelder – rund 500 000 Franken – war am Abend ausbezahlt. 83 Säckchen, die durchschnittlich gut 1200 Franken enthielten, blieben zurück und sollten am Mittwoch abgeholt werden. Weil in jenem März verschiedene Zulagen-Restanzen zur Auszahlung gelangten, lag der Durchschnitt rund 200 Franken über dem Üblichen.

Ruoff stellte die 83 Säckchen in drei Kartonschachteln und öffnete den Kassenschrank hinter seinem Arbeitsplatz. Es handelte sich um einen alten Tresor aus der Zeit vor 1911, als das spätere Amtshaus noch das städtische Waisenhaus war. Er stand an der Wand in der Nähe der Tür, welche auf die grosse Terrasse vor dem ersten Stock des Amtshauses führt. Ruoff verstaute die drei Schachteln auf dem mittleren Tablar des Tresors, zusammen mit einer Schachtel, in der sich leere Säckchen befanden.

Der Kassenschrank hatte zwei Schlösser. Das untere Schloss war mit einem Doppelbartschlüssel zu verschliessen, der drei starke Riegel betätigte. Der Tresor hatte aber noch einen vierten, kleineren Riegel. Dieser wurde vom oberen Schloss aus mit einem einbartigen Schlüssel geschoben. Die doppelt vorhandenen Schlüssel wurden jeweils in Ruoffs Büro und im Nebenbüro 110 versteckt.

Normalerweise verschloss Ruoff den Tresor, der nur selten Geld enthielt, bloss mit dem unteren Schlüssel. Nur gegen Ende jeden Monats, wenn hier die Lohngelder aufbewahrt wurden, benützte der Kassenwart auch noch den einbartigen Schlüssel. An jenem 26. März 1963, als er um 17.45 Uhr das Büro verliess, wich Ruoff von dieser Praxis ab. Er berichtete später: «Entgegen meiner absoluten Gewohnheit unterliess ich am kritischen Abend das Schliessen mit dem zweiten Schlüssel. Ich erinnerte mich, diesen Fehler begangen zu haben, als ich das Haus verliess. Ich kehrte aber nicht in mein Büro zurück, um dies nachzuholen, weil ich zwei Kameraden begleiten wollte. Ich ahnte nichts Schlimmes, denn ich wusste: Drei Riegel sind geschoben, und der Kassenschrank stand im Tag und Nacht bewachten Polizeigebäude! Ich dachte nie daran, dass mir diese kleine Unaufmerksamkeit zum Verhängnis werden könnte!»

Am andern Tag betrat Ruoff sein Büro um 6.55 Uhr, wenige Minuten später trafen seine beiden Bürokollegen ein. Um 7.25 Uhr wollte ein Detektivwachtmeister seinen Zahltag abholen. Ruoff öffnete den Kassenschrank, entnahm diesem die drei Schachteln, in denen er die 83 vollen Zahltagstäschchen deponiert hatte, und legte sie auf sein Pult. Sofort stellte er fest, dass eine ganze Reihe von Zahltagstaschen fehlten. «Macht ihr einen Witz mit mir», rief er aus. Dann realisierte er den Ernst der Lage. Er machte sich auf die Suche. Doch es blieb dabei: 71 Zahltagstäschchen fehlten, 12 gefüllte Täschchen waren noch da. Letztere befanden sich grösstenteils in einer Schachtel, die nicht gut zu erreichen war, wenn die dicke Tresortür nur halb geöffnet war.

Nach zehn Minuten erfolgloser Suche rief Ruoff aus dem Nachbarbüro 110 den Chef der Inspektoratskanzlei herbei, und dieser schlug Alarm. Kurz nach 8 Uhr fand im Büro von Kripo-Chef Hubatka eine Krisensitzung statt. Es wäre interessant zu wissen, was während der knappen halben Stunde zwischen Alarm und Sitzung alles besprochen und vorgespurt wurde, doch die Akten verraten darüber nichts. Neben Hubatka und dem diensttuenden Detektiv des Einbruchbüros waren an der Sitzung Polizeikommandant Bertschi, der Chef des Wissenschaftlichen Dienstes, Max Frei-Sulzer, und fünf weitere Funktionäre, darunter auch Ruoff, zugegen. Man telefonierte der Kantonspolizei, die um 8.30 Uhr einen Wachtmeister an den Tatort abkommandierte, damit er die Fingerabdrücke sichere. Diese Aufgabe oblag stets der Kantonspolizei. Funktionäre der Stadtpolizei dagegen suchten nach sonstigen Spuren, die der Zahltagsdieb hinterlassen haben konnte.

Unterdessen meldete Bertschi die Sache der Bezirksanwaltschaft Zürich. Er bat die Untersuchungsbehörde, einen Bezirksanwalt abzuordnen, der – gestützt auf die polizeilichen Vorermittlungen – die Strafuntersuchung wegen Diebstahls und allenfalls Hausfriedensbruchs anhand nehmen sollte. Untersuchungsbeamter war der 43jährige Adolf Hartmann, der zwei Jahre später Oberrichter wurde und 1982 starb.

Bertschi setzte auch seinen Vorgesetzten, Polizeivorstand Albert Sieber, ins Bild. Dann stellte der Kommandant sicher, dass die um ihren Lohn geprellten Polizeibeamten zu ihrem Geld kamen. Nach

Freitag, 29. März 1963 Blatt 7
Abendausgabe Nr. 1252

Der Diebstahl bei der Stadtpolizei

▽ Böse Zungen nennen das Gebäude, dessen Eingang unser Bild zeigt, das neueste Zürcher Selbstbedienungsgeschäft. Die Stadtpolizei, aus deren Hauptquartier in der Nacht vom vergangenen Dienstag auf den Mittwoch nicht weniger als 71 Lohntüten mit rund **88 000** Fr. verschwunden sind, ist zu bedauern. Sie, die mit scharfem und professionell mißtrauischem Auge allüberall anderwärts die Verbrecher entlarvt, steht in ihrem eigenen Haus vor einem Rätsel, und so sehr man weiß, daß der Fall ernst zu nehmen ist, haben doch alle jene, die gelegentlich unter ihrer eigenen Unvollkommenheit leiden, ihre bescheidene Freude daran, daß auch dem mächtigen Hüter des Gesetzes einmal ein Mißgeschick unterläuft.

Linke Seite oben: Das Amtshaus I, der Hauptsitz der Stadtpolizei Zürich: Hier, in einem zentral gelegenen Büro, das auf die Terrasse hinausführt, wurde 1963 der Zahltagsdiebstahl verübt. Linke Seite unten: Der Dieb benützte den Doppelbartschlüssel, mit dem drei der vier Riegel des Tresors zu betätigen waren (links der heute noch benutzte Kassenschrank). Der oberste Riegel, für den es einen weiteren Schlüssel gab, war in der Tatnacht nicht geschoben. Rechte Seite: Der Ausschnitt aus der NZZ vom 29. März 1963 zeigt den Tag und Nacht bewachten Haupteingang der Hauptwache.

den Erinnerungen Hubatkas – auch ihm war das Zahltagstäschchen gestohlen worden – wurde die Lohnauszahlung bereits am nächsten Tag nachgeholt.

Die Spurensicherer mussten schon nach kurzer Zeit feststellen: Hier war ein perfekter Dieb am Werk gewesen. Ausser der Leere im Tresor deutete nichts auf die Tat hin. Es gab keine Spuren von Gewaltanwendung. Der Kassenschrank war verschlossen, und die Schlüssel befanden sich an den gewohnten Stellen. Die Tür zur grossflächigen Terrasse war wie immer verriegelt. Das Tuch, das zum Schutz gegen Zugluft über die untere Hälfte der Tür gespannt war, verriet nichts Aussergewöhnliches. Auch an den Türen zum Büro wurde nichts Auffälliges festgestellt – was allerdings kein Wunder ist. Die Türen des Büros 109, das sowohl vom Gang wie auch von den Nebenbüros 108 und 110 her zugänglich ist, waren stets unverschlossen – so auch in jener Nacht auf den 27. März 1963. Mit dem Hinweis auf die Verbindungstüren zu den Nebenbüros ist auch klargestellt, dass der Dieb den Tatort nicht unbedingt durch die Haupttür des Büros 109 hatte betreten müssen. Er hätte geradesogut den Umweg über eines der Nebenbüros wählen und sich den Zugang durch eine Seitentür des Büros 109 verschaffen können.

Da keine Anzeichen eines Einbruchs entdeckt worden waren, nahm man an, der Täter sei auf normalem Weg ins Haus gelangt. Nachts konnte das Haus nur durch einen einzigen Eingang betreten werden, der aber bewacht war. Auch dies nährte den Verdacht, der Täter sei ein Angehöriger des Polizeikorps selbst.

Ermittlungsleiter Walter Hubatka
Heute gilt in Zürich der Grundsatz, dass stets das andere Polizeikorps mit den Ermittlungen betraut wird, wenn es um interne Strafsachen bei der Stadt- oder bei der Kantonspolizei geht. Als im Sommer 1995 bei der Kantonspolizei ein Fall von missbräuchlich angeschafften und genutzten Polizeimaterialien («Affäre Spring») auffiog, war es keine Frage, dass die Ermittlungen Sache der Stadtpolizei waren.

1963 dagegen gab es diese Regel, die eine Folge der Affäre Meier 19 ist, noch nicht. Trotz der Verdachtslage nahm die Stadtpolizei selbst die Fahndung an die Hand. Laut einer späteren Äusserung von Meier 19 soll Kommandant Bertschi damals gesagt haben: «Das machen wir alles selber, in wenigen Tagen haben wir den Täter.» Als

Fahndungsleiter wurde ein Mann bestimmt, der diese Aufgabe aus vielen, teilweise aber erst später offenkundigen Gründen niemals hätte übernehmen dürfen: Walter Hubatka, 1922 in Frauenfeld geboren, Jurist, Kripo-Chef seit 1961.

Der Zürcher Strafrechtsprofessor und Kassationsrichter Jörg Rehberg kritisiert diesen Entscheid, der offenbar unmittelbar nach der Entdeckung der Tat getroffen wurde, scharf: «Es ist ein grober Fehler, wenn man gegenüber den eigenen Untergebenen ermittelt. Der Anschein der Befangenheit war auch angesichts des persönlichen Beziehungsnetzes in diesem Betrieb klar gegeben, zumal das Polizeikorps sowohl zu den Geschädigten wie auch zu den Verdächtigten gehörte. Dass die Stadtpolizei in eigener Sache ermittelte, ist aus heutiger Sicht unglaublich und hätte von der Bezirksanwaltschaft unterbunden werden sollen.»

Bezirksanwalt Hartmann rechtfertigte sich 1968 (als er bereits Oberrichter war) mit dem Hinweis, er sei vom «Ernst und Eifer, mit dem von unten bis oben an der Aufklärung dieses Diebstahls gearbeitet wurde», beeindruckt gewesen. In seinem Brief an Polizeiinspektor Bertschi schrieb er weiter: «Es war offensichtlich, dass die Stadtpolizei hier mehr, ganz bedeutend mehr Mittel einsetzte, als sie es in einem Fall von vergleichbarer finanzieller Bedeutung sonst tun kann. Das war ein wesentlicher Grund, warum ich davon absah, die polizeilichen Massnahmen generell der Kantonspolizei zu übertragen, wofür in diesem Fall an sich naheliegende Überlegungen gesprochen hätten.» Auch die Staatsanwaltschaft und der kantonale Justizdirektor Ernst Brugger, der spätere Bundesrat, verhinderten die Ermittlung in eigener Sache nicht.

Hubatka verschob seine Ferien, um die Fahndung persönlich leiten zu können. In den Augen Hubatkas sind Betrug, Diebstahl und Veruntreuung «eher Intelligenzdelikte». Zu dieser Feststellung gelangte er in der 1968 erschienenen Broschüre «Junger Mensch und Polizei». Er schrieb: «Dass fast keine Mittelschüler oder Studenten in der Statistik der Vermögenstatbestände figurieren, bestätigt lediglich den Verdacht, dass meist nur plump angelegte Betrügereien vor den Strafrichter gelangen, raffinierte aber den Engpass der Überführung ohne Schaden passieren.»

Mit einem offensichtlichen «Intelligenzdelikt» hatte Hubatka nun zu tun. Er leitete die Ermittlung in Zusammenarbeit mit Kommissär

Gottlieb Fuchs und vier weiteren Polizeioffizieren. Ferner wurde eine Sachbearbeitergruppe gebildet, die aus sechs Detektiven bestand. Es soll in diesem Kreis laut einem Rapport «ein vorzüglicher Teamgeist» geherrscht haben.

Meier beschuldigte Hubatka später, «nur ihm persönlich nahestehende Sachbearbeiter» ausgesucht zu haben. Besonders enttäuscht war Meier 19 vom Hauptsachbearbeiter Robert Schönbächler, weil dieser beim Rapportieren über gewisse Punkte hinweggegangen war. Die beiden Kollegen aus der Polizeirekrutenschule verband lange Zeit ein freundschaftliches Verhältnis, doch nun gerieten sie auseinander. Während Meier 19 entlassen wurde, machte Schönbächler Karriere. 1964 wurde er Postenchef im Detektivbüro, 1968 Chef der Detektivabteilung, 1970 Kommissär und 1982 Stellvertreter des Kripo-Chefs. Er hat sich vor allem auch als Spezialist für die Drogenszene einen Namen gemacht.

Die Ermittler machten sich ans Werk. Der Kreis der möglichen Täter war von Anfang an nicht klein. In der Tatnacht war im Amtshaus einiges los gewesen. Im Büro des Polizeiinspektors hatten Bertschi und Hubatka bis ca. 18.45 Uhr Anwärterinnen für eine Polizeiassistentinnen-Stelle begutachtet. Gegen Mitternacht wurde vom Detektivbüro im Parterre aus die Fahndungsaktion nach einem vermissten Knaben geleitet. Im vierten Stock standen die Leute vom Erkennungsdienst Pikett, im dritten Stock jene vom Meldedienst. Ebenfalls im dritten Stock hatten Beamte der Sittenpolizei und des Staatsschutzes Dienst. Bis 20 Uhr waren die Putzfrauen am Werk. Die ganze Nacht gingen Polizeifunktionäre ein und aus, und unmittelbar vor dem Tatbüro wurde zwischen 19 und 20 Uhr eine Parksünderin befragt.

Noch am Tag, als der Diebstahl entdeckt worden war, wurden sämtliche Angehörige der Nachtdienstablösung und der motorisierten Verkehrspolizei befragt. Sofort wurde auch der fehlende Betrag rekonstruiert: 88 350.60 Franken. In den zwölf verbliebenen Säcklein, darunter auch jenes von Kassenwart Ruoff, fanden sich 12 206.65 Franken. Hubatka adressierte ebenfalls an jenem Mittwoch ein Schreiben an 137 Banken und an das Postcheckamt. Die Geldinstitute wurden über die Zusammensetzung des gestohlenen Papiergelds informiert und gebeten, Leute zu melden, welche einen entsprechenden Geldbetrag anlegen wollten. Die Aktion, die heute bei Meier 19

Kopfschütteln auslöst, war ein Flop. Es gingen keinerlei Hinweise ein.

In der Hauptwache wurden alle Kästen und Behältnisse, aber auch die Papiersammelstelle durchsucht, doch man fand natürlich weder die Beute, noch Zahltagscouverts oder verdächtiges Werkzeug. (Statt dessen fielen bei einem Polizeimann lauter Präservative aus dem Kasten, wie sich ein Kollege erinnert.) Man machte sogar die Männer von der Kehrichtabfuhr auf die Möglichkeit aufmerksam, dass die Zahltagscouverts sich im Güsel befinden könnten – mit einem illustrierten Anschlag, der sowohl in deutscher wie auch italienischer und griechischer Sprache abgefasst war. Diese Bemühungen brachten ebensowenig wie Nachforschungen bei der Swissair, ob irgendwelche Polizeiangehörige Flüge gebucht hätten. In der Nacht, die der Deliktsnacht folgte, durchsuchten Kantonspolizisten im Auftrag der Stadtpolizei die 1085 Schliessfächer und die Handgepäckannahme des Hauptbahnhofs – auch dies ohne Ergebnis.

Natürlich wurde auch sofort der Tresorverantwortliche überprüft. Ein Detektiv schritt mit Ruoff den ganzen Weg ab, den dieser am Tatabend gegangen war, und anschliessend, um 22 Uhr, fand die erste, mehrstündige Einvernahme statt. Am andern Tag wurde sein Haus inklusive Garten, Klavier und Ölofen durchsucht. Man fand nichts.

Eine weitere Vorkehrung der ersten Stunden bestand darin, dass am geplünderten Kassenschrank die Zuhaltungen und die Schlüssel geändert wurden. Der Tresor wurde weiter benützt und war immer noch in Betrieb, als Kurt Meier ihn im Oktober 1996 mit Genehmigung von Polizeivorstand Robert Neukomm besichtigen durfte. Er steht heute in einem andern Büro und dient gelegentlich zur Aufbewahrung der 45 Kugeln, die bei der Ziehung des Zahlenlottos am Fernsehen in der Glückstrommel durcheinanderpurzeln.

Schönfärbereien an der Pressekonferenz
Bereits am Tag nach der Entdeckung der Tat geriet die Polizei unter Druck. Schuld daran war nicht nur die Ergebnislosigkeit der ersten Ermittlungen, sondern auch ein Mann namens Marcel Bertschi. Der spätere Zürcher Staatsanwalt war von 1960 bis 1966 Lokalredaktor beim sozialdemokratischen «Volksrecht». Als erster veröffentlichte er am Donnerstag einen Bericht über den in der Nacht auf Mittwoch

begangenen Diebstahl. Hubatka erinnerte sich zehn Jahre später daran, dass sich die Presse bereits am Mittwochvormittag gemeldet hatte: «Wir waren überrascht, dass diese Sache schon bekannt war, kaum hatte die Tatbestandesaufnahme begonnen.»

Marcel Bertschi war voll informiert: «Einem hartnäckigen Gerücht zufolge, das sich gestern in Zürich still und leise immer weiter verbreitete, sollen im Polizeiinspektorat in der Nacht vom Dienstag auf den Mittwoch aus einem Tresor zwischen 50 000 und 100 000 Franken gestohlen worden sein. Die städtischen Angestellten erhalten ihre Gehälter in der Regel am 25. oder 26. des Monats. Es kommt aber immer vor, dass gewisse Gehälter erst später ausbezahlt werden; dies deshalb, weil einige Berufe keine regelmässige Arbeitszeit haben. Der oder die Täter müssen also gewusst haben, dass in einem Tresor des Polizeiinspektorats noch einige Bündel von Noten lagen, die für die am Mittwoch oder am Donnerstag zur Auszahlung gelangenden Löhne bestimmt waren. So erzählt die Fama …»

Bertschi hatte am Mittwoch versucht, bei Stadtrat Sieber und bei Spitzenfunktionären der Polizei eine Bestätigung für das Gerücht zu erhalten. Doch es wurde weder bestätigt noch dementiert, und daraus schloss der Redaktor in seinem Artikel, dass «der Diebstahl effektiv ausgeführt wurde». Bertschi aber wollte sich nicht billig abspeisen lassen und setzte nun der Polizei das Messer an den Hals: «Sicher ist es für die Polizei – insbesondere für Stadtrat Sieber – nicht eben angenehm, dass gleichsam unter dem Auge des Gesetzes solche erklecklichen Summen verschwinden können. Aber – irgendwann muss die Polizei in den sauren Apfel beissen und zu diesem Gerücht Stellung nehmen. Und der Sinn dieses kurzen Artikels ist der, Stadtrat Sieber aufzufordern, kühn und furchtlos diesem Gerücht entgegenzutreten und es zu dementieren oder zu bestätigen. […] Wir warten …»

Marcel Bertschis Artikel hatte Wirkung. Noch am selben Tag fand im Büro des Polizeikommandanten eine Pressekonferenz statt. Im Beisein von Stadtrat Sieber und Kripo-Chef Hubatka orientierten Polizeiinspektor Rolf Bertschi und Bezirksanwalt Hartmann die Journalisten.

Ein Journalist stellte die Frage, weshalb das Büro mit dem Tresor unverschlossen war. Polizeiinspektor Bertschi erklärte, der Tresor berge normalerweise nur wenig Geld, und in diesem Büro seien Registraturen und Akten aufbewahrt, die jederzeit zugänglich sein müssten. Deshalb müssten die Türen stets unverschlossen bleiben. Kassenwart Ruoff hat dieser Behauptung später entschieden widersprochen: «Es bestand nicht der geringste Anlass, dass die Büros Nr. 108 bis 110 von irgendeinem Funktionär nach Büroschluss betreten werden mussten. Kein Mensch hatte nachts in meinem Büro etwas zu suchen.» Im Tatbüro wurden lediglich Krankheits-, Überzeit- und Urlaubskontrollen und sonstige Personalakten aufbewahrt, deren Konsultierung ohne weiteres aufgeschoben werden konnte, ganz abgesehen davon, dass sich hier nur das Büropersonal auskannte.

Schönfärberisch waren noch zwei weitere Behauptungen. Die eine stammte von Polizeivorstand Sieber und wollte der Öffentlichkeit weismachen, die Stadtverwaltung erleide durch den Diebstahl keinen Schaden, da für solche Fälle eine Versicherung abgeschlossen worden sei. Die andere Schutzbehauptung äusserte Inspektor Bertschi. Er vertrat die Ansicht, dass die in separaten Schränken eingeschlossenen Schlüssel genügend gesichert waren: «Vom polizeilichen Standpunkt aus ist das Versteck nicht zu beanstanden.»

In Tat und Wahrheit wollte die Versicherung den Schaden nicht decken, und zwar deshalb, weil der eine Tresorschlüssel entgegen der Versicherungsbestimmungen (und entgegen polizeilicher Empfehlungen!) im Raum des Tresors aufbewahrt worden war. Die Basler Feuer-Versicherung, eine Vorläufergesellschaft der Basler Versicherungs-Gesellschaft, zögerte den definitiven Entscheid über die Schadensdeckung um fünf Jahre hinaus und lehnte die Zahlung schliesslich ab. Der Theologe, einstige NZZ-Redaktor und nachmalige Bankier Ernst Bieri, der von 1966 bis 1970 städtischer Finanzvorstand war, erinnert sich heute noch daran. Er suchte hierauf einen Kompromiss auszuhandeln. Die Versicherung blieb aber hart, worauf Stadtrat Bieri sukzessive alle städtischen Verträge mit dem Basler Unternehmen aufkündigte.

Polizei unter Verdacht
Die Pressekonferenz hatte ein grosses Echo und hämische Reaktionen zur Folge. Der Fall wurde durch die Nachrichtenagenturen auch im Ausland verbreitet und hat, wie der «Tages-Anzeiger» vermutete, «wohl auch dort einiges Schmunzeln hervorgerufen». «Es bestätigt sich wieder einmal, dass man gewissermassen direkt unter den Augen der Hüter des Gesetzes mit dem kleinsten Risiko, entdeckt und gehin-

dert zu werden, wider das Gesetz handeln kann», mokierte sich die NZZ.

Die Tat des «ebenso frechen wie kühnen Diebs» («Tages-Anzeiger») war in Zürich Tagesgespräch. Laut «Tages-Anzeiger» wurde «allgemein die Frage gestellt, warum die Stadtpolizei ihre Gelder nicht an einem sicheren Ort aufbewahre und weshalb die Polizei beim Haupteingang nicht eine schärfere Kontrolle vornehme». Es mute merkwürdig an, schrieb die NZZ, dass «der Schlüssel zu einem Tresor, der eine beträchtliche Menge Geld enthält, jeweils ‹versteckt› wird in einem unverschlossenen Bureau, während er doch beispielsweise dem Wachtchef in Verwahrung gegeben werden könnte». Man komme, so die NZZ, «nicht darum herum, festzustellen, dass der Weg bis zum Tresor für jeden möglichen Täter ein gefahr- und müheloser Spaziergang war».

Bereits in den ersten Zeitungsberichten wurde angenommen, dass «der Täter im Polizeikorps selbst oder unter dem zivilen Personal des Polizeiinspektorats zu suchen ist» (NZZ). Der «Tages-Anzeiger» schrieb: «Immer mehr richtet sich der Verdacht gegen die eigenen Leute, was für die Unschuldigen unangenehme Folgen mit sich bringt.»

Laut «Tages-Anzeiger» entstand damals im Polizeikorps «eine sehr unerquickliche Stimmung: Gegenseitiges Misstrauen macht sich breit, und die Zusammenarbeit wird durch die entstandene Nervosität stark erschwert». «Wir stehen alle unter Verdacht», sagte am 1. April ein Polizeifunktionär gegenüber dem «Blick», «wenn nur der Schuldige bald gefunden würde!» Am 10. April berichtete der «Blick»: «Die Stimmung ist auf dem Tiefpunkt.» Und die Nachrichtenagentur UPI meldete: «Die ergebnislose Suche nach dem Zahltagsdieb hat die bedauerliche Folge, dass einzelne Polizeifunktionäre auf der Strasse angerempelt werden.» «Im Volksmund», fuhr die UPI-Meldung fort, «zirkulieren bereits zahlreiche Witze über den unaufgeklärten Diebstahl. ‹Gibs zue› und ‹Hast du den Tresorschlüssel?› seien die Formeln, mit denen sich heute zwei Stadtpolizisten begrüssen. Ein anderer ‹Witz› behauptet, der Dieb habe sich totgelacht, als er gesehen habe, wie lächerlich klein die Zahltage der Stadtpolizei seien.»

Der Druck der Öffentlichkeit und die fragwürdigen Schutzbehauptungen der Polizei liessen die Angelegenheit zur Prestigesache werden. Ein Sprecher der Stadtpolizei erklärte am 2. April denn auch, die

Fahndung werde auf «aussergewöhnlich breiter Basis durchgeführt und gleiche derjenigen in einem Mordfall».

Eine Woche nach der Entdeckung des Diebstahls richtete sich Polizeiinspektor Bertschi mit einem persönlichen Schreiben an alle 1097 Korpsangehörigen und Zivilangestellten. Der Rundbrief bezweckte, wie es ein Rapport formulierte, «die Interessierung unserer gesamten Polizeimannschaft für eine möglichst rasche Abklärung des schweren Diebstahls» und die «entsprechende Beleuchtung des in jener äusserst belastenden Ermittlungsphase stark bedrohten Korpsgeistes bezüglich seiner wichtigen Bedeutung (Kameradschaftsverhältnis und Arbeitsklima)». Dem Schreiben war ein Fragebogen beigelegt, der «umgehend dem Polizeiinspektorat einzusenden» war.

Mit drei Fragen wurde vor allem eruiert, welche Polizeifunktionäre sich in der fraglichen Nacht in der Hauptwache oder im Stadtkreis 1 aufgehalten hatten und was sie dabei taten. 191 Korpsangehörige gaben an, in der Nähe des Tatorts gewesen zu sein. Auch Meier 19 hatte diesen Fragebogen ausfüllen müssen. Er hatte in der Tatnacht aber nicht Dienst gehabt und wurde auch nie einer Befragung unterzogen.

Im Zeitraum von 15 Monaten wurden 388 Rapporte erstellt und unzählige Befragungen, 123 protokollarische Einvernahmen und 20 Hausdurchsuchungen durchgeführt, ferner 76 eingehende Ermittlungen bezüglich der Vermögensverhältnisse und Lebensführung einzelner Personen. Rund hundert Zürcher Bankinstitute erhielten eine Liste von Personen, damit sie diese nach allfälligen Darlehen und Schulden überprüfen konnten. Dies geschah allerdings erst Ende September. Die Ergebnisse dieser Umfrage waren «klar negativ», wie Bezirksanwalt Hartmann später festhielt.

Auch die Untersuchung der Fingerabdrücke führte zu keinem Verdacht: Die 38 Abdrücke stammten ausnahmslos von Tatortberechtigten, zu denen – nebenbei gesagt – Hubatka nicht gehörte. Keiner der sieben Personen konnte nachgewiesen werden, dass sie die Spuren nicht in Ausübung ihrer Funktionen hinterlassen hätte.

Der Zahltag von Ende April bot Anlass zu einer merkwürdigen Rekonstruktion. Es wurde geprüft, wie der Dieb die 71 Zahltagssäcklein hätte abtransportieren können. Hubatka schlüpfte in einen Polizeimantel und demonstrierte höchstpersönlich vor, wie die Säcklein von einem Uniformpolizisten mit Mantel in einem Gang hätten weggetragen werden können. Hubatka konnte die Täschchen innert zwei bis drei Minuten in die verschiedenen Veston- und Manteltaschen stopfen. Ohne Mantel hätte der Täter zwei oder drei Gänge benötigt. Ein Mantel wäre in der Deliktnacht übrigens kaum aufgefallen, bei einer Temperatur von 5 bis 6 Grad Celsius und Schauerregen.

Nachforschungen wurden auch angestellt, als der Verband Schweizerischer Polizei-Beamter in der Zeit vom 27. April bis zum 8. Mai 1963 eine Studienreise nach Amerika durchführte. Ein Mitglied der engeren Sachbearbeitergruppe observierte die Reisegruppe. Von den gut 50 Teilnehmern der Stadtpolizei Zürich benahm sich aber keiner auffällig. Auch Recherchen im Spielkasino Konstanz führten nicht auf die Spur des Täters.

Am 29. Mai liessen die Untersuchungsbehörden einen weiteren Fragebogen verteilen. Er ging nicht nur an die 1097 Empfänger des ersten Fragebogens, sondern auch an 113 ehemalige Korpsangehörige, die in den fünf vorangegangenen Jahren ausgetreten waren. Jetzt wurden auch Fragen zum Tresorschlüssel gestellt. 26 Beamte bejahten die Frage, ob sie schon einmal den Weg beobachtet hätten, der im Büro für Personelles zum Kassenschrankschlüssel führte. Doch bei diesen Personen handelte es sich «praktisch um das Kanzleipersonal oder um ehemalige Angestellte des Polizeiinspektorates, denen ohnehin der Schlüsselweg bekannt war».

Viele Wege zum Schlüssel
Die Frage nach dem Doppelbartschlüssel für das untere Tresorschloss erwies sich mehr und mehr als zentral.

Ruoff verfügte damals über zwei Doppelbartschlüssel: Den einen hatte er (zusammen mit dem einbartigen Schlüssel für das kleine, in der Tatnacht unverschlossene Schloss) an seinem Schlüsselbund befestigt. Den Schlüsselbund deponierte Ruoff in einem Stahlschrank zwischen alphabetisch eingeordneten Gesuchsformularen bei einem bestimmten Buchstaben. Den Schlüssel des Stahlschranks verschloss er in der Schublade seines Schreibtisches. Den Schreibtischschlüssel wiederum versteckte er in einem Wandschrank unter einer Kiste. Alle diese Schlüssel waren «praktisch unverändert, man möchte fast sagen auf den Millimeter genau, an ihren Verstecken am Morgen nach der Tat aufgefunden worden», hielt ein Polizeirapport fest.

Beunruhigend war allerdings die Erkenntnis, dass es im Polizeiamt fünf weitere Stahlschränke mit dem genau gleichen Schloss gab und elf passende Schlüssel und 56 Personen, die täglich die Möglichkeit hatten, einen solchen Schlüssel zu behändigen. Ein konkreter Tatverdacht ergab sich aus diesen Feststellungen aber nicht.

Der andere Doppelbartschlüssel lag tagsüber im Nebenbüro 108 in einer offenen Pultschublade und wurde nachts in einem hölzernen Schlüsselkästchen im anderen Nebenbüro (Büro 110) aufbewahrt. Dieses Kästchen wurde mit einem Kaba-Schlüssel abgeschlossen, der manchmal – nicht allerdings in der Deliktzeit – unter den Büroklammern im Pultauszug eines Schreibtischs versteckt wurde. Dies aber war ein «jedem Einbrecher und wohl auch Polizeier geläufiges Versteck», wie ein Polizeirapport kritisch vermerkte. Ein im Büro 110 tätiger Sekretär verriet denn auch, dass «das Bedienen dieses Schlüsselverstecks nicht immer in glücklicher Weise geschah, und dass dies sogar in Anwesenheit von Dritten, jedoch nur Korpsangehörigen, Reinigungspersonal oder sonstigen ‹berechtigten› Personen vorgekommen sein soll».

Ein Korpsangehöriger, der per Zufall von diesem Schlüsselversteck erfuhr, war der Leiter des Staatsschutzkommissariats. Hans Stotz, der dem Fernsehpublikum als Teilnehmer an Robert Lembkes «heiterem Beruferaten» bekannt war, benützte am 1. Mai 1961 das günstig gelegene Büro 110, um den Umzug der Gewerkschaften auf staatsfeindliche Umtriebe hin zu überwachen. Per Zufall entdeckte er dabei den Kaba-Schlüssel unter den Büroklammern im Pultauszug. Er machte den Kommandanten auf die Problematik dieses Aufbewahrungsortes aufmerksam. Auch Kripo-Chef Hubatka erfuhr davon. Auf einem nach dem Zahltagsdiebstahl verteilten Fragebogen bestätigte er, dass ihm Stotz «einmal von den Schlüsselverhältnissen erzählt habe». Dabei sei «allerdings der Kassenschrankschlüssel nicht speziell erwähnt worden». Die Frage, ob er den Weg zum Tresorschlüssel schon einmal beobachtet habe, verneinte Hubatka.

Der Verdacht lag nahe, der Dieb könnte sich mit dem Kaba-Schlüssel den Doppelbartschlüssel verschafft haben, um einen Nachschlüssel herzustellen. Die Ermittler fanden mit einem Experiment heraus, dass eine solche Nachfertigung durchaus möglich war. Zu diesem Zwecke wurde ein Polizeigefreiter, ein ehemaliger Werkzeugmacher, gebeten, aus einem Rohling mit eigenen, nichtmaschinellen Mitteln einen vergleichbaren Doppelbartschlüssel zu kopieren. Der Mann schaffte es innert 24 Stunden.

Das Experiment hatte zur Folge, dass sogleich alle Korpsangehörigen näher überprüft wurden, die in ihrem früheren Beruf der metallverarbeitenden Branche angehört hatten. Der frühere Mechaniker Meier 19 bekam davon aber nichts zu spüren, was ihn heute seltsam anmutet.

Vielleicht aber hatte es der Dieb gar nicht nötig, einen der beiden offiziellen Doppelbartschlüssel für die Tat oder für eine Nachfertigung behändigen zu müssen. Die Schlüsselfrage komplizierte sich noch einmal, als die Ermittler herausfanden, dass der Kassenschrank sich bis 1955 im dritten Stock des Amtshauses befunden hatte und damals offenbar ein Doppelbartschlüssel abhanden gekommen war.

Der Tresor stand dannzumal im Sittenkommissariat und diente zur Aufbewahrung von Drogen und unzüchtigen Bildern. Über den genauen Standort kursierten unterschiedliche Angaben. Im Sommer 1955 wurde der Tresor ausgemustert und Ruoff, der nach einem neuen Schrank Ausschau hielt, zur Verfügung gestellt. Ruoff übernahm ihn am 29. Juli 1955, musste aber feststellen, dass die obligatorische zweite Schlüsselgarnitur fehlte. Deshalb wurde – in sorgloser Weise, ohne Änderung an den Zuhaltungen des Tresorschlosses – bei der Schlüsselfirma ein neuer Doppelbartschlüssel besorgt. Ruoff erinnerte sich fünf Jahre später: «Ein Vertreter der Kassenfirma holte, soviel ich mich erinnere, den Musterschlüssel bei mir ab und kam mit zwei Schlüsseln zurück.» Einer der beiden Doppelbartschlüssel Ruoffs war ein eigens angefertigtes Ersatzexemplar.

Wo aber war der Original-Zweitschlüssel? Ernst Schluep, welcher der Sittenpolizei bis 1945 vorstand, erinnerte sich wohl noch an den Tresor, nicht mehr aber an die Schlüsselverhältnisse. Sein Nachfolger, Max Bobst, erklärte, er habe für den Tresor stets nur einen Schlüssel zur Verfügung gehabt. Diesen Schlüssel habe er jeweils in seinem Schreibtisch eingeschlossen. Trotzdem wollte Bobst in seiner Amtszeit wiederholt festgestellt haben, dass der Tresor in seiner Abwesenheit geöffnet worden war: «Es fiel mir eines Tages auf, dass die im Schrank befindlichen Sachen irgendwie nicht mehr am gleichen Ort standen. Aus diesem Grunde stellte ich eine Falle und kann ich nun mit Sicherheit sagen, dass der Kassenschrank durch eine unbefugte Person geöffnet worden war.» Geschah dies mit dem vermissten Zweitschlüssel? Wurde der Zahltagsdiebstahl mit diesem Schlüssel begangen?

Nun gerieten die Schlüsselverhältnisse, wie sie bis 1955 auf der Sittenpolizei herrschten, in den Brennpunkt des Interesses. Flugs wurden alle noch lebenden Funktionäre befragt, die bis 1955 in der Sittenpolizei tätig waren. In den Räumen der Sittenpolizei wurden sämtliche Kästen, Schränke und Pulte durchsucht – ergebnislos. Nicht befragt wurde dagegen gemäss den Akten der Nachfolger Bobsts, der am 1. März 1955 Sittenkommissär wurde und fünf Monate später die Wegschaffung des Tresors verfügte: Walter Hubatka, nunmehr Kripo-Chef und Ermittlungsleiter in der Sache Zahltagsdiebstahl. Erst fünf Jahre später, im Januar 1968, musste er vor dem Untersuchungsrichter Auskunft geben.

«Monatelang am Zahltag auf der Lauer»
Die verworrenen Schlüsselverhältnisse und die Sorglosigkeit beim Verstecken der Schlüssel liessen somit zahlreiche Möglichkeiten als denkbar erscheinen, wie der Täter in den Besitz eines Doppelbartschlüssels hätten kommen können. «Dass dies für unsere Ermittlungen das Gegenteil der zu erstrebenden Einengung von Tathergangsmöglichkeiten und des Täterkreises bedeutete, dürfte einleuchten», wand sich der zusammenfassende Rapport der Sachbearbeiter Gustav Simmen und Robert Schönbächler vom 22. Oktober 1963.

Dieser Rapport war bloss ein Zwischenbericht; die Ermittlungen gingen noch jahrelang weiter. Am Ergebnis des Zwischenberichts sollte sich aber nichts mehr ändern. Der Fall wurde nie geklärt, und das ist nach der Einschätzung von Meier 19 ein «klägliches Versagen», handelte sich doch um «einen Kriminalfall mittleren Schwierigkeitsgrades». Ein Kantonspolizist soll einmal gesagt haben: «Wenn wir von der Kantonspolizei die Sache untersuchen würden, hätten wir den Dieb innerhalb von drei Tagen herausgefunden.»

Der Rapport der beiden Hauptsachbearbeiter ist in einem etwas geschraubten Stil geschrieben, der zum ernüchternden Inhalt in seltsamem Kontrast steht. Auf 45 Seiten wird hier mitgeteilt, dass man im Grunde nichts herausgefunden habe: «Nach sieben Monate dauernden Ermittlungen müssen wir heute schweren Herzens feststellen, dass es unserer aller Anstrengungen bis anhin nicht gelungen ist, die Täterschaft des schweren Gelddiebstahls auf unserem Polizeiinspektorat zu eruieren. Trotz Anwendung aller erdenklicher in Frage kommender Fahndungsmittel konnten wir auch nicht eine ausser jedem Zweifel liegende, tatrelevante Spur aufnehmen, welche auf eine bestimmte Person oder Personengruppe hingewiesen hätte.»

Immerhin bestätigte sich der von Anfang an vorherrschende Verdacht: «Dass eine Fremdperson, d.h. eine solche ohne jedwelche Beziehungen zur Organisation der Stadtpolizei, den Diebstahl ausführte, kann als nicht wahrscheinlich in Betracht gezogen werden.» Die beiden Sachbearbeiter neigten daher «nach wie vor zum Leitsatz, dass die Täterschaft unsere internen Kreise berühre. Dieser am ehesten auch noch realisierbaren Fahndungsrichtung dürfte daher weiterhin der Vorzug zukommen.»

Auch Kassenwart Ruoff machte sich seine Überlegungen. Er hat seine Schlussfolgerungen später zu Papier gebracht: «Je länger ich über die Sache nachdachte, je mehr kam ich zur Überzeugung, dass der Diebstahl schon lange auf meinem Nacken sass. Der Dieb war monatelang am Zahltag auf der Lauer. Mit dem Hauptschlüssel in der Hand wartete der Täter immer wieder auf den Augenblick, an dem die Kassentür sich öffnete und ich in all den Jahren nur ein einziges Mal das zweite, kleine Schloss nicht abschloss. Er stand, das ist meine Überzeugung, schon oft mit dem Doppelbartschlüssel vor dem Schrank, versuchte zu öffnen, und monate-, vielleicht jahrelang ohne Erfolg.»

Das Prinzip gegenseitiger Deckung (1963/66)

Die Untersuchung des Zahltagsdiebstahls wurde sehr rasch zum Politikum. Schon in der ersten Parlamentssitzung nach der Tat verlangte SP-Gemeinderat Ernst Diener vom Stadtrat Auskunft, «warum mit der Aufklärung des grossen Gelddiebstahls bei der Stadtpolizei ein städtischer Polizeikommissar und nicht die Kantonspolizei beauftragt wurde».

Die Exekutive verteidigte die Ermittlung in eigener Sache mit der Meinung, diese gewähre mehr Effizienz. Es scheine, schrieb der Stadtrat in seiner Antwort, «im Interesse einer raschen Abklärung zweckmässig, wenn Funktionäre, welche die internen und personellen Verhältnisse aus eigener Erfahrung kennen, die sehr weitgehenden polizeilichen Ermittlungen durchführen». «Volksrecht»-Redaktor Marcel Bertschi kritisierte diese Antwort als «nicht sehr klug». Denn man begehe «einen weiteren Fehler», indem man den «ersten Fehler», die Ermittlung in eigener Sache, «in ein Verdienst umbiegen will».

Die grossen Zürcher Zeitungen dagegen befleissigten sich, wie man es damals gewohnt war, einer gouvernementalen Haltung und gewährten dem Stadtrat Rückendeckung. Sie ergänzten die behördlichen Argumente noch mit einer psychologischen Überlegung. Der «Tages-Anzeiger» schrieb: «Eine Untersuchung durch Kantonspolizisten, die ihre Kollegen vom städtischen Korps, wenn auch rein routinemässig, durchleuchten müssten, kann leicht jene latenten Spannungen erhöhen, die zwischen den beiden Polizeikorps, ob man es wahrhaben will oder nicht, bestehen.»

Von da an war der Zahltagsdiebstahl für die Politiker viele Jahre lang kein Thema mehr.

Enge dienstnachbarliche Verhältnisse
In Wirklichkeit sprachen gerade auch psychologische Gründe gegen eine Fahndung durch die Stadtpolizei. Dies verrät unwillentlich auch der Zwischenbericht der Hauptsachbearbeiter Simmen und Schönbächler. Die beiläufigen Andeutungen, wonach Korpsgeist und interne Abhängigkeiten die Ermittlungen erheblich erschwert hätten, sind

bezeichnend. Es gibt für die Erkenntnis, dass ein Polizeikorps nie gegen sich selbst ermitteln sollte, kaum einen besseren Beweis als diese Ausführungen.

Die beiden Hauptsachbearbeiter erwähnen beispielsweise den Befund, dass «verschiedene Personen als nicht über alle Zweifel erhaben erscheinen», und fahren dann fort: «Diesbezüglich werden jedoch in Berücksichtigung des unseres Erachtens unbedingt zu respektierenden Korpsgeistes und angesichts unserer nicht sehr fundierten Unterlagen die künftigen Massnahmen nur in sehr subtiler und diskreter Richtung geführt werden dürfen.»

Ein «subtiles» Vorgehen erschien ihnen auch individueller Empfindlichkeiten wegen angezeigt: «Nicht selten mussten wir auch bei lediglich als Auskunftspersonen tangierten Korpsangehörigen vorgängig ihrer sachbezüglichen Befragung zuerst Hemmnisse der Gleichgültigkeit, des kritiklosen Beziehens jeder Frage auf seine eigene Person, oder gar der Erbostheit, dass auch er nach so und soviel Dienstjahren noch befragt werde, beiseite schaffen, um in das unerlässlich vertrauliche Gespräch zu kommen.»

Den Sachbearbeitern fiel auch «die sehr geringe Zahl von Hinweisen aus dem Korps» auf. Nicht selten glaubten sie, ein «gewisses Desinteressement von Korpsangehörigen an der Aufklärung des Diebstahls wahrnehmen zu müssen». Die Schlussfolgerung: «Wir kommen um den Gedanken nicht herum, dass doch wohl Täter oder Mitwisser in irgendeiner – ev. nur schwach zu beobachtenden – Weise im üblichen Kameradenkreis nach der Tat, möglicherweise aber auch schon vorher, aufgefallen sein konnten. Wir gehen wohl nicht fehl in der Annahme, dass bejahendenfalls Gewissensbisse eines Beobachters, als Denunziant in einer unsicheren Sache auftreten zu müssen, eine Meldung unterbleiben liessen. Solche allfällige Beobachter fanden anscheinend aber auch den Weg nicht über eine anonyme Anzeige. Doch muss auch hier wieder gesagt werden, dass angesichts des meistens sehr engen, auch von Kameraden abhängigen dienstnachbarlichen Verhältnisses die Gefahr für den Beobachter bestand, dass der Betroffene die Herkunft des Hinweises richtig deuten könnte. In solchen Fällen mag also wohl die Furcht der Gefährdung des Dienstverhältnisses einer Meldung eines Verdachtes den Vorzug gegeben haben.»

Diese Ausführungen geben Kurt Meier recht, der 1967 bei einer

Einvernahme sagte, die «falsche Einstellung des Kommandos, den Fall selbst intern zu behandeln» habe «eine Befangenheit sämtlicher Funktionäre geschaffen, die sich nach meiner Meinung katastrophal ausgewirkt hat».

Irreführende Auskunft des Stadtrats
Die Antwort des Stadtrats auf die Anfrage von SP-Gemeinderat Ernst Diener sanktionierte nicht nur ein fragwürdiges Vorgehen, sie enthielt auch einen zumindest irreführenden Satz und weckte bei all jenen, die um die wahren Sachverhalte wussten, Verdacht. Es ging um die Behauptung, bei den ermittelnden Polizeifunktionären handle es sich «um bewährte Spezialisten, die selbst einer Alibiüberprüfung unterzogen wurden, so dass nach menschlichem Ermessen ausgeschlossen werden kann, dass die Täterschaft unter den Untersuchenden zu finden ist».

Die Antwort des Stadtrats wurde am 10. Juni 1963 publiziert. Zu jenem Zeitpunkt wussten die Insider bereits, dass die Behauptung, die Alibis der Ermittler seien überprüft worden, falsch war. Sie wussten, dass die Ermittler Hubatka und Stotz nie ordnungsgemäss einvernommen worden waren, obwohl beide zur Deliktszeit im Haus waren und beide Berührungen mit dem Schlüsselweg angegeben hatten.

Meier 19 bezeichnet die Behauptung, die Präsenzangaben der ermittelnden Polizeifunktionäre seien überprüft worden, heute als «die Kardinallüge». Er hatte sie 1971 als Urkundenfälschung eingeklagt und vermutet, dass hier nicht der Stadtrat, sondern «die Verwaltungsebene gelogen» habe. Hierauf war ein ausserordentlicher Staatsanwalt eingesetzt worden. Rechtsanwalt Walter Spillmann-Thulin kam tatsächlich zum Schluss, die stadträtliche Antwort erscheine als «unrichtig oder zumindest als irreführend»: «Der Wortlaut der stadträtlichen Antwort vermittelt nämlich dem unbefangenen Leser den Eindruck, sämtliche mit der Durchführung der polizeilichen Ermittlungen betrauten Funktionäre der Stadtpolizei seien einer derart eingehenden Alibiüberprüfung unterzogen worden, dass mit Bezug auf jeden einzelnen die Möglichkeit einer Täterschaft nach menschlichem Ermessen ausgeschlossen werden könne.» Demgegenüber stehe aber fest, dass «die an der Untersuchung beteiligten Offiziere und als Sachbearbeiter beigezogenen Unteroffiziere und Detektive mehrheitlich nicht einer derart lückenlosen Alibiprüfung unterzogen worden waren, dass ihre Täterschaft aus diesem Grunde hätte ausgeschlossen werden können».

Spillmann-Thulin hat auch das Zustandekommen der Stadtratsantwort untersucht. Der erste Entwurf stammte von einem Kriminalkommissär, und bereits diese Darstellung war, so Spillmann-Thulin, missverständlich. Kripo-Chef Hubatka leitete den Entwurf sodann unverändert an den Polizeiinspektor weiter, und dieser bearbeitete den Text so, dass er nun «vollends irreführend» wurde.

Trotz dieser wenig erbaulichen Erkenntnisse fand Spillmann-Thulin zu wenig Verdachtsmomente, um eine Anklage rechtfertigen zu können: «Aus den Akten und auf Grund der Angaben der Beteiligten» hätten sich keine Anhaltspunkte dafür ergeben, dass der Kriminalkommissär, Hubatka oder Polizeiinspektor Bertschi «wissentlich und willentlich den Stadtrat mit Bezug auf die Frage der Alibiüberprüfung hätten irreführen wollen». Ein entsprechendes Motiv könnte, so Spillmann-Thulin, einzig beim Urheber des Zahltagsdiebstahls vorliegen ...

Die Frage, ob die drei Beamten ihre Sorgfaltspflicht verletzt oder fahrlässiges Verhalten an den Tag gelegt hätten, liess Spillmann-Thulin offen. Zur Zeit seiner Überprüfungen (1973) wäre eine bloss fahrlässige Urkundenfälschung bereits seit fünf Jahren verjährt gewesen.

Die von Spillmann-Thulin beschriebenen Lücken bei der Ermittlung haben mit der Tatsache zu tun, dass die Offiziere generell anders als die unteren Ränge behandelt wurden. Tatsächlich findet sich in den Akten kein Hinweis auf die Einvernahme eines Offiziers. Auch dies konnte im Korps nicht verborgen bleiben.

Forsch gegen die «Kleinen»
Die Schonung des Kaders kontrastierte mit dem harten Vorgehen gegenüber den «kleinen Leuten». Gemäss den Akten suchte man den Täter vor allem unter den untergeordneten Funktionären oder ehemaligen Korpsangehörigen. Es ist naheliegend, dass Kassenwart Karl Ruoff streng überprüft wurde.

Umfangreiche Ermittlungen und eine Hausdurchsuchung musste eine Putzfrau über sich ergehen lassen, die am Tatabend Dienst hatte. Gegen sie wurde sogar offiziell ein Strafverfahren eröffnet. Das Delikt konnte ihr aber nicht nachgewiesen werden. Bei drei jungen Kanzlistinnen, die in unmittelbarer Nähe des Tatbüros ihren Arbeitsplatz hatten, gab es ebenfalls Hausdurchsuchungen.

Auch gegen mehrere ehemalige Polizeibeamte wurde ermittelt. Besonders stark richtete sich der Verdacht gegen einen damals 30jährigen Mann, der die Polizei Ende 1960 verlassen hatte und nun als Autoverkäufer tätig war. Ein Polizist hatte zwei Monate nach der Tat angegeben, er habe den Autoverkäufer am Samstag vor dem Diebstahl gesehen, wie er um ca. 20 Uhr das Amtshaus verlassen habe. Der Mann wurde für acht Tage festgenommen, sein Foto hing in allen Polizeiwachen, und in einem an alle Korpsangehörigen verteilten Fragebogen wurde nach den Beziehungen zum Verdächtigten gefragt. Im Rahmen dieser Ermittlungen wurden zwei Hausdurchsuchungen, ein Dutzend Einvernahmen und zahlreiche Erhebungen durchgeführt, unter anderem bei Arbeitgebern und im Spielkasino Konstanz. Obwohl der Autoverkäufer als Aussenstehender kaum die Hauptwache hätte betreten können, ohne dass er angehalten worden wäre, wurde er, so ein Rapport, «in verschiedener Hinsicht der Täterschaft des Einbruchdiebstahls in das Polizeiinspektorat verdächtigt». Rund ein Fünftel der an die Bezirksanwaltschaft überwiesenen Polizeiakten betrafen diesen Mann. Auch gegen ihn wurde offiziell ein Strafverfahren eröffnet, doch am Ende wurde es sistiert, und der Staat musste den Autoverkäufer wegen der Untersuchung entschädigen.

Für Meiers spätere Rechtsanwältin Gertrud Heinzelmann waren die Untersuchungshandlungen gegen den Autoverkäufer «milde gesagt, höchst überflüssig». Und auch Meier selbst schrieb 1967 in einer Eingabe: «Der Mann wurde dieses Diebstahles verdächtigt, ohne dass die Mannschaft je einmal konkrete Verdachtsmomente erfuhr. Mit übertriebener Energie und Aufwand wurde bei diesem Ehemaligen alles überprüft und sogar dessen Telefon überwacht. [...] Die geschilderten Tatsachen zeigen, dass mit grösstem Aufwand ausserhalb der Polizei nach dem Täter gesucht wurde. Zu schwersten Bedenken Anlass gebende Vorkommnisse innerhalb der Polizei wurden unbeachtet gelassen.»

Viele im Korps wussten manches
Die Sache gab im Polizeikorps einiges zu reden. Heinrich Weber, der Präsident des Vereins der Detektive, sagte 1967 vor einer Untersuchungskommission: «Bei uns wurde auch der Zahltagsdiebstahl besprochen, sogar recht ausführlich.» Etwas deutlicher wurde Werner Bosshard, der Präsident des Polizeibeamtenverbands und spätere SP-

Kantonsrat: «Im Vorstand wird alles mögliche diskutiert, auch der Zahltagsdiebstahl. Bezüglich der Erledigung der Untersuchung über den Zahltagsdiebstahl wurde bemängelt, es sei teilweise nicht mit dem nötigen Geschick vorgegangen worden. Detektive, die die Uniformpolizei einvernehmen mussten, gingen gegen sie allzu forsch vor.»

Dieses forsche Vorgehen führte zu Widerspenstigkeiten. Ein ehemaliger Beamter der Stadtpolizei erzählte Meier im Herbst 1996, dass er sich seinerzeit hartnäckig geweigert habe, im Rahmen einer Einvernahme durch Detektive der Stadtpolizei Auskunft zu geben. Der Diebstahl dürfe nur von einer aussenstehenden Instanz untersucht werden und niemals von eigenen Leuten, habe sein Argument gelautet. Obwohl ihn ein Kommissär ermahnte (dies angeblich «mit dem Hinweis, dass ich doch eine Familie mit zwei Kindern hätte»), blieb er bei seinem Standpunkt. Er wurde in der Folge in Ruhe gelassen.

In einem andern Fall machten die Ermittler «die bedenkliche Feststellung, dass der betreffende Polizeimann aus Groll gegen die Korpsleitung die Angabe des Besitzes eines eigenen Personenwagens unterliess und überdies die Sachbearbeiter dahin testen wollte, ob dies überhaupt festgestellt werde». Auch diese Vorkommnisse zeigen die Problematik einer Untersuchung in eigener Sache auf.

Von der Empfindlichkeit im Korps zeugt auch die Art und Weise, wie Hubatkas Demonstration interpretiert wurde, bei der er einen Polizeimantel überzog und Zahltagssäcklein in die Manteltaschen stopfte. Was als Rekonstruktion zu Ermittlungszwecken gedacht war, wurde von Meier 19 und anderen als Manöver empfunden, um den Tatverdacht auf die «kleinen» Uniformpolizisten zu lenken.

Das Getuschel im Korps führte dazu, dass viele Polizeibeamte trotz der Geheimhaltungsdevise über die Ermittlungen einigermassen auf dem laufenden waren. Meier 19 meint im Rückblick: «Von den 200 Detektiven wussten 25 mehr als ich, rund die Hälfte wusste gleich viel wie ich, und der Rest wusste doch einiges.»

Meiers damaliger Wissensstand lässt sich erahnen aufgrund der Aussage, die er am 27. Oktober 1967 vor der gemeinderätlichen Untersuchungskommission machte. Auf den Zahltagsdiebstahl angesprochen, liess er zunächst erkennen, er habe schon früher gewusst, dass Hubatka als Sittenkommissär in der Lage gewesen war, über den fraglichen Tresor zu verfügen. Einen Tatverdacht äusserte er vor der

Kommission nicht, doch er machte klar, dass er deswegen Ermittlungen erwartet hätte. Dann wurde er von einem Kommissionsmitglied nach weiteren Vorwürfen in der Angelegenheit Zahltagsdiebstahl gefragt. «Es sind schwerwiegende Vorwürfe», antwortete er. «An jenem Abend, als der Diebstahl passierte, waren vier Offiziere abnormal lang im Büro. Einer war dann sogar mit der Mappe aus dem Haus hinausgegangen, wo er von der Frau abgeholt wurde. Es ist kein einziger dieser Offiziere einvernommen worden. Das hat mir der Sachbearbeiter vor zwei Jahren bestätigt. Die Sachbearbeiter wissen heute noch nicht, welche Offiziere länger im Haus waren und wer mit der Mappe hinausging. Beim Wachtmeister hörte jegliche Untersuchung auf. Ich fragte den Sachbearbeiter, ob sie Weisung hatten, nur bis zum Wachtmeister zu handeln, was er verneinte. Aber er habe einfach nicht weitergemacht. Das erste, was ich beanstandete, war, dass unsere eigenen Leute den Fall behandeln mussten. Aus reiner Befangenheit ging man nicht weiter. Bei jeder Putzfrau und jedem Bürofräulein machte man Hausdurchsuchungen. Nachdem der Inspektor vom Diebstahl vernommen hatte, sagte er, das machen wir alles selber, in zwei Tagen haben wir den Täter.» Dann kam Meier auf die Hausdurchsuchung zu sprechen, die nach seiner Amtseinstellung im März 1967 bei ihm durchgeführt worden war: «Im Gegensatz dazu steht mein Fall, wo drei Kantonspolizisten bei mir eine gründliche Hausdurchsuchung vornahmen. Weshalb, weiss ich heute noch nicht. Darin liegt wieder ein ungleiches Vorgehen.»

Diese Aussage ist aufschlussreich: Meiers Argwohn in der Sache Zahltagsdiebstahl begann nicht mit dem Verdacht gegen eine bestimmte Person. Es ging ihm primär um sein Hauptanliegen: um das Prinzip der Gleichbehandlung. Die Ermittlungen waren «ein ungleiches Vorgehen», und dies war für ihn der Kernpunkt der Kritik.

Natürlich gab es bei Meier und im Korps schon damals einen vagen Verdacht. Viele einfache Polizeibeamte waren über das strenge Vorgehen gegenüber den unteren Graden erbittert und sagten sich, es sollte besser «oben» ermittelt werden, denn dort gebe es Anlass dazu. Und weil dies unterblieb und die Verantwortlichen zuhanden der Öffentlichkeit sogar noch unzutreffende Schutzbehauptungen abgaben, wurde der Verdacht bestärkt, es werde irgend etwas vertuscht.

Ein Untersuchungsrichter, der nicht alles wissen wollte
Nicht nur der Stadtrat, sondern auch die Untersuchungsbehörden liessen der Polizei freie Hand.

Die Strafuntersuchung wurde anfänglich von Bezirksanwalt Adolf Hartmann allein geführt. Vom 28. Mai 1963 an wirkte dabei auch ein Vertreter der Oberbehörde mit, Staatsanwalt Hans Walder. Der Staatsanwalt hat diese Untersuchung intensiver betreut, als dies bei andern Verfahren der Bezirksanwaltschaft üblich ist, zumal der Bezirksanwalt ein Jahr vor dem Abschluss der Untersuchung zum Oberrichter befördert wurde.

Walder, Staatsanwalt seit 1954, war damals 43jährig. Am 21. November 1967 sollte er zum neuen Bundesanwalt ernannt werden. Dieses Amt versah der Landesring-Vertreter bis 1973, um anschliessend als Strafrechtsprofessor an die Universität Bern zurückzukehren, wo er schon Anfang der sechziger Jahre gewirkt hatte. Als Bundesanwalt machte sich Walder einen Namen, indem er mit grossem Eifer Sexheftli und Pornofilme, aber auch Romane des französischen Dichters Guillaume Apollinaire und eine Neuauflage des altchinesischen Sittenromans Dschu-liu Yäschi auf den Index setzte. Walder war auch für jene systematische Überwachung von Telegrammen in die DDR verantwortlich, die der spätere PUK-Präsident Moritz Leuenberger mit einem «Schrotschuss auf die ganze Schweiz» verglich.

Eigenartig war an der Strafuntersuchung im Zusammenhang mit dem Zahltagsdiebstahl vor allem der Umstand, dass die Untersuchungsbehörden nicht alles wissen wollten. Bezirksanwalt Hartmann wies die Stadtpolizei sogar ausdrücklich an, ihm nur solche Akten zu überweisen, die «positive Anhaltspunkte für die Täterschaft enthielten». In seinem Schlussbericht gab Hartmann zu, die Akten seien «insofern unvollständig, als klar negative Erhebungsberichte bei der Stadtpolizei blieben».

Professor Jörg Rehberg, der in den sechziger Jahren selbst Untersuchungsbeamter war, ist der Ansicht, «der Bezirksanwalt hätte unbedingt darauf bestehen müssen, alle Akten einsehen zu wollen. Denn es ging um eine Angelegenheit innerhalb der Polizei selbst. Das ist nicht vergleichbar mit einem Fall, wo die Polizei in einer Drittsache ermittelt.»

Die Geschichte gibt Rehberg recht. Die Vertrauensseligkeit der Untersuchungsbehörde erwies sich als Fehler, denn die Stadtpolizei behielt Akten zurück, die fünf Jahre später die Wiederaufnahme der Untersuchung rechtfertigten. Nach späteren Angaben des Hauptsachbearbeiters Robert Schönbächler waren es drei Detektive, welche jene Akten ausschieden, die an die Untersuchungsbehörden zu überweisen waren. Offenbar trugen die Detektive aber nicht die alleinige Verantwortung für die Selektion. Die Überweisungsverfügungen auf den heute noch erhaltenen Akten sind jedenfalls durchwegs von Polizeioffizieren signiert.

Bezirksanwalt Hartmann beschloss seine Arbeiten am 15. Juni 1965, einen Monat nach seiner Wahl zum Oberrichter. Er beantragte der Staatsanwaltschaft die vorläufige Sistierung des Verfahrens gegen unbekannte Täterschaft und die definitive Einstellung der Verfahren gegen den Autoverkäufer und die Putzfrau. Zum Verfahren gegen Unbekannt bemerkte er: «Mit der letzten Sachbearbeiterkonferenz, an der Staatsanwalt Dr. Walder teilnahm, bin ich der Auffassung, dass zurzeit weitere Untersuchungshandlungen nicht mehr gerechtfertigt sind und das Verfahren daher vorläufig einzustellen ist.» Er regte aber an, die finanziellen Verhältnisse «bestimmter Personen nochmals zu überprüfen».

Der gesetzlichen Pflicht, seine Anträge näher zu begründen, tat Hartmann in dem zweiseitigen Bericht mit der Bemerkung Genüge, er verweise für die näheren Umstände auf den Tatbestandesrapport vom 6. April 1963 und den «sehr guten» Zwischenbericht der polizeilichen Hauptsachbearbeiter vom 22. Oktober 1963.

Anschliessend lag die Sache ein Jahr auf dem Pult von Staatsanwalt Walder. Auch in dieser Zeit überwies die Polizei immer noch Erhebungsberichte und Rapporte an die Untersuchungsbehörden. Am 1. Juli 1966, mehr als drei Jahre nach dem Delikt, folgte Walder den Anträgen Hartmanns. Was das Verfahren gegen Unbekannt betraf, verwies auch er auf die Polizeirapporte. Walder hielt sich knapp; die Kernsätze der zwölfzeiligen Begründung lauten: «Trotz intensivster Fahndungsmassnahmen […] gelang es nicht, den oder die Täter zu eruieren, die sich die Gelder angeeignet haben. Das Verfahren ist daher unter vorläufiger Übernahme der Kosten auf die Staatskasse einstweilen einzustellen.»

Eine Orientierung der Öffentlichkeit erfolgte nicht.

Paradebeispiel des Prestigedenkens
Am Publikumsinteresse, von der Blamage Kenntnis zu erhalten, hätte es freilich nicht gefehlt. Der Zahltagsdiebstahl hat die Gemüter jahrelang ausserordentlich stark bewegt. Für viele war er ein Witzthema. Man raunte sich augenzwinkernd zu, es handle sich hier um die Fehlleistung eines Diebes, der eigentlich einen Parkingmeter hatte stehlen wollen, aber jede einzelne «Zwanzigersäule» von einem Polizisten bewacht vorgefunden hatte. Oder man gab die Frage von Herrn Ypsilon zum besten: «Hat man den Zahltagsdieb erwischt?» Die Antwort von Herrn Zett: «Nein, aber die Polizei weiss jetzt wenigstens, wo er sich rasieren lässt.» Herr Ypsilon: «Interessant! Wo denn?» Herr Zett, grinsend: «Im Gesicht!»

Andern war es weniger ums Lachen zumute. Ein gewisser Hans Schüpbach nahm die Sache so ernst, dass er noch zwölf Jahre nach der Tat mit einem Zeitungsinserat zu deren Aufklärung aufrief. Der 71jährige Privatier versprach eine Belohnung von 50 000 Franken für Hinweise, welche die Überführung der Täterschaft ermöglichen! Nach meinen Recherchen muss allerdings ernstlich daran gezweifelt werden, ob Schüpbach die 50 000 Franken hätte aufbringen können. An Bewerbern fehlte es allerdings nicht. Leider sind ihre Hinweise nicht

---

Zahltagdiebstahl. Fr. 88 350.60
bei der Stadtpolizei Zürich im Jahre 1963. Verjährung 1978.

Belohnung Fr. 50 000.–

für konkrete Hinweise, welche die Ueberführung der Täterschaft ermöglichen, zur Bestrafung.

Absolute Diskretion wird zugesichert.

Meldungen an:
Hans W. Schüpbach-Furrer, Brunnenhofstrasse 9, **8057 Zürich**, Tel. (01) 28 82 44

TK978

Der Zahltagsdiebstahl bewegte die Öffentlichkeit über viele Jahre hinweg. Dies zeigen das Inserat eines Privatiers («Tages-Anzeiger» vom 4. April 1975) sowie die Karikaturen von Nico («Tages-Anzeiger» vom 6. August 1987) und von Fredy Sigg («Züri Leu» vom 21. März 1968).

Hin und wieder Grüsse aus dem Jenseits

Roboterbild des mutmasslichen Täters

erhalten geblieben, denn Schüpbach starb schon kurze Zeit später, ohne Nachkommen zu hinterlassen.

Der Zahltagsdiebstahl beschäftigte die Leute nicht nur der perfekten Ausübung wegen, sondern auch wegen des pikanten Umstandes, dass sich die Tat ausgerechnet gegen die Hüter des Gesetzes richtete und in deren innersten Zirkeln verübt wurde. Der gegen die Polizei gerichtete Tatverdacht und die verschiedenen Gerüchte gaben von Anfang an Anlass zu allerlei Spekulationen. An deren Ende stand die Vermutung, gerade in diesem Fall zeige es sich, dass die Korruption sogar vor den Hütern des Rechts nicht halt mache.

Ein Beweis für Korruption war der Zahltagsdiebstahl jedenfalls in den Augen von Gertrud Heinzelmann, der zeitweiligen Rechtsvertreterin Meiers. Am 20. Juni 1970 erschien im «Tages-Anzeiger-Magazin» von ihr ein vielbeachtetes Gespräch. Eine Provokation war bereits der Titel des Beitrags: «Prestigedenken – die Form schweizerischer Korruption».

Heinzelmanns Begriff der Korruption steht der Volksweisheit nahe, wonach eine Krähe der anderen kein Auge aushackt. Die Rechtsanwältin nahm nun zur Frage Stellung, welche Korruptionsfälle typisch für die Schweizer Verhältnisse seien. In ihrer Antwort bezeichnete sie den Zahltagsdiebstahl als den wohl «krassesten Fall, in dem Prestigedenken sich mit Geld verschwistert».

Der Täter sei unzweifelhaft ein Beamter oder Angestellter der Stadtpolizei selber, und das polizeiliche Ermittlungsverfahren habe in den Händen der Stadtpolizei gelegen, stellte Gertrud Heinzelmann fest und folgerte: «Der mögliche Kreis der Täter untersuchte also sich selber.» Die Rechtsanwältin erinnerte sodann an die Tatsache, dass im Stadtrat der Polizeivorstand sitze, zu dessen Ressort die Stadtpolizei gehört, und neben diesem der Finanzvorstand, der für die geschädigte Stadtkasse verantwortlich ist: Angesichts dieser offensichtlichen Verflechtung wäre es Sache des Stadtparlaments gewesen, folgerte Heinzelmann, «ganz energisch auf ein unparteiisches, von der Stadtpolizei unabhängiges polizeiliches Ermittlungsverfahren zu dringen. Vor allem aber hätte der Standpunkt der Geschädigten – direkt der Stadtkasse und indirekt der Steuerzahler – durch den Gemeinderat gewahrt werden müssen.» Doch das Stadtparlament habe kein Interesse am Stand des polizeilichen Ermittlungsverfahrens gezeigt und auch keine Einsicht in die Strafakten genommen: «Der Diebstahl bei der Stadtpolizei blieb tabu.»

Und im Wissen all jener Sonderbarkeiten rund um die Ermittlungen und Untersuchungen, die bis 1970 ans Tageslicht gekommen waren, fuhr Gertrud Heinzelmann fort: «Das Prinzip gegenseitiger Deckung im Rahmen des Establishments hat in diesem gravierenden, bis heute nicht aufgeklärten Zahltagsdiebstahl seine geradezu klassische Bestätigung erhalten.»

Der Zerfall des Vertrauens (1965)

Meier 19 verfolgte die Sache mit dem Zahltagsdiebstahl zunächst aus der Distanz. Er war mit Karl Ruoff, dem Verantwortlichen für den Tresor, befreundet und weilte oft bei diesem auf Besuch. Was er hier vernahm, machte ihn kritischer. Und dann kam das Jahr 1965, das Jahr, in dem er seinen 40. Geburtstag feierte und sein Vertrauen in die Führung des Polizeikorps mehr und mehr zerfiel.

Für die Stadt Zürich war es eine Zeit des Aufschwungs. Der Verkehr nahm zu und verlangte neue Infrastrukturen. Im Herbst 1965 hiessen die Zürcher Stimmbürger eine zweistöckige Limmat-Brücke beim Escher-Wyss-Platz gut – einen Teil der ominösen Westtangente. Gleichzeitig wurde mit dem Bau der unterirdischen Shopville beim Hauptbahnhof begonnen, um den Bahnhofplatz für den Verkehr frei zu machen.

Weniger grosszügig war die Stadt mit ihrem eigenen Personal. In der Verwaltung, aber auch im Polizeikorps herrschte grosse Erbitterung. Bessere Zulagen waren versprochen und immer wieder hinausgezögert worden. Als das städtische Personal im Dezember mit einer grossen Kundgebung seinem Ärger Luft verschaffte, waren auch zahlreiche Polizeibeamte unter den Demonstranten.

Versetzung und Rüge
Für Meier 19 begann der Niedergang am 1. Januar 1965. Er wurde damals zum Detektivwachtmeister ernannt, gleichzeitig aber aus der Fahrzeuggruppe ausgegliedert und bei den Revierdetektiven eingeteilt. Die Beförderung war für ihn erfreulich, die Versetzung nicht. Bisher hatte er Fahrzeugdelikte aufzuklären – ein Spezialgebiet, das ihm zusagte. Als Revierdetektiv von Zürich-Albisrieden dagegen musste er sich mit weniger interessanten Aufgaben befassen: Er stellte Leumundserhebungen an, trieb Bussen ein und klärte kleine Diebstähle auf. Ging es dagegen um kompliziertere Fälle, kam einer der Spezialdienste zum Zug, denen er nun nicht mehr angehörte.

Meiers Vorgesetzter, Kripo-Chef Hubatka, begründete seine Massnahme im Abschlusszeugnis des 1967 entlassenen Detektivwachtmeisters wie folgt: «Diese Versetzung, die an sich keineswegs diskriminierend ist, erfolgte deshalb, weil in der Fahrzeuggruppe unter den Kollegen ein gespanntes Verhältnis bestand und eine entsprechende personelle Umdisponierung notwendig machte.» Die Spannungen betrafen Meier und einen Kollegen, der heute zu seinen besten Freunden zählt. Hubatka behob den Konflikt, indem er einen der beiden Detektive entfernte, eben Meier 19.

Hubatka wird von Leuten, die mit ihm beruflich zu tun hatten, als korrekter Chef geschildert, der Führungsqualitäten und Augenmass gezeigt habe. Die Versetzung Meiers dagegen war ungeschickt und demotivierend. Vor Gericht sagte Meier später: «Der Dienst eines Revierdetektivs sagte mir nicht zu. Ich musste diesen Dienst übernehmen, ohne dass man mich vorher überhaupt gefragt hätte.» Nach der Versetzung liess der Eifer des Detektivs nach, was auch Hubatka feststellen musste. Nachdem Meier während einiger Jahre zu den Funktionären mit überdurchschnittlicher Leistung gehört habe, sei jetzt «umso mehr aufgefallen, dass er nach seiner Umteilung zum Revierdetektiv zwar das notwendige Pensum erfüllte, sich aber weniger durch besonders qualifizierte Leistungen bemerkbar machte», schrieb Hubatka 1967. Fairerweise fügte er hinzu: «Der Grund hiezu mag allerdings nicht allein in der Person des Det. Wm. Meier 19 liegen, es muss zugebilligt werden, dass einem Revierdetektiven weniger ‹dankbare Fälle› zukommen als beispielsweise einem Funktionär im Spezialdienst.»

Ein halbes Jahr nach der Versetzung wurde Meier in Hubatkas Büro gerufen. Dort kam es zu einem Eklat. Es gibt über diesen Vorfall verschiedene Darstellungen, sie stimmen alle darin überein, dass der Kripo-Chef Vorwürfe erhoben und auf Meiers Widerstand hin wieder zurückgenommen hatte. Hubatka selbst sagte 1975 vor Gericht, dass er mit seinem Untergebenen ein einziges Mal Schwierigkeiten gehabt habe, und zwar in «einer Sache, für die ich mich bei ihm entschuldigt habe». Meier stellte den Vorfall im Herbst 1967 folgendermassen dar: «Einmal wurde ich zitiert, und der Adjunkt sagte, ich arbeite zu wenig, ich würde den Zahltag nicht verdienen. Ich konnte ihm dies widerlegen und sagte, im Gegenteil, ich hätte mich immer gefreut, dass ich schön Arbeit und auch Erfolg hatte. Er sass hilflos im Stuhl und hat sich entschuldigt und dies schriftlich bestätigt.»

Nach der Darstellung der städtischen Disziplinarkommission hatte

Meier zur Abklärung von Hubatkas Rüge die Durchführung eines Disziplinarverfahrens verlangt. Hierauf soll Hubatka dem Detektivwachtmeister das Zeugnis ausgestellt haben, er sei ein «tüchtiger, fähiger und initiativer» Funktionär. Als Meier im Jahr 1996 im Stadtarchiv und bei der Stadtpolizei seine Akten einsah, suchte er dieses interessante Zeugnis, das eigentlich bei seinen Disziplinarakten aufbewahrt sein sollte, vergeblich.

Wie kommt ein Chef dazu, seinem Untergebenen Vorwürfe zu machen, die er umgehend schriftlich widerrufen muss? Womit hat Meier 19 diese Kehrtwende bewirkt? Ich hätte diese und viele andere Fragen gerne auch Hubatka selbst gestellt. Doch der pensionierte Kripo-Chef lehnte es konstant ab, mit mir zu einem Gespräch zusammenzukommen oder auch nur auf schriftlichem Wege Fragen zu beantworten.

Meier 19 dagegen hält mit Erklärungsversuchen nicht hinter dem Berg. Er erzählt, dass er nicht sofort, sondern erst am andern Tag den Widerruf des Rüffels verlangt habe. «Sonst will ich über Sie beim Inspektor ein paar Dinge erfragen», soll er seinem Chef angekündet haben. Dies habe Hubatka – so die Vermutung Meiers – weich werden lassen. Für Meier 19 war dieses sofortige Zurückkrebsen verdachterregend: «Damals kam in mir die Ahnung hoch, Hubatka selbst könnte der Zahltagsdieb sein», erzählt er. Bereits am folgenden Tag habe er sich an einen der Sachbearbeiter für den Zahltagsdiebstahl gewandt und Einblick in die Akten verlangt. Dies sei ihm aber verweigert worden, und diese Geheimniskrämerei habe ihn erst recht misstrauisch gemacht.

Der verschwundene Rapport
Ein ehemaliger Polizeikommissär sieht heute in Meiers Versetzung den entscheidenden Auslöser für die Affäre Meier 19. Tatsächlich ist der Fall nicht losgelöst von Groll und von Gefühlen der Zurücksetzung zu betrachten. Doch mit persönlicher Betroffenheit allein lässt er sich nicht erklären. Es sind vor allem objektive Missstände, die Kurt Meier zum Handeln bewogen haben.

Die starke Zunahme des Strassenverkehrs in den sechziger Jahren und die relative Biegsamkeit der Vorschriften in der Ära des freisinnigen Polizeivorstands Albert Sieber hatten zur Folge, dass sich im Korps die Gerüchte über Rechtsungleichheiten mehrten. Viele Polizeibeamte konnten Beispiele erzählen, wie bei «höhergestellten» Verkehrsdelinquenten ein Auge zugedrückt worden war.

Ein Parteikollege Siebers, der die Sache aus nächster Nähe mitverfolgt hatte, erzählte mir, dass der Polizeivorstand jeweils bei den Gemeinderatssitzungen Bussenzettel von Parlamentariern zur wohlwollenden Schubladisierung entgegengenommen habe. Dabei habe er dem Gedanken der Rechtsgleichheit wenigstens insofern Rechnung getragen, als er zwischen bürgerlichen und linken Verkehrssündern keinen Unterschied machte. Darüber gab es in den Zeitungen allerdings nie Schlagzeilen, obwohl die Sache zweifellos in weiten Kreisen bekannt war. Zum Missstand gehörte eben auch der Umstand, dass derartige Gefälligkeiten allgemein noch viel milder beurteilt wurden.

Meier 19 und andere Polizeibeamte dagegen stiessen sich an solchen Vorzugsbehandlungen und weigerten sich, in ihnen blosse Bagatellen zu sehen. Sie nahmen aus einem urdemokratischen Empfinden heraus den Geisteswandel vorweg, der im Gefolge der 68er Unruhen immer weitere Kreise erfassen sollte. Kennzeichnend für die damalige Stimmung im Polizeikorps ist ein Vers, der Mitte der sechziger Jahre die Runde machte: «Alle Schweizer sind vor dem Gesetze gleich, es sei denn, es sei einer reich.»

Wie sehr die Glaubwürdigkeit der Polizeiverantwortlichen damals gelitten hatte, zeigt die Aussage eines Polizisten vor der Untersuchungskommission. Er hatte erlebt, wie ein Verkehrssünder mit Samthandschuhen angefasst worden war, und sagte nun am 21. März 1968 auf die Frage, ob er das Vertrauen zu den Vorgesetzten habe: «Ich habe es eigentlich immer gehabt. Aber jetzt ist es bei mir und eigentlich beim ganzen Korps erschüttert. Dieser Vertrauensschwund betrifft die ganze obere Leitung, bis zum Polizeivorstand.»

Es war deshalb kein Zufall, dass Meier 19 ausgerechnet in der Zeit nach seiner Versetzung vermehrt Erfahrungen machen musste, die ihn an denjenigen zweifeln liessen, die für die Einhaltung von Recht und Ordnung eigentlich besorgt sein sollten.

In den ersten Monaten des Jahres 1965 suchte bei ihm ein Kollege Zuflucht, weil er eine «Gaunerei» erlebt habe, wie er sagte. Der Polizeigefreite absolvierte von Januar bis März 1965 den Einführungskurs für Detektive und rückte oft zusammen mit Meier aus.

Der Fall, von dem der Gefreite erzählte, hatte sich im Jahr 1963 zugetragen. Der Beamte hatte damals einen Rechtsanwalt angehalten, der in einem VW mit überhöhter Geschwindigkeit und mit nichtabgeblendeten Scheinwerfern zwischen zwei Traminseln durchgefahren war. Der 57jährige Rechtsanwalt soll sofort auf seine guten Beziehungen zu Polizeiverantwortlichen aufmerksam gemacht haben: «Sie können sich beim Chef des Polizeirichteramtes über mich erkundigen.» Dieser war ein Duz-Freund des Rechtsanwalts. Er versuchte nun, den Polizisten mündlich und schriftlich zum Verzicht auf einen Rapport zu bewegen. Doch der Gefreite weigerte sich, ein Auge zuzudrücken. Er blieb auch standhaft, als sich – auf Veranlassung des Rechtsanwalts – ein Polizeikollege einschaltete. Er schrieb den Rapport und machte sicherheitshalber eine Kopie davon.

Ein halbes Jahr später wollte er der Sache nachgehen und entdeckte nach längerer Suche, dass trotz ordnungsgemässer Verfügung an das Polizeirichteramt der Eingang des Rapportes dort nicht registriert war: «Es schien, dass der Rapport nicht angekommen war.» Der Gefreite übergab dem Polizeirichteramt hierauf die Kopie seines Rapportes. Erst jetzt, mit mehr als halbjähriger Verspätung, wurde eine Busse ausgefällt. Der Gefreite erzählte Meier 19 diese Geschichte und meinte, es wäre sicher nie zur Busse gekommen, wenn er nicht mit der Kopie des Rapports auf eine korrekte Erledigung gedrängt hätte.

Meier kannte den Rechtsanwalt. Er erinnerte sich, dass der Mann schon öfter verzeigt worden war. Meier und der Gefreite fragten sich nun, ob der Rechtsanwalt nicht schon früher mit der Nachsicht der Polizeiorgane hatte rechnen können. Die beiden erhielten von einem Vorgesetzten die Erlaubnis, Nachforschungen anzustellen, und fanden nicht einen einzigen Rapport, der den Rechtsanwalt betroffen hätte. Es waren also schon früher Rapporte verschwunden, folgerten sie.

Hier hat Meier 19 erstmals im Interesse der Rechtsgleichheit gegen die eigenen Leute ermittelt.

Die parlamentarische Untersuchungskommission fand später heraus, dass die Behörden dem Rechtsanwalt gegenüber oft hatten Milde walten lassen. Immer wieder wurden bereits verfügte Bussen aufgehoben oder in Verwarnungen umgewandelt. Walter Baechi, Rechtsvertreter des Polizeibeamtenverbandes, meinte einst zu diesem Fall: «Es dürfte kaum einen zweiten Einwohner Zürichs geben, der das ‹Glück› hatte, dass er sechsmal verkehrspolizeilich verzeigt wurde und dass sechsmal der Polizeirichter die Ahndung aufhob oder in einen Verweis umwandelte.»

Der Originalrapport über die rasante Durchfahrt zwischen zwei Traminseln samt Tachostreifen und weiteren Beilagen blieb verschwunden. Es halte «schwer, an einen Zufall zu glauben», meinte die Untersuchungskommission. Und die städtische Disziplinarkommission hielt es für «durchaus einfühlbar», dass Meier zur Überzeugung gelangt sei, es handle sich hier um einen Fall rechtsungleicher Behandlung. Meier habe «nicht vollständig grundlos ein unkorrektes Verhalten vermutet und angenommen, dass versucht worden sei, eine Bestrafung zu verhindern».

Die erlassene Blutprobe

Im Oktober 1965 ereignete sich ein Vorfall, der das Polizeikorps ausserordentlich stark erschütterte und Meiers Vertrauen in seine Vorgesetzten noch mehr schwinden liess.

In der Nacht auf den 8. Oktober ging auf der Hauptwache die Meldung einer Dirne ein, in der Nähe des Bahnhofs Enge fahre ein VW verkehrswidrig in der Gegend herum. Ein Streifenwagen rückte aus, und schon bald fanden die drei Polizisten den gesuchten VW-Lenker. Er war von zwei Dirnen und einem Taxichauffeur an der Weiterfahrt gehindert worden. Die drei Polizisten nahmen sich den VW-Lenker vor und erschraken. Es war ein Kommissär der Stadtpolizei.

Der Kommissär, der nach diesem Vorfall die Stadtpolizei verliess, hatte sich an jenem Abend an einem Pistolenschiessen der Polizeioffiziere beteiligt. Er gab an, beim Nachtessen eine Flasche Bier konsumiert zu haben. Vor Mitternacht kehrte er noch ein und trank «vielleicht zwei Humpen oder Stangen». Dann ging er zu Fuss nach Hause, wollte dort seinen Wagen umparkieren und beschloss plötzlich, in die Innenstadt zu fahren. Er habe die Beziehungen zwischen dem Taxi- und dem Dirnen-Gewerbe kontrollieren wollen, gab er später an.

Die Besatzung des Streifenwagens, die den Kommissär aufgegriffen hatte, führte ihn und sein Auto auf die Hauptwache. Zwei der drei Polizisten gaben später vor der Untersuchungskommission zu Protokoll, der Kommissär habe einen «schwankenden» und «angetrunkenen» Eindruck gemacht. Meiers Rechtsanwalt Fritz Heeb sagte 1968 vor Gericht, es wäre «absolut unverständlich, dass die Polizeimänner des Streifenwagens den Polizeikommissär mit auf die Hauptwache nahmen, wenn nicht auch sie selbst festgestellt hätten, dass der Herr

Kommissär alkoholisiert war. Hätten sie nämlich erkannt, dass der Polizeikommissär, immerhin ihr Vorgesetzter, stocknüchtern gewesen sei, so hätten sie ihn gewiss nicht mitgenommen.»

Auf der Hauptwache wurde der Kommissär dem Kripo-Chef zugeführt. Walter Hubatka leitete gerade eine Aktion gegen Einbrecher. Er gab später an, er habe dem Kommissär dringend zu einer Blutprobe geraten, obwohl er nicht den Eindruck gehabt habe, der Mann sei «an der kritischen Grenze». Er soll dem Kommissär zu verstehen gegeben haben, dass er als Offizier der Stadtpolizei im Rampenlicht stehe. Auch die Mannschaft werde sich für die Erledigung des Falles interessieren. Hubatka: «Ich wollte ihm wegen späteren Geschwätzes ein sauberes Alibi schaffen.»

Doch der Kommissär lehnte die Alkoholprobe ab; sie sei unnötig. Dazu Rechtsanwalt Heeb: «Die Tatsache, dass der Polizeikommissär sich weigerte, sich eine Blutprobe nehmen zu lassen, spricht meines Erachtens Bände. Wäre er nüchtern gewesen, so wäre eine solche Weigerung einfach unverständlich.»

Hubatka verlangte hierauf eine ärztliche Begutachtung. Er rief nun aber nicht die junge Ärztin herbei, die in jener Nacht für solche Vorfälle Pikett stand, sondern einen Gerichtsmediziner, den er gut kannte. Dieser Arzt kam nach einigen Tests – Gehen auf einem Strich, Nachsprechen, Augenprüfung – zum Schluss, der Kommissär sei nicht angetrunken. Auf die Blutprobe wurde verzichtet, und Hubatka übernahm dafür die Verantwortung. Der Kommissär wurde von Hubatka nach Hause gefahren, das Auto liess er auf Anraten des Kripo-Chefs stehen.

Die Sache wurde sogleich im ganzen Polizeikorps bekannt und löste grosse Entrüstung aus. Man verglich den Fall mit dem eines Detektivs, der einen Schutzpfosten gerammt hatte, am andern Morgen um 5 Uhr zur Blutprobe antreten musste und schliesslich – weil er auch noch Fahrerflucht begangen hatte – zu 42 Tagen Gefängnis verurteilt wurde. «Wo ist da die Gleichbehandlung?» fragten sich die Polizeibeamten.

Die Polizeiverbände wurden bei Stadtrat Sieber und bei Inspektor Bertschi vorstellig. Bertschi gab seinen Untergebenen zu verstehen, die Blutprobe hätte auf jeden Fall angeordnet werden sollen. Siebers Reaktion war schwammiger. Der Polizeivorstand sagte dem Präsidenten des Detektivvereins, er wisse von nichts, er werde sich erkundigen und Bescheid geben. Dies tat er in der Folge aber nicht. Gegenüber der parlamentarischen Untersuchungskommission vertrat Sieber später zwar die Meinung, Hubatka hätte stärker auf einer Blutprobe bestehen müssen. Gleichzeitig äusserte er aber auch Verständnis: «Nach der Denunziation von einer Dirne wird man eher für seinen Mitarbeiter eingestellt sein als für diese.»

Die städtische Disziplinarkommission und die Meier-19-PUK, welche die Sache 1967/68 überprüften, gaben kritische Urteile ab. Die Untersuchungskommission gelangte zum Eindruck, dass «die Polizei bei einem andern Bürger unter gleichen Umständen auf die Anordnung einer Blutprobe nicht verzichtet hätte». Bemängelt wurde ausserdem, dass die Polizisten des Streifenwagens nicht befragt und zum Rapportieren angehalten wurden. Hubatka hätte nach Ansicht der Kommission ein Protokoll führen und Akten erstellen müssen. Ferner hätte er die diensthabende Ärztin nicht übergehen und an ihrer Stelle den Gerichtsmediziner beiziehen dürfen. Die Kommission gelangte gar zum Schluss, «das ganze Vorgehen» sei eine «Kameradenbegünstigung, was eine rechtlich ungleiche Behandlung in sich schliesst».

Die Disziplinarkommission sprach von einem «zumindest ungeschickten Verhalten» und äusserte den «dringenden Verdacht, dass hier ein Polizeifunktionär eine ausgesprochene Sonderbehandlung erfahren habe». Und sie erachtete es als einfühlbar, dass deswegen «das ohnehin bestehende Misstrauen Meiers gegenüber seinen Vorgesetzten bestärkt werden musste».

Im Konflikt mit dem Gewissen

Im Jahr 1965 hatte sich Meier 19 verändert. Im Verein der Detektive fiel er nun auf, weil er verschiedentlich von rechtsungleicher Behandlung bei der Polizei sprach. «Seit Jahren hat er sich immer wieder aufgespielt und versucht, Nachteiliges über seine Vorgesetzten zu erfahren. Was er da jeweils herauszuholen versuchte, hatte nichts mehr mit Dienst, nur noch mit Persönlichem zu tun», sagte einer von Meiers Kritikern im Herbst 1967. Und ein Kommissär meinte vor der Untersuchungskommission, er habe den Eindruck gewonnen, dass «Meier überhaupt gegen Höhergestellte eingenommen» sei.

Meier, der «im allgemeinen eher verschlossen» und «gegenüber den Vorgesetzten geradezu auffällig zurückhaltend, wenn nicht sogar abweisend» gewesen sei, habe diese Einstellung «vor allem in den letzten Jahren» an den Tag treten lassen, schrieb im Abschlusszeugnis auch Hubatka. Der Kripo-Chef hielt aber ausdrücklich fest, dass es nicht zu Unkorrektheiten gegenüber Vorgesetzten gekommen sei. Allerdings «soll sich Det. Wm. Meier 19 hin und wieder wenig schmeichelhaft über sie geäussert haben».

Meier selbst sagte 1974 vor Gericht: «Ich musste im Laufe meiner Laufbahn vieles feststellen, was mich in Konflikt mit meinem Gewissen brachte.»

«Jetzt aber nicht mehr!» (1965/66)

Im selben Monat, als sich die Polizeibeamten über den Skandal der erlassenen Blutprobe entrüsteten, ereignete sich der Fall, der für Kurt Meier das Fass zum Überlaufen brachte.

Es war am 25. Oktober. Detektivwachtmeister Meier 19 zog einen Freitag ein und wollte mit seiner Frau ins Grüne fahren. Um 14.30 Uhr steuerte er sein Auto seewärts durch die Stockerstrasse. Da kam ihm auf seiner Fahrspur plötzlich ein weisser Buick entgegen; er fuhr, aus einer Garagenausfahrt kommend, auf der falschen Strassenseite. Der fehlbare Lenker hatte offenbar nicht die Geduld, sich in die Kolonne auf der rechten Fahrbahnseite einzuordnen.

Die beiden Wagen stoppten, sofort bildete sich hinter Meier eine Kolonne, der Verkehr war blockiert. Meier stieg aus und forderte den Lenker des Buicks auf, die Fahrbahn freizugeben: «Was kommt Ihnen in den Sinn! Auf der linken Strassenseite haben Sie nichts zu suchen!» Der fehlbare Lenker war ein schon älterer Mann; er kam Meier wie eine «Mumie» vor: «Er sass wie ein Stein am Steuerrad und machte keine Bewegung, und hinter mir, rechts und links hatte es Autofahrer, und alle tippten an die Stirne. Sein Nichtreagieren brachte mich zur Feststellung, er sei fahruntauglich.»

Meier veranlasste den Buick-Lenker, rückwärts an den Strassenrand zu fahren, und wies sich als Polizeibeamter aus. Der Mann überreichte Meier zwei Ausweise. Im einen war als Berufsbezeichnung «Direktor» angegeben, im andern, einem alten Ausweis, war auch der militärische Grad des 74jährigen vermerkt: Oberst. Nach den späteren Aussagen Meiers hat sich der Mann auch mündlich als Oberst vorgestellt.

Meier war in Harnisch geraten und stellte den Obersten zur Rede, «laut und deutlich», wie er später zugab. Nach ersten Angaben des Obersten soll Meier sogar Schlötterlinge wie «Blöder Oberst» und «Schafseckel» von sich gegeben haben. Der Oberst hat diese Angaben aber zwei Wochen später bei einem Versöhnungsgespräch, das Meiers Vorgesetzte vermittelten, schriftlich widerrufen.

Auf den Auflauf aufmerksam geworden, kam ein junger Polizeimann herbei. Er eröffnete dem Obersten, er werde wegen des verkehrswidrigen Verhaltens Anzeige erstatten. Meier ergänzte, er habe das Gefühl, der Lenker sei nicht mehr fahrtauglich, der Polizist möge auch dies festhalten. Ferner erbat er sich eine Kopie des Rapports.

Der Groll eines in der Fahrt gehinderten Automobilisten und das Gefühl der Herabsetzung durch einen Höhergestellten – diese nur allzu menschlichen Reaktionen und ein lautstarkes Wortgefecht standen am Anfang der Affäre Meier 19. Sie ermöglichten die Unterstellung, bei Meiers Kampf um die Rechtsgleichheit sei es bloss um das Abreagieren von persönlichen Animositäten gegangen. Dabei kam es im Fall des Obersten durchaus zu Ungereimtheiten, die Meier zum Schluss führen mussten, es werde mit ungleichen Ellen gemessen.

Billiges Fleisch für Polizisten

Oberst Josef Guldimann war in Polizeikreisen wohlbekannt, im positiven Sinn. Als Direktor einer Fleisch- und Wurstwarenfabrik lieferte er den Polizisten Fleisch zu Rabattpreisen. Ein Polizeiwachtmeister nahm jeweils die Fleischbestellungen auf. Immer auf Weihnachten hin sei, so Meier, in der Hauptwache ein Zettel angeschlagen worden, wo man die Bestellungen eintragen konnte. Um die 25 bis 30 Prozent billiger seien die auf diesem Weg erhaltenen Fleischwaren gewesen.

Meier erzählte vor der Untersuchungskommission von der Grosszügigkeit des Obersten und verband mit seinem Bericht eine Vermutung: «Damit möchte ich sagen, dass der Oberst direkte Beziehungen hatte und einen gewissen Dank erwartete. Er meinte sicher, dass er berechtigt sei, eine Sonderbehandlung zu erwarten, nachdem er der Polizei indirekt schon Dienste erbracht hatte. Wenn einer der Polizei, und nur der Polizei, so weit entgegenkommt, dann hat er Hintergedanken.» Und Meier fügte hinzu: «Ich selber habe nie bestellt, ich bin kein Fleischesser. Sonst hätte ich vielleicht auch bestellt.»

Wenige Tage nach der «Geisterfahrt» des Obersten kontrollierte Meier 19 dessen Polizeiakten. Dabei stellte er fest, dass es der Polizist beim Rapportieren unterlassen hatte, eine Kopie zuhanden des Rechtsdienstes des kantonalen Strassenverkehrsamtes anzufertigen. So nannte sich damals jene kantonale Instanz, die zum Zuge kommt, wenn über den Entzug des Führerausweises zu entscheiden ist. Darüber aber wäre nach Ansicht Meiers im Falle des Obersten Guldimann zu befinden gewesen.

«Jetzt aber nicht mehr!» sagte sich Meier, als er das Versäumnis seines jungen Kollegen entdeckte. Obwohl ihn die Verkehrssünde des Obersten im Grunde nichts anging, setzte er sich an die Schreibmaschine und verfasste einen Rapport, mit dem er die Überprüfung der Fahrtauglichkeit Guldimanns verlangte. «Ich fühlte mich verpflichtet, dies nachher zu machen, es stimmt nicht, dass ich dies aus Animosität gemacht habe», rechtfertigte er sich.

Nachdem Meier den Rapport beim Postenchef abgegeben hatte, kontrollierte er etwas später in der Registratur die Akten des Obersten. Er hatte die leise Vermutung, der Rapport könnte bei der Polizei bleiben und nicht an den Rechtsdienst gelangen. Und tatsächlich fehlte der bei einer Weiterleitung übliche Registereintrag.

Mindestens dreimal erkundigte Meier sich bei einem Kommissär nach dem Verbleib des Rapports. Meier später: «Der Kommissär hatte immer Ausflüchte, und plötzlich sagte er, der Inspektor habe den Rapport, und er wisse schon, was damit zu geschehen habe, er werde mich orientieren. Die Orientierung kam aber nicht, und ich habe noch nie wegen eines Rapportes so viel interveniert wie in diesem Fall. Ich hätte mich geschämt, wenn ich noch weiter dem Rapport nachgelaufen wäre.»

Jetzt nahm die Sache grundsätzliche Züge an. Meier empfand das Ganze «als eine so einseitige Sache», dass er sich nicht mehr weiter an seine Vorgesetzten, sondern direkt an den Rechtsdienst des kantonalen Strassenverkehrsamtes wandte und eine Kopie seines Rapports beilegte. Dies war am 3. Dezember, 39 Tage nach dem Vorfall.

Sieben Wochen lang liegengeblieben
Chef des Rechtsdienstes war damals Robert Frick. Er spielt im Leben Meiers eine nicht unbedeutende Rolle. Sein Vorgehen im späteren Verlauf des Falles Guldimann war entscheidend für die Affäre Meier 19. Frick hat dies später wieder gutgemacht. Vor der städtischen Disziplinarkommission, die Meiers Verhalten zu überprüfen hatte, stand er mit grosser Offenheit zu seinen Fehlern und entlastete damit Meier 19. Noch später verhalf er dem arbeitslosen Expolizeibeamten zu einer existenzsichernden Stelle. Als ich Frick Entwürfe für dieses Buch zur Einsicht vorlegte, verlangte er keine einzige Korrektur, um die Kritik an seinem Verhalten zu mildern.

Der 1925 geborene Jurist war rund ein Jahrzehnt lang Untersuchungsbeamter, bevor er 1963 zum Chef des Rechtsdienstes im Strassenverkehr ernannt wurde. Am 1. Januar 1966, just in jener Zeit, da er Meier Anlass zum Aufstand gab, wurde er Staatsanwalt. Er war Ankläger im Globus-Krawall-Prozess und wurde 1971 Oberrichter, 1984 Obergerichtspräsident. Grossen Einfluss übte er auch im Landesring aus, in einer Partei, die damals stark im Aufwind war. Frick präsidierte die Kantonalpartei und vertrat sie im Zürcher Gemeinderat und im Kantonsrat. Frick ist ein umgänglicher Mensch, dem es ein Anliegen ist, Anerkennung zu erhalten. Als Chef des Rechtsdienstes liess Frick den Hinweis auf die Formulare drucken, dass jeder beschuldigte Verkehrsteilnehmer das Recht auf eine Audienz habe. Als Frick 1989 in den Ruhestand trat, setzte der «Tages-Anzeiger» den Titel «Mit Robert Frick geht ein Stück Menschlichkeit in Pension». In keiner der Würdigungen, die damals erschienen, wurde das Faktum übergangen, dass der Hotelierssohn aus St. Moritz überzeugter Abstinent sei und am Obergericht eine Cafeteria eingeführt habe. Man nannte das Lokal «Rächte Winkel» und «Café Frick».

Im Fall des Obersten Guldimann handelte Robert Frick vorerst zur vollen Zufriedenheit Meiers. Der Chef des Rechtsdienstes forderte am 13. Dezember 1965 bei Polizeiinspektor Bertschi Meiers Rapport wegen der Fahrtauglichkeit an. Der Rapport vom 2. November wurde Frick am 17. Dezember zugestellt; er war also fast sieben Wochen bei der Polizei liegengeblieben. (Frick liess Guldimann hierauf zu einer Aussprache kommen und veranlasste ein ärztliches Attest; der Hausarzt Guldimanns bestätigte in diesem dessen Fahrtauglichkeit. Von dieser Erledigung erfuhr Meier 19 damals aber nichts.)

Inspektor Bertschi entschuldigte die verzögerte Weiterleitung des Rapports mit mehreren Gründen. Anfänglich habe er das Sühneverfahren zwischen Meier und dem Obersten nicht belasten wollen, nachher habe er bis Mitte November in Neuenburg einen Fortbildungskurs für Polizeibeamte geleitet, und anschliessend sei er stark überlastet gewesen.

Für Meier hatte der Zwischenfall eine Rüge zur Folge. Bertschi rief ihn zu sich und übte Kritik an Meiers Rapport; dieser sei «nicht objektiv», weil Meier den Obersten ja nur wenige Meter weit habe Auto fahren sehen und daher dessen Fahrtüchtigkeit unmöglich richtig habe beurteilen können. Bertschi tadelte ihn auch, weil er den Dienstweg umgangen hatte und direkt an das Strassenverkehrsamt gelangt war.

1967, bei einer Einvernahme, wurde Meier die Frage gestellt, weshalb er sich nicht an seine Vorgesetzten gewandt habe. Er antwortete: «Wenn ich sehe, dass ein Weg verstopft ist, gehe ich diesen Weg nicht zweimal.»

Die städtische Disziplinarkommission, welche die Sache 1967 überprüfte, hatte für Meier 19 Verständnis. Sie erinnerte daran, wie lange Meiers Rapport unerledigt auf dem Pult des Polizeikommandanten gelegen hatte, und stellte fest, dass dies «an sich schon, aber erst recht für den misstrauischen Kurt Meier zum Verdacht Anlass geben musste, dass die Weiterleitung nicht beabsichtigt gewesen sei». Die Kommission attestierte Meier diesbezüglich ausdrücklich den guten Glauben.

Die Kollision an der Stopplinie
Für Meier 19 war die Angelegenheit «ein klarer Fall von Sonderbehandlung». Die Sache ging ihm nicht mehr aus dem Sinn, zumal sie auch noch zu einer Rüge geführt hatte.

Vor der Untersuchungskommission sagte Meier später: «Ich wusste, dass der Oberst tatsächlich nicht fahrtauglich war und dass es zu einem Unfall kommen musste. Ich behielt ihn im Auge, da ich wusste, dass etwas passieren würde.» Und er machte auch deutlich, dass es ihm jetzt weniger um einen bestimmten Nutzniesser polizeilicher Protektion ging als vor allem um diese selbst: «Das Ganze ging nicht gegen den Obersten, sondern indirekt gegen die Korpsleitung. Deshalb habe ich wöchentlich in der Registratur nachgeschaut, wann der Zusammenstoss komme.»

Am 24. Oktober 1966 war es soweit. Der 75jährige Oberst verursachte eine schwere Kollision. Meier erfuhr am 16. November davon, als er die Registratur kontrollierte. Er setzte sich sofort mit dem Polizisten, der rapportiert hatte, in Verbindung.

Vom Polizisten, er hiess Müller 6, erfuhr Meier 19 folgendes: Müller 6 war zu einem Unfall an der Kreuzung Fellenbergstrasse/Letzigraben gerufen worden. Als er dort eintraf, sah er zwei Personenwagen, die mitten auf der Kreuzung kollidiert und massiv beschädigt waren. Müller 6: «Es war erstaunlich, dass es zu keiner Körperverletzung kam.» Der eine Wagen gehörte Josef Guldimann. Er gab sofort zu, der Schuldige zu sein, da er von der Stopplinie her zu früh auf die Kreuzung gefahren sei. Er behauptete aber, er habe bei der

Stopplinie angehalten. Gegen diese Version sprachen allerdings die Wucht der Kollision sowie zwei eindeutige Zeugenaussagen. Beide Zeugen gaben klar und übereinstimmend zu Protokoll, dass der Oberst mit einer Geschwindigkeit von etwa 30 Stundenkilometern über die Stopplinie gefahren sei.

Müller 6 nahm den Obersten mit auf die Wache, entzog ihm den Führerausweis und leitete diesen dem Rechtsdienst des kantonalen Strassenverkehrsamtes zu. Er erstellte ferner einen Rapport wegen Überfahrens der Stopplinie. Dies hatte später eine Busse von 60 Franken zur Folge. Mit dem Entzug des Führerausweises verband Müller 6 eine bestimmte Erwartung: «So wie der Unfall aussah und nachdem der Beteiligte hundertprozentig ausgesagt hatte, erwartete ich, dass der Führerausweis ein bis zwei Monate gesperrt werde, wie dies üblich ist, und dass der Oberst sich eventuell wegen seines Alters einer vertrauensärztlichen Untersuchung unterziehen müsse.»

Müller 6 unterliess es allerdings, im Rapport einen Hinweis über die Fahruntauglichkeit des Obersten zu machen. Dies veranlasste Meier 19 erneut, sich in die Sache einzuschalten. Er wollte beim Rechtsdienst des kantonalen Strassenverkehrsamtes auf den neuen Fall Guldimann aufmerksam machen und eine korrekte Erledigung verlangen. Er versuchte deshalb Robert Frick zu erreichen.

Nach ersten, vergeblichen Anläufen erhielt Meier den Chef des Rechtsdienstes schliesslich ans Telefon. Robert Frick versprach, Bericht zu geben, doch er müsse die Akten erst erheben, da er von der Kollision keine Kenntnis habe.

Meier 19 begnügte sich nicht damit, auf den Bericht Fricks zu warten. Er ging in die Registratur zurück, behändigte den sogenannten Personalakt des Obersten Guldimann und entnahm diesem fünf Dokumente über den Vorfall an der Stopplinie und über die «Geisterfahrt» vom Vorjahr. In der Registratur stand ein Fotokopierapparat. Meier vervielfältigte die fünf Aktenstücke, legte sie zurück und signierte die vorübergehende Entnahme auf dem dafür vorgesehenen Quittungsbogen. Gegenüber dem Untersuchungsrichter betonte Meier später, er hätte den Personalakt auch ohne Unterschrift herausnehmen können: «Ich habe aber bewusst quittiert, damit man sehe, dass *ich* den Personalakt geholt habe.»

Mit diesen fünf Kopien und einem weiteren Dokument sollte Meier ein paar Monate später das Amtsgeheimnis verletzen.

Meier begab sich ins Polizeirichteramt. Hier entdeckte er Dinge, die ihn ausserordentlich erstaunten.

Er fand eine Verfügung mit Datum vom 4. November 1966. Sie betraf die Erledigung der Kollision Guldimanns und war zur Verblüffung Meiers vom Chef des Rechtsdienstes unterschrieben, von jenem Robert Frick, der zuvor am Telefon von nichts gewusst haben wollte. Meier dachte: «Ich war angelogen worden.»

Skandalös war auch der Inhalt dieser Verfügung: Oberst Guldimann war mit einer simplen Verwarnung davongekommen und hatte den Führerausweis umgehend wieder zurückerhalten! Äusserst stossend waren für Meier ferner die Ausführungen, mit denen der milde Entscheid begründet wurde: «Beim Stoppsignal hielt der fehlbare Lenker – gemäss seinen eigenen Angaben – sein Fahrzeug an, fuhr aber unvorsichtig und zur Unzeit von der vorerwähnten Stopplinie weg, so dass er ausserstande war, einem von links herkommenden PW den diesem zustehenden Vortritt zu gewähren.» Die Verfügung hatte die Version des Obersten übernommen – entgegen den zwei eindeutigen Zeugenaussagen, wonach Guldimann die Stopplinie ungebremst überfahren hatte. Meiers Rechtsanwalt Fritz Heeb übte an diesem Entscheid später scharfe Kritik: «Es ist eine alte Erfahrung, dass der schuldige Automobilist bei einer solchen Situation eine beschönigende Darstellung gibt, um sich zu entlasten», sagte er. «Eine weitere Erfahrung ist es aber auch, dass der Richter nicht auf die Erklärung des Beschuldigten abstellt, sondern auf die Aussagen von Augenzeugen. [...] Dass man den Herrn Obersten auf diese Weise protegieren wollte, halte ich für absolut unabweisbar.»

Die Verfügung enthielt aber noch eine weitere Provokation: «Von einem Entzug des Führerausweises wurde lediglich in Anbetracht der langjährigen (38 Jahre) klaglosen Fahrpraxis von Josef Guldimann abgesehen», war da zu lesen. Damit wurde – so Heeb – die Tatsache «ganz einfach ‹übersehen›», dass «der Oberst genau ein Jahr vorher verkehrswidrig gefahren war und deshalb gebüsst wurde und dass damals die Frage seiner Fahrtüchtigkeit aufgeworfen worden war».

Robert Frick, der die Verfügung unterschrieben hatte, verteidigte sich später gegenüber der Presse mit dem Hinweis, er habe den Fall von einem Sachbearbeiter behandeln lassen und sich auf dessen Vorarbeit verlassen. Erst nachträglich habe er von den beiden Zeugenaussagen gehört. Von einer 38jährigen Dauer klaglosen Fahrens habe er sprechen können, weil er die Busse von 25 Franken, die der Oberst ein Jahr zuvor eingefangen hatte, als Bagatelle betrachtet habe. Zudem beteuerte Frick: «Bei meinem Entscheid über die Verwarnung spielte der militärische Grad des Fahrzeuglenkers oder dessen Stellung als Direktor keine Rolle.»

Die Untersuchungskommission des Gemeinderats enthielt sich 1968 eines Urteils, da Frick dem Kanton unterstellt war und somit seine Arbeit nicht in den Kompetenzbereich der Kommission fiel. Der «Tages-Anzeiger» fand, Frick habe «nicht den gewohnten strengen Massstab angelegt», und es bestehe kein Zweifel darüber, dass Frick wegen dieses Falles «ein Unbehagen empfindet».

Die zurückgezogene Busse
Meier 19 entdeckte noch einen weitern Skandal, als er in der Registratur des Polizeirichteramtes in Sachen Guldimann recherchierte: einen Vermerk, wonach die Polizei gegenüber dem Obersten schon früher einmal hatte Milde walten lassen.

Über diesen Fall verriet die Registratur allerdings bloss, dass Guldimann 1963 eine Busse auferlegt und nach neun Tagen wieder erlassen worden war. Angaben über den Übertretungstatbestand fehlten, und der zurückgezogene Rapport liess sich nirgends finden, was Meier erst recht stutzig machte. Der Verdacht lag nahe, dass der Oberst geschont und der Rapport in unstatthafter Weise vernichtet worden war. Deshalb liess sich Meier von jener Akte, die den Rückzug des Verzeigungsrapports belegte, eine Kopie geben: Sie war das letzte jener sechs Dokumente, mit denen er das Amtsgeheimnis verletzen sollte.

Erst viel später erfuhr Meier, dass Josef Guldimann und ein Dutzend weiterer Automobilisten Bussen eingefangen hatten, weil sie beim Kirchgang den Wagen im Parkverbot abgestellt hatten. Der Widerruf der Bussen war von Polizeivorstand Sieber auf eine Intervention der Kirchenpflege hin angeordnet worden. Deshalb und weil Sieber die Aufhebung des dortigen Parkverbots prüfte, befanden sich die Verzeigungsrapporte beim Polizeivorstand und nicht im Polizeirichteramt. Es war somit kein Rapport auf Abwege gekommen, wie Meier fälschlicherweise angenommen hatte, und Guldimann war in diesem Fall auch nicht Profiteur einer Sonderbehandlung. Diese Hintergründe kannte Meier im Herbst 1966 aber noch nicht. Die Disziplinarkommission attestierte ihm denn auch, es könne ihm nicht verargt werden, dass ihm die Abklärung der näheren Umstände nicht möglich war.

Meier 19 hatte somit zur Auffassung gelangen müssen, Oberst Guldimann sei gleich dreimal mit Samthandschuhen angefasst worden. Er musste annehmen, Guldimann sei um den Entzug des Führerausweises herumgekommen, obwohl der Vorfall an der Stoppstrasse schwerwiegend und nicht die erste Verkehrswidrigkeit war und der 75jährige Buick-Lenker den Herausforderungen des Verkehrs – so Meiers Einschätzung – nicht mehr gewachsen war. Er selbst dagegen hatte eine Rüge entgegennehmen müssen, bloss weil er sich um die ordnungsgemässe Erledigung des Falles bemüht hatte! Und von Robert Frick hatte Meier den Eindruck erhalten müssen, er habe ihn angelogen und ihm verschwiegen, dass er dem Obersten den Führerausweis wieder zurückgegeben hatte.

«Jetzt aber nicht mehr, nicht mehr mit mir!» Meier 19 war nun zu allem bereit. Er stand am Anfang eines Weges, der an den ausufernden Rechtshändel aus Kleists Novelle «Michael Kohlhaas» erinnert. Auch dort war es ein geringfügiger Anlass, ein Streit um ein paar Groschen Futtergeld, der einen Berliner Pferdehändler bis zur Selbstvernichtung um das Recht kämpfen liess und am Ende das ganze Land in den Aufruhr zog.

Die Flucht an die Öffentlichkeit (1966/67)

Als Meier 19 die sechs Kopien über den Fall Guldimann anlegte, hätte alles noch ins Lot kommen können. Der Chef des Rechtsdienstes des kantonalen Strassenverkehrsamtes hatte schliesslich versprochen, über die Erledigung des Falles Guldimann Bericht zu geben und sich den Fragen Meiers zu stellen. Nachdem Meier 19 bei seinen Recherchen entdeckt hatte, wie privilegiert Guldimann behandelt wurde, war er auf den Bescheid Robert Fricks erst recht gespannt. Doch November und Dezember 1966 verstrichen, ohne dass sich Frick meldete.

Was bezweckte der Stadtpolizeibeamte Kurt Meier mit seiner Intervention bei dieser kantonalen Amtsstelle eigentlich? Wollte er erreichen, dass Frick die Rückgabe des Führerausweises rückgängig mache und dem betagten Obersten die Fahrtauglichkeit abspreche? Eine entsprechende Äusserung machte Meier 19 im August 1967 vor Bezirksgericht. Er habe eine Korrektur des Entscheids herbeiführen und die ungleiche Rechtsanwendung «abstellen» wollen. Vor der Disziplinarkommission dagegen sagte er wenige Monate später, er sei sich bewusst gewesen, dass er eine Änderung des Entscheides nicht habe bewirken können: «Ich beabsichtigte indessen, den massgeblichen Funktionären klarzumachen, dass solch ungleiche Behandlung nicht angeht.»

So ist es Kurt Meier auch heute noch in Erinnerung: «Ich wollte, dass nicht mehr so weitergewurstelt wird. Ich wollte Frick zeigen, dass die Öffentlichkeit auf rechtsgleiche Behandlung achtet, nicht nur im Fall Guldimann, sondern in allen Fällen. Und ich wollte von Frick wissen, ob Sonderbehandlungen, wie sie Guldimann genossen hat, bei Prominenten die Regel sind.»

Kurt Meier war nicht der grosse Stratege, der nach einem genau vorbedachten Plan handelte. Und er war so naiv zu glauben, dass das Recht automatisch seinen Lauf nehme, wenn ein ehrlicher Polizist die Wahrheit ans Licht bringt und die Verantwortlichen auf ihre Pflicht aufmerksam macht.

Dass er mit der Intervention seinen Kompetenzrahmen überschritt, war ihm höchstens vage bewusst. Die städtische Disziplinarkommission hielt später fest, dass der Stadtpolizei eine Einflussnahme auf die Entscheidung des kantonalen Rechtsdienstes, welcher Guldimann den Führerausweis wieder zurückgegeben hatte, nicht zugestanden wäre: «Kurt Meier handelte hier also ausschliesslich als Privatperson, da auch er sich in keiner dienstlichen Eigenschaft in das Verfahren des Rechtsdienstes einzumischen hatte.»

Ein Staatsanwalt gibt Fehler zu
Meier 19 wollte mit Robert Frick auch dann noch sprechen, als dieser im Januar 1967 die Leitung des Rechtsdienstes des kantonalen Strassenverkehrsamtes bereits abgegeben und sein neues Amt als Staatsanwalt angetreten hatte. Auch dies zeigt, dass es Meier 19 mehr ums Grundsätzliche ging und weniger um den konkreten Fall Guldimann.

Weil aber Frick nichts von sich hören liess, schaltete Meier nun einen Mittelsmann ein, einen ehemaligen Dienstkollegen, der Privatdetektiv geworden war. Emil Baumann war Kantonsrat und – wie Frick – ebenfalls Mitglied des Landesrings. Meier schilderte Baumann den Fall und sagte: «Ich habe Frau und Kinder. Für sie bedeutet es eine Gefahr, wenn Leute wie dieser Oberst weiterhin herumfahren dürften.» Meier bat Baumann, ihm bei Frick eine Audienz zu vermitteln.

Baumann sprach zweimal mit seinem Parteikollegen. Frick versprach, er wolle gemeinsam mit Meier das Büro des Rechtsdienstes aufsuchen, und zwar ohne Voranmeldung, damit an den Akten nichts verändert werden könne. Baumann empfahl hierauf Meier, mit Frick telefonischen Kontakt aufzunehmen. Das Gespräch kam zustande, und Frick sagte, er wolle erst die Akten beiziehen. Dann wolle er mit Meier ein Treffen in einem Café abmachen.

Meier wartete erneut; ein übereiltes Vorgehen kann ihm wahrlich nicht vorgeworfen werden. Doch es herrschte Funkstille. Er rief Frick wieder an. Dieser sagte ihm eine Orientierung in der gleichen Woche zu – und hielt sich wieder nicht an das Versprechen.

Frick ist später vor der städtischen Disziplinarkommission mit bemerkenswerter Offenheit zu all diesen Vorgängen gestanden. Er gab zu, dass er gegenüber Baumann versprochen habe, gemeinsam mit Meier beim Rechtsdienst vorzusprechen und dass er dem Detektivwachtmeister ein Treffen in einem Café in Aussicht gestellt habe. «In der Folge kam ich infolge starker Belastung leider nicht dazu, hoffte aber, es werde sich eine Gelegenheit noch geben.» Frick war auch so ehrlich, jene Schlussfolgerung zu ziehen, die Meier entlastete: «Heute muss ich anerkennen, dass Meier 19 wohl den Eindruck hatte gewinnen müssen, dass ich mich um eine Unterredung drücke. Dem war aber nicht so, er konnte es aber offensichtlich nicht wissen.»

Das Bezirksgericht meinte später, Meiers Empörung über das Schweigen Fricks sei «bis zu einem gewissen Grad subjektiv einfühlbar». Und die Disziplinarkommission hielt fest, dass «in erster Linie oder gar ausschliesslich das Verhalten von Dr. Frick das eigentliche Motiv der Verfehlungen Meiers bildete».

Ein umstrittener Ratschlag
Die «Verfehlungen» Meiers begannen damit, dass er sich in seiner Enttäuschung an das «Büro gegen Amts- und Verbandswillkür» am Limmatplatz in Zürich wandte. Es war dies am 2. Februar 1967. Meier hatte im Migros-Blatt «Der Brückenbauer» Hinweise auf diese Institution gesehen und sagte sich, vom Titel her sei das genau die richtige Stelle für sein Anliegen.

Das Büro gegen Amts- und Verbandswillkür war 1956 von Gottlieb Duttweiler gegründet worden und sollte Bürgern im Kampf gegen die Sturheit, Arroganz und Ungerechtigkeit der Bürokratie beistehen. Es war eine Art Ombudsstelle. Meier glaubte auch, als Migros-Gründung stehe das Büro gewissermassen in verwandtschaftlichem Verhältnis zum Landesring, zur Partei Fricks. Er hoffte, auf diesem Weg Gehör zu finden.

Im Büro gegen Amts- und Verbandswillkür traf Meier auf die 52jährige Juristin Gertrud Heinzelmann. Die Rechtsanwältin war 13 Jahre lang Leiterin des Büros. Sie hatte sich auch einen Namen als Kämpferin für die Gleichberechtigung der Frauen gemacht. 1962 hatte sie mit einer Eingabe an die Vorbereitende Kommission des Zweiten Vatikanischen Konzils weltweites Aufsehen erregt; sie verlangte die kirchliche Gleichstellung der Frauen inklusive Ordination und Priesteramt.

Als Ombudsfrau beriet sie hilfesuchende Klienten, verfasste für sie Rechtsschriften und führte mit deren Ermächtigung Verwaltungsverfahren. Über Fälle von grundsätzlicher Bedeutung liess sie Artikel der Presse zukommen. Zu ihren langjährigen Klienten gehörte die Architektin Berta Rahm, der im Kanton Schaffhausen durch behördliche Willkürakte die berufliche Existenz zerstört wurde. Trotz zahlreicher Vorarbeiten für die Saffa 1958 wurde Berta Rahm nicht zur Chefarchitektin ernannt, dies mit der Begründung, dass sie als Ledige keinen Mann zur Seite habe, der sie im Falle des Zusammenklappens ersetzen könnte. Das umfangreichste Dossier der Rechtsanwältin betrifft aber Kurt Meier. Sie setzte sich bis ins Jahr 1976 für ihn ein. Immer wieder tauchte Meier 19 im Büro von Gertrud Heinzelmann auf, häufig «unangemeldet», wie die Rechtsanwältin jeweils missbilligend notierte. Sie habe sich von Meier 19 allerdings nie vereinnahmen lassen, betont Gertrud Heinzelmann: «Ich war für ihn immer zu vorsichtig.» Obwohl ihr seine Freunde und seine Eskapaden oft Mühe bereiteten, hält sie Meier 19 heute noch zugute, dass «er ohne jegliches finanzielles Interesse nach der Gerechtigkeit suchte und dafür Opfer brachte».

Als Meier 19 zum ersten Mal im Büro gegen Amts- und Verbandswillkür erschien, brachte Gertrud Heinzelmann sogleich die Möglichkeit zur Sprache, mit dem Fall an die Presse zu gelangen. Die Rechtsanwältin betont heute, dass Abklärungen für eine andere Lösung zu keinem positiven Ergebnis geführt hätten und sie Meier aus diesem Grund «lediglich eine Publikation vorschlagen konnte, in der ich ohne Namensnennung auf die Rechtsgleichheit unter Bürgern hinweisen konnte». «Für unser Büro sehe ich keine Anknüpfungspunkte, um mich mit dem Rechtsdienst im Strassenverkehr in Verbindung zu setzen», schrieb sie Meier drei Wochen nach dessen erster Vorsprache: «In dieser Situation besitze ich nur publizistische Möglichkeiten.»

Anhand der Notizen der Rechtsanwältin lässt sich der Nachweis erbringen, dass Meier dem Gang an die Öffentlichkeit anfänglich reserviert gegenüberstand. Als Gertrud Heinzelmann am 2. Februar von der Möglichkeit einer Publikation sprach, entgegnete er sogleich, dass er in einem solchen Falle aber die Zürcher Stadtpolizei geschont haben möchte. In der Aktennotiz der Rechtsanwältin heisst es: «Klient möchte auf alle Fälle Stadtpolizei von Publikation ausschliessen. Ich werde auf alle Fälle aus dem mir bekannten Material etwas machen können. Klient möchte in erster Linie, dass ich mich mit Polizeirichteramt in Verbindung setze betreffend Entzug des Führerausweises.»

Meier 19 hat sich mit einer Publikation schliesslich einverstanden erklärt. Er überliess Gertrud Heinzelmann die sechs Fotokopien, welche die Milde gegenüber Oberst Guldimann dokumentierten. Er bat die Rechtsanwältin aber, mit der Veröffentlichung des Falles noch zuzuwarten, da er immer noch Hoffnung habe, Frick könnte doch noch Bericht geben. Auch dies zeigt, dass Meier 19 kein Springinsfeld war.

Gertrud Heinzelmann betont heute, dass sie sich vergewissert habe, ob Meier um die Tragweite seines Handelns wisse. Und auch Meier bestätigt, er sei sich voll bewusst gewesen, dass er nicht erst mit der Publikation des Falles, sondern bereits mit seiner Vorsprache im Büro gegen Amts- und Verbandswillkür eine Amtsgeheimnisverletzung begangen habe.

Frick liess immer noch nichts von sich hören. Nach zehn Tagen weiteren Wartens ermächtigte Meier die Leiterin des Büros gegen Amts- und Verbandswillkür telefonisch, die Sache zu publizieren. Er machte es allerdings zur Bedingung, dass der Name des Obersten nicht genannt und der «Blick» nicht bedient werde. Später sagte er vor Gericht: «Ich hatte die Zusicherung, dass die Sensationspresse nicht orientiert werde und dass auch keine Namen genannt würden. Nur unter dieser Bedingung war ich einverstanden.» Ferner wollte er auch den Polizeikommandanten geschont wissen und verbot es, das siebenwöchige Liegenlassen jenes Rapports zu erwähnen, mit dem er nach der «Geisterfahrt» Guldimanns dessen Fahrtauglichkeit in Zweifel gezogen hatte.

Es ist in der Folge heftig darüber diskutiert worden, ob es richtig und klug war, die Angelegenheit in die Zeitungen zu bringen. Gertrud Heinzelmann ist öffentlich kritisiert worden, unter anderem vom SP-Gemeinderat, Gewerkschafter und späteren Stadtrat Max Bryner. Viele, namentlich auch der Zürcher Stadtrat und die Gerichte, vertraten die Auffassung, man hätte Meier besser geraten, den internen Instanzenweg bis zu Ende zu gehen und an den Stadtpräsidenten, den Gesamtstadtrat oder – weil der Rechtsdienst im Strassenverkehr eine kantonale Instanz war – an den Regierungsrat zu gelangen. Andere hätten an der Stelle von Gertrud Heinzelmann eine Strafanzeige empfohlen, weil Verdacht auf Begünstigung oder Amtsmissbrauch bestanden habe.

Gertrud Heinzelmann hat ihr Vorgehen in mehreren Publikationen verteidigt. Ihrer Meinung nach befand sich Kurt Meier in einer «verfahrensmässig ausweglosen Situation»: «Ein Vorstoss auf dem Dienstweg stand ausser Frage, weil die Stadtpolizei mit der Konfiszierung und der Ablieferung des Führerausweises ihrer Pflicht nachgekommen war und ihr eine Einflussnahme auf die Entscheidung des Kantonalen Rechtsdienstes im Strassenverkehr nicht zustand. Eine Legitimation

Die Rechtsanwältin Gertrud Heinzelmann in den sechziger Jahren.

für eine Anfechtung der Verwarnungsverfügung dieses Rechtsdienstes kam Meier 19 nicht zu. Er versuchte wohl wiederholt, den damaligen Chef des Rechtsdienstes im Strassenverkehr zu einer Aussprache zu stellen. Seine Initiative misslang; tatsächlich hätte aber ein informelles Gespräch an der Sache nichts geändert. Ebensowenig war an eine vom Zaun gerissene Vorsprache beim Polizeirichter zu denken.»

Auch eine Strafklage wäre für Gertrud Heinzelmann nicht die richtige Lösung gewesen, da sie ihrer Meinung nach keine Korrektur des beanstandeten Entscheides von Robert Frick herbeigeführt hätte. In der Flucht an die Öffentlichkeit dagegen sah die Rechtsanwältin einen entscheidenden Vorteil: «Ohne die Straftat von Meier 19», schrieb sie im «Tages-Anzeiger», «hätte kein Mensch je diese Machenschaften erfahren.»

Ein verhängnisvoller «Blick»-Artikel
Gertrud Heinzelmann liess ihren Bericht über den Fall des Obersten rund 70 Zeitungen zukommen, nicht aber dem «Blick». Der Artikel erschien erstmals am 24. Februar im «Oberthurgauer», am 27. Februar dann im «Limmattaler» und im Winterthurer «Landboten». Er trug den Titel «Sind die ‹Grossen› im Strassenverkehr privilegiert?» und schilderte in wenigen, prägnanten Sätzen den Fall des «Obersten G., im Zivilleben Direktor und Verwaltungsratspräsident einer grossen Aktiengesellschaft».

Zur Rückgabe des Führerausweises an den 75jährigen Autolenker, der an einer Stopplinie eine schwere Kollision verschuldet hatte, meinte sie: «Jedem gewöhnlich Sterblichen wäre bei analogem Verschulden der Führerausweis im günstigsten Fall für die gesetzliche Mindestdauer von einem Monat entzogen worden.» Als «Gegenstück» führte Gertrud Heinzelmann den Fall eines «kleinen» Bauführers an, dem der Führerausweis wegen eines geringfügigen, nicht genau abgeklärten und glimpflich abgelaufenen Fehlers entzogen worden war. Sein Pech war es, dass vier prominente Stabsoffiziere der Militärjustiz den Vorfall beobachtet und zur Anzeige gebracht hatten.

Das Fazit von Gertrud Heinzelmann: «Auch im Strassenverkehr gilt der verfassungsmässige Grundsatz der Rechtsgleichheit aller. Der Rechtsdienst im Strassenverkehr des Kantons Zürich kennt aber offenbar Vorrechte von Personen, deren Sonnenplatz im militärischen und zivilen Leben nicht durch den Schatten eines Entzuges des Führerausweises getrübt werden darf.»

Meier 19 machte im Kollegenkreis aus seiner Urheberschaft kein Geheimnis und verriet jedem, der es wissen wollte, dass er der Informant sei. «Meier 19 hat mir erklärt, dass zirka 70 Pressebulletins erstellt worden seien, und der Artikel werde in allen Zeitungen erscheinen», gab später ein Detektivwachtmeister zu Protokoll.

Weitere Publikationen erfolgten aber erst, als SP-Kantonsrat Ernst Eicher die Sache am 13. März 1967 zum Gegenstand einer parlamentarischen Anfrage machte. Der Vorstoss ermunterte verschiedene Zeitungen, den Fall aufzugreifen, darunter befand sich nun auch der «Blick». Die noch junge Boulevardzeitung brachte am 15. März 1967 auf der Frontseite einen grossen Bericht samt einem Bild der Unfallstelle. Der Titel, zum Teil in fetten, grossen Buchstaben gesetzt, lautete: «Autofahrer erhielt nach Blechschaden-Unfall seinen Fahrausweis sehr bald wieder: Weil er Oberst ist?» Der Artikel widersprach den Abmachungen, die Meier mit der Chefin des Büros gegen Amts- und Verbandswillkür getroffen hatte: Er erwähnte und zitierte den Obersten, der interviewt worden war, mit vollem Namen.

Der Tip, der es dem «Blick» ermöglichte, den Obersten aufzuspüren, kam vom Journalisten Alfred Messerli.

Messerli war damals 36jährig und schrieb vor allem für den «Tages-Anzeiger», den «Blick», das «Volksrecht» und die Nachrichtenagentur UPI, später dann für den «Züri Leu». Er kannte die Stadt Zürich wie seinen Hosensack, und er war oft «schneller als die Polizei», wie die NZZ einst feststellte. In 184 Archivschachteln hatte er Dokumente über alle nicht aufgeklärten Morde seit 1860, über Willkürfälle und Justizirrtümer, Tramunfälle und falsche Doktortitel gesammelt. Messerli war auch SP-Vertreter im Gemeinderat; 1968/69 präsidierte er den Rat. Messerli hat über den Fall Meier 19 sehr viele Artikel geschrieben und empfindet heute noch Sympathien für Meier 19; gewisse Exzesse Meiers liessen ihn aber auf Distanz gehen.

Messerlis erster Artikel zur Affäre Meier 19 betraf den Fall Guldimann; er erschien im «Tages-Anzeiger», und zwar am gleichen Tag wie der «Blick»-Report. Auch Messerli hatte das Bulletin von Gertrud Heinzelmann erhalten. Um sich von der Sache ein besseres Bild zu machen, begab er sich zur Rechtsanwältin. Was dann geschah, ist heute nicht mehr bis ins letzte Detail auszumachen.

Sowohl Gertrud Heinzelmann wie auch Alfred Messerli betonen, dass sich die Rechtsanwältin um Geheimhaltung bemüht habe. Messerli erblickte nun bei seinem Besuch einen Hinweis auf die Identität des Obersten. In seinem «Tages-Anzeiger»-Bericht machte er aber keinen Gebrauch von diesem Wissen. Dagegen gab er es einem «Blick»-Journalisten weiter, der ihn – so Messerli – beiläufig nach seinen Kenntnissen über den Fall gefragt habe. So konnte das Boulevardblatt den Obersten ausfindig machen und interviewen.

Alarm im Polizeihauptquartier

«Ohne die Namensnennung im ‹Blick› wäre ich vielleicht nicht entlassen worden», glaubt Meier 19. Tatsache ist, dass erst nach dem «Blick»-Artikel Bewegung in den Polizeiapparat kam. Nach dem ersten Bericht im «Landboten», der 16 Tage zuvor erschienen war, regte sich nichts, obwohl manche im Korps von der Urheberschaft

Meiers und vom Umstand wussten, dass Meier mit Oberst Guldimann einen Konflikt gehabt hatte. Dies geht deutlich auch aus Zeugeneinvernahmen hervor.

Jetzt allerdings schalteten die Polizeiverantwortlichen gleich die höchste Alarmstufe ein. Polizeiinspektor Rolf Bertschi ordnete eine polizeiinterne Untersuchung wegen Verletzung des Amtsgeheimnisses an. Man fand schnell heraus, dass Meier hinter der Sache stecken musste: Beim Dossier des Obersten, dessen Namen nun bekannt war, fand sich der Eintrag, mit dem Meier die Entnahme von Akten signiert hatte. Den Rest erbrachte das Gemurmel auf den Gängen und in den Büros.

Trotz des dringenden Verdachts gegen Meier 19 blieb dieser vorerst unbehelligt. Der Kriminalkommissär, der mit der Untersuchung beauftragt war, befragte zuerst zwei Detektivwachtmeister, von denen er gehört hatte, dass sie Auskunft geben können. «Was haben Sie dazu zu sagen?» lautete die erste Frage in den Einvernahmen, und jetzt kam es – wie zu erwarten war – zu jenen Denunziationen, die es den Polizeiverantwortlichen ermöglichten, Meier 19 zu «packen». Die beiden Detektivwachtmeister gaben den Namen ihres Kollegen an und erwähnten dessen Streit mit dem Obersten und Meiers Bekenntnisse, dass er hinter den Artikeln stehe.

«Sie hätten den Mut haben sollen, mich direkt zu fragen», kommentiert Meier heute das Vorgehen. «Sie wollten in Erfahrung bringen, ob die Leute hinter mir stehen. Nach den beiden Einvernahmen hatten sie freie Hand, mich fallenzulassen.» Natürlich ist Meier auch klar, dass sich der Kommissär mit den Aussagen der beiden Detektivwachtmeister für den Fall wappnen wollte, dass er alles abstreiten sollte.

Meier 19 stritt aber nichts ab. Am nächsten Vormittag, am Tag nach Erscheinen des «Blick»-Artikels, wurde Meier in das Büro des Kommissärs zitiert. Er gab in der fast dreistündigen Einvernahme sofort alles zu und erzählte die ganze Geschichte von A bis Z. Sein Schlusswort hielt Meier in jener frank-freien Art, in der er künftig stets für seine Handlungen geradestehen sollte: «Sollten die in der Presse erschienenen Vorfälle von Guldimann nicht der Wahrheit entsprechen, bin ich mit der gesamten Polizeimannschaft einverstanden, dass die Verursacher der Publikation bestraft werden. Sollte dies indessen alles stimmen, so wie es in der Presse erschien, sind wir wiederum alle einig, dass es höchste Zeit war, im Büro des Rechtsdienstes im Strassenwesen für rechtsgleiche Behandlung der Fälle zu sorgen.» Meier präzisierte ferner, dass er seinen Vorgesetzten, Polizeiinspektor Rolf Bertschi, und mit ihm die ganze Stadtpolizei habe schonen wollen: «Damit die Polizei hier nicht auch noch in ein schiefes Licht kommt, habe ich auf dem Büro gegen Amts- und Verbandswillkür ausdrücklich gewünscht, dass nicht bekanntgegeben werde, dass auf dem Polizeiinspektorat mein Rapport vom ersten Fall an der Stockerstrasse sieben Wochen zurückbehalten wurde.»

Um diese Schonung ging es auch bei der anschliessenden Aussprache, bei der auch Kripo-Chef Hubatka zugegen war. Meier 19 soll dabei gesagt haben, es «sei für das Polizeiinspektorat ratsamer, die Akten über seinen Fall nicht an die Bezirksanwaltschaft Zürich weiterzuleiten, da er sonst auch das Polizeiinspektorat – er meinte insbesondere den Polizeiinspektor – nicht mehr schonen könnte» (so ein Polizeirapport). Dies wurde Meier 19 als Nötigung ausgelegt.

Meier erinnert sich, dass Hubatka ihm bei der Aussprache klarmachen wollte, dass er die Stelle verlieren könnte. «Sie meinten, ich ginge ins Grab, wenn ich die Stelle verliere», sagt Meier. «Ich machte aber nicht das geringste Anzeichen für einen Kniefall. Sie waren perplex ob meiner Unerschrockenheit.»

Der Rapport, den der Kriminalkommissär anschliessend über den Vorfall verfasste, umfasste drei Straftatbestände, die man Meier zur Last legte: 1. Verletzung des Amtsgeheimnisses, 2. Amtsmissbrauch, 3. Nötigung. Die Beschuldigung, Meier habe seine Amtsstellung missbraucht, wurde damit begründet, dass er mit seinen Handlungen dem Obersten und dem Chef des Rechtsdienstes, Robert Frick, «Nachteile zuzufügen zum mindesten versuchte». (Die Untersuchungen wegen Amtsmissbrauchs und Nötigung wurden später ohne Kostenfolge für Meier eingestellt.)

Das Wochenende verbrachte Meier mit seiner Familie. Besondere Vorkommnisse sind ihm nicht in Erinnerung. Seiner Frau sagte er vorerst nichts über seine beruflichen Sorgen. Er hatte immer noch Hoffnung und wollte die Familie nicht belasten.

Der Rapport wurde von Kripo-Chef Hubatka am Montag, den 20. März 1967 an die Bezirksanwaltschaft Zürich weitergeleitet. Damit nahm die Strafuntersuchung gegen Meier 19 ihren Anfang.

Am selben Tag wurde auch im Disziplinarfall Meier 19 ein erster Entscheid getroffen. Ein Adjunkt eröffnete Meier im Namen von

Polizeivorstand und Inspektor, dass er für die Dauer des Strafverfahrens mit sofortiger Wirkung im Amt eingestellt sei. (Kripo-Chef Hubatka hatte es abgelehnt, die Disziplinaruntersuchung gegen Meier selbst durchzuführen, «weil wir schon persönliche Differenzen hatten miteinander»; dies sagte er später vor Gericht.)

Jetzt erst realisierte Meier den vollen Ernst der Sache: «Ich wehre mich mit Entschiedenheit gegen eine sofortige Einstellung im Dienste, da mir bis anhin weder ein Strafverfahren, noch eine Disziplinaruntersuchung eröffnet worden ist», wird er im Protokoll zitiert. Es sei ihm noch nicht möglich gewesen, einen Anwalt zu finden, machte Meier weiter geltend; er akzeptiere deshalb keine disziplinarische Massnahme und verlange einen neuen Termin, um zuvor einen Rechtsbeistand beiziehen zu können. Auch lehne er eine Disziplinaruntersuchung durch Polizeioffiziere ab, da diese befangen seien. «Ich bin sehr überrascht, mit welcher Eile hier plötzlich vorzugehen versucht wird, zeichnet sich doch gerade dieser zu untersuchende Fall durch eine Rapportverschleppung aus», sagte Meier.

Zur Sache selbst sagte er: «Nach wie vor glaube ich, mein gerügtes Verhalten mit meinem geleisteten Diensteid verantworten zu können. Zu meinem gerügten und unbestrittenen Fehler wurde ich durch weit grössere Verfehlungen anderer Beamter gezwungen.»

Während der Einvernahme musste der Adjunkt, der das Verhör leitete, das Büro einmal kurz verlassen. Der Protokollführer, der bei Meier zurückblieb, erinnerte sich ein halbes Jahr später: «Ich bin kurze Zeit mit Meier allein im Büro gewesen und habe mich bei dieser Gelegenheit mit ihm unterhalten. Ich habe mich zu Kurt Meier in dem Sinne geäussert, dass ich sein Vorgehen begreife, wenn es wirklich so sei, wie er geltend mache. Ich war damals wegen eines persönlichen Erlebnisses verbittert und eigentlich regelrecht muff. Mein Erlebnis ging in ähnliche Richtung. Damit meine ich, dass es sich auch damals um eine ungleiche Behandlung von gleichgelagerten zwei Fällen gehandelt hatte. Aus dieser Verärgerung heraus habe ich mich so geäussert, dass Meier den Eindruck erhalten konnte, ich sei der Ansicht, es sei gut, wenn einer den Mut habe, ‹dagegen aufzustehen›.»

Der 58jährige Protokollführer und Meier haben später vor der Disziplinarkommission diese ermutigende Äusserung zu rekonstruieren versucht. Danach hatte der Protokollführer sich empört von seinem Stuhl erhoben und ungefähr folgendes zu Meier gesagt: «Es ist endlich Zeit, dass einmal jemand gegen diese Zustände auftritt. Das hat ja unverantwortliche Formen angenommen. Hoffentlich kommen Ihnen jetzt die Polizisten zu Hilfe, welche das Gleiche wie Sie erlebt haben.» Dieser Gefühlsausbruch verrät viel vom allgemeinen Unmut im Polizeikorps und gibt eine Erklärung, weshalb die Polizeileitung so rigoros gegen Meier 19 vorging: Man musste damit rechnen, dass Meiers Erhebung ansteckend wirke, und man wollte deshalb zur Abschreckung ein Exempel statuieren.

Später bereute es der Protokollführer, dass er «in jenen kritischen Minuten des Alleinseins mit Herrn Meier diesem gegenüber die Ohren nicht so verschloss, wie ich es hätte tun sollen». Und er beteuerte in einem Brief an die Disziplinarkommission, er habe mit seiner Unmutsäusserung unter keinen Umständen etwas gegen Polizeiinspektor Bertschi sagen wollen, könne er sich doch «keinen korrekteren, liebenswürdigeren und die Arbeit seiner Untergebenen besser anerkennenden Chef vorstellen». Auch dieser Rückzieher verrät viel über die Stimmung im Korps. Dem mutigen Meier 19 kam jedenfalls kein einziger Kollege zu Hilfe – was hätte er schon ausrichten können?

Nach der Einvernahme durch den Adjunkt verlangte Meier 19 sofort eine Audienz beim Polizeivorstand. «Ich wollte nicht betteln, sondern bloss darauf aufmerksam machen, was passieren könnte», erinnert sich Meier. Bald darauf sass er Stadtrat Sieber und Polizeiinspektor Bertschi gegenüber. Es war das erste Mal, dass er dem Stadtrat in dessen Büro begegnete. Meier weiss heute noch, was er den beiden Herren sagte: «Wenn Sie bei diesem Entscheid bleiben, werden Sie ein Tohuwabohu erleben, wie Sie es noch nie erlebt haben.»

Meier beteuerte, er akzeptiere eine Disziplinaruntersuchung, er empfinde die Sistierung aber als unverhältnismässig schwere Strafe, zumal er sofort alles zugegeben habe. Bertschi soll den Hinweis auf das Geständnis mit der Bemerkung quittiert haben: «Wenn Sie es abgestritten hätten, hätten wir es Ihnen schon bewiesen.» Stadtrat Sieber beharrte auf der sofortigen Einstellung im Amt und bestätigte den Entscheid am nächsten Tag schriftlich.

So nahm in jenen Tagen, da viele Stadtzürcher mit Wehmut zusahen, wie über dem unteren Seebecken die 1959 errichtete Gondelbahn wieder abgebrochen wurde, alles seinen Lauf. Meier 19, der just in dieser Woche das Stadtzürcher Bürgerrecht erhielt, durfte nicht mehr zum Dienst erscheinen, und zwei Kollegen holten bei ihm zu Hause Pistole, Plakette und Ausweis ab.

Jetzt erst, als er an jenem Montagnachmittag arbeitslos nach Hause kehrte, orientierte er seine Frau. Ihre Reaktion ist Kurt Meier noch gut in Erinnerung. Sie sagte: «Kurt, du hast meine volle Unterstützung.» Heute sagt Meier: «Wenn sie gewusst hätte, was alles noch kommen sollte ...»

II. DIE NIEDERWERFUNG

Verurteilt und entlassen (1967)

Vom 20. März 1967 an war es Kurt Meier verwehrt, seiner Arbeit als Detektiv nachzugehen. Mit dieser provisorischen Massnahme war noch eine weitere Sanktion verbunden: Die Lohnauszahlungen wurden per sofort eingestellt, bis auf weiteres. Die Tage vom 21. bis 31. März zog man vom März-Lohn fein säuberlich ab. Polizeivorstand Sieber berief sich dabei auf das zürcherische Ordnungsstrafengesetz. Danach ist erst nach Beendigung des Strafverfahrens darüber zu entscheiden, ob ein im Amt eingestellter Beamter den Lohn weiter beziehen dürfe.

Der Vater von zwei schulpflichtigen Kindern war von einem Tag auf den andern ohne Erwerbsquelle. Meier bewarb sich um viele Stellen, unter anderem in der Basler Chemie oder für den Überwachungsdienst der Nationalbank. Doch er erhielt immer wieder Absagen, und er fragt sich heute, ob dies auch mit den Referenzen zusammenhängen könnte, welche die Polizeileitung über ihn vielleicht abgegeben hatte. Er musste ein Darlehen von 5000 Franken aufnehmen, Erspartes abheben und Lebensversicherungen belehnen.

Obwohl Meier keine Arbeit hatte, verliess er das Haus jeden Morgen zur gewohnten Zeit. Da er auch als Detektiv in Zivil gekleidet gewesen war, registrierten die Nachbarn nicht, dass er nicht mehr bei der Polizei tätig war. Oft ging er in den Wald. «Ich musste hinaus. Ich hielt es nicht aus, zu Hause herumzuhocken.» Beim Rückblick auf diese Zeit staunt Kurt Meier, dass es dennoch ging: «Ich war eben von der Hoffnung getragen, dass es eine Änderung geben werde.»

Am 12. Juni, zweieinhalb Monate nach der Amtseinstellung, fand er Arbeit im Büro einer Maschinenfabrik in Horgen. Er verdiente hier allerdings wesentlich weniger als bisher, gut 1300 statt gut 2000 Franken im Monat. Die Anstellung war nur provisorisch, da Meier immer noch in den Polizeidienst zurückkehren wollte.

Von Anfang an geständig
Eine Woche nachdem zwei Kollegen die Dienstpistole abgeholt hatten, kamen um 7.15 Uhr morgens erneut Polizeibeamte ins Haus. Es waren drei Kantonspolizisten, die den Auftrag hatten, eine Hausdurchsuchung durchzuführen. Meier schilderte den Vorgang später wie folgt: «Als es läutete, öffnete ich, und in diesem Moment sind zwei weitere Männer hinter einer Hausecke hervorgesprungen. Ich konnte mich nicht anziehen, ohne dass ein bewaffneter Mann neben mir stand, und dies im Beisein meiner zwei Kinder. Ich sehe den Grund für die Hausdurchsuchung nicht ein.»

Mit der Hausdurchsuchung begannen die Ermittlungen in der Strafsache Meier 19. Sie wurden von Bezirksanwalt Werner Weisflog geleitet. Er war damals 62jährig und sollte sich bis zur Pensionierung mit diversen weiteren Anzeigen gegen Meier 19 befassen müssen.

Die drei Kantonspolizisten suchten im Auftrag Weisflogs nach dem Corpus delicti der Amtsgeheimnisverletzung. Die Hausdurchsuchung wäre aber nicht nötig gewesen, denn Meier war ein ehrlicher und kooperativer Beschuldigter. Die sechs inkriminierten Kopien über den Fall Guldimann hatte er bei Rechtsanwältin Heinzelmann abgeholt und davon Kopien gemacht. Diese Kopien der Kopien hatte er bei sich zu Hause. Die Erstkopien dagegen lagen bei seinem Rechtsanwalt; hier konnten sie denn auch beigebracht werden.

Meiers Rechtsanwalt war Fritz Heeb, eine bedeutende Persönlichkeit der schweizerischen Arbeiterbewegung. 1944 gehörte er zu den Mitbegründern der Partei der Arbeit. Nach dem Einmarsch der Sowjets in Ungarn verliess er die PdA und trat vier Jahre später, 1960, in die SP ein. Nur wenige Tage nachdem er Meiers Anwalt wurde, wählte ihn das Volk in den Kantonsrat. Von 1974 bis 1981 war er Kassationsrichter. In den siebziger Jahren wurde er weltbekannt, weil er die Interessen des russischen Schriftstellers Alexander Solschenizyn vertrat. 1994 starb er im Alter von 82 Jahren.

Obwohl Meier mit Heeb einen glänzenden Anwalt für sich hatte gewinnen können, ist er heute von dieser Wahl nicht mehr so überzeugt: «Ich glaubte, ich müsse unbedingt einen linken Anwalt aussuchen. Doch wenn ich nicht einen Sozi genommen hätte, wäre ich vielleicht durchgekommen», sagt er. Rechtsanwalt und LdU-Nationalrat Walter Baechi, der immer wieder Polizisten vor Gericht vertrat,

Meier 19 (rechts) mit seinem zeitweiligen Rechtsanwalt Fritz Heeb am 26. Januar 1968 anlässlich eines Prozesses vor dem Zürcher Obergericht.

soll einmal gesagt haben: «Wenn Meier 19 zu mir gekommen wäre, hätte es keinen Fall Meier 19 gegeben.»

Meier wurde beschuldigt, ein Geheimnis offenbart zu haben, das er in seiner dienstlichen Stellung wahrgenommen hatte. Die Dokumente, die er Gertrud Heinzelmann zur Veröffentlichung übergeben hatte, unterlagen nach Ansicht der Behörden der Geheimhaltungspflicht. Und für die Polizeibeamten war es Pflicht, über ihre dienstlichen Verrichtungen und Wahrnehmungen strengste Verschwiegenheit zu wahren.

Meier 19 bestritt gegenüber Bezirksanwalt Weisflog nicht, den Straftatbestand der Amtsgeheimnisverletzung objektiv erfüllt zu haben. Wie ein Winkelried, der seinen Gegnern die entblösste Brust entgegenhielt, gab er alles ohne weiteres zu. Er behauptete aber, aus einer Gewissensnot heraus zu seiner Tat berechtigt gewesen zu sein. Um dies darzutun, schilderte er all die Fälle rechtsungleicher Behandlung, die er selbst erlebt oder von andern vernommen hatte: «Ich erkläre mich der Verletzung des Amtsgeheimnisses schuldig, erkläre aber, dass ich dazu in mehrfacher Weise krass provoziert worden bin.»

Weisflog erledigte den Fall am 8. Mai mit einem Strafbefehl und verurteilte Meier zu 14 Tagen Gefängnis, bedingt erlassen auf zwei Jahre. Wie rigoros diese Strafe war, zeigt der Umstand, dass Gertrud Heinzelmann eine Busse von 200 oder 300 Franken vorausgesagt hatte. Auch im Strafverfahren wurde somit die harte Gangart, welche Polizei und Polizeivorstand eingeschlagen hatten, weiterverfolgt. Kein Wunder, dass Meier 19 Rekurs einlegte und gerichtliche Beurteilung verlangte.

Günstiger Eindruck auf Sigi Widmer
Parallel zur Strafsache lief das Disziplinarverfahren. Hier ging es vorerst um die provisorische Einstellung im Amt. Meier 19 erachtete die Sanktion als unverhältnismässig. Tatsächlich war Polizeivorstand Sieber keineswegs dazu gezwungen gewesen, den unbequemen Detektivwachtmeister sofort aus dem Verkehr zu ziehen. Das kantonale Ordnungsstrafengesetz regelt diese Frage mit einer Kann-Vorschrift: «Behördemitglieder, Beamte und Angestellte, gegen die wegen eines Vergehens eine Strafuntersuchung eröffnet wird, können bis zur Erledigung des Strafverfahrens von ihrer Wahlbehörde [...] in ihren

Dienstverrichtungen eingestellt werden.» Der Polizeivorstand hatte sein strenges Vorgehen lapidar mit «der Schwere der gegen Detektivwachtmeister Meier 19 erhobenen Vorwürfe» begründet.

Albert Sieber hat, wohl auch unter dem Druck der ihm unterstellten Stadtpolizei, in der Stadtregierung die harte Linie gegen Meier 19 verkörpert und dabei immer wieder die Mehrheit des Gremiums hinter sich bringen können.

Am 5. April erhob Rechtsanwalt Heeb zuhanden des Gesamtstadtrats Einsprache gegen die Sistierung und stellte den Antrag auf Weiterentrichtung der Besoldung. Er wies nicht nur auf die besagte Kann-Formel hin, sondern schilderte auch die verschiedenen Fälle von rechtsungleicher Behandlung, namentlich den Fall jenes Polizeikommissärs, dem die Blutprobe erlassen worden war: «Die Massnahme der Einstellung im Amte erscheint unter solchen Umständen als Willkür. Sie steht in keinem gerechten Verhältnis zur Handlungsweise des Einsprechers, der in gerechter Empörung gehandelt hat.»

Meier 19 machte sich grosse Hoffnungen, dass der Polizeivorstand vom Gesamtstadtrat korrigiert werde. Ermutigend war für ihn vor allem eine Audienz beim Stadtpräsidenten Ende April gewesen.

Stadtpräsident war seit 1966 der Landesring-Politiker Sigmund Widmer. Widmer zu dieser Begegnung: «Ich sehe Meier 19 noch immer vor mir, eine stattliche Erscheinung mit schwarzen Haaren. Ich hatte von ihm einen sehr guten Eindruck. Er hatte ein gewinnendes Auftreten und verfocht seinen Standpunkt mit grossem Geschick.»

Die positive Wirkung auf Widmer war Meier nicht verborgen geblieben. «Der Stadtpräsident war sehr freundlich und dankbar für die Orientierung», rapportierte er Gertrud Heinzelmann. Ein Jahr später behauptete er in einem Schreiben an den Gesamtstadtrat gar, Widmer habe für ihn Partei ergriffen und ihm gedankt. Dies wollte die Exekutivbehörde allerdings unter keinen Umständen wahrhaben. «Um späteren Missverständnissen zu begegnen», schrieb der Stadtrat am 20. Juni 1968 an Meier, «legt der Stadtpräsident Wert auf die Feststellung, dass es sich bei jenem Gespräch um eine Entgegennahme Ihrer persönlichen Auffassung handelte.»

Widmers Eindruck von Meier 19 war später nicht mehr so positiv. Trotzdem hat er sich im Stadtrat mehrmals für Meier 19 eingesetzt, und es ist ein offenes Geheimnis, dass er sich nicht gross Gewalt antun musste, wenn er Polizeivorstand Sieber entgegentrat. Als Meier im Mai 1969 von sich aus eine Klage gegen den Gesamtstadtrat zurückzog und um ein Gespräch bat, stellte der Stadtpräsident an der nächsten Stadtratssitzung den Antrag, er sei zu ermächtigen, Meier im Namen des Stadtrats zu empfangen. Polizeivorstand Sieber votierte dagegen und gewann die Abstimmung mit 4 zu 2 Stimmen. Widmer empfing Meier 19 gleichwohl zu einem Gespräch, wenn auch bloss in seinem persönlichen Namen und ohne jede Zusicherung.

Die Hoffnungen, die Ende April 1967 in Meier hochkamen, erwiesen sich als trügerisch. Am 1. Juni wies der Gesamtstadtrat die Einsprache gegen die Sistierung ab. Er rechtfertigte die Einstellung im Amt damit, dass das Amtsgeheimnis «streng zu handhaben» sei: «Infolge der strafprozessualen Zwangsmittel, die der Polizei zustehen, wird die Geheimsphäre des Bürgers oft durchbrochen. Umso mehr ist der Bürger darauf angewiesen, dass die Polizei das Amtsgeheimnis strikte wahrt.» Der Arbeitgeber lohnte es Meier schlecht, dass er sofort geständig war: «Da Detektivwachtmeister Meier 19 bereits im polizeilichen Ermittlungsverfahren bezüglich der Verletzung des Amtsgeheimnisses geständig war, hätte der Polizeivorstand auch die sofortige disziplinarische Entlassung erwägen können.»

Auch rechnete es der Stadtrat Kurt Meier im ganzen Disziplinarverfahren nie als Entlastungsmoment an, dass er den Persönlichkeitsschutz sehr wohl berücksichtigt und es verboten hatte, den Namen des Obersten in der Zeitung zu nennen. Meier 19 war nicht der Beamte, von dem zu befürchten war, dass er die «Geheimsphäre» von Bürgern leichtfertig verletze.

Und dann die Kündigung
Eine Woche später beschloss der Stadtrat unversehens, in der Sache Meier 19 kurzen Prozess zu machen. Hatte er bis dahin die Erledigung des Strafverfahrens abwarten wollen, ordnete er nun plötzlich ein Verfahren an, das schnell zu einem definitiven Entscheid über die disziplinarische Ahndung von Meiers Vergehen führen sollte. Die Verurteilung zur bedingten Gefängnisstrafe dürfte den Stadtrat zur forscheren Gangart ermuntert haben. Es war der Exekutive aber auch bekannt, dass eine Einsprache gegen den Strafbefehl hängig und das Strafverfahren somit noch nicht erledigt war.

Am 26. Juni folgte Polizeivorstand Albert Sieber dem Wink des Gesamtstadtrats: Er kündigte das Dienstverhältnis mit Detektivwachtmeister Kurt Meier 19 auf Ende September. Die Massnahme wurde damit begründet, dass das Amtsgeheimnis streng zu handhaben sei.

«Bei dieser Sachlage müsste eigentlich von der härtesten Disziplinarmassnahme, der sofortigen disziplinarischen Entlassung, Gebrauch gemacht werden», heisst es in der Verfügung des Polizeivorstands. Indessen sei «strafmildernd zu berücksichtigen, dass Det. Wm. Meier 19 von Anfang zu seiner Verfehlung gestanden ist und nicht aus Eigennutz oder in Verfolgung eines persönlichen Vorteils gehandelt hat. Es ging ihm vielmehr, wie er immer wieder versicherte, um die Durchsetzung der Grundsätze der Rechtsgleichheit, die er verletzt wähnte.»

In der Frage, ob Meier 19 den Lohn bis zum Kündigungstermin erhalten solle oder nicht, wartete Polizeivorstand Sieber mit einem definitiven Beschluss aber noch zu. Die städtische Disziplinarkommission kritisierte später diese Inkonsequenz: «Nachdem schon die disziplinarische Strafsanktion unabhängig von der richterlichen Würdigung des Sachverhaltes ausgesprochen wurde, hätte doch konsequenterweise auch zugleich über die finanziellen Nebenfolgen entschieden werden können. Ein Grund für eine differenzierte Behandlung ist nicht ersichtlich.»

Fritz Heeb erhob Einsprache beim Gesamtstadtrat und beantragte, die Kündigung aufzuheben oder allenfalls nur einen Verweis auszusprechen. «Der Einsprecher ist von allem Anfang an offen und ehrlich zu seiner Handlung gestanden», machte er geltend. «Er hat nicht hinterrücks gehandelt und der Presse, wie das ja oft vorkommt, ohne dass die Quelle eruiert werden kann, heimlich Material geliefert. Diese männliche Haltung verdient Respekt.»

Aus den Tagen, da diese Einsprache vorbereitet wurde, sind zwei Briefe Meiers an seinen Rechtsanwalt erhalten. Sie offenbaren das Wechselbad der Gefühle, durch das Meier in dieser Zeit gehen musste. Im ersten Brief glaubt er mit jener grossen Zuversicht, die ihn immer wieder erfüllt, dass er bald an seinen Posten zurückkehren könne: «Ich glaube, dass aus dem ganzen Vorfall die Korpsleitung und ich so viel gelernt haben, dass der ganze Apparat nunmehr beidseitig besser funktioniert.» Meier 19 ist, wie die Passage zeigt, kein unversöhnlicher Scharfmacher.

Der zweite Brief, ein paar Tage später, bringt einen Anflug von

Mutlosigkeit und eine keineswegs unrealistische Einschätzung der Lage zum Ausdruck: «Wenn der Corpsleitung nun das Experiment mit mir gelingt, so wird sie lebenslang von der Mannschaft keine Kritik mehr befürchten müssen. Dies hat mir das Verhalten meiner Kollegen gezeigt. Niemand getraut sich mehr, offen zu den oft diskutierten unhaltbaren und korrupten Zuständen zu stellen, wohlwissend, dass es jedem, wenn er noch so im Recht ist, gleich gehen könnte wie mir. [...] Ich sehe wohl ein, dass ich derartigen Mächten gegenüberstehe, dass ich allein verloren bin.»

Doch noch im selben Brief gibt sich Meier einen Ruck: «Ich kann Ihnen, Hr. Dr. Heeb, nunmehr versichern, dass ich diesen Fall bis zur letzten Konsequenz vertreten werde.» Meier konnte damals noch nicht ahnen, was dies konkret bedeutet.

Es gab nochmals einen Anlauf für einen Kompromiss. Erneut war Sigi Widmer der Vermittler. Auf seine Initiative hin offerierte das Polizeiamt Meier die Wiederanstellung. Das entscheidende Gespräch fand am 22. August zwischen Rechtsanwalt Heeb und dem Sekretär des Polizeiamtes statt. Zur Diskussion stand allerdings nicht eine Stelle bei der Kriminalpolizei, sondern eine Anstellung bei der Feuerpolizei, beim Polizeirichteramt oder in einer anderen Dienstabteilung der Stadtverwaltung. Dies hätte aber eine Lohneinbusse von 400 Franken bedeutet.

Die Offerte hatte noch einen anderen Haken. Der Sekretär teilte Heeb mit, dass der Polizeivorstand Meiers Einsprache gegen die Kündigung ablehne und den entsprechenden Antrag zuhanden des Gesamtstadtrats bereits abgeschickt habe. Laut einer Aktennotiz soll der Sekretär dann gesagt haben: «Das Polizeiamt hat nichts zu befürchten. Wenn Meier 19 seine Einsprache sowohl gegen die Kündigung als auch gegen den Strafbefehl zurückzieht, ist das ein Beweis für Meiers, wenn auch späte Einsicht. In diesem Fall ist Stadtrat Sieber bereit, sich für eine Verwendung Meiers irgendwo in der Stadtverwaltung einzusetzen.»

Die vom Stadtpräsidenten ausgehende Offerte war also mit erschwerenden Auflagen des Polizeivorstands verknüpft beziehungsweise torpediert worden. Meier hätte, so die Bedingungen Siebers, nicht nur die Kündigung, sondern auch den Strafbefehl von Bezirksanwalt Weisflog akzeptieren sollen. Und dies wurde ihm am Vorabend der Berufungsverhandlung vor Bezirksgericht mitgeteilt! Meier 19 hätte im letzten Augenblick sein gutes Recht auf Neubeurteilung des harten Strafbefehls preisgeben sollen. Er empfand die Offerte, wie sie ihm sein Rechtsanwalt übermittelte, als «perfekte Nötigung» und lehnte sie ab. Er wollte an seinen Platz als Detektiv zurück und nichts anderes.

Busse statt Gefängnis

Wahrscheinlich war die Offerte des Polizeiamts auch ein Versuch, die öffentliche Gerichtsverhandlung vom nächsten Tag zu verhindern und so einen unliebsamen Medienwirbel zu vermeiden. Nicht von ungefähr hatte sich der Sekretär bei Heeb auch danach erkundigt, ob beim Prozess mit einem Aufmarsch der Presse zu rechnen sei.

Die Gerichtsverhandlung am anderen Tag dauerte gut zwei Stunden. Hatte Heeb seine Einsprache gegen den Strafbefehl noch mit dem Begehren verbunden, Meier mit Busse statt mit Gefängnis zu bestrafen, so plädierte er jetzt auf Freispruch.

Es ist damals in Meiers Freundeskreis die Frage aufgeworfen worden, ob der Beschuldigte und sein Rechtsanwalt wirklich die richtige Strategie verfolgt hatten, als sie den objektiven Tatbestand der Amtsgeheimnisverletzung sofort anerkannten und nicht von allem Anfang an Freispruch verlangten. Meier sagte an der Gerichtsverhandlung vom 23. August 1967: «Mir wohlgesinnte Leute machten mir nachträglich Vorwürfe. Man erklärte mir, dass niemand mehr mir helfen könne. Ich hätte alles abstreiten sollen, wobei dann wohl Aussage gegen Aussage gestanden wäre. Dabei hätte mich niemand verurteilen können.» Welches die Gründe für Heebs Strategie und deren Änderung waren, lässt sich heute nicht mehr ausmachen. Weder in seinem Nachlass noch bei den Justizbehörden sind die entsprechenden Akten erhalten geblieben.

Heeb begründete den Antrag auf Freispruch, indem er einige der stossendsten Fälle von Ungleichbehandlung durch die Polizei schilderte: «Der Angeklagte, der feststellen musste, dass der Grundsatz, die Pflichten ohne Ansehen der Person getreu zu erfüllen, bei gewissen Behörden nicht beachtet werden, und der namentlich erfuhr, dass der grundlegende Verfassungssatz, wonach jeder Bürger vor dem Gesetze gleich sei, missachtet werde, sah sich in echter Gewissensnot. Er sah sich subjektiv vor die Frage gestellt, ob die Pflicht zur Wahrung des Amtsgeheimnisses der Pflicht zur Wahrung von Verfassung und Gesetz und der Pflicht zur Wahrheit und Gewissenhaftigkeit vorgehe. In der Abwägung dieser beiden ihm auferlegten Pflichten, die sich für ihn hier eindeutig widersprachen, entschied er sich, die Pflicht zur Wahrung von Verfassung und Gesetz, von Wahrheit und Gewissenhaftigkeit, höher zu bewerten, als die Pflicht zu Gehorsam und zur Wahrung des Amtsgeheimnisses. Der Angeklagte fühlte sich subjektiv in einem eigentlichen Notstand.»

Meier selbst zitiert eine Maxime, die ausgerechnet Polizeivorstand Sieber einst anlässlich der Vereidigung von Polizeibeamten vorgetragen hatte: «Der Polizist muss vor allem Gerechtigkeitssinn haben und sich darin üben. Der Mensch erträgt wohl Härte, keineswegs aber Ungerechtigkeit.»

Meier 19 hatte gut daran getan, die Korrektur des anfänglichen Strafbefehls zu verlangen. Das Gericht anerkannte, Meier habe «seiner subjektiven Meinung nach» aus «achtenswerten Gründen» gehandelt: «Der Angeklagte scheint persönlich davon überzeugt gewesen zu sein, dass ein Unrecht geschehen sei, dass die Verfassung durch seine Vorgesetzten verletzt worden sei und er sich dagegen zur Wehr setzen müsse.» Auch habe Meier für sich keinen Vorteil angestrebt, sondern im Gegenteil bewusst allfällige Nachteile, die sich aus seinem Verhalten für ihn ergeben könnten, in Kauf genommen. «Es ist auch zu beachten, dass der Angeklagte männlich-offen gehandelt hat und in keinem Zeitpunkt versuchte, seine Handlungen zu vertuschen.»

Einen Gewissensnotstand liess das Gericht aber nicht gelten. Meier müsse der Vorwurf gemacht werden, heisst es in der Urteilsbegründung, dass «er von den andern ihm zur Verfügung stehenden Mitteln keinen Gebrauch gemacht hat. Der einzige zulässige Weg wäre für den Angeklagten gewesen, seine Beanstandungen verwaltungsintern vorzutragen.» Man könne sich des Eindrucks nicht erwehren, dass «der Angeklagte einfach den Weg des geringsten Widerstandes gegangen ist», fand das Gericht. Es würde jedoch «zu einem Chaos führen, wenn sich jeder Beamte, der mit einem Entscheid seiner vorgesetzten Amtsstelle nicht einverstanden ist, die Freiheit nehmen wollte, diesen öffentlich zu korrigieren». Und dann folgte im schriftlichen Urteil der bemerkenswerte Satz: «Der Angeklagte musste als langjähriger Angehöriger des städtischen Polizeikorps wissen, dass es absolute Gerechtigkeit nicht gibt und nicht geben kann.»

Das Gericht, dem die Gerechtigkeit derart relativ und eine gut funktionierende Obrigkeit derart vordringlich war, bestätigte den Schuldspruch. Es verurteilte Meier aber nicht zu einer Gefängnisstrafe wie die Vorinstanz, sondern lediglich zu einer Busse von 400 Franken, dies auch angesichts des guten Leumunds und der einwandfreien 19jährigen Tätigkeit bei der Stadtpolizei. Die Bewährungszeit wurde auf drei Jahre angesetzt.

Bis vor Bundesgericht

Bei diesem Urteil blieb es im wesentlichen, obwohl es Meier bis vor Bundesgericht weiterzog. Sowohl das Zürcher Obergericht wie auch – am 24. Mai 1968 – das höchste Schweizer Gericht bestätigten den Schuldspruch in den Hauptpunkten. Die Probezeit wurde allerdings von drei Jahren auf die minimale Dauer von einem Jahr reduziert.

Die Erwägungen des Bundesgerichts beanspruchten in der schriftlichen Begründung nicht einmal vier Seiten. Das Bundesgericht berief sich auf den Grundsatz, dass Notstand nicht geltend gemacht werden könne, da die entsprechende Bestimmung des Strafgesetzbuchs «nur den individuellen Notstand erfasst und die Wahrung allgemeiner Rechtsgüter, wie die hier in Frage stehende Gleichheit der Bürger vor dem Gesetz, nicht darunter fällt».

Auch das Bundesgericht warf Meier 19 vor, die gesetzlichen Mittel nicht ausgeschöpft zu haben. Das Urteil erwähnt alle möglichen städtischen und kantonalen Instanzen, an die sich Meier hätte wenden können, und folgerte: «Dafür, dass er bei allen diesen Instanzen von vornherein kein Gehör gefunden hätte, bestehen keinerlei ernstliche Anhaltspunkte.» Das Gericht prägte daher den Grundsatz: «Es kann einem Beamten nicht zugestanden werden, mit Amtsgeheimnissen die ‹Flucht an die Öffentlichkeit› anzutreten, solange er nicht mit allen ihm zur Verfügung stehenden gesetzlichen, insbesondere dienstlichen Mitteln versucht hat, gegen die Amtspflichtverletzungen oder sonstigen Missstände anzukämpfen, die er in seiner Stellung wahrgenommen haben will.»

Das Urteil wurde von der Presse nicht gross kommentiert, für die Rechtssprechung aber ist es von Bedeutung. Noch heute ist es – zusammen mit einem weiteren Bundesgerichtsurteil in Sachen Meier 19 – ein Schulbeispiel der Juristerei. Die Aufnahme in die amtliche

Sammlung der Bundesgerichtsentscheide* hat zur Folge, dass Meier 19 immer wieder auch bei Vorlesungen an den Universitäten Erwähnung findet.

Auch die NZZ hatte Mitleid

Die Zeitungsberichte über den Prozess vom 23. August 1967 machten den Fall Meier 19 erstmals öffentlich, und die Kommentare spiegelten die spontane Sympathie wider, die dem Verurteilten in weiten Kreisen entgegengebracht wurde.

Meier habe sich, schrieb Alfred Messerli im «Tages-Azeiger», in einem Gewissenskonflikt befunden: «Sein Gerechtigkeitsgefühl war verletzt, weil er verschiedentlich feststellen musste, dass nach seiner Meinung bei der Stadtpolizei mit verschiedenen Ellen gemessen wird. Er wusste, dass eine Beschwerde auf dem ordentlichen Dienstweg in den Schubladen verschwinden würde. In seiner Situation sah er keinen andern Weg mehr, als die Öffentlichkeit zu alarmieren. Das mag ungeschickt, vielleicht sogar rechtswidrig gewesen sein. Er stand aber sofort mannhaft zu seiner Sache, verheimlichte nichts und legte ein vollständiges Geständnis ab. Statt dass nun aber die Korpsleitung der Stadtpolizei hellhörig geworden wäre, statt dass sie den Detektiv-Wachtmeister zu einem offenen Gespräch eingeladen hätte, ging sie unnachsichtig gegen ihn vor und erstattete Anzeige bei der Bezirksanwaltschaft wegen Amtspflichtverletzung.»

Noch weiter ging das SP-Organ «Volksrecht». Der 59jährige Erwin A. Lang, SP-Kantonsrat und Gatte der späteren SP-Regierungsrätin Hedi Lang, ging auf die Auswirkungen ein, die das Urteil «auf unsere Polizeimänner haben wird». Nicht alle seien, schrieb er, «aus dem harten Holz des Angeklagten geschnitzt, und wer will es einem Polizisten, der mit einem solchen Fall ebenfalls konfrontiert wird, verübeln, wenn er den bequemen Weg des geringsten Widerstandes geht, sich hinter das Amtsgeheimnis verschanzt, anstatt, wie es in dem von ihm abgelegten Gelübde unter anderem heisst, Verfassung und Gesetz zu halten und seine Pflichten ohne Ansehen der Person getreu nach bestem Wissen zu erfüllen? Darüber, wie diese Konsequenzen verhindert werden können, darf das letzte Wort noch nicht gesprochen sein.»

---

* BGE 94 IV 68–72, 101 IV 292–298

Nicht nur das Gerichtsurteil, auch Meiers Rauswurf bei der Stadtverwaltung stiess auf breite Kritik. Im «Tages-Anzeiger» kommentierte Alfred Messerli: «Detektiv-Wachtmeister Kurt Meier hat 19 Jahre lang seinen Dienst bei der Stadtpolizei klaglos versehen. Von seinen Kollegen wird er als ‹Wahrheitsfanatiker› geschildert. Es wäre zu wünschen, dass sämtliche Polizeibeamte ‹Wahrheitsfanatiker› wären und sich gegen jegliches Unrecht auflehnten. Es ist ein offenes Geheimnis, dass sich schon manche Mitglieder des städtischen Polizeikorps über gewisse Vorkommnisse empört haben. Keiner hat aber den Mut gehabt, dagegen aufzustehen. Jeder weiss, dass er dann intern ‹erledigt› wäre, auf einen Aussenposten abgeschoben und bei der nächst fälligen Beförderung übergangen würde. Das ist der Grund, weshalb es die meisten Polizeibeamten vorziehen, zu schweigen. Wenn nun aber einem ‹der Kragen platzt›, wenn er sich öffentlich empört, bekommt er die ganze Strenge des Gesetzes zu spüren.»

Sogar die «Neue Zürcher Zeitung» empfand Mitleid mit dem verstossenen Detektivwachtmeister: «Die Tatsache, dass er [Meier] im Dienst eingestellt worden ist und aller Voraussicht nach seine Stelle verliert, trifft den Angeklagten, der Vater zweier Kinder ist, umso mehr, als er sich bei der Polizei nie etwas zuschulden kommen liess und allgemein als tüchtig galt, was ja auch durch seinen Aufstieg zum Detektivwachtmeister bestätigt wird. Sein verletztes Rechtsempfinden hat ihn zu einem unkorrekten Schritt verleitet. Mit dieser Feststellung soll das Verhalten des Polizeibeamten keineswegs beschönigt werden, doch muss man sich gleichwohl fragen, ob die Entlassung nach neunzehn Dienstjahren nicht eine unverhältnismässig harte Sanktion für die Verfehlungen des Angeklagten darstellt.»

Fanal und Idol (August/September 1967)

Es gibt eine Wechselwirkung zwischen der Affäre Meier 19 und den 68er Unruhen. Für die 68er war der polizeikritische Polizist willkommener Anlass, die Korruptheit des Establishments aufzuzeigen. Seine Anschuldigungen gegenüber der Polizei und die darauf folgende Entlassung waren Beweise für den repressiven Charakter des Systems.

Trotz der Bravo-Rufe von seiten der 68er schloss sich Meier 19 ihnen nicht an: «Sie waren mir zu links, zu revolutionär; sie haben aus meinem Fall einfach die Rosinen herausgepickt.» Doch er wehrte sich nicht, als sie für ihn demonstrierten. Im Gegenteil, es freute ihn, von der Strasse her jene Bestätigung zu erhalten, die ihm in den Amtsstuben und Gerichtssälen versagt wurde. Meiers Wirkung war die eines Katalysators. Er fuhr seinen eigenen Kurs und liess all jene, die aufs Trittbrett steigen wollten, gewähren. Gesucht aber hat er sie nicht.

Meier hat im Lauf der Jahre von sehr unterschiedlichen Seiten Unterstützung erhalten: von jungen Rebellen und von zornigen alten Männern, von Linken ebenso wie von LdU-Vertretern, Christlichsozialen oder von Leuten im Umfeld der späteren Nationalen Aktion. Im Rückblick sagt er: «Ich habe die Leute, die mich unterstützten, nicht gerufen. Es sind Sachen gelaufen, die ich nicht beeinflussen konnte und wollte.»

Die Polizei im ungünstigen Licht
Ein Auftakt zu den Zürcher Jugendunruhen von 1968 wurde nur wenige Wochen nach jenem 20. März 1967 gesetzt, da Meier im Amt suspendiert worden war. Am 14. April gastierten im Zürcher Hallenstadion die Rolling Stones. Das Pop-Konzert endete in Schlägereien zwischen Polizei und Konzertbesuchern. Es gab Verletzte, und viele Stühle wurden zu Kleinholz gemacht. Die Polizei, die den Tumult nicht nur mit Knütteln, sondern auch mit Hunden bekämpfte, liess es zu Übergriffen kommen. Die Ordnungshüter wurden zum Feindbild vieler Jugendlicher, und den linken Studenten an der Universität kam nun plötzlich auch von der Strasse her eine Stimmung entgegen, die es auszunützen galt.

Das Rolling-Stones-Konzert war eines der 19 Ereignisse, die den

Globus-Krawall vom 29. Juni 1968 vorbereitet haben. Diese Zahl nannte Staatsanwalt Max Koller, der spätere CVP-Stadtrat, am 16. Oktober 1969 beim Auftakt zu den Prozessen gegen die Krawallanten. «Es lässt sich der Nachweis erbringen, dass in Zürich wie anderwärts eine radikale Minderheit, die den totalen Umsturz der politischen und Gesellschaftsstrukturen zu ihrem Ziele gesetzt hat, die allgemeine Unrast und Unruhe der Jugend zur Erreichung ihrer Ziele ausnützen wollte und die meisten der in den letzten zwei bis drei Jahren in Zürich stattgehaltenen Demonstrationen angezettelt und gesteuert hat», sagte Koller.

Koller nannte auch die Namen jener, die er für die Rädelsführer hielt: Roland Gretler und Franz Rueb von der Jungen Sektion der PdA sowie Thomas Held und Emilio Modena als Vertreter der «Fortschrittlichen Studentenschaft Zürich».

Diesen kritischen Geistern bot die Zürcher Stadtpolizei just in den Wochen vor Meiers erstem Gerichtstermin einen Anlass zum Protest nach dem andern. In den Zeitungen mehrten sich negative Schlagzeilen über die Polizei in auffallendem Masse. Einzelne Fehlleistungen und die allgemeine Selbstherrlichkeit unter Polizeivorstand Albert Sieber schürten die Autoritätskrise.

Als Paradebeispiel polizeilicher Anmassung wurde die Pressekonferenz empfunden, die Kripo-Chef Walter Hubatka am 6. Juli 1967 abhielt. Hubatka kündete mit saloppen Sprüchen («Sommerhitze macht manche müde Männer mitternachts merkwürdig munter») Massnahmen zur Eindämmung des Dirnenwesens an: Freier sollten polizeilich registriert und allenfalls wegen unnötigen Herumfahrens oder – wenn sie Fussgänger sind – wegen «Unfugs» gebüsst werden. Er berief sich vor den Journalisten unter anderem auf den Kirchenlehrer Thomas von Aquin und auf Hammurabi, der in Babylon schon vor 4000 Jahren Vorschriften über die Prostitution erlassen hatte. Weniger fundiert war die Abstützung auf zeitgenössische Grundlagen, denn das Freierregister wurde alsbald von namhaften Juristen als rechtswidrig scharf kritisiert: so etwa vom damaligen Bezirks- und späteren Staatsanwalt Marcel Bertschi oder vom Horgener Gerichtspräsidenten Peter R. Jäger. Auch ein späterer Rechtsberater von Meier 19 hat jahrelang gegen die Registrierpraxis der Stadtpolizei gekämpft.

Der «Blick» widmete sich einer anderen, augenfälligeren Problematik, die das polizeiliche Vorgehen gegen den Strichgang in sich barg. Schlagzeilen gab etwa jene Polizeipatrouille her, welche auf dem Kontrollgang eine Dirne spitalreif geschlagen hatte. In einem andern Fall hatte sich ein Polizist, wie das Sensationsblatt genüsslich berichtete, «in den schweren Verdacht gebracht, sich ausserhalb von Legalität und Dienstvorschriften um zwei hübsche Mädchen des Liebesgewerbes gekümmert zu haben».

Die Polizei liess sich von der Kritik nicht abhalten. Bis Ende 1967 wurden 60 Personen registriert. Erst 1976 wurde das Freierregister abgeschafft.

Der nächste Anlass zur öffentlichen Empörung ereignete sich eine Woche nach Hubatkas Pressekonferenz. Am 13. Juli meldeten die Zeitungen, ein Polizist habe einem vermeintlichen Velodieb ins Gesäss geschossen. In Wirklichkeit handelte es sich beim Angeschossenen nicht um einen Delinquenten, sondern um einen PTT-Beamten, der auf seinem Dienstvelo unterwegs war.

Wieder eine Woche später wurde bekannt, dass Hubatka aus Angst vor politischen Komplikationen einen bereits erteilten Gutachterauftrag gestoppt hatte. Max Frei-Sulzer, der legendäre und umstrittene Gründer des Wissenschaftlichen Dienstes der Stadtpolizei Zürich, hätte im Auftrag des Hamburger Rowohlt-Verlags politisch brisante DDR-Dokumente auf ihre Echtheit untersuchen sollen; die Akten aus der Hitler-Zeit deuteten darauf hin, dass der deutsche Bundespräsident Heinrich Lübke sich seinerzeit am Bau eines Konzentrationslagers beteiligt hatte. Der Rückzieher wurde der Stadtpolizei als falsche Ängstlichkeit oder – auf Flugblättern – als «Amtshilfe für KZ-Baumeister» ausgelegt.

Mitte August ereignete sich der nächste der besagten 19 Vorfälle, die dem Globus-Krawall vorausgingen: Beim Literaten-Café Odéon am Bellevue machte sich jugendliche Entrüstung breit, weil der Odéon-Wirt Gäste ausgesperrt hatte, die einen Minirock trugen.

«Das Mass ist voll»
In dieser explosiven Situation fand am 23. August der erste öffentliche Prozess gegen Meier 19 statt. Der verurteilte Detektiv wurde zum Fanal, und die Fälle rechtsungleicher Behandlung durch die Polizei, welche Meiers Rechtsanwalt vor Gericht vorgetragen hatte, bereicherten das Repertoire der jugendlichen Polizeikritiker.

Meier 19 wurde zum Gesprächsthema weit über Zürich hinaus. Am

Donnerstag und Freitag nach der Gerichtsverhandlung berichteten die Zeitungen erstmals von «K.M.», und am Samstag wurde sein voller Name bekanntgegeben. Im «Blick» vom 31. August war erstmals auch sein Bild zu sehen: das Brustbild eines seriös wirkenden und entschlossen dreinblickenden 42jährigen Mannes mit Krawatte und einer hohen, in Hofratsecken auslaufenden Stirn.

Meier selbst hatte zur Bekanntgabe seines Namens beigetragen, indem er den Zeitungen zwei Tage nach dem Prozess eine Erklärung zukommen liess. Unter anderem wollte er mitteilen, dass er den öffentlichen Wirbel nicht gesucht habe: «Von allem Anfang an lag es mir ferne, die ganze Affäre in der Öffentlichkeit soweit auszutragen. Die Polizei hat es diesbezüglich schon schwer genug. Mir schwebte eine offene Aussprache mit der Korpsleitung vor, um so diese Sache ein für allemal abzustellen.» Die naiv wirkende Pressemitteilung zeigt, dass Meier um Mässigung bemüht war und in fast rührender Weise sogar auf die kritische Lage der Polizei Rücksicht nahm.

Viele Zeitungen nahmen keine derartigen Rücksichten. Im Gegenteil, die von Heeb vorgetragenen Skandalfälle wurden jetzt ganz gross ausgeschlachtet. Der «Blick» fasste das Kesseltreiben so zusammen: «Ein eidgenössisches Schützenfest auf die Zürcher Stadtpolizei hat eingesetzt! Zu viele von Polizeivorstand Stadtrat Albert Siebers Untergebene seien korrupt, hatte der gefeuerte Detektiv-Wachtmeister Kurt Meier 19 (42) erklärt, als er jetzt wegen Amtsgeheimnisverletzung vor Gericht stand. Und Meier fand sogleich Unterstützung von Basel bis an den Gotthard. Gerichtspräsidenten, Publizisten und andere setzen zum Sturm auf Zürichs Polizei an: ‹Das Mass ist voll›, ‹Jenseits der Legalität› und ‹Eiserner Besen muss her› wird gewettert.»

«Das Mass ist voll» war die Überschrift eines Artikels von Ludwig A. Minelli in der «National-Zeitung». Dieser Bericht war der schärfste von allen: «Die Zürcher Stadtpolizei hält einen traurigen Rekord: Sie liegt in bezug auf ihre willkürlichen Polizeieingriffe und auf die Rechtsverluderung ihrer Führung weit an der Spitze aller Polizeikorps in der Schweiz. […] Eine Stadtpolizei, die diesen Namen ehrlich verdient, hält sich an Gesetz und Recht. Dieser Grundsatz hat in der Zürcher Stadtpolizei seit Jahrzehnten keinen Platz mehr. Sie ist nicht dem Recht, sondern der Macht verpflichtet, und darum ähnelt sie mehr einem organisierten Gang denn einer auf Mannszucht haltenden Truppe im Dienste der Aufrechterhaltung von Ruhe und Ordnung im Rahmen einer demokratischen Gesellschaftsordnung.»

Traugott Biedermann forderte im «Volksrecht» strafrechtliche Folgen: «Über die politischen Konsequenzen der Enthüllungen hinaus muss man sich fragen, wie nun gegen die Stellen vorgegangen werden kann, die nach den Ausführungen des Verteidigers und des Angeklagten daran beteiligt waren, gewisse Leute privilegiert zu behandeln. Diese höheren Funktionäre der Stadtpolizei standen am Mittwoch nicht vor den Schranken des Bezirksgerichts. Haben sie sich aber nicht gegen den Diensteid vergangen, und zwar gegen den zentralen Inhalt des Gelöbnisses? Wer bringt diese Leute vor die Schranken eines Gerichtes?»

Symbol des aufrechten Ganges
Das Mitleid der Presse mit dem viel zu hart angefassten Detektivwachtmeister und die aufreizende Kritik an der Polizei haben am 26. August jene Meier-19-Kundgebung beflügelt, bei der Thomas Held in einem Polizistenhelm «Zweier für de Meier» sammelte. Hier wurden die von Meier vorgebrachten Polizeiskandale «ins Vulgär-Demagogische» übersetzt, wie es ein Stadtparlamentarier formulierte. Was nach einem «Volksrecht»-Kommentar «eine Mischung von Plausch und Gesellschaftskritik, von ernsthafter Empörung und Freude am ‹Happening›» war, empfand der «Blick» als Probe für den Aufstand der Jugend.

Seither gab Meier 19 den Zeitungen immer wieder Anlass für Schlagzeilen. Sein Name wurde zu einem Begriff, zu einem Symbol des aufrechten Ganges oder – je nach Standpunkt – zum ärgerlichen Reizwort. NZZ-Gerichtsberichterstatter Erich Meier schrieb einmal, der Detektivwachtmeister habe es erreicht, dass «ein Abschnitt der Geschichte der Stadtpolizei durch die Affäre mit Meier 19 geprägt» worden sei: «Dieser Abschnitt ist gekennzeichnet durch ein arg getrübtes Verhältnis zwischen der Polizei und der Öffentlichkeit, durch Missstimmung unter der Mannschaft, durch beeinträchtigte Kameradschaft und schwerwiegende Verdächtigungen.»

Meier 19 war populär, ein Idol nicht nur der linken Rebellen, sondern auch der breiten Massen. Auch an der Basler Fasnacht wurde das Lob dieses Volkshelden gesungen. Die Clique «Wiehlmys» gab im Februar 1968 zehn Strophen zum besten. Hier vier davon:

«Doch s'Diggschti isch, wenn d'Polizischte
In Gmeinschaft mit der eigne Frau
E herrlig Dolce Vita friste,
Massage-Salon, statt z'Nacht uff d'Piste,
Zuesatzverdienst, eso gohts au.

Der Meier duet's zum Busch usjage,
Dasch ebbis, wo-när nit verdaut,
Er ka das alles nit vertrage,
Me weiss es und me hert au sage,
Er heb au dorum Akte klaut.

Und d'Präss stirzt druff grad wie die Wilde
Jetz ändlig kunnt die Sach an Dag,
Me ka sich jetz en Urteil bilde,
Wie g'fuerwärggt wird by däre Gilde,
Fir d'Polizei isch das e Schlag.

Me sott halt obenuse wische,
Me kennt die Glaine laufe loh,
Denn obe dät's rentiere z'fische,
Um dä Beamtestand ufz'frische.
Die usekeie nodinoh.»

Dementieren, beschwichtigen, untersuchen
Die Emotionen im Volk, die Zeitungskommentare und der Druck von der Strasse brachten die Behörden in jenem August 1967 in arge Bedrängnis. Die Polizei reagierte abwehrend. Polizeikommandant Rolf Bertschi versuchte, seine Untergebenen in dieser schweren Stunde zusammenzuschweissen, und mahnte in einer Erklärung zur Besonnenheit: «Kameraden, durch die gegen unser Korps erfolgten Angriffe sind auch niedrigste Instinkte geweckt worden. Ich weiss, dass dies der Uniformpolizist auf der Strasse am meisten zu spüren bekommt, weil Ressentiments abgeladen werden und man den Weg der Verallgemeinerung wählt. Ich bitte daher alle Korpsangehörigen, solchen Situationen mit Ruhe und Besonnenheit zu begegnen. Die Überlegenheit bleibt die beste Waffe. Zudem müssen wir solidarisch sein. Es ist

abzuwarten, welchen Entscheid der Stadtrat über das weitere Vorgehen trifft.»

Polizeivorstand Sieber hielt am 30. August eine Pressekonferenz ab. Deren Tenor fasste der «Blick» wie folgt zusammen: «In einer 60minütigen Pressekonferenz versuchte gestern die in letzter Zeit schwer angegriffene Zürcher Polizei zu beweisen: dass ihre Weste blütenweiss sei, dass bei der Stadtpolizei jedermann ohne Ansehen der Person gleich behandelt werde, dass von einer Korruption keine Rede sein könne. [...] Polizeivorstand Albert Sieber, frisch aus den Ferien zurück, in dunkelblauem Anzug mit weissem Pochettli, beteuerte: ‹Wir haben ein gutes Gewissen, wir müssen uns ja gar nicht reinwaschen, wir sind nur angeschwärzt worden.›»

Der Polizei-Beamten-Verband und der Detektiv-Verein der Stadt Zürich wandten sich mit einer Erklärung ans Publikum, obwohl ja nicht die ausübenden Polizeiorgane angegriffen worden waren, sondern deren Chefs. Sie äusserten «grosse Besorgnis» über die «Zeitungspolemik». Diese hätte dazu geführt, dass «der einzelne Polizeibeamte im Dienst vermehrt auf Übelwollen und Schwierigkeiten stösst». Die Erklärung verwahrte sich «mit aller Entschiedenheit gegen den Vorwurf der Korruption», forderte dann aber doch genauere Abklärungen: «Die Angehörigen der Stadtpolizei Zürich tun ihre Pflicht ohne Ansehen der Person und erwarten mit der Bevölkerung, dass die erhobenen Vorwürfe untersucht und einwandfrei abgeklärt werden. Das Publikum wird gebeten, die Arbeit der Polizeibeamten nicht noch mehr zu erschweren.»

Der christlichsoziale Gemeinderat Carl Blatter reichte im Stadtparlament eine Interpellation ein und verlangte vom Stadtrat detaillierte Auskünfte. Der Gewerkschaftssekretär und ein anderer christlichsozialer Gemeinderat, Paul Früh, haben sich wiederholt für Meier 19 eingesetzt, da sie dessen Entlassung als ungerechte Härte empfanden. Paul Früh war es auch, der, veranlasst durch den Fall Meier 19, zusammen mit LdU-Gemeinderat Werner Strebel die Schaffung einer «neutralen Beschwerdestelle» verlangte: den 1971 als schweizerische Pioniertat eingeführten Stadtzürcher Ombudsmann.

Die Antwort des Stadtrats auf die Interpellation Blatter erfolgte bereits nach einer Woche. Sie deckte sich im grossen ganzen mit den Ausführungen des Polizeivorstands an der Pressekonferenz. Sie machte allerdings – anders als Polizeivorstand Sieber – auch Zugeständnisse. Der Stadtrat bedauerte es, dass in einem Fall ein Rapport verlorengegangen war, gab aber sofort auch zu bedenken, dass «im betreffenden Jahr 1963 insgesamt über 143 000 Rapporte erstellt worden sind». Der Stadtrat räumte auch ein, der Polizeikommissär, der wegen Verdachts auf Fahrens in angetrunkenem Zustand auf die Hauptwache gebracht worden war, «hätte – rückblickend gesehen – besser daran getan, sich freiwillig einer Blutprobe zu unterziehen».

Die Interpellationsantwort wurde an der Ratssitzung vom 6. September 1967 verlesen, doch der Gemeinderat wollte darüber nicht diskutieren. Es herrschte Einigkeit darüber, dass man zuerst einmal eine genaue Untersuchung in die Wege leiten wollte. Die entsprechende Anregung stammte von der SP-Fraktion und war unterschrieben von den Gewerkschaftsvertretern Otto Schütz und Max Bryner (der spätere Stadtrat) sowie vom damaligen Vizepräsidenten des Gemeinderats, Alfred Messerli. Verlangt wurde die Einsetzung einer parlamentarischen Kommission, welche die Vorwürfe gegenüber der Stadtpolizei untersuchen und dabei in die Akten Einblick nehmen und Zeugen befragen solle. Messerli hat dem Begehren im «Tages-Anzeiger» den Weg bereitet: Es stehe bei der ganzen Sache «das Vertrauen der Bürgerschaft in ihre Polizei auf dem Spiel», schrieb er. «Werden die Vorwürfe nicht ganz genau untersucht und allfällige Verstösse gegen Verfassung und Gesetz ohne Ansehen der Person geahndet, so bleibt ein Malaise zurück, unter dem das Polizeikorps insgesamt zu leiden hätte.» Messerli nahm zur Forderung nach einer Untersuchung auch in einem Radiointerview Stellung: «Falls die Vorwürfe an die Stadtpolizei tatsächlich zutreffen würden – was ich kaum glauben kann –, dann bedürfte es, um das Vertrauen zur Polizei wieder herzustellen, auch personeller Konsequenzen im Kader der Polizei.»

Auch der bekannte Geschichtsprofessor und Nationalrat Marcel Beck hatte eine Untersuchungskommission gefordert. Die Angelegenheit habe in gewisser Beziehung mehr Gewicht als die Affäre um die Mirage-Kampfflugzeuge, «weil das Vertrauen in einen fundamentalen Satz unserer Verfassung gestört werden könnte», fand er in einem Leitartikel.

Selbst der Stadtrat war zur Erkenntnis gelangt, dass die Untersuchung nicht mehr zu verhindern war. Er meldete keine Opposition an, und die Einsetzung einer parlamentarischen Untersuchungskommission wurde im Gemeinderat einhellig beschlossen. Die Kommission setzte sich aus 17 Mitgliedern aller Fraktionen zusammen. Es wurde bestimmt, dass sie sich nur mit jenen Fällen befassen dürfe, die Rechtsanwalt Heeb vor Bezirksgericht publik gemacht hatte: die drei Verzeigungen des Obersten Guldimann, der Fall der Regierungsratsgattin, das Verschwinden des Rapports im Falle des zwischen Traminseln durchfahrenden Rechtsanwalts, das Verschwinden von Rapporten ganz allgemein sowie der Fall jenes Kommissärs, dem die Blutprobe erlassen worden war. Gemeinderat Messerli hatte im Rat die Ansicht vertreten, die Kommission sollte, wenn weitere Fälle bekannt werden, auch diese überprüfen können. Bürgerliche Ratsmitglieder wandten sich aber gegen eine «öffentliche Klagemauer»: Diese könnte bloss eine Einladung für «zahlreiche Querulanten» sein, argumentierten sie.

Der Stadtrat wollte einen anderen Ratschlag
Zur öffentlichen Stimmung passte der Umstand, dass sich auch in der Disziplinarsache Meier 19 eine Wende anzukünden schien. Der Umschwung bereitete sich in der städtischen Disziplinarkommission vor. Dieses Gremium hat den Stadtrat bei schweren Disziplinarstrafen zu beraten und setzt sich aus Abgeordneten sowohl des Arbeitgebers wie auch des städtischen Personals zusammen.

Am 4. September 1967, eine gute Woche nach der Meier-19-Kundgebung, befasste sich die Disziplinarkommission mit dem Fall. Die fünf Kommissionsmitglieder wehrten sich dagegen, dass über Meiers Arbeitsverhältnis schon vor Beendigung des Strafverfahrens entschieden werde. Es war damals bekannt, dass Meier 19 das Urteil des Bezirksgerichts bei der nächsten Instanz anfechten wollte. Für den Fall, dass der Stadtrat gleichwohl schon jetzt einen Beschluss über Meiers Einsprache fassen möchte, arbeitete die Kommission trotzdem eine Empfehlung aus. Und diese Empfehlung stellte einen Teilsieg Meiers dar.

Mit vier zu einer Stimme erachtete die Kommission die Entlassung als eine zu harte Sanktion für eine Tat, die aus achtbaren Motiven und aus ehrlicher Überzeugung heraus begangen worden sei – als zu harte Sanktion auch gegenüber einem Mann, der während 19 Jahren grösstenteils zur Zufriedenheit seiner Vorgesetzten und mit ausgezeichneten Qualifikationen gearbeitet habe. Die Kommission empfahl, die Kündigung zu widerrufen und Meier bei der Stadtverwaltung in ein anderes Arbeitsgebiet zu versetzen, und zwar mit vier zu einer Stimme.

Doch es darf nicht sein, was nicht sein darf. Am selben Nachmittag, als die Disziplinarkommission ihre Empfehlung beschloss, tagte im Stadthaus auch der Stadtrat. Der Vorsitzende der Disziplinarkommission, Oberrichter Max Willfratt, begab sich nach der Kommissionssitzung unverzüglich an die Stadtratssitzung und orientierte die Exekutive über den Beschluss seiner Kommission. Beim Stadtrat fand die Empfehlung aber keinen Gefallen. Noch in derselben Sitzung befand der Stadtrat, dass weitere Abklärungen nötig seien. Die Disziplinarkommission wurde namentlich ersucht, «den von Detektivwachtmeister K. Meier geltend gemachten Motiven neben der Abklärung des objektiven Tatbestandes noch vermehrte Aufmerksamkeit zu schenken».

Hat der Kommissionsvorsitzende den Stadtrat gelenkt und dabei in eine Richtung geführt, die der Kommissionsmehrheit widersprach? Eine Bemerkung Willfratts, die Rückweisung des Kommissionsantrags durch den Stadtrat sei «offenbar veranlasst durch meine mündlichen Ausführungen in der Sitzung vom 4. September 1967», legt diesen Schluss nahe.

Die alt Stadträte Sigmund Widmer und Ernst Bieri vermögen sich heute nicht mehr an die Einzelheiten zu erinnern. Sie machen aber Angaben, die eher darauf hindeuten, dass es der Stadtrat war, der die Richtung vorgab. Es widersprach damals dem Brauch, den Antrag eines Departementsvorstehers ohne Not und ohne sehr zwingende Gründe abzuweisen; Polizeivorstand Sieber aber hatte die Kündigung ausgesprochen und die Abweisung von Meiers Einsprache beantragt. Anderseits wollte der Stadtrat einen solchen Entscheid nicht «ungeschützt», ohne Billigung der «neutralen» Disziplinarkommission, fällen; von der Empfehlung dieser «sehr angesehenen» Kommission aber konnte der Stadtrat «nur schwer» abweichen (Bieri). Ein echtes Dilemma also.

Der Ausweg wurde gesucht, indem man bei einer der für den Stadtrat massgebenden Instanzen die Wiedererwägung einleitete. Und diese Instanz war nicht der Polizeivorstand, sondern die Disziplinarkommission. Im Brief, den der Stadtrat an die Disziplinarkommission richtete, wurde das Ersuchen um Wiedererwägung als «Auftrag» bezeichnet. In der Kommission regte sich Widerstand gegen die

Wortwahl im Schreiben des Stadtrates. Die zur Unabhängigkeit verpflichtete Kommission hatte das Gefühl, sie werde vom Stadtrat, dem Dienstherrn des Beschwerdeführers, ungebührlich unter Druck gesetzt. «Die Objektivität des Verfahrens vor der Disziplinarkommission [...] müsste doch wohl mit Recht in Frage gestellt werden, wenn die Disziplinarkommission ihre eigene Entscheidungsbefugnis dadurch einschränken oder beeinflussen lassen würde, dass sie Aufträge und Weisungen des Stadtrates, der (wie im Falle Meier) selbst Disziplinarbehörde ist, entgegennehmen und ausführen würde», protestierte Willfratt namens der Kommission in einem Brief an den Stadtrat. Die Disziplinarkommission könne die «Aufträge» des Stadtrats «lediglich als wegleitende Hinweise und Wünsche, nicht aber als verbindliche Weisungen entgegennehmen» präzisierte er. Der Erfüllung dieser Wünsche widersetzte er sich aber in keiner Weise. Im Gegenteil, die Kommission machte sich erneut ans Werk, zog Akten bei und führte verschiedene Einvernahmen durch. Die Beratungen zogen sich bis in den Dezember hin.

«Ohne menschliches Verständnis»
Trotz der noch hängigen Einsprache wurde die Kündigung am 30. September 1967 vollzogen. Am 20. September 1967 verfasste Kripo-Chef Hubatka das abschliessende Leistungs- und Führungszeugnis. Hubatka, der sechs Jahre lang Meiers Chef gewesen war, kam zum Schluss, dass «Det. Wm. Meier 19 manche Voraussetzungen zu einem tüchtigen Funktionär besitzt». Er sei «intelligent und ausdauernd», in menschlicher Hinsicht aber «schwer zu beurteilen». Zwei Feststellungen machte Hubatka trotzdem: Meier wirke verschlossen und könne bei der Bearbeitung eines Falles «auffallend hartnäckig» sein.

Auch ein Kommissär der Sicherheitspolizei stellte ein Abschlusszeugnis aus, da Meier von 1948 bis 1957 als Uniformpolizist dieser Abteilung zugeteilt war. Das zusammenfassende Urteil begann positiv, mündete dann aber in eine überspitzte Abqualifizierung aus, welche kommenden Verunglimpfungen den Weg bereitete: «Gute Auffassungsgabe, gewandt in den Schreibarbeiten, initiativ, einsatzfreudig, Arbeitsleistungen über dem Durchschnitt, in allen polizeilichen Belangen versiert, führte die ihm übertragenen Arbeiten gründlich und genau nach dem Wortlaut der Gesetze aus, aber ohne jede Kompromissbereitschaft und ohne menschliches Verständnis. Im Umgang mit seinen Kameraden und direkten Vorgesetzten zurückhaltend.»

Erst nach dem offiziellen Ausscheiden Meiers aus dem städtischen Dienst wurde über den Fortbezug der Besoldung während der Zeit der Sistierung entschieden. Anstoss dazu war eine Eingabe von Rechtsanwalt Heeb. Polizeivorstand Sieber beharrte auf seinem bisherigen Standpunkt, diese Frage solle erst später entschieden werden. Sein freisinniger Parteikollege, Finanzvorstand Ernst Bieri, hingegen beantragte die Gutheissung des Gesuchs, unter anderem mit dem Hinweis auf die Strafmilderung durch das Bezirksgericht. Für einmal versetzte der Stadtrat Sieber in die Minderheit, mit fünf zu einer Stimme. Nach längeren Verhandlungen sprach er Meier eine Zahlung von 11 418.80 Franken zu.

Auch die 27 642 Franken, die über die Jahre von Meiers Lohn abgezogen und an die städtische Pensionsversicherung überwiesen worden waren, wurden Meier 19 ausbezahlt. Die Arbeitgeberbeiträge dagegen blieben bei der Stadt; Freizügigkeitsregelungen gab es damals noch nicht. Diese Beiträge samt Zinsen und Zinseszinsen sind Meier 19 verlustig gegangen.

Meier hatte mittlerweile seinen provisorischen Job im Büro einer Horgemer Maschinenfabrik verloren. Auch dieser Stellenverlust hatte etwas mit dem «Blick» zu tun. Meier hatte dem Blatt nach der Gerichtsverhandlung partout keinen Kommentar abgeben wollen. So zitierte der «Blick» wenigstens die Begründung für die Absage: «Ich will unbedingt an die Stelle zurück, die ich vorher innehatte – ich hatte bis jetzt rund 10 000 Franken Lohnausfall – und will mich deshalb im Moment nicht weiter äussern.» Und der «Blick» quittierte diese Stellungnahme mit dem hämischen Satz: «Der Polizist, der die schärfsten Angriffe gegen die Zürcher Stadtpolizei richtete, hat nach erhaltener Kündigung nur einen Wunsch: wieder bei derselben Polizei arbeiten zu können.»

Meier erzählt, dass er sich nach Erscheinen des «Blick»-Artikels derart geschämt habe, dass er anderntags nicht mehr zur Arbeit erschienen sei. «Ich war damals mimosenhaft empfindlich», erklärt er heute diesen für ihn untypischen Anflug von Mutlosigkeit. «Ich hatte Angst davor, dass in der Firma alle auf mich zeigen würden: Das ist jener, den sie bei der Polizei davongejagt haben, und bei dem muss ja etwas nicht stimmen, wenn er bei der Polizei nicht mehr tragbar ist.»

Er musste sich nach einer neuen Erwerbsquelle umsehen. Ein ehemaliger Dienstkollege, der in Zürich eine mechanische Werkstätte führte, gab ihm immer wieder Arbeit. Hier drehte und stanzte Meier je nach Auftragslage. In seiner Notlage nahm er mehr als bloss die Unregelmässigkeit der Arbeit in Kauf: «Ich hasste es, unter den Fingernägeln wieder Ölspuren zu haben. Ich roch tagtäglich den Abstieg. Das waren harte Zeiten.»

Querulant und Psychopath (1967/68)

Die Disziplinarkommission begann, getreu den «Aufträgen» des Stadtrats, die subjektive Situation des rebellierenden Detektivwachtmeisters besser abzuklären und ihre Empfehlung zugunsten von Meier 19 nochmals zu überdenken.

Meier 19 hat den Eindruck, dass Oberrichter Willfratt seine Disziplinarsache mit negativer Voreingenommenheit geleitet habe: «Er konnte mich nicht riechen, er war total abweisend. Seine Fragen waren arrogant und kamen wie Eruptionen aus ihm heraus; mein Rechtsanwalt griff mehrmals ein», erinnert sich Meier an die Einvernahmen.

Willfratt war 59 Jahre alt, als er mit der Prüfung der Einsprache Meiers beauftragt wurde. Er war der zweitletzte Zürcher Oberrichter, der dieses Amt ohne Jus-Studium erreicht hatte. Nach ein paar Jahren an der philosophischen Fakultät der Universität Zürich wurde er von der SP als Bezirksanwalt portiert und rückte 1947 zum ordentlichen Staatsanwalt auf. Von 1960 bis 1971, als er aus Gesundheitsgründen vorzeitig zurücktreten musste, war er Oberrichter. Während 30 Tagen amtete er auch als Geschworenengerichtspräsident. Willfratt wird als «rassiger Staatsanwalt-Typ» geschildert.

Kurt Meier schreibt Willfratt einen massgeblichen Anteil an der Wende zu, die sich in der Disziplinarkommission nun vollzog. Tatsächlich prägte der Oberrichter die Kommissionsarbeit. 60 Stunden (à 20 Franken Sitzungsgeld) verwendete er auf den Fall Meier 19 – weit mehr als alle übrigen Kommissionsmitglieder. Er liess sich ermächtigen, Erhebungen auch allein vorzunehmen. Bei einer der beiden Einvernahmen Kurt Meiers war er von keinem anderen Kommissionsmitglied begleitet. Willfratt war es auch, der die polizeiinternen Akten über Kurt Meier allein einsehen durfte – so hatte es Polizeiinspektor Bertschi verlangt. Die übrigen vier Kommissionsmitglieder akzeptierten die Scheuklappen und begnügten sich mit der Lektüre eines von Willfratt verfassten Auszugs. Dass er einseitig war, konnten sie nicht wissen.

Ein verheerendes Gutachten
Einseitig war auch das Gutachten vom 8. Dezember 1967, in dem das Persönlichkeitsbild Meiers zum entscheidenden Kriterium wurde. Just wegen der subjektiven Situation Meiers hatte ja die Kommission in ihrem ersten Antrag eine mildere Sanktion empfohlen. Jetzt hatte sie dem «Auftrag» des Stadtrats Folge zu leisten, vor allem der Motivation Meiers «noch vermehrte Aufmerksamkeit zu schenken». Der Wink mit dem Zaunpfahl hatte Wirkung. «Den Ausschlag für die Meinungsänderung innerhalb der Kommission gab nun aber vor allem die negative persönliche und charakterliche Beurteilung des Einsprechers», heisst es in den Schlussfolgerungen des Gutachtens.

Das Gutachten trug alle möglichen Indizien zusammen, die Meier als starrsinnigen Querulanten erscheinen liessen. Dies aber war nicht einfach. Aufschlussreich ist die Auskunft, welche der Stadtschreiber im Januar 1968 gegenüber dem PUK-Präsidenten gab. Dieser hatte sich erkundigt, ob es Beweise für Meiers Sturheit gebe. Die Antwort: «Auch die Nachschau, ob im Dossier der Disziplinarkommission ein Aktenstück vorhanden sei, das die Sturheit von Kurt Meier belegen würde, blieb ergebnislos. Es ergibt sich jedoch beim Aktenstudium ein entsprechender Eindruck.» Weil die Akten und die wenigen persönlichen Begegnungen mit Meier offenbar zu wenig Handfestes hergaben, wurde mit Behauptungen, Übertreibungen und sogar Falschzitaten operiert.

So wird im Gutachten der Eindruck erweckt, Kurt Meier habe den Obersten Josef Guldimann nach jener «Geisterfahrt» in der Stockerstrasse möglicherweise doch mit «blöder Oberst» und «Schafseckel» tituliert. Dabei hatte der Oberst diese Behauptung seinerzeit schriftlich widerrufen, und dieser Widerruf lag der Kommission vor.

Im Falle jener Regierungsratsgattin, die 1951 einen falschen Namen angegeben hatte, mutmasst das Gutachten ohne konkrete Anhaltspunkte, es sei «sehr wohl denkbar», dass Meier die Frau «in wenig anständiger Weise zurechtgewiesen, damit eingeschüchtert und so zur Angabe falscher Personalien provoziert hat». Dabei hatte Meier in der Einvernahme durch die Disziplinarkommission klipp und klar ausgesagt: «Ich gab Frau Meierhans keinen Anlass, so zu reagieren, denn ich habe sie absolut ruhig und anständig zurechtgewiesen.»

Das Gutachten drehte Meier auch einen Strick aus dem Faktum, dass er sich bei den Einvernahmen durch die Kommission dreimal nicht ohne weiteres von seiner Ansicht abbringen liess.

Einmal hatte sich Meier geweigert, an den Inhalt eines bestimmten Aktenstücks zu glauben, solange es ihm nicht vorgelegt werde.

Im nächsten Fall ging es um die nebensächliche Frage, zu welchem Zeitpunkt ein bestimmtes Gespräch stattgefunden habe. Meier datierte dieses auf den Spätherbst 1965, während ein Zeuge vom Frühjahr sprach. Als der Zeuge entschieden auf seiner Darstellung beharrte, fügte sich Meier: «Ich glaube nun doch, dass XY recht hat.»

Den dritten Fehler machte Meier, als es in der Einvernahme erneut um den Fall jener Regierungsratsgattin ging. Meier traute der Fotokopie des Arrestantenbuchs aus dem Jahr 1951 nicht. Obwohl der entsprechende Eintrag fehlte, war er der festen Meinung, dass der Wachtchef damals die Notiz über die Vorführung der Regierungsratsgattin unterzeichnet hatte. Erst als ihm das Original vorgelegt wurde, liess sich Meier vom Gegenteil überzeugen. «Ich muss also falsch orientiert worden sein», sagte er. Meier war also keineswegs völlig einsichtslos.

Das Gutachten zog nun aus diesen geringfügigen Vorfällen die weitreichende und paradox anmutende Schlussfolgerung: «Eine solche Einstellung lässt die Bereitschaft Meiers erklären, Gerüchte und persönliche Mitteilungen ohne nähere Prüfung als Tatsachen hinzunehmen, wenn sie in sein Konzept passen und geeignet sind, sein Misstrauen nach oben zu schüren.»

Sehr weit geht auch die Interpretation jener Auseinandersetzung zwischen Meier und seinem Chef im Sommer 1965, bei der Hubatka die Arbeitsleistungen seines Untergebenen quantitativ bemängelte und dieser erfolgreich den Widerruf des Vorwurfs verlangte: «Die Hartnäckigkeit, mit welcher der Einsprecher [Meier] gegenüber Dr. W. Hubatka im Sommer 1965 auf Durchführung einer Disziplinaruntersuchung zu beharren versuchte, [...] spricht für die ihm nachgesagte Kompromisslosigkeit und Härte, die zugleich ein ausgeprägtes, ja fast stures Gerechtigkeitsgefühl, wenn nicht sogar einen Hang zur Rechthaberei offenbaren.» Hier wird aus einem Faktum, das über Kurt Meier nichts Ungebührliches verrät, eine pauschale Diskreditierung abgeleitet.

Das Gutachten ist auch unfair beim Zitieren aus den polizeilichen Disziplinar- und Personalakten Meiers. Nach Hinweisen auf die «durchwegs günstig lautenden» dienstlichen Qualifikationen Meiers fährt es fort: «Demgegenüber geben die Akten aber auch über einige eher negative Charakterzüge Kurt Meiers Aufschluss. So wird hervorgehoben, dass er seine Arbeit wohl gründlich und genau nach dem Wortlaut des Gesetzes, aber ohne jede Kompromissbereitschaft und ohne menschliches Verständnis ausführe.» Bei der Aussage stützte man sich auf einen einzigen Qualifikationsbericht, nicht wie suggeriert wird, auf eine Vielzahl von Akten. Besagter Vorwurf stammt aus einem Abschlusszeugnis unmittelbar vor Meiers Entlassung, und es handelte sich erst noch um eine Nebenbemerkung.

Eindeutig falsch war die Art und Weise, wie zwei Qualifikationen aus dem Jahr 1953 zitiert wurden. Der eine Führungsbericht wurde wie folgt resümiert:

«Der ehemalige Adjunkt Stehli schrieb 1953, dass es sich bei Meier um einen Typ handle, der bei Erledigung seiner Arbeiten ‹etwas forsch ins Zeug geht›, und dass er bereits einige Male (ähnliche) Differenzen mit dem Publikum gehabt habe.»

Es ging um die Beschwerde eines Automobilisten, der seinen Wagen falsch parkiert und deswegen mit dem Polizisten Meier 19 eine verbale Auseinandersetzung geführt hatte. Stehlis Bericht im Wortlaut: «Pm Meier 19, welchen ich als sehr initiativen und schaffensfreudigen Polizeifunktionär kenne, ist der Typ, der bei der Erledigung seiner Arbeiten etwas forsch ‹ins Zeug geht›, dafür aber seinen vorgeschriebenen Dienst und seine ihm auferlegte Pflicht konsequent, sehr korrekt und gewissenhaft ausübt. Tatsache ist, dass er bereits einige Male ähnliche Differenzen mit dem Publikum gehabt hat, welche jedoch samt und sonders ihren Ursprung in der oft vorgebrachten, kindisch anmutenden Unwissenheit und der handkehrum damit verbundenen Lächerlichmachung und Kritik der Anordnungen und Massnahmen der Polizei sowie der Behörden hatten; zwei Aspekte, welche der korrekte Pm Meier 19 nicht mit seiner sauberen Dienstauffassung und seinem ehrlichen Arbeits- und Pflichterfüllungs-Drang in Einklang bringen konnte. [...] Er bestätigte in seiner Vernehmlassung, richtig wütend gemacht worden zu sein. Ganz objektiv betrachtet, kann der sprachliche Ausfall von Pm Meier 19 verstanden, wenn nicht gar toleriert werden.»

Die Zusammenfassung im Gutachten erweckt den Eindruck, Kurt Meier habe wegen seiner Forschheit Differenzen mit dem Publikum verschuldet. Dabei waren diese 1953 «samt und sonders» ausdrücklich dem Publikum angelastet worden – eine Präzisierung, die bezeichnenderweise ebenso weggelassen wurde wie das nachfolgende Lob und die Entschuldigung des «sprachlichen Ausfalls» Meiers.

Den übrigen Kommissionsmitgliedern aber war es unmöglich, diese Manipulationen zu erkennen. Sie hatten keine Einsicht in die originalen Disziplinarakten Meiers, sondern kannten diese bloss über das von Willfratt verfasste Resümee. Hier aber war nichts davon zu lesen, dass der «sprachliche Ausfall» verständlich, wenn nicht gar tolerierbar sei. Im Gegenteil, Willfratt fasste den Vorfall für die Kommission mit den maliziösen Worten zusammen, es sei wegen «beleidigender Ausdrucksweise zu einer Belehrung gekommen».

Über einen andern Rapport des ehemaligen Adjunkts Stehli über einen Beschwerdefall aus dem Jahr 1953 heisst es im Gutachten: «In einem anderen Bericht des gleichen Polizeioffiziers ist von massiven Reaktionen die Rede, die beim Publikum den Eindruck der Unbeherrschtheit erwecken und Unwillen auslösen können.»

Im Originalbericht steht: «Der Unterzeichnete belehrte deshalb Pm Meier 19 dahingehend, dass in ähnlichen Situationen solche massive Reaktionen, welche beim Publikum den Eindruck der Unbeherrschtheit erwecken und höchstens Unwillen auslösen, zu unterlassen seien. Pm Meier 19 sah dies ohne weiteres ein. Mit diesem wohl vertretbaren Zugeständnis zugunsten des Beschwerdeführers konnte erreicht werden, dass dieser seine Eingabe als erledigt betrachtet und sich die Parteien zum Zeichen der Verständigung die Hand reichten.»

Den versöhnlichen Ausgang des Vorfalls und Meiers Einsichtigkeit hatte Willfratt bereits in seinem Resümee unterschlagen. Vor allem aber gibt das Gutachten mit der vagen Formulierung «es ist von massiven Reaktionen die Rede» den unzutreffenden Anschein, Meier habe es nicht bloss in einem, sondern in mehreren Fällen zu solchen Reaktionen kommen lassen. Unfair war es auch zu verschweigen, dass es sich beim kritisierten Vorfall keineswegs um eine sonderlich «massive Reaktion» gehandelt hatte: Polizist Meier hatte den beschwerdeführenden Automobilisten zum Anhalten aufgefordert, indem er mit der Hand auf das Wagendach schlug. Das war alles.

Diese beiden irreführenden Zitierungen im Gutachten der Disziplinarkommission waren für Kurt Meier besonders verhängnisvoll, sind sie doch später vom Stadtrat in einer Rekursantwort gegenüber dem Verwaltungsgericht speziell zitiert und hervorgehoben worden.

Sie sollten offensichtlich den anders nicht beizubringenden «Beweis» für das Vorurteil liefern, Kurt Meier sei schon immer ein streitsüchtiger Provokateur gewesen.

Das Bild von der Persönlichkeit Meiers habe sich seit dem ersten Kommissionsantrag vom September «deutlich zu seinen Ungunsten verändert», resümiert das Gutachten die Erkenntnisse der Kommission. Die Formulierung lässt offen, ob sich Meier selbst oder bloss der Wissensstand der Kommission verändert habe. Eindeutiger sind dagegen die folgenden Zuspitzungen. Man sei zum Eindruck gelangt, «dass Meier zu jener bekannten Sorte Untergebener gehört, die auf Jahre hinaus alle möglichen Dinge registrieren und über einzelne Mitarbeiter oder Vorgesetzte Dossiers anlegen, um deren Inhalt bei Gelegenheit zu verwerten, und die sich auf Grund solcher Kenntnisse aus sturer Selbstgerechtigkeit zum Richter über andere erhaben fühlen.» Dass Meier einen «ausgeprägten Gerechtigkeitssinn» habe, sei ihm nicht zu verargen. «In Verbindung mit seinem Misstrauen gegen Vorgesetzte und mit seiner kompromisslosen Härte musste sich nun aber dieses überspitzte, ans Querulatorische ja Psychopathische grenzende Rechts- und Gerechtigkeitsgefühl unheilvoll auswirken, weil ihm diese Charakterveranlagung das Mass für eine objektive Beurteilung verlieren liess.»

Vor allem diese «negative persönliche und charakterliche Beurteilung» führte die Kommissionsmehrheit zur Ansicht, dass «ein Mann mit solcher Veranlagung in einer öffentlichen Verwaltung ganz allgemein, im besondern aber im Polizeidienst nicht mehr tragbar ist, da jederzeit mit Rückfällen gleicher Art gerechnet werden müsste. Deshalb und durch den krassen Vertrauensmissbrauch und die schwerwiegende Verletzung seiner Treue- und Loyalitätspflicht hat Kurt Meier jeglichen Anspruch auf weitere Beschäftigung im städtischen Dienst verwirkt, da keiner Verwaltungsabteilung seine Anstellung zugemutet werden kann.»

Kurt Meier als Querulant und Psychopath. Ein Mann, der während 19 Jahren beste Qualifikationen erhalten hatte, war nun plötzlich eine unannehmbare Zumutung!

Nur noch der vor der Pensionierung stehende Friedensrichter Walter Denzler (EVP) sowie der VPOD-Sekretär und SP-Gemeinderat Werner Sager waren bei der erneuten Beschlussfassung der Disziplinarkommission gegen Meiers Entlassung. Damit war der Umschwung besiegelt.

Minderheitsvertreter Werner Sager war ob der Kehrtwende der Kommission «wie vor den Kopf geschlagen». Für den ehemaligen Gewerkschaftsvertreter ist der Umschwung heute noch unerklärlich: «Es war eine Frage der Personen, der Macht», sagt er; doch es bleibt ihm rätselhaft, welche Mechanismen sich im einzelnen abgespielt haben. «Die Art und Weise, wie man Meier 19 abgefertigt hat, beschäftigt mich immer noch.»

Der Stadtrat brach ein Versprechen
Der Gesamtstadtrat bestätigte am 4. Januar 1968 den Kündigungsbeschluss des Polizeivorstands und wies die Einsprache Meier ab. Im Gutachten der Disziplinarkommission erblickte das Gremium eine «in allen Teilen zutreffende Persönlichkeitswürdigung». Im zusammenfassenden Satz des Stadtratsbeschlusses wird nur noch das Negative festgehalten: «Das Persönlichkeitsbild von Detektiv-Wachtmeister K. Meier hinterlässt einen eher negativen Eindruck.» Dabei waren die meisten Mitglieder des Stadtrats Meier 19 noch nie persönlich begegnet.

In der ausführlichen Begründung zitierte der Stadtrat das Gutachten in seiner vollen Länge. Weggelassen wurde bloss eine Stelle über Polizeivorstand Sieber. Die Stadträte ersparten ihrem Kollegen die Wiedergabe einer Passage, wonach «ein klarer Fall einer Parkierungsübertretung durch den Polizeivorstand ad acta gelegt worden sein soll».

Offenbar hat der Stadtrat die Möglichkeit nicht erwogen, selbst Opfer von Vorurteilen und Übertreibungen geworden zu sein, wie sie nach Meiers Ausschaltung kursierten. Er hat auch zuwenig beachtet, dass ein Mensch möglicherweise nur deshalb so hart reagiert, weil er hart angefasst worden war.

Fritz Heeb sagte in seinem Plädoyer im Januar 1968 vor Obergericht, Meier sei «nicht mehr der gleiche Mensch, der er noch vor einem Jahr, vor der Eröffnung der Strafuntersuchung und der disziplinarischen Massnahmen, war». Er kritisierte die Scheinheiligkeit jener, welche die Möglichkeit nicht sehen wollten, dass ihre Abqualifizierungen persönlichkeitsverändernde Auswirkungen haben könnten: «Weil er aber bei der Verwaltung auf Ablehnung stösst, weil er als Querulant diffamiert zu werden beginnt, reagiert er auch seinerseits aggressiver und sucht, um seine eigenen Erfahrungen zu erhärten, weiteres Unrecht hinter der Anonymität des Staates aufzuspüren. Er beginnt an allem und jedem zu zweifeln. Das ihm heute anzukreiden, ist pharisäisch. Es werden Ursachen und Wirkung verwechselt. Der Angeklagte ist in den wenigen Monaten, da er seinen eigenen Fall durchkämpft, zu dem geworden, was er jetzt ist. Hätte man ihn anders, gerechter und verständnisvoller behandelt, hätte man ihn angehört, statt ihn zu massregeln, vor den Strafrichter und um seinen Beruf und sein Brot zu bringen, es stünde sowohl um die Integrität der Verwaltung als auch um die psychische Situation des Angeklagten erheblich besser.»

Der Beschluss des Stadtrats weckte in weiten Kreisen Entrüstung. «Volksrecht»-Redaktor Traugott Biedermann kommentierte: «Nun hat der Gesamtstadtrat die Massnahme des Polizeivorstandes gegen einen 19 Jahre unbescholten und sogar mit Auszeichnung im städtischen Dienst stehenden Mann mit einem sauberen Pflichtgefühl und ausgesprochenem Gerechtigkeitssinn bestätigt. […] Wir erlauben uns, weiterhin auf dem von uns seit Anbeginn eingenommenen Standpunkt zu verharren: Gegen die Geringschätzung, die hier der Gesinnung und der grundsätzlichen Haltung eines Beamten entgegengebracht wird, und gegen die Glorifikation einer konformen Beamtenmentalität muss Front gemacht werden, wenn es uns damit ernst ist, demokratische Massstäbe auch an die Verwaltung anzulegen.»

Ein wichtiger Kritikpunkt war auch der Zeitpunkt des Stadtratsbeschlusses: Er wurde am 4. Januar 1968 gefällt, drei Wochen vor dem Obergerichtsprozess gegen Meier, der auf den 26. Januar festgesetzt war. Mit diesem eiligen Vorgehen aber brach der Stadtrat das im Stadtparlament öffentlich abgegebene Versprechen, den Entscheid über die Einsprache Meiers «mit Rücksicht auf eine möglichst sorgfältige Erledigung der Angelegenheit» erst dann zu treffen, wenn das Urteil des Obergerichts vorliege. Folgt man dem Wortlaut des Versprechens, so hat der Stadtrat nicht nur dieses gebrochen, sondern auch dem Grundsatz der «möglichst sorgfältigen Erledigung» zuwidergehandelt.

Verweigerung des rechtlichen Gehörs
Meier focht den Entscheid des Stadtrats nicht nur mit einem Rekurs zuhanden des kantonalen Verwaltungsgerichts, sondern auch mit einem Wiedererwägungsgesuch an. Im (erfolglosen) Wiedererwägungsgesuch warf er dem Kommissionsvorsitzenden Willfratt vor, er habe in «un-

lauterer Art» und mit einer «Willkür, die jeder Beschreibung spottet», die Verteidigerrechte missachtet und die Kommission und den Stadtrat in die Irre geführt: «Es lag seitens des Vorsitzenden der Disziplinarkommission eine so unverkennbare Absicht des ‹Nichthörens› vor, dass er im Verfahren direkt als ein Parteigänger angesprochen werden muss.»

Kurt Meier ist im Disziplinarverfahren das rechtliche Gehör verweigert worden. Die Disziplinarkommission und der Stadtrat lehnten es trotz mehrerer Bitten Meiers konstant ab, diesem vollen Einblick in die Akten zu geben. Seinen Rekurs und sein Wiedererwägungsgesuch musste Meier in Unkenntnis wesentlicher, ihn betreffender Dokumente aufsetzen. So war ihm auch der Nachweis verunmöglicht, dass polizeiinterne Akten in verfälschender Art und Weise zitiert worden waren. Damit liegt ein klarer Verstoss gegen einen heute noch geltenden Paragraphen des zürcherischen Verwaltungsrechtspflegegesetzes vor: «Die durch eine Anordnung in ihren Rechten Betroffenen sind berechtigt, in die Akten Einsicht zu nehmen.»

Erst das Verwaltungsgericht, welches am 25. September 1968 den Rekurs Meiers abwies, öffnete ihm die Akten. Verschiedene Dokumente, vor allem die polizeilichen Disziplinarakten, zeigte man ihm allerdings nicht, so dass es ihm unmöglich war, das ganze Ausmass der Verunglimpfungen zu erkennen. Das Gericht unterliess es auch, die Fehler des Disziplinarverfahrens zu rügen. Es machte lediglich die aufschlussreiche Andeutung: «Ob im Verfahren vor der städtischen Disziplinarkommission und vor dem Stadtrat Fehler unterlaufen seien, ist nicht zu untersuchen. Solche Fehler wären im Verfahren vor Verwaltungsgericht, wo dem Rekurrenten volles rechtliches Gehör gewährt worden ist, geheilt worden.»

Ein Jahr nachdem Meier 19 den städtischen Dienst hatte quittieren müssen, war auch der juristische Kampf gegen den Rauswurf beendet. «Volksrecht»-Redaktor Traugott Biedermann wandte sich nach dem abschlägigen Verwaltungsgerichtsurteil mit einem Ratschlag an Kurt Meier: «Geben Sie Ihren Kampf gegen die (leider nicht imaginären) Windmühlen in unserer Verwaltung auf. Geben Sie Ihren ehrlichen und tapferen Kampf, der nun lediglich noch Ihre eigene Lage verschlimmert, für diesmal auf – im Bewusstsein, das Gewissen der Öffentlichkeit geweckt zu haben, und im resignierenden Kenntnisnehmen von der Unmöglichkeit, das Gewissen unserer Bürokratie und vor allem der Polizeiadministration so ausreichend wachzurütteln, wie es einer Demokratie angemessen wäre. Nicht der Kampf um Gleichheit vor dem Recht sollte ad acta gelegt werden, sondern dieser eine, bereits sehr strapazierte ‹Fall›, dessen Ausgang wir bedauern und als beschämend für die Stadt Zürich und ihre Verwaltung empfinden.»

Auf dem Abstellgleis (1967/72)

Der Fall des Beamten Meier 19, der das Amtsgeheimnis verletzt hat, hätte auch völlig anders ausgehen können. Nehmen wir den in strafrechtlicher Hinsicht vergleichbaren Fall des früheren Stabschefs der Zürcher Kantonspolizei, Eugen Thomann. Er war 1993 wegen Amtsgeheimnisverletzung zu einer Busse von 500 Franken verurteilt worden. Er wurde somit wegen des gleichen Delikts wie Kurt Meier belangt, und die Busse – 100 Franken mehr als 25 Jahre früher bei Kurt Meier – ist von vergleichbarer Höhe. Der Fall wurde in disziplinarischer Hinsicht aber völlig anders beurteilt: Thomanns Position blieb unangetastet, ja er wurde 1994 sogar zum Kommandanten der Kantonspolizei befördert!

Der Unterschied zwischen Kurt Meier und Eugen Thomann ist der, dass Meier 19 Unregelmässigkeiten bei höheren Staatsfunktionären aufgedeckt hatte, während Thomanns Delikt einem Häftling zum Nachteil gereichte, der Polizei dagegen zum Vorteil.

Kurt Meier ist keineswegs der einzige Beamte, der hart dafür bestraft wurde, dass er Ungereimtheiten in den höheren Chargen seines Dienstzweiges enthüllt hatte. In den neunziger Jahren haben sich derartige Fälle in aufsehenerregender Weise gehäuft. 1990 machte Mario Jelmini, Jurist im Bundesamt für Polizeiwesen, publik, dass die Bundespolizei für den deutschen Staragenten Werner Mauss gefälschte Pässe ausgestellt hatte. Jelmini wurde 1991 aus dem Bundesdienst entlassen, fing eine Busse von 400 Franken wegen Amtsgeheimnisverletzung ein (wie Meier 19).

1992 hatte der ehemalige stellvertretende Chef der Freiburger Polizeigarage, Jean-Claude Knopf, Missbräuche in der Polizeigarage öffentlich angeprangert. Die schuldigen Beamten, darunter der Polizeikommandant, wurden bestraft, doch auch Knopf musste büssen: Er wurde im Amt suspendiert, versetzt und wegen Amtsgeheimnisverletzung zu einer Busse von 200 Franken verurteilt.

1992 deckte der Stadtzürcher Beamte Hanspeter Heise dubiöse Machenschaften bei der Entsorgung des Klärschlammes auf. Statt eines Dankes erhielt er die Kündigung, und seine Kampfgefährtin

Angela Ohno wurde versetzt. Im Herbst 1996 wurden die beiden allerdings rehabilitiert, und es wurden ihnen finanzielle Entschädigungen in Aussicht gestellt.

Peter Bolliger und Walter Weidmann, Dienstchefs bei der Zürcher Kantonspolizei, reichten Anfang 1994 Beschwerde wegen amtsinterner Missstände ein. Ihren Chef, Hauptmann Hansjörg Spring, beschuldigten sie, Eigentum der Polizei privat genutzt zu haben. Sie wurden abgewimmelt und schikaniert, doch am Ende wurden ihre Vorgesetzten zur Rechenschaft gezogen, und Polizeikommandant Eugen Thomann musste im Gefolge dieser Affäre den Hut nehmen. Bolliger und Weidmann erhielten Lob von höchster Stelle und je 10 000 Franken Entschädigung.

Der Ausgang der beiden Zürcher Skandale und die Bestechungsaffäre um den kantonalzürcherischen Beamten Raphael Huber veranlassen Kurt Meier zu einem ernüchternden Vergleich: «Hier griffen die zuständigen Behörden schliesslich ein – anders als bei mir. Bei mir hat der Rechtsstaat versagt.» Kurt Meier ist auch überzeugt davon, dass «der Korruptionsfall um Raphael Huber und die Affäre Spring nicht mehr möglich gewesen wären, wenn man in meinem Fall durchgegriffen hätte.»

In finanzieller Bedrängnis

Meiers Einkünfte waren in jener Zeit unregelmässig und gering. Hatte er für das Jahr seiner Kündigung noch 15 400 Franken Einkommen versteuert, so waren es in den Jahren 1969 und 1970 noch je 4100 Franken. Neben der gelegentlichen Arbeit in der mechanischen Werkstätte eines ehemaligen Dienstkollegen war der Handel mit Liegenschaften eine Einnahmequelle. Meier hatte dank Beziehungen und zum Teil zusammen mit einem Bekannten drei Liegenschaften erworben und, nachdem er sie eigenhändig renoviert hatte, mit Gewinn wieder verkaufen können.

In den Leumundsberichten, die in jenen Jahren erhoben wurden, figuriert Meier als «selbständiger Kaufmann». Hinter dieser Angabe stehen auch seine Bemühungen, im Antiquitätenhandel Fuss zu fassen. Er stöberte alte Möbel auf und machte sie in seiner Garage zurecht. Auch reparierte er ausgediente Rasenmäher. Solche Arbeiten lagen ihm. «Kurt Meier hat in den letzten Monaten sein Einfamilienhaus tipptopp instandgestellt», hiess es 1969 in einem Leumundsbericht.

Das Haus wurde mehr und mehr mit Hypotheken belastet. Meiers

Frau litt sehr unter der Ungewissheit und der Angst vor dem jederzeit drohenden Ruin. Der Rentner erinnert sich: «Es war eine turbulente Zeit. Die Notlage war gross, wir waren auf dem Nullpunkt. Aber ich wurde nie kriminell, und meine Frau musste nicht arbeiten gehen. Manchmal steckten mir Sympathisanten etwas zu. Es ging immer irgendwie, ich hatte keine Schulden, und die Kinder erhielten eine rechte Ausbildung.» Meiers Sohn trat nach der Sekundarschule eine Lehre als Feinmechaniker an, die Tochter besuchte das Lehrerinnenseminar und jobbte in den Ferien. Die Steuern bezahlte Meier immer, und drei Betreibungen im Jahr 1970 blieben ohne Folgen.

1971 vermerkte ein Leumundsbericht: «Am Wohnort wird Kurt Meier nach wie vor günstig beurteilt. Er wird als höflicher und korrekter Mann bezeichnet.» Grund zur Verbitterung hätte es dabei genug gegeben. Immer wieder hörte Meier von ehemaligen Polizeikollegen, dass sie befördert worden seien. «Manchmal kamen in mir Anflüge von Reue hoch», sagt er im Rückblick. «Diese Gefühle gewannen aber nie die Oberhand.»

Es gab zwar immer wieder Bemühungen, den Rauswurf bei der Stadtverwaltung zu mildern oder gar rückgängig zu machen, doch sie führten zu keinem Erfolg. Bereits im Januar 1968, als der Stadtrat die Kündigung bestätigte, liess die Exekutive auf Antrag von SP-Stadtrat Rudolf Welter prüfen, ob Meier wenigstens die städtische Beamtenversicherung auf freiwilliger Basis weiterführen könnte. Dies hätte es ermöglicht, die in der Versicherungskasse zurückgebliebenen Arbeitgeberbeiträge für Meier 19 nutzbar zu machen. Die Statuten der Versicherungskasse liessen diese Lösung aber nicht zu: Die Weiterführung war ausgeschlossen, weil Gründe vorlagen, welche «die Stadt berechtigt hätten, den Austretenden disziplinarisch zu entlassen».

1972 gelangte Meier 19 über den Ombudsmann Jacques Vontobel nochmals an den Stadtrat mit der Frage, ob er nachträglich in die Versicherung aufgenommen werden könne. Doch der städtische Finanzvorstand Max Koller sah keine Möglichkeit, das Vorhandensein von Gründen, die für eine Entlassung sprechen, zu widerrufen.

1969 versprach der Fraumünster-Pfarrer Peter Vogelsanger gegenüber Kurt Meier, beim damaligen städtischen Finanzvorstand Ernst Bieri «im Sinne einer Rehabilitation im städtischen Dienst vorstellig zu werden». Einen ähnlichen Vorstoss lancierte im selben Jahr der Winterthurer Kaufmann Daniel Ketterer, ein Bruder des LdU-Nationalrats Karl Ketterer. Daniel Ketterer hat sich immer wieder für Meier 19 eingesetzt. Einmal wollte er ihn sogar mit seinem ehemaligen Chef zusammenführen; doch Hubatka lehnte das Treffen ab.

Die Initiativen Ketterers und Vogelsangers wurden für Meier 19 allerdings zur herben Enttäuschung. Im Café Sprüngli kam es zwar zu einer Unterredung zwischen ihm und Finanzvorstand Bieri. Anschliessend liess Bieri über Daniel Ketterer ausrichten, er wolle für eine Rente besorgt sein. Bedingung sei allerdings, dass sich Meier von einem Vertrauensarzt eine leichte psychische Invalidität attestieren lasse. Meier war entrüstet: «Dieses Ansinnen wies ich mit der nötigen Deutlichkeit zurück, da dadurch erstens die Niederschlagung aller meiner Eingaben erreicht und zweitens der Steuerzahler um einen erheblichen Betrag betrogen worden wäre.»

Bieri erinnert sich ebenfalls an die Begegnung mit Meier 19. Er weist die Beschuldigung aber von sich, er habe Meier zum Invaliden stempeln wollen: «Ich wollte Herrn Meier lediglich die Rechtslage darlegen; diese aber hätte nur dann eine Rente erlaubt, wenn Herr Meier ein Attest über eine psychische Schädigung hätte vorlegen können. Dies wäre dann aber eine IV-Rente gewesen.» Der städtische Ombudsmann Werner Moser, der die Sache 1996 überprüfte, attestiert Bieri, er habe mit seinen Aussagen den Kassenstatuten entsprochen.

Geächtet und bespitzelt
Seine ehemaligen Kollegen und viele Bekannte gingen Meier aus dem Weg. Man kommt um den Eindruck nicht herum, dass das verunglimpfende Gutachten der Disziplinarkommission, obwohl es nicht öffentlich war, seine Wirkung hatte.

Auch die Zeitungen gingen mehr und mehr auf Distanz zum Expolizisten. Man hatte den Wirbel satt und wollte vielleicht auch den Goodwill der Polizei, auf deren Meldungen die Blätter angewiesen waren, nicht aufs Spiel setzen, indem man einem Polizeikritiker und Idol der rebellischen Jugend die Spalten öffnete. «Mit Ausnahme des ‹Volksrechts› nimmt heute keine einzige Zeitung mehr offen und unmissverständlich für den Beamten Stellung», schrieb im Frühjahr 1968 die «Zürcher City», ein Quartierblatt, das aus seinen Sympathien zu Meier 19 nie einen Hehl machte.

Die «Tat» musste Meier 19 sogar dreimal wegen rufschädigender Äusserungen entschädigen.

29.1.68	a. NZZ, Nr. 60: Artikel betitelt "Geheimnisverletzung, Notstand und Pflichtenkollision. Keine Notstandslage bei Detektivwachtmeister Meier 1⁹
18.3.69	a. "NZZ", Nr. 171: Artikel betitelt "Ein verurteilter Polizist als Bezirksanwalt?". Betr. die Aufstellung des M. als Kandidat für den Posten eines Bezirksanwaltes. Initiant dieses Vorschlages sei WECK Bernhard, 24 einer der führender Vertreter des "Zürcher Manifest".
18.3.69	v.Stapo ZH: Dr. Bernhard WECK 24 reichte eine Liste mit 3 Kandidaten fü die Wahl der Bezirksanwälte in Zürich v.22./23.3.69 ein, auf der auch M. figurierte. M., vom bekannten DUERINGER Walter 13 und dessen ERWA-BUND zum 'Schweizer des Jahres' ernannt, wurde auch von den hiesigen antiautoritären Kreisen hochgespielt.
23.3.69	v.dó: Bericht über die Kundgebung der 'Interessengemeinschaft für saubere BA-Wahlen' v.22.3.69 in den Stadthausanlagen am Bürkiplatz. Gleich Kandidaten wie oben. Beilagen.
13.5.69	v.███████, Notiz: Am 12.5.69 habe ein █████████ von der KTD-ZH, berichtete, dass soeben ein █████████████████ sich tel. erkundigt habe, ob u. durch wen über den Tf.-Anschluss von Ex-Det. Wm. MEIER, 19 eine Tf.-Kontrolle angeordnet worden sei; dies sei bestimmt der Fall, denn es gebe jeweils in der Tf.-Leitung Geräusche, wenn man mit M. telefoniere. ██████████ will erklärt haben, dass dies die KTD-ZH nicht wisse u. er sich an die BA in Bern wenden solle. ████████ habe er geantwortet, dass sich ████████ schriftl. an die BA wenden soll.Beil. das Schreiben des █████████ Anmerkung v.████ Gegen M. wurde von uns nie eine TK angeordnet. ████████ ist nicht legitimiert, die Interessen des M.
13.5.69	v.████████ Notiz, Fortsetzung: zu vertreten. Dazu kommt das Amtsgeheimnis. ██ Möchte die Angelegenheit betr. Antwort mit BA besprechen. Mit BA am 16.5. besprochen. Kurz antworten.
19.5.69	a.████████████████ W.thur: Beantwortung seines Schreibens v. 12.5.69.Gestützt auf das gesetzl.Amtsgeheimnis ist es uns grundsätzlich nicht möglich, irgendwelche Angaben über unsere Massnahmen gegenüber Dritten zu erteilen. Zudem sei er nicht legitimiert, im Namen des M. zu handeln.Um jedoch Gerüchten vorzubeugen, erklären wir ausnahmsweise, dass gegen M. von uns nie eine TK angeordnet wurde.
19.5.69	a. GD-PTT, Rechtsdienst: Orientieren über oben erw. Angelegenheit.
19.9.69	3 Artikel betitelt "Jetzt klagt Dr. Hubatka". Ehrverletzungsklage von Dr Walter Hubatka gegen M.
21.10.69	v.Stapo ZH: Bericht über die Protestdemonstration des "Aktionskomitees gegen staatlich-institutionelle Kriminalität" gegen Polizei und Justiz v.18.lo. in Zürich. Der Animator des AKK, ERB Felix 5o, verlas eine Resolution an den Stadtrat Zürich, worin u.a. erwähnt wird, dass M. in einer Denkschrift v.15.9.69 übereinstimmende Indizien erwähnt habe, welche Dr.Walter Hubatka des berühmt-berüchtigten Zahltags-Diebstahls bei der Stapo schuldig erscheinen lassen.

Ausriss aus Kurt Meiers Fiche, die der Staatsschutz in den Jahren 1967 bis 1976 anlegte.

Seit dem 26. August 1967, als das Volk auf der Strasse für Meier 19 demonstrierte, überwachte der polizeiliche Nachrichtendienst Meiers Tun und Lassen. Seine Fiche wuchs im Laufe der Jahre um zahlreiche Blätter an. Kurt Meier erzählt von eigenartigen Begegnungen, die ihn vermuten liessen, er werde sehr intensiv observiert. Einmal, bei einer Sonntagsfahrt, sah er am Vierwaldstättersee einen Staatsschützer der Stadtpolizei: Er verschwand sofort, als er Meier erblickte. Ein andermal fiel ihm im Albiswald eine Polizeiassistentin auf, die bei seinem Anblick fluchtartig verschwand.

Einer von Meiers Freunden erkundigte sich 1969 bei der Kreistelefondirektion Zürich, ob und durch wen der Telefonanschluss Meiers kontrolliert werde. Das Telefon werde mit Bestimmtheit abgehört, denn es gebe jeweils in der Leitung Geräusche, wenn man mit Meier telefoniere. Die Anfrage ist in Meiers Fiche festgehalten, ebenso das Dementi der Bundespolizei. Diesem Vermerk folgen siebenzeilige Ausführungen, die bei der Herausgabe der Fiche an Meier aber abgedeckt worden sind ...

Viel zu tun hatte ein Polizeispitzel anlässlich des zweiten grossen Auftritts Meiers vor der Öffentlichkeit, am 26. Januar 1968 beim Amtsgeheimnisprozess vor dem Zürcher Obergericht. Laut seinem Bericht hatten auf der vollen Tribüne des Gerichtssaals 55 Personen Platz genommen, darunter fünf Frauen und 15 Polizeifunktionäre. Die fünf Presseberichterstatter wurden namentlich festgehalten, ebenso die Anwesenheit von Justizdirektor Arthur Bachmann.

Besonders scharf beobachtete der Polizeispitzel die Anhänger des Angeklagten, darunter LdU-Gemeinderat Werner Strebel, den ehemaligen Polizeibeamten Emil Baumann und einige Studenten, die sich um den 68er Wortführer Thomas Held scharten. Auffällig verhielt sich in den Augen des Observanten Oreste Zanolari, ein damals 37jähriger Sozialarbeiter, der sich später wiederholt für Meier 19 einsetzte: «Er folgte nicht nur den Verhandlungen, sondern blickte oft kritisch im Saal umher und interessierte sich auch, was hinter seinem Rücken ging.» Zudem soll er einem nicht bekannten Studenten, der sich zuvor immer in Begleitung von Thomas Held befunden hatte, eine Karte übergeben haben. «Der Student ging unscheinbar im Mittelgang an der Person Zanolari vorbei, der diesem dann diese Karte kommentarlos zusteckte.»

Die Militärdirektion drückte ein Auge zu
Die Entlassung aus dem Polizeidienst hatte neben dem Ausschluss aus dem Detektiv-Verein auch ein militärisches Nachspiel zur Folge. Ende 1968 wurde Meier ohne Angabe von Gründen aus dem militärischen Sicherheitsdienst entfernt und als Verkehrssoldat bei der militärischen Strassenpolizei eingeteilt. Meier 19 empfand dies und den wesentlich tieferen Sold als Degradierung. Mit Hilfe von Rechtsanwältin Heinzelmann reichte er gegen die Umteilung Beschwerde ein. Doch Oberstkorpskommandant Paul Gygli, der Generalstabchef, lehnte die Beschwerde ab.

Gleichwohl musste Meier 19 nie mehr Militärdienst leisten. Als er aufgeboten wurde, anstelle der Pistole den Karabiner des einfachen Soldaten zu fassen, telefonierte er dem damaligen Militärdirektor, FDP-Regierungsrat Albert Mossdorf. Er drohte, das Gewehr in den Fluss zu werfen. Mossdorf soll Meier beruhigt haben, man werde es schon richten. Gemäss Meiers Dienstbüchlein wurde die Umrüstung tatsächlich nie vollzogen, und als ihn das Militär Anfang 1971 trotzdem zum Dienst aufbot, dispensierte ihn Militärdirektor Mossdorf ohne Angabe eines Grundes. Als Jakob Stucki im Frühling 1971 die Militärdirektion übernahm, deponierte Meier sein Dienstbüchlein beim SVP-Regierungsrat, und seine Militärverhältnisse blieben fortan «offen», wie es 1973 ein Gericht formulierte.

Der Pazifist und Leserbriefschreiber Ralf Winkler bezeichnete Meiers Sträuben als «Dienstverweigerung aus Zornesgründen». 1980 veröffentlichte er darüber in der damaligen Zeitung «konzept» einen Artikel. Unter dem Titel «Wie man straflos Militärdienst verweigert» schilderte er, wie Meier 19 Regierungsrat Stucki sein Leid klagte und sagte, er werde keinesfalls mehr Militärdienst leisten. «Stucki schien dafür Verständnis aufzubringen, und es ereigneten sich in der Folge bahnbrechende Dinge. Tatsächlich rückte Meier 19 nicht in den WK ein, wurde dafür auch nicht bestraft, zahlte zudem keine Militärsteuern und lebte fortan vom Militär ungeschoren in Ruhe und in dem relativen ‹Frieden›, wie ihn die Welt von heute zu bieten vermag. Dies bis zum Zeitpunkt, wo er wegen Erreichens der Altersgrenze abgeben musste (1975). Aber auch da ereignete sich Merkwürdiges. Wie ihm gesagt wurde, er dürfe seine militärische Ausrüstung (Dienstpistole usw.) nicht behalten, da er seine Dienste nicht vollzählig abgeleistet hätte, da protestierte er, berief sich auf Regierungsrat

Stucki und – man staune – wiederum kam alles prompt und anstandslos ins Geleise: Er durfte seine Ausrüstung behalten, und alles war ‹in Butter›. Deshalb der Tip: Wer mit der Militärdienstleistung Schwierigkeiten hat, der gerate in fürchterlichen Zorn, wende sich an Regierungsrat Stucki, berufe sich vorsorglicherweise auf Artikel 4 der schweizerischen Bundesverfassung (wonach alle Schweizer vor dem Gesetze gleich sind) und harre vertrauensvoll der kommenden Dinge. Wie die Praxis bei Meier 19 zeigt, wird und muss es klappen.»

Für Meier 19 ist dieser merkwürdige Vorgang ein Beispiel dafür, dass die Behörden Angst vor ihm hatten: «Sie waren sich all der Illegalitäten mir gegenüber bewusst; sie wussten, dass man mich nicht so leicht zum Schweigen bringen kann, und fürchteten, dass das ganze Geschehen wieder ‹obsi› komme, wenn sie nicht nachgeben.»

Ich habe Mossdorf und Stucki gefragt, ob sie Meier 19 besonders gewogen gewesen seien oder ob sie weitere Attacken Meiers hätten verhindern wollen. Die beiden alt Regierungsräte vermochten sich an die Einzelheiten nicht mehr zu erinnern.

Beim Tatort beobachtet (1967/68)

Ab Frühling 1968 war Meier 19 für die Öffentlichkeit nicht mehr bloss der kleine David, der seine Schleuder auf das Unrecht der Rechtshüter richtete, sondern mehr und mehr auch der Urheber eines ungeheuren Verdachts. Im April 1968 schrieb der heutige Migros-Chef Peter Everts seine Kolumne mit dem Titel «Rufmord» und enthüllte, Meier 19 und seine Freunde würden Kripo-Chef Walter Hubatka mit «läppischen Beweisen» zum «gerissenen Zahltagsdieb» stempeln. Viele sahen in Meiers Vorgehen einen Racheakt: Aus Wut über die Entfernung aus dem Polizeidienst habe er die Schauermär erfunden, sein Vorgesetzter habe 1963 die 71 Lohntäschchen aus dem Tresor der Stadtpolizei gestohlen.

Tatsache ist, dass Meier 19 seine erste Eingabe in der Angelegenheit Zahltagsdiebstahl Ende März 1967 verfasste, in jenen Tagen, da die Massregelung durch die Vorgesetzten und die Strafbehörden begann.

Beschönigende Auskünfte Hans Walders
In der Eingabe, die Kurt Meier zehn Tage nach der Einstellung im Amt verfasste, wird Hubatka zwar mehrmals erwähnt. Im Vordergrund steht jedoch die Kritik an der einseitigen Stossrichtung der Ermittlungen. Dies zeigt bereits der Titel: «Betrifft: Fehler und Unterlassungen bei der Untersuchung des Geld-Diebstahles (Fr. 88 000.–) zum Nachteil des Polizeiamtes der Stadt Zürich».

Der Rapport umfasst bloss 25 Zeilen und beginnt wie folgt: «Entgegen jeder taktischen Überlegung wurde die Untersuchung zwei Sachbearbeitern von unserm eigenen Korps übertragen. Als ich vor Jahresfrist bei einem derselben wegen einem Verdacht gegen einen unserer Offiziere vorsprach, ergab es sich, dass nur Alibiüberprüfungen und Einvernahmen bei Leuten aus der Mannschaft gemacht worden waren. Es steht indessen fest, dass einige Offiziere am fraglichen Abend über die normale Bürozeit hinaus im Hause waren. Einer hat das Büro mit einer Mappe verlassen und wurde von seiner Frau mit dem Auto vor der Hauptwache abgeholt.»

Dieser Offizier, der das Büro mit einer Mappe verlassen haben soll, konnte nie identifiziert werden. Auch Meier vermochte diese

Angabe später nicht zu präzisieren. Mit dem Offizier, gegen den Meier einen Verdacht hegte, ist Kripo-Chef Hubatka gemeint. Die Vorsprache bei einem Sachbearbeiter hat 1965 stattgefunden (nicht «vor Jahresfrist»), im Anschluss an jene Massregelung, bei der Hubatka seinem Untergebenen nachlassenden Arbeitseifer vorgehalten hatte. Die Passage zeigt, dass es zentral um den Vorwurf ging, die Ermittlungen seien ein «ungleiches Vorgehen» gewesen, weil Offiziere geschont worden waren.

Im zweiten Abschnitt führt Meier allerdings sein damaliges Hauptindiz für den Verdacht an, Ermittlungsleiter Hubatka sei möglicherweise selbst der Dieb gewesen. Er erwähnt aber bloss Fakten, ohne daraus Schlussfolgerungen zu ziehen. Sogar diese Passage lässt sich so interpretieren, als gehe es Meier primär um die Kritik an einer unterlassenen Abklärung und weniger um eine Verdächtigung. Meier erinnert daran, dass Hubatka einst Sittenkommissär war und dass der fragliche Tresor kurz nach Hubatkas Amtsantritt vom Sittenkommissariat in das Büro für Personelles, das Tatbüro, verlegt worden war: «Herr Adjunkt Hubatka verfügte früher über den fraglichen Kassenschrank, welchen er dann gegen einen neuen eintauschte. Der alte Kassenschrank war nun nur noch mit einem Schlüssel versehen. Bei einem Schlüsselservice wurde nun entgegen der primitivsten Sicherheitsvorschrift ein 2. Schlüssel bestellt, ohne dass das gesamte Schloss abgeändert wurde.»

Im dritten Abschnitt des kurzen Berichts nimmt Meier Bezug auf die Pressekonferenz, die am Tag nach der Entdeckung des Zahltagsdiebstahls abgehalten worden ist: «Durch das Polizeiinspektorat wurde wahrheitswidrig bekanntgegeben, dass das fragliche Büro nie abgeschlossen werden könne, weil dort Akten aufbewahrt würden, welche jederzeit greifbar sein müssten.» Auch dieser Hinweis will die Befangenheit der Stadtpolizei aufzeigen.

Im letzten Abschnitt geht Meier auf die Hausdurchsuchung beim Kanzleichef des Polizeiinspektorats ein, dessen Büro sich gleich neben dem Tatbüro befand. Als weiteres Beispiel für die Einseitigkeit der Fahndung zitiert er den Satz, mit welchem der Kanzleichef die Hausdurchsuchung anderntags gegenüber Kollegen beschrieben haben soll: «Adjunkt Hubatka hat bei mir ein Glas Wein getrunken und Zigaretten geraucht; das war bei mir die Hausdurchsuchung.» Diese Episode hat Meier 19 immer wieder erzählt; eine spätere Untersuchung liess aber offen, ob sie sich wirklich so abgespielt habe, und das Bezirksgericht Zürich weigerte sich 1973, die Sache näher zu prüfen.

Soweit der kurze Indizienbericht. Meier liess ihn über seinen Rechtsanwalt Fritz Heeb an die Staatsanwaltschaft weiterleiten. Heeb verlangte aber nicht ausdrücklich strafrechtliche Schritte, sondern ersuchte den Staatsanwalt, Meier 19 in einer Audienz zu empfangen.

Der erste Staatsanwalt, Gerold Lüthy, nahm Rücksprache bei Hans Walder, der die Strafuntersuchung zum Zahltagsdiebstahl seinerzeit als Staatsanwalt betreut hatte und jetzt Professor an der Universität Bern war. Am 11. April 1967 liess Lüthy über Heeb mitteilen, dass er Meier nicht empfangen wolle. Die Kernpassage dieses Schreibens: «Wie er [Walder] mir mitteilte, trifft es nicht zu, dass Alibiüberprüfungen und Einvernahmen nur bei Leuten aus der Mannschaft vorgenommen worden seien. Alibiüberprüfungen und Befragungen hätten auch bei Polizeioffizieren stattgefunden. Nicht Adjunkt Dr. Hubatka habe früher über den fraglichen Kassenschrank verfügt, sondern Dr. Bobst. Die ehemaligen Schlüsselverhältnisse seien genau geklärt worden. Alle Polizeifunktionäre seien seinerzeit aufgefordert worden, Hinweise über die allfällige Täterschaft dem Polizeiinspektor, dem Untersuchungsrichter oder dem Staatsanwalt zu melden. Detektiv-Wachtmeister Kurt Meier hat dies offenbar unterlassen. Ich habe somit keine Veranlassung, Detektiv-Wachtmeister Meier nach Jahr und Tag in einer Audienz über angeblich begangene Untersuchungsfehler anzuhören.»

Meier 19 hat die Angaben Walders als «Lügen» empfunden, beschönigend und missverständlich sind sie auf jeden Fall.

Walders erste Behauptung, Befragungen und Alibiüberprüfungen hätten auch bei Polizeioffizieren stattgefunden, ist richtig, wenn man die Verteilung von Fragebogen als «Befragung» anerkennt und sich bei der Definition von «Alibiüberprüfung» darauf beschränkt, dass die Angaben, welche die Polizeibeamten auf den Fragebogen über ihren Aufenthalt in der Tatnacht machten, mit Präsenzverzeichnissen ausgewertet und verglichen wurden. Meier 19 dagegen hatte unter «Alibiüberprüfung» strengere Massnahmen verstanden, namentlich Einvernahmen und Recherchen, welche die Alibiangaben auf ihren Wahrheitsgehalt hin hinterfragen. Dies dürfte auch der landläufigen Vorstellung entsprechen. Die Untersuchungsbehörden haben aber nie dartun können, dass sie im Rahmen der ersten Untersuchung 1963/66 bei irgendeinem Polizeioffizier derartige Massnahmen getroffen hätten. Deshalb war Walders Behauptung mindestens blauäugig.

Walder hatte ferner behauptet, dass «nicht Adjunkt Dr. Hubatka früher über den fraglichen Kassenschrank verfügt» habe, sondern dessen Vorgänger an der Spitze der Sittenpolizei. Diese Aussage übergeht die Tatsachen, dass der Kassenschrank im Jahr 1955 noch während fünf Monaten in den Räumen der Sittenpolizei stand, als Hubatka deren Leitung bereits übernommen hatte, und dass es Hubatka war, der die Entfernung des Kassenschranks befahl. Gerade diese letzte Anordnung zeigt, dass Hubatka nicht völlig ohne Verfügungsgewalt über den Tresor war. Die Behauptung Walders trägt der Beteuerung Hubatkas Rechnung, er habe den Tresor nicht selber benützen wollen und habe auch nie die Schlüssel übernommen. Diese Angaben Hubatkas wurden gemäss den Akten aber erst im Januar 1968 erhoben und sind somit späteren Datums als Walders Behauptungen. In den vor 1968 erstellten Akten dagegen findet die Frage, wer nach dem Austritt von Hubatkas Vorgänger in der Sittenpolizei die Tresorschlüssel verwaltet habe, keine Antwort. Es drängt sich somit mindestens die Frage auf, worauf sich Walder stützte, als er im Frühling 1967 behauptete, Hubatka habe nicht über den Tresor verfügt.

Ich habe dem Exbundesanwalt diese und andere Fragen vorgelegt, doch Walder wollte – mit Berufung auf das Amtsgeheimnis – nicht Stellung nehmen.

Ähnlich vage wie die zwei ersten Behauptungen Walders ist die dritte, «die ehemaligen Schlüsselverhältnisse seien genau geklärt worden». Der Satz könnte als Behauptung gebilligt werden, die Schlüsselverhältnisse seien so eingehend und genau abgeklärt worden, wie es überhaupt möglich sei. Die Aussage Walders ist aber falsch, wenn man unter genauer Klärung eine vollständige Aufklärung versteht. Genau dies aber dürfte das landläufige Verständnis sein.

Meier 19 hat Hans Walder, als dieser bereits Bundesanwalt war, wegen seiner Auskünfte der Begünstigung bezichtigt. Ein ausserordentlicher Staatsanwalt hat diesen Vorwurf aber zurückgewiesen. Untersuchungsrichter Walter Spillmann-Thulin, der Meiers Strafanzeige im Jahr 1973 prüfte, hielt sich an das Gebot, neben den belastenden auch die entlastenden Momente zu berücksichtigen, und las aus Walders drei Behauptungen jenen Sinn heraus, der die Aussagen als gerade noch akzeptabel (wenn auch in einem Punkt als «allenfalls missverständlich») erscheinen liess.

Rechtsanwalt Spillmann-Thulin präzisierte zugunsten Walders auch, dass er seine Angaben «aus der Erinnerung» gemacht habe und dass mit der Einreichung von Meiers Indizienbericht nicht ausdrücklich die Forderung verknüpft war, es sollten strafrechtliche Schritte geprüft werden. Man konnte damals – so Spillmann–Thulin – in guten Treuen auch der Meinung sein, Meier habe bei der Staatsanwaltschaft nicht eine Strafanzeige vorbringen, sondern bloss um eine Unterredung bitten wollen. Die Äusserungen Walders hätten somit zum vornherein nicht den Zweck haben können, eine Strafuntersuchung zu vereiteln, sondern höchsten jenen, eine Audienz überflüssig zu machen. Damit aber falle «ein Begünstigungsvorsatz Dr. Walders zum vornherein ausser Betracht».

Meier 19 bedauert heute, das Schreiben der Staatsanwaltschaft, welches die beschwichtigenden Behauptungen Walders mitteilte und eine Vorsprache Meiers ablehnte, ohne weitere Schritte beiseite gelegt zu haben. Das Stillhalten zeigt aber, dass Meier mit dem Indizienbericht nicht *den* grossen Coup lancieren wollte, wie später immer wieder behauptet wurde. Die Eingabe vom Frühling 1967 war vielmehr ein kleiner Schritt in einem langen, bis weit in die siebziger Jahre dauernden Prozess, in dessen Verlauf ein anfänglich vager Verdacht durch immer neue Entdeckungen geschürt und von Mal zu Mal dringender wurde.

Nach seiner Darstellung hatte Meier 19 nicht erst nach seinem Rauswurf, sondern schon früher das Thema Zahltagsdiebstahl vorbringen wollen. Er erinnert wieder an jene Auseinandersetzung mit Hubatka im Sommer 1965 und behauptet, sein Chef habe damals alle Vorwürfe schriftlich wieder zurückgenommen, weil er sich – so Meiers Vermutung – vor Recherchen in Sachen Zahltagsdiebstahl gefürchtet habe. Damals sei in ihm der brisante Verdacht aufgekommen, sagt Meier, und deshalb habe er sich anschliessend auch bei einem der beiden Hauptsachbearbeiter darüber erkundigen wollen: «Bis zu meiner Entlassung habe ich immer auf das interne Gespräch gehofft. Als ich im Amt eingestellt wurde, merkte ich, dass das Gespräch nicht zustande kommt. Deshalb wandte ich mich an die Staatsanwaltschaft.»

Wie stark auch Rachegefühle zu diesem Schritt eventuell beigetragen haben: Weder im Amtsgeheimnis- noch im Disziplinarverfahren brachten Meier 19 und sein Rechtsanwalt diese Vermutungen vor. Und auch vor der parlamentarischen Untersuchungskommission hätte Meier Ende Oktober 1967 kein Wort darüber verlauten lassen, wenn nicht SP-Gemeinderat Alfred Messerli die Frage gestellt hätte: «Ist nicht noch etwas im Zusammenhang mit dem Zahltagsdiebstahl?»

Erst einige Wochen nach dieser PUK-Einvernahme machte Meier 19 eine Entdeckung, die den Zahltagsdiebstahl für ihn wieder aktuell werden liess.

In der Tatzeit schräg gegenüber dem Tatbüro
Es muss Anfang Dezember 1967 gewesen sein, als Meier 19, von wem, weiss er heute nicht mehr, den Hinweis erhielt, dass Hubatka am Tatabend in der Nähe des Tatorts gesehen worden war.

Der Kripo-Chef war von einem Polizeimann namens Wendel beobachtet worden. Wendel war in jenem Herbst, als Meier davon erfuhr, nicht mehr bei der Polizei und wohnte auch nicht mehr in Zürich. Meier, der Wendel zuvor nicht gekannt hatte, setzte sich sofort mit dem Expolizisten in Verbindung und liess sich über den ganzen Vorgang orientieren.

Polizeimann Wendel hatte am Abend des 26. März 1963 im ersten Stock des Amtshauses I eine Unterredung mit einer Parkierungssünderin. Das Gespräch dauerte lange, von 18.55 bis 19.55 Uhr. Die beiden sassen im breiten Korridor an einem Tisch gegenüber dem Büro 108. Im Nachbarbüro 109 aber stand der Tresor, aus dem in jener Nacht – irgendwann zwischen 17.45 und 6.55 Uhr – 71 Zahltagssäcklein gestohlen wurden.

Als Wendel nach dem Diebstahl von einem Detektiv nach allfälligen Wahrnehmungen während der einstündigen Unterredung gefragt wurde, gab er zu Protokoll: «Während der genannten Zeit habe ich dreimal Herrn Adjunkt Dr. Hubatka vorbeimarschieren gesehen. Andere Personen habe ich während dieser Zeit nicht gesehen.»

Ein paar Wochen später wurde Wendel erneut einvernommen. Nun erzählte er den ganzen Hergang. Er hatte an jenem Nachmittag bei einem falsch parkierten VW einen Bussenzettel gesteckt. Nach dem Strassendienst kehrte er am Abend auf die Hauptwache zurück. Kurz vor dem Abtreten um 19 Uhr tauchte die Lenkerin des falsch parkierten VW auf. Fräulein M. soll sich in einer Weise gebärdet haben, dass Wendel «den Eindruck erhalten musste, sie befinde sich in einem

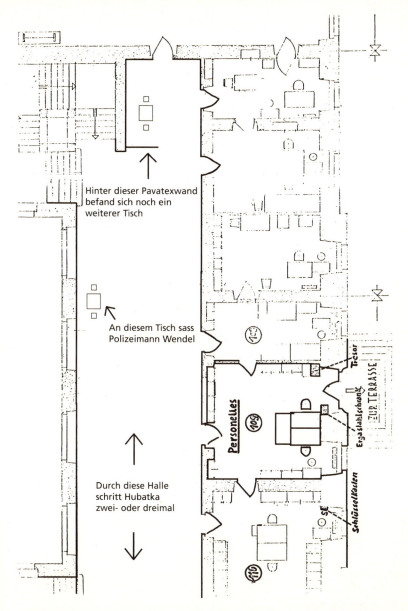

Der Tatort: Der Grundriss zeigt einen Teil des ersten Stocks des städtischen Amtshauses I, des Hauptsitzes der Stadtpolizei Zürich.

seelischen Tiefstand». Wendel weiter: «Durch fortwährendes Zureden erreichte ich, dass Fräulein M. sich von ihrem ‹Seelenschmetter› erholte.» Dieses Zureden dauerte bis ca. 20 Uhr an, worauf die beiden das Haus verliessen.

Wendels Beobachtung während des einstündigen «Zuredens» wird im Einvernahmeprotokoll wie folgt wiedergegeben: «Ausser Herr Adjunkt Dr. Hubatka, welcher während der kritischen Zeit den betreffenden Korridor glaublich zweimal begangen hat, hatte ich keine weiteren Personen im Korridor mehr festgestellt.» Die Frage, ob er etwas «Spezielles» beobachtet habe, das irgendwie mit dem Diebstahl in Zusammenhang gebracht werden könnte, verneinte Wendel: «Ich bin nicht in der Lage Angaben zu machen, die zur Ermittlung der Täterschaft führen könnten. Ich selbst habe mit dem Diebstahl bestimmt nichts zu tun.»

«Ich sehe ihn heute noch vor mir», erinnerte sich Wendel 33 Jahre später, «diesen Kopf vergisst man nicht so leicht.» Wendel erzählt, wie er damals erwartet habe, dass er vom Bezirksanwalt einvernommen werde und dass eine Hausdurchsuchung durchgeführt werde. Er hatte immerhin eine volle Stunde in der Nähe des Tatorts geweilt. Weder das eine noch das andere geschah, und dies hinterliess bei ihm einen merkwürdigen Eindruck. Den Grund für diese seltsame Schonung erfuhr er erst später.

Als Meier von Wendels Beobachtung erfuhr, zögerte er nicht, sie auszuwerten. Er verfasste einen neuen Indizienbericht, der mit fünf Seiten wesentlich länger war als der erste. Bezeichnend war der Untertitel: «Indizien gegen den Leiter der polizeilichen Untersuchung Hr. Dr. Hubatka». Nun ging es nicht mehr so stark um den Vorwurf der einseitigen Untersuchung, jetzt trat ein brisanter Tatverdacht in den Vordergrund: Ausgerechnet der Chef der Kriminalpolizei und der Ermittlungsleiter könnte der Täter sein!

Dieser Verdacht könne unmöglich zutreffen, sagen heute die meisten, die Hubatka beruflich kannten. Ein ehemaliger Untergebener allerdings verblüffte mich mit der Aussage, völlig unmöglich sei für ihn diese Vorstellung nicht: Hubatka habe immer wieder über das perfekte Verbrechen gesprochen. Bloss: Welcher Kriminalist hätte noch nie von dieser Vorstellung geschwärmt.

Obwohl Meier damals nicht mehr Polizeibeamter war, hatte er die Kühnheit, den Bericht auf dem Polizeiposten Albisrieden zu tippen.

Er hatte mit den dortigen Beamten noch immer das beste Verhältnis. So erschien er am 19. Dezember 1967 auf dem Posten, setzte sich hin, nahm – was als Provokation empfunden wurde – hellblaues Papier mit der Aufschrift «Stadtpolizei Zürich» und schrieb die fünf Seiten in einem Zug. Der Bericht ist unter den vielen Meier-19-Eingaben eine der ganz wenigen, die er völlig allein verfasst hat. Der Bericht ist eine ungeordnete Aneinanderreihung von mehr oder weniger wichtigen Tatsachenbehauptungen, und es bleibt grösstenteils dem Leser überlassen, die nötigen Schlussfolgerungen zu ziehen.

Kernstück ist natürlich die Beobachtung Wendels. Dann werden alle übrigen Momente aufgelistet, welche Meier 19 an der Seriosität der Untersuchung zweifeln liessen. Dabei kommt Meier auch auf das mögliche Motiv für Hubatkas Tatbegehung zu sprechen. Dieses ergebe sich aus «verschiedenen Damenbekanntschaften». Meier lässt sich detailliert darüber aus und behauptet, er habe dies alles bereits im Sommer 1965 einem der beiden Hauptsachbearbeiter gemeldet. Dieser soll, so der Indizienbericht, «sofort begeistert» gewesen sein. Wenn es erwiesen sei, dass Hubatka auf diese Weise Geld verbrauche, «komme er schwer in Verdacht, da schon einige Momente gegen ihn sprächen».

Der Indizienbericht schliesst mit dem Hinweis, eine erneute Untersuchung sei dringend, und mit der von Wendel später abgeschwächten Behauptung: «Pm. Wendel [...] ist heute noch davon überzeugt, dass Dr. Hubatka in diesem Falle Täter ist.»

Untersuchung gegen Hubatka
Meier übergab seinen Indizienbericht in einem Café einem telefonisch herbeibestellten Kantonspolizisten. Staatsanwalt Gerold Lüthy, der Meier im Frühling nicht hatte empfangen wollen, veranlasste eine Strafuntersuchung, die sich nun nicht mehr bloss gegen Unbekannt, sondern auch gegen Hubatka als Angeschuldigten richtete. Ein wesentlicher Grund für diesen Schritt war die Behauptung des früheren Polizeimannes Wendel, dass er noch nie von einem Untersuchungsrichter über seine Beobachtung befragt worden sei.

Der untersuchende Bezirksanwalt war Rudolf Gerber: jener Gerber, der später als Bundesanwalt im Fall des Landesverräters Jeanmaire und in der Affäre Kopp ermittelte – zupackend im einen Fall, zaudernd im anderen. Gerber beteuert, den «älteren und erfahreneren»

Kripo-Chef Hubatka damals «einzig von gelegentlichen beruflichen Begegnungen her» gekannt zu haben. «Gerade auch, weil ich in dieser Hinsicht völlig unbelastet war, wurde mir das als heikler Fall betrachtete Verfahren zugeteilt», versichert er auf Anfrage.

Die Untersuchung begann am 12. Januar 1968. Als Hauptsachbearbeiter wurde diesmal ein Beamter der Kantonspolizei beigezogen. Gleichwohl erteilte Gerber auch einem Stadtpolizisten Ermittlungsaufträge: jenem Detektiv, der schon 1963 einer der Hauptsachbearbeiter war. Robert Schönbächler (er war unterdessen zum Wachtmeister aufgestiegen) musste alle Personen nochmals überprüfen, die nach Ansicht Gerbers aus irgendwelchen Gründen als Täter in Frage kommen konnten. Schönbächler stellte namentlich auch Erhebungen über jene Funktionäre an, die mit dem Tresor hatten in Kontakt kommen können, als dieser noch in den Räumen der Sittenpolizei stand. Über seinen Vorgesetzten, Kripo-Chef Hubatka, vermerkte er dabei bloss, dass er vom 1. März 1955 bis zum 23. Mai 1958 der Sittenpolizei vorstand; er verliess sich darauf, dass Bezirksanwalt Gerber die nötigen Untersuchungen anstelle. Schönbächlers Bericht wurde übrigens von Hubatka selbst abgenommen und am 7. März 1968 an die Bezirksanwaltschaft weiterverfügt.

Obwohl Gerber bloss mit der Untersuchung der Vorwürfe gegenüber Hubatka beauftragt worden war, ging er nach seiner heutigen Darstellung «ziemlich selbstherrlich» über diesen Auftrag hinaus: «Ich versuchte aufgrund der bisher ergangenen Akten den Fall zu rekonstruieren und auf die wirkliche Täterschaft zu kommen, ohne Erfolg, wie wir heute wissen.» Eine der ersten Untersuchungshandlungen Gerbers galt dem Umstand, dass dem Bezirksanwalt der ersten Untersuchung (1963/66) nicht alle polizeilichen Ermittlungsakten zugestellt worden waren. Er forderte daher bei der Stadtpolizei sämtliche Akten inklusive Register und Karteien an.

Zwei Stunden nach Gerbers Aufforderung wurden die Akten von mehreren Polizeifunktionären überbracht – «mit einem Lieferungswagen», wie es in einem Rapport heisst. Es war ein Aktenberg von 37 Leitzordnern, zehn Aktenbehältern sowie elf weiteren Dossiers. Die Rapporte, welche dem Bezirksanwalt seinerzeit nicht übergeben, sondern ad acta verfügt worden waren, füllten zwei Aktenbehälter, und darunter befanden sich – was Meier damals aber nicht erfuhr – auch die Akten über die Beobachtung Wendels.

Meier 19 wurde am 18. Januar einvernommen. «Gerber war ein eleganter Mann; die Einvernahme war korrekt», erinnert er sich. Meier konkretisierte und ergänzte seine verschiedenen Verdachtsmomente. Bei der Frage nach Hubatkas möglichem Motiv deutete er erneut an, dass dieser in Geldschwierigkeiten gewesen sein könnte, und schob die Behauptung nach, Hubatka sei bei der Darlehens-Bank Prokredit «gut bekannt».

Verdächtig kam Meier während der Einvernahme der Umstand vor, dass die Tür zum Nebenraum offen war. Meier später: «Ich dummer Kerl bin nicht schauen gegangen. Heute würde ich würde ich spontan aufspringen und nachschauen, wer hinter der offenen Tür lauscht.»

Die Tür war auch wieder offen, als am folgenden Tag Wendel einvernommen wurde. Die Befragung begann um 9.10 Uhr und dauerte bis in die Mittagszeit hinein. Wendels Ehefrau, die vor dem Bezirksgebäude wartete, erzählte später: «Es ging so lang, dass ich schon meinte, sie behalten ihn gerade.»

Wendel berichtete nun von seiner Beobachtung am Abend des Zahltagsdiebstahls: «Ferner habe ich Adjunkt Hubatka gesehen, und zwar zweimal bestimmt, eventuell dreimal. Ich kann nicht sagen, woher er gekommen ist; ich weiss auch nicht, wohin er ging. Ich bin einzig ganz sicher, dass er von mir in der Halle gesehen wurde. Nachträglich fragte ich mich immer, wieso er dort war. Damals wusste ich nicht genau, wo er sein Büro hatte. Ich war im Oktober 1961 als Rekrut bei der Stadtpolizei eingetreten. Ich kann nicht sagen, wie Hubatka angezogen war. Jedenfalls trug er aber Zivilkleidung und, so glaube ich, weder Mantel noch Hut. Ich präzisiere: Nach meinem jetzigen Erinnerungsvermögen war er weder mit Mantel noch mit Hut bekleidet. Über seine Art des Gehens kann ich auch keine näheren Angaben machen, ausser dass er etwas nach vorn geneigt und jedenfalls nicht bolzengerade ging. Ich kann beim besten Willen nicht mehr sagen, ob er etwas zu mir sagte oder nicht. Die Frage, ob Hubatka hin und zurück ging, kann ich nicht beantworten. Ich weiss einzig, dass mir Hubatka zwei- oder dreimal in der Halle begegnete, während ich am Tische sass. Ich habe nicht beachtet, ob Hubatka irgend etwas bei sich trug. An irgendwelche andere Einzelheiten bezüglich Hubatka kann ich mich nicht erinnern. Ich habe damals dieser Begegnung auch keine besondere Beachtung geschenkt, denn ich wusste ja, dass er Chef der Kriminalpolizei war.» Und auf die Frage, ob die damals mit Wendel sprechende Verkehrssünderin Hubatka auch gesehen habe, antwortete Wendel: «So viel ich mich erinnere, fragte sie sogar, wer das sei, worauf ich es ihr sagte.» (Die Frau wurde damals ebenfalls einvernommen, hatte aber keine besonderen Erinnerungen mehr an jenen Abend.)

Versteckenspiel mit Pavatexwand
Wendel musste während der Einvernahme genaue Angaben über seinen Standort machen und diesen auf einem Plan zeigen: Laut Protokoll sass er mit der Verkehrssünderin an einem Tisch gegenüber dem Büro 108, dem Nebenraum des Tatbüros; auf beiden Seiten des Tischs hatte es Stühle, Wendel konnte sich aber nicht mehr erinnern, «auf welchem Stuhl ich und auf welchem Stuhl das Fräulein sass».

Dem Protokoll ist nicht anzumerken, dass wegen dieser Örtlichkeiten zwischen Bezirksanwalt Gerber und Wendel ein eigenartiges Tauziehen stattgefunden hat. Es ging darum, bei der Einvernahme Wendels festzulegen, von wo aus er Hubatka vor dem Tatbüro gesehen habe. Nun gab es in jenem Korridor, wo Wendel die Unterredung mit der Parksünderin führte, am einen Ende noch einen weiteren Tisch mit Stühlen. Dieser aber befand sich hinter einer Pavatexwand. Mehrmals habe Gerber nun festzuhalten versucht, dass er, Wendel, sich an diesem Tisch befunden habe, obwohl er am vorderen Tisch, schräg gegenüber dem Tatbüro, sass, erzählte Wendel nach der Einvernahme.

Gerbers «Umplazierungsversuch» mutet auch deshalb seltsam an, weil aus einer Einvernahme Wendels im Jahr 1963 klar hervorgeht, dass sich dieser am Tisch aufhielt, welcher «vis-à-vis dem Büro 108 steht», und Wendel gegenüber Gerber aussagte, der andere Tisch sei durch einen Polizeimann besetzt gewesen, der ebenfalls eine Einvernahme durchführte. Gleichwohl diktierte Gerber – so Wendel – «dreimal dem Protokollführer falsch, ich weiss aber nicht mehr, ob es geschrieben wurde. Dreimal sagte ich: Nein, das stimmt nicht. Beim dritten Mal brachte Gerber einen Situationsplan, und ich zeichnete darauf ein, wo ich gesessen war. Wenn ich dort hinten gesessen wäre, hätte ich ja nichts gesehen!»

Das Geschworenengericht, das 1975 auch diese Szene untersuchte, rechtfertigte Gerbers Unterstellungen als «genaues Nachfragen». Wen-

Mit diesen Justizvertretern – unter anderen – geriet Meier 19 ins Gehege: Hans Walder, Bundesanwalt von 1967 bis 1973 (oben links), Rudolf Gerber, Bundesanwalt von 1974 bis 1989 (oben rechts), Arthur Bachmann, Zürcher Justizdirektor von 1967 bis 1983 (links).

del und Meier dagegen erschien es als ein Manipulationsversuch zugunsten Hubatkas. «Gerber wollte den Zeugen Wendel blind machen», meinte Meier.

Noch eine andere Erzählung Wendels über seine Einvernahme erregte bei Meier höchste Aufmerksamkeit. Bei der Befragung durch Gerber hatte es sich ergeben, dass sich die Aussagen Wendels mit den früheren Akten im wesentlichen deckten. Der protokollierende Polizist soll, so Wendel, sogar ausgerufen haben: «Donnerwetter, das stimmt ja alles überein.» Und, an Bezirksanwalt Gerber gerichtet, habe er wörtlich gesagt: «Herr Doktor, jetzt haben wir keine Zeit mehr, jetzt müssen wir ihn holen.»

Wendel hatte den Eindruck erhalten, Hubatka werde jetzt gleich verhaftet. «Der Protokollführer wäre Hubatka 99 Prozent holen gegangen», meinte Wendel später, doch Gerber soll entgegnet haben: «Warten Sie, am Nachmittag können wir das auch noch machen.»

Auf jenen Nachmittag war Hubatka vorgeladen; er musste als Angeschuldigter Auskunft geben. Drei Jahre später kam Meier das Protokoll dieser Einvernahme in die Hände. Und auch die übrigen Ergebnisse des Verfahrens brachte Meier in Erfahrung, wenn auch nur stückchenweise und per Zufall.

Ein provozierender Satz

Damals, im Januar 1968, erfuhr Meier nichts über den weiteren Verlauf der Untersuchung. Vergebens wartete er auf eine Zeitungsmeldung, wonach Hubatka verhaftet worden wäre. Es gab auch keine Meldungen darüber, dass Hubatkas Rolle beim Zahltagsdiebstahl überprüft werde oder Fragen aufwerfe, obwohl einige Redaktoren den Indizienbericht Meiers auf dem Pult hatten, offenbar beliefert von Freunden Meiers, dieser jedenfalls beteuert: «Ich war es nicht, der die Sache den Zeitungen zugetragen hatte, das war nicht meine Art.»

Die Zeitungen verhielten sich still. «Chef der Kriminalpolizei wegen Diebstahls in Strafuntersuchung» – diese Schlagzeile würde heute nicht lange auf sich warten lassen. Damals aber gab es den Recherchierjournalismus höchstens in Ansätzen. Die Redaktoren der etablierten Blätter setzten amtliche Verlautbarungen in die Zeitung, gaben Betrachtungen zur Weltlage zum besten oder spitzten ihre Feder für lehrmeisterliche Kommentare.

Die Nachricht von der Strafuntersuchung gegen Hubatka fand erst nach drei Monaten in die Zeitungsspalten Eingang. Meier 19 erinnert sich, dass er in jener Zeit Besuch aus Luzern erhielt. Zwei Vertreter der Splitterpartei «Freiheit und Rechte», die nach den Luzerner Grossratswahlen mit einem Wahlrekurs für Aufsehen gesorgt hatte, hatten von Meiers Strafanzeige gehört und wollten sich näher informieren. Meier überreichte ihnen in seiner angeborenen offenen Art eine Kopie seiner Eingabe.

Kurze Zeit später, am 16. März 1968, erhielten alle 180 Zürcher Kantonsräte Post aus Luzern. Das Schreiben gab sich als «Strafanzeige» gegen Hubatka aus und fasste alle jene Verdachtsmomente zusammen, die Meier in seiner Eingabe aufgeführt hatte. Es schloss mit dem Satz, es sei «Dr. Hubatka sofort zu verhaften, weil Kollusionsgefahr besteht». Nur wenige Zeitungen reagierten und setzten eine kurze Notiz in die Spalten, welche die Leserschaft über die Details aber im unklaren liess. Der Name Hubatkas wurde ebensowenig genannt wie jener Meiers.

Damals wurden Skandale oft erst dann von der Presse aufgegriffen, wenn sie zum Thema eines parlamentarischen Vorstosses geworden waren, den man zitieren konnte. Im Fall der Untersuchung gegen Hubatka war es LdU-Gemeinderat Werner Strebel, der diese Vorlage gab. Am 8. April erkundigte er sich in einer schriftlichen Anfrage, ob es zutreffe, dass gegen «einen Chefbeamten ein konkreter Diebstahlverdacht besteht» und gegen diesen «das Bankgeheimnis bis heute nicht aufgehoben wurde». Namen wurden auch hier nicht genannt. Der «Tages-Anzeiger» druckte die Anfrage Strebel vollumfänglich ab, enthielt sich aber jeden Kommentars und jeder Zusatzrecherche.

Erst am 18. April 1968 brach eine der grossen Zeitungen das Tabu. Unter dem Pseudonym Peter Park veröffentlichte der heutige Migros-Chef Peter Everts seine Kolumne mit dem Titel «Rufmord». Jetzt wurde der breiten Öffentlichkeit erstmals bekannt, dass Meier 19 seinen früheren Chef als Zahltagsdieb verdächtige und ihn deswegen angezeigt hatte.

Für Meier 19 war die «Züri-Leu»-Kolumne ein Ansatzpunkt, um Informationen über die geheimgehaltene Untersuchung Rudolf Gerbers in Erfahrung zu bringen. Er benutzte den Artikel als Vorwand für einen Brief an den Ersten Staatsanwalt und bat um Mitteilung, ob in der Sache Zahltagsdiebstahl von den Untersuchungsbehörden etwas unternommen worden sei.

Mit Erfolg: Staatsanwalt Lüthy teilte ihm in einem knappen Schreiben mit: «Mit Verfügung vom 14. März 1968 hat die Staatsanwaltschaft (Staatsanwalt Dr. O. Birch) die Strafuntersuchung gegen Dr. W. Hubatka eingestellt.» Hubatka war also durch die Untersuchung Gerbers entlastet worden, und Staatsanwalt Oskar Birch hatte deshalb die Sistierung verfügt.

Ein weiteres Stück des Geheimnisses erfuhr Meier durch die Antwort, welche der Stadtrat auf die Anfrage von Gemeinderat Werner Strebel gab. Der Stadtrat vermied es, Hubatkas Namen zu nennen, und bestätigte bloss, dass sich die wiederaufgenommene Untersuchung gegen «einen bestimmten Beamten des Polizeikorps» gerichtet habe. Die Frage, ob es zutreffe, dass das Bankgeheimnis nicht aufgehoben worden sei, beantwortete der Stadtrat ausweichend – nicht ohne Grund, wie sich später zeigen sollte: «Der betreffende Beamte hat die Untersuchungsbehörde über seine finanziellen Verhältnisse und seine Bankbeziehungen orientiert. Was letztere in dieser Richtung vorgekehrt hat, entzieht sich der Kenntnis des Stadtrates.»

Der Stadtrat bestätigte sodann: «Sie [die Untersuchung] ist von der Staatsanwaltschaft mit Verfügung vom 14. März 1968 mit der Feststellung eingestellt worden, ‹dass auf Grund der Prüfung der bisher ergangenen Akten und der neuen Erhebungen keine Elemente vorliegen, die – um es vorsichtig auszudrücken – den von Meier des Diebstahls verdächtigten Beamten mehr belasten würden, als einen der andern Korpsangehörigen›. Es trifft somit nicht zu, dass gestützt auf diese neue Untersuchung gegen einen Chefbeamten ein konkreter Diebstahlsverdacht besteht.»

Die als «vorsichtig» deklarierte Behauptung, dass es gegen Hubatka nicht mehr Belastungsmomente gebe als gegen irgendeinen anderen Angehörigen der Stadtpolizei, war für Meier 19 eine ungeheure Provokation und hat ihn später immer und immer wieder zum Gegenangriff gereizt. Sie erinnerte ihn auch an die beschönigenden Behauptungen Hans Walders: Solche Zeichen des Nichtwahrhabenwollens haben Meiers Verdacht zusätzlich geschürt.

Die Zeitungen druckten die Antwort des Stadtrats gegen Ende Juni 1968 teilweise oder ganz ab – selbstverständlich ohne Zusatzrecherchen. Die Sache wurde von der Tagesaktualität völlig an den Rand gespielt. Zürich wurde in jenen Tagen vom Globus-Krawall erschüttert, dem Höhepunkt der Zürcher Jugendunruhen.

Die PUK und der Krawall (1968)

Ebenfalls in jenen heissen Junitagen wurde der Schlussbericht der parlamentarischen Untersuchungskommission bekannt. Die 17 Stadtparlamentarier hatten im Oktober 1967 ihre Arbeit aufgenommen und die Skandalfälle überprüft, die Meiers Verteidiger vor Bezirksgericht publik gemacht hatte.

Die Untersuchungskommission wurde vom 58jährigen Lehrer Emil Schalcher (LdU) präsidiert und hielt 28 Sitzungen ab. Es wurden 31 Personen, darunter auch Polizeivorstand Sieber, Inspektor Bertschi und Kripo-Chef Hubatka, befragt. Meier 19 kam als erster an die Reihe. Er erinnert sich noch, dass der spätere Ombudsmann Jacques Vontobel die zwei mehrstündigen Einvernahmen geleitet hat; der FDP-Gemeinderat habe ihn aufgefordert, «ganz offen» zu reden. Trotz der Auflagen des Stadtparlaments beschränkte sich die Einvernahme nicht nur auf die zur Untersuchung bestimmten Fälle; im Gegenteil, Meier wurde mehrmals gefragt, ob er noch von weiteren Ungereimtheiten wisse.

Meier 19 blieb die Antwort nicht schuldig. Er brachte, teils in schriftlichen Eingaben, zehn weitere Skandalfälle vor, die aufzeigen sollten, dass bei der Polizei nicht immer mit gleichen Ellen gemessen werde. Drei Beispiele hat Rechtsanwalt Fritz Heeb anlässlich des Obergerichtsprozesses vom 26. Januar 1968 öffentlich gemacht.

Keine Busse für die Tochter von General Guisan
Die Prozessbesucher erfuhren von einem Garagisten, der 1962 eine Stopplinie überfahren hatte und deswegen von einem jungen Polizisten verzeigt worden war. Der Garagist aber war ein Freund von Inspektor Rolf Bertschi. Unmittelbar nach der Verzeigung erhielt der junge Polizist einen Telefonanruf vom Kanzleichef des Kommandanten. Dieser machte den Polizisten auf die engen Beziehungen des Fehlbaren zu höheren Polizeifunktionären und auf gewisse mildernde Umstände der Verkehrsübertretung aufmerksam, wollte ihn aber nicht zum Verzicht auf den Rapport bewegt haben: «Ich teilte ihm einfach mit, was mir der Garagist erzählt hatte, und fügte bei, er sei ein rechtschaffener Bürger», gab der Kanzleichef später zu Protokoll. Rücksprache mit dem Inspektor habe er nicht genommen.

Der junge Polizist beharrte auf seinem Rapport, musste aber nach einigen Wochen feststellen, dass dieser nicht an seinem Bestimmungsort angekommen war. Ein Beamter, der diese Äusserung später aber abstritt, soll dem Polizeimann dann gesagt haben: «Sie haben zwei Möglichkeiten: entweder nochmals rapportieren, und dann riskieren Sie Ihre Karriere oder müssen innert 24 Stunden zum Inspektor, oder nicht mehr rapportieren, und dann ist die Sache erledigt.» Der junge Polizist, der Frau und Kinder hatte, unterliess das nochmalige Rapportieren.

Die parlamentarische Untersuchungskommission fand heraus, dass ein höherer Polizeifunktionär (nicht der Inspektor) den Rapport aus dem Verkehr gezogen und seine Kollegen im Glauben gelassen hatte, der Rapport gehe auf dem üblichen Weg ans Polizeirichteramt. Die PUK kam zum Schluss, dass dieses Vorgehen «entschieden zu beanstanden» sei.

Zwei weitere Fälle, die Rechtsanwalt Heeb vor Obergericht schilderte, hatte Meier 19 vom Expolizisten und LdU-Kantonsrat Emil Baumann erfahren. Der eine Fall trug sich im Jahr 1958 zu. Baumann hatte eine 58jährige Dame aus Bern verzeigt, weil sie als PW-Lenkerin in dritter Position überholt hatte. Der Polizist, der zunächst nur die Autonommer feststellte, erfuhr bei der Einvernahme, dass es sich bei der Autofahrerin um die Tochter des damals 84jährigen Generals Henri Guisan handelte. «Weil ich sah», erzählte Baumann, «dass es sich um eine Prominenz handelte, habe ich mich nachträglich beim Polizeirichteramt erkundigt. Dort hat man mir gesagt, der Rapport sei ad acta gelegt worden.»

Der andere Fall betraf einen zürcherischen Gemeindepräsidenten, einen Kantonsratskollegen von Polizeivorstand Albert Sieber. Baumann hatte ihn verzeigt, weil sein Mercedes mitten auf einer Kreuzung parkiert war. Der Gemeindepräsident intervenierte bei Sieber, und dieser liess den Rapport holen. Er übergab ihn drei höheren Funktionären zur Begutachtung, so auch dem Inspektor. Und alle drei kamen zum Schluss, der Gemeindepräsident sei zu Recht verzeigt worden. Gleichwohl liess der Polizeivorstand die Busse in eine kostenlose Ermahnung umwandeln.

Privatdetektiv Emil Baumann ist heute der Ansicht, dass die beiden Fälle nicht dramatisiert werden dürfen. Mit diesem Argument befasste sich Fritz Heeb bereits im Januar 1968, als er die Vorkommnisse vor dem Obergericht schilderte. «Ich bin nicht der Meinung, dass die Dinge, die hier offenkundig wurden, geringschätzig als Bagatellen abgetan werden dürfen», sagte Heeb. Natürlich gebe es im Leben der Gesellschaft und der Menschen zahllose Ereignisse, die ganz erheblich wichtiger und eingreifender seien. «Aber im demokratischen Rechtsstaat spielt die Rechtsanwendung, namentlich das Prinzip der Rechtsgleichheit, auch im weniger spektakulären Bereich der Übertretungen eine ausschlaggebende Rolle. Auch auf diesem Gebiete ist Willkür verwerflich. Und wenn auch nur auf diesem Gebiete Willkür einreisst, so ist das Recht in Gefahr. Nicht nur das, auch das Vertrauen des Bürgers in die Integrität, Objektivität und Unparteilichkeit der Verwaltung wird mit solchen sogenannten Bagatellen, wenn sie zum System werden, erschüttert.»

Zerschnittene Damenunterwäsche
Ein anderer Skandalfall, den Meier vor der PUK erzählt hatte, gelangte nicht an die Öffentlichkeit. Es war ein Fall, der Meier, als er noch bei der Polizei war, sehr stark erschüttert hatte und ihm «das Vertrauen nahm», wie er vor der Kommission sagte: «Es war ein ganz krasser Fall, wo einseitig vorgegangen wurde und ungleiche Ellen angewendet wurden.»

Eine Frau berichtete einer Streifenpatrouille, es sei jemand während ihrer Abwesenheit in ihrer Wohnung gewesen, offensichtlich mit einem Schlüssel. Der Eindringling habe in böswilliger Art und Weise in ihrem Kleiderkasten gewütet. Die Frau, eine städtische Angestellte, nannte als Täter einen hohen Chefbeamten der Stadtverwaltung. Sie hatte mit diesem jahrelang ein Verhältnis unterhalten, und der Mann hatte immer noch einen Schlüssel zu ihrer Wohnung.

Erste Ermittlungen ergaben, dass sich tatsächlich jemand mit einem Schlüssel Zutritt verschafft und die gesamte Unterwäsche der Frau zerschnitten hatte. Der Chefbeamte wurde gestellt und der Bezirksanwaltschaft zugeführt. Die Untersuchung wurde später aber eingestellt, und der Chefbeamte erhielt sogar eine Entschädigung. Gleichwohl sei der Einbruch bei der Polizei nicht mehr unter den offenen Fällen registriert gewesen. Meier: «In unserer Kriminal-Abteilung war man noch nie so empört wie über diese Sonderbehandlung.» Man habe es sich nicht zusammenreimen können, dass der Chefbeamte einerseits nicht als Täter gelte und andererseits die

Akten aus der Registratur der offenen Fälle herausgenommen wurden.

Die PUK weigerte sich, diesen Fall zu prüfen. Es habe ein Strafverfahren stattgefunden, über das zu befinden dem Parlament nicht zustehe, war die Begründung. Auch der Stadtrat, der von Meiers Vorwürfen hörte, war gegen weitere Untersuchungen.

«Stimmungsmache mit aufgebauschten Einzelfällen»
Nach dem Attentat auf den Berliner Studentenführer Rudi Dutschke und den Pariser Mai-Unruhen war auch Zürich erneut ins Fiebern geraten. Am 31. Mai 1968 kam es im Hallenstadion nach einem Pop-Konzert, bei dem auch der Gitarrist und Sänger Jimmi Hendrix auftrat, zum Tumult und zu Schlägereien zwischen gut hundert Polizisten und einem Teil der 10 000 Konzertbesucher. Der Krawall verlagerte sich in die Innenstadt und dauerte bis in die Morgenstunden.

Hierauf riefen die «Fortschrittlichen Arbeiter, Schüler und Studenten» (FASS) auf den 15. Juni zu einem «Volkstribunal» im Niederdorf und zur Besetzung des sogenannten Globus-Provisoriums auf. Dieses dreistöckige Gebäude am Kopf der Bahnhofbrücke ist von der Stadt als Zwischenlösung errichtet worden und trug seinen Namen nach der damaligen Mieterin. Ende Juni 1968 ging der Mietvertrag mit dem Warenhausunternehmen Globus zu Ende. Die Jugendlichen forderten das Haus als «Autonomes Jugendzentrum» (AJZ), doch der Stadtrat hatte es bereits andern Mietern (darunter der Lebensmittelverein Zürich) versprochen.

Am 15. Juni drangen die Jugendlichen für wenige Stunden unbehelligt in das leerstehende Globus-Provisorium ein. «Wir machen dem unbekannten Polizisten den Prozess», hiess es auf den Flugblättern der vorangegangenen Kundgebung. Der Angeklagte wurde in Form einer Puppe in einem Käfig durch die Strassen geführt, und natürlich wurden ihm nicht nur Übergriffe beim Einschreiten gegen ausflippende Konzertbesucher, sondern auch die Sanktionen gegen Meier 19 vorgeworfen. PdA-Kantonsrat Franz Rueb und Medizinstudent Emilio Modena befassten sich mit dem Sündenregister der Polizei, welches «vom Zahltagsdiebstahl von 88 000 Franken bis zum Fall Meier 19 und zur Polizeischlägerei vor dem Hallenstadion» reiche. Rueb verlangte nicht nur den Rücktritt der gesamten Polizeileitung, sondern auch Öffentlichkeit für die Abklärungen der PUK.

Auch im Vorfeld des Globus-Krawalls war Meier 19 wieder gefragt, wie ein Plakat an der Demonstration vom 15. Juni 1968 zeigt: als Expolizist, der bei der Polizei mit dem Besen kehrt.

Am 24. Juni endlich, nach neun Monaten Arbeit, wurde der Schlussbericht publiziert. Auf 24 Seiten bestätigte und kritisierte die Kommission verschiedene Ungereimtheiten, soweit deren Beurteilung in kommunale Kompetenzen fiel. Der härteste Vorwurf betraf den Fall jenes Kommissärs, dem die Blutprobe erlassen worden war; für die PUK war dies eine «Kameradenbegünstigung». Die Kommission gab einige Empfehlungen ab, wonach vor allem das Rapportwesen transparenter geregelt und vor Missbräuchen geschützt werden sollte. Weitere Schritte schlug sie nicht vor.

Entscheidend war nun aber die Gewichtung: «Die Kommission hat im Laufe ihrer Untersuchung einige Unkorrektheiten festgestellt. Angesichts der grossen Zahl täglich vorkommender Übertretungen muss aber festgehalten werden, dass es sich dabei um Einzelfälle handelt und dass nicht davon gesprochen werden kann, die Stadtpolizei habe immer wieder mit ungleicher Elle gemessen. Der Eindruck, wirkliche und angebliche Unzulänglichkeiten seien zum Zwecke bewusster Stimmungsmache gegen die Stadtpolizei öffentlich aufgebauscht worden, drängt sich auf.»

Die beiden grossen Zürcher Zeitungen übernahmen diese Einschätzung: «Meier 19: Viel Lärm um wenig» und «Undramatisches Ende des Falles ‹Meier 19›» lauteten die Titel im «Tages-Anzeiger». Kommentator Rudolf Humbel fand den PUK-Bericht «beruhigend»: «Beruhigend deshalb, weil er keinen Anlass gibt, das Vertrauen in die Stadtpolizei als erschüttert zu betrachten. Sie muss sich nach den Feststellungen der Kommission den Vorwurf der rechtsungleichen Behandlung nicht gefallen lassen.» Was bleibe, fuhr Humbel fort, «ist keine grassierende Amtswillkür, wie sie von einem verbitterten Meier 19 lauthals behauptet wurde; was bleibt, sind Einzelfälle von Unkorrektheiten, wie sie überall und immer wieder dort vorkommen, wo Menschen am Werk sind».

«Rehabilitierung der Zürcher Stadtpolizei» und «Aufgebauschte Einzelfälle» lauteten die Titel, mit denen die NZZ über den PUK-Bericht orientierte. Es sei erstaunlich und erfreulich, dass «die Untersuchungskommission nicht mehr Fleisch an dem Knochen gefunden hat, den sie so gründlich benagt hat». Immerhin fand auch die NZZ, dass das Rapportwesen jetzt verbessert werden müsse und dass «die Schonung eines angetrunkenen Polizeikommissärs schlechterdings ungehörig» gewesen sei.

Manchen ging erst beim zweiten Hinsehen ein Licht auf. «Auf den ersten Blick hin glaubt man nichts feststellen zu können, das man nicht schon wusste oder zumindest vermutete», war in der «Tat» zu lesen: «Wer aber den Bericht einlässlich studiert, dem muss doch einiges auffallen, das nicht mehr ganz mit jenen Begriffen übereinstimmt, die wir von unserer Polizei erwarten, erwarten dürfen und erwarten müssen.» Im «Tages-Anzeiger» wurde die erste Einschätzung des Blatts durch einen Beitrag von LdU-Gemeinderat und PUK-Mitglied Peter Felix korrigiert. Der Werbeberater war zwar ebenfalls der Ansicht, von systematischer Rechtsverletzung könne nicht gesprochen werden. Wohl habe Meier «fälschlicherweise generell eine Begünstigung höhergestellter Persönlichkeiten gesehen», meinte Felix, «doch als weniger gravierende Einzelfälle sind seine Anschuldigungen im wesentlichen eben doch bestätigt worden».

Es war Gertrud Heinzelmann vorbehalten, jene Überlegung vorzutragen, die eine Bagatellisierung dieser «Einzelfälle» zum vornherein verbietet. Im «Volksrecht» schrieb die Rechtsanwältin: «Der Fall Meier 19 ist in seinem ganzen Zusammenhang als Stichprobe zu bewerten – der Test betrifft die Erfahrungen eines einzelnen Polizeimannes. Wenn Meier 19 als Angeschuldigter zu seiner Verteidigung aus der Erinnerung eine ganze Anzahl namhafter Unkorrektheiten nennen konnte, ist anzunehmen, dass bei gleichem Mut zur Wahrheit auch andere Polizeimänner analoge Aussagen über ihre Wahrnehmungen machen könnten. Der Jubel, dass es sich bei den bestätigten Unstimmigkeiten um blosse Einzelfälle handle, ist im Hinblick auf eine mögliche Wahrscheinlichkeitsrechnung nicht berechtigt.»

Im Tumult untergegangen
Fünf Tage nach der Veröffentlichung des PUK-Berichts kam es zum Globus-Krawall. Etwa tausend Personen, meist Jugendliche, versammelten sich am Samstag, den 29. Juni 1968 gegen 18 Uhr vor dem Globus-Provisorium. Sie wollten das Haus erneut besetzen. Doch in dessen Innern hatte sich die Polizei verschanzt. Auf einem Balkon eines benachbarten Hauses überwachte die Polizeileitung das Geschehen. Die Spannung wuchs ins Unerträgliche. Um 19.07 Uhr stellte Polizeikommandant Rolf Bertschi per Lautsprecher ein Ultimatum: Wenn die Demonstranten bis 19.15 Uhr die Brücke nicht geräumt haben, treten die Wasserwerfer in Aktion. Fünf Minuten später riefen die Wortführer der Jugendlichen zum Abmarsch auf; auf der Sechseläutenwiese am Bellevue sollte eine Vollversammlung stattfinden. Ein Teil der Menge setzte sich in Bewegung, doch der Platz vor dem Globus-Provisorium war um 19.15 Uhr noch nicht leer.

Da waren vom Balkon, auf dem die Polizeiverantwortlichen ihren Platz hatten – die Lautsprecheranlage war aus Versehen eingeschaltet –, Polizeivorstand Siebers Worte zu hören: «Jetzt verjagt's mi dänn!» Kurz danach, um 19.24 Uhr, gab Polizeiinspektor Bertschi das Kommando für die Wasserwerfer, obwohl die Demonstranten den Rückzug angetreten hatten und noch keine Steine, Latten und Kisten gegen die Polizei geschleudert worden waren.

Es kam zu stundenlangen Strassenschlachten. 19 Demonstranten und Zuschauer, 15 Polizisten und 7 Brandwächter mussten ins Spital eingeliefert werden. Von den 169 Verhafteten beklagten sich viele wegen Misshandlungen durch die Polizei. «Es muss davon ausgegangen werden, dass in vielen Fällen seitens der Polizei auch noch im Innern des Globus und der Hauptwache geschlagen wurde», stellte später der Geschworenengerichtspräsident Hans Gut fest. Am Sonntag folgte eine zweite Krawallnacht samt «Prügelorgie» («Blick»), und am Montag erliess der Stadtrat ein Demonstrationsverbot.

Zwei Tage später versammelte sich das Stadtparlament. Ausgerechnet an dieser letzten Sitzung vor den Sommerferien sollten nicht nur die Krawalle besprochen und die städtische Rechnung abgenommen, sondern auch noch der PUK-Bericht in Sachen Meier 19 behandelt werden.

Der Bericht wurde erst am Schluss der Marathon-Sitzung behandelt. Der Gewerkschaftssekretär und spätere Stadtrat Max Bryner (SP) sah brisante disziplinarische Folgen für fehlbare Polizeifunktionäre als Konsequenz: «In diesem Bericht liegen mindestens zwei Entlassungen.» Doch Bryners Votum war nicht repräsentativ für die Stimmung im Rat. Der FDP-Sprecher Rolf Balsiger, der spätere Ringier-Direktor und Zoo-Präsident, gab den Ton an: «Wir können froh sein, dass der Berg nur eine Maus geboren hat.»

Die Affäre Meier 19 hatte zu den 68er Erschütterungen beigetragen. Nun beeinflussten die Unruhen auch die Affäre Meier 19, allerdings nicht in förderlicher Weise. «Die Debatte über den Bericht der Untersuchungskommission war sichtlich überschattet von den jüngsten Geschehnissen in der Stadt, und vermutlich wäre eine Vertagung auf die erste Sitzung nach den Ferien einer unvoreingenommenen Prüfung förderlicher gewesen», schrieb Fred Hirs im «Tages-Anzeiger».

Der PUK-Bericht war in den Nachwehen des Krawalls regelrecht untergegangen. Dies war auch die Ansicht von «Volksrecht»-Redaktor Traugott Biedermann: «Wenn es noch eines Beweises bedurft hätte, dass das Zürcher Rechtsbürgertum unter freisinniger Führung die

Ereignisse des vergangenen Wochenendes dafür benützen wollte, den Ansturm von Kritik auf die freisinnigen Chefs der Stadtpolizei abzuwehren und abzulenken, so hat ihn der freisinnige Fraktionssprecher Balsiger mit seinen Bagatellisierungsversuchen geliefert. [...] Unter dem Eindruck der Ausschreitungen sollte in einer Stimmung der weitverbreiteten Polizeifreundlichkeit die ganze Geschichte um die von Meier 19 erhobenen Vorwürfe nach bewährter Manier ad acta gelegt werden.»

Auch Kurt Meier hat die Debatte des Gemeinderats mitverfolgt, er sass auf der Zuschauertribüne: «Ich sah, wie sehr die Gemeinderäte schliefen», erinnert er sich, «ich ging nachher nie mehr an eine Parlamentssitzung.»

Die Eisschollen der Korruption (1968/70)

Bundespolizeichef Urs von Daeniken gelangte im November 1996 zur Erkenntnis, die Schweiz stehe im internationalen Vergleich in Sachen Korruption immer noch gut da, doch «wir sehen einen negativen Trend». Ebenfalls im Herbst 1996 befasste sich der abtretende Ombudsmann des Kantons Zürich, Adolf Wirth, mit der «oft gehörten Behauptung, dass die bekannt gewordenen Korruptionsfälle nur die Spitze eines auch bei uns vorhandenen Eisberges darstellen würden». Wirth wehrte sich gegen diese Behauptung. Trotzdem sah auch er «diesbezüglich Eisstücke in unserem Wasser, und wir müssen uns laufend dafür einsetzen, dass sie entfernt werden, bevor sie einen Eisberg bilden können».

Vor dreissig Jahren, als Meier 19 damit begann, Skandalfälle aufzudecken, war Korruption noch kaum ein Thema. Als im Juni 1970 unter dem Titel «Prestigedenken – die Form schweizerischer Korruption» Ansichten von Meiers Rechtsanwältin Gertrud Heinzelmann publiziert wurden, verursachte dies einen kleinen Aufruhr. Heinzelmanns These: «Jedes Establishment hält gewissermassen durch ‹dick und dünn› zusammen. Es lässt keinen Aussenstehenden, das heisst keinen ‹gewöhnlichen Bürger›, gegen sein Machtpotential aufkommen. Kein Establishment ist bereit, irgendwelche Fehler anzuerkennen. [...] So findet im Rahmen dieses Prestigedenkens schliesslich jede Willkür ihre Decke!»

Ein Opfer dieser «Prestigekorruption» war Meier 19. Er hatte Willkürfälle bei der Polizei aufgedeckt, doch das «Establishment» war nicht bereit, hinter den «Einzelfällen» die Tendenz zu erkennen. In den Augen von Meier 19 hatte die Korruption bereits damals System, und die Bewältigung des PUK-Berichts war für ihn ein wesentlicher Anhaltspunkt für diese Erkenntnis. Der Bericht hatte Meiers Vorwürfe weitgehend bestätigt. Entscheidend für den Zustand der öffentlichen Gewalt war nun aber die Art und Weise, wie die Behörden mit diesen Erkenntnissen umgingen.

Im Widerspruch zur gesetzlichen Anzeigepflicht
Meier 19 erwartete vor allem strafrechtliche Konsequenzen, zumal die PUK mindestens im Falle der erlassenen Blutprobe eine Begünstigung erblickt hatte. Am 16. März 1968 versicherte die Bezirksanwaltschaft Zürich gegenüber einem Freund Meiers mit Bezug auf die PUK: «Sofern sich der Verdacht auf deliktisches Verhalten ergeben sollte, wird diese Kommission Strafanzeige erstatten.» Die zürcherische Strafprozessordnung auferlegt den Behörden und Beamten nämlich die Pflicht, «strafbare Handlungen, die ihnen in ihrer amtlichen Stellung bekannt werden, der zuständigen Anklagebehörde zu verzeigen. Gleichzeitig haben sie, soweit sie dazu zuständig sind, diejenigen Massregeln zu treffen, welche ohne Gefahr nicht verschoben werden können» (so die damals gültige Fassung).

Trotzdem unterliess es die Kommission, strafrechtliche Untersuchungen zu veranlassen oder dem Stadtrat entsprechende Schritte zu empfehlen.

Dass von einer Parlamentarierkommission derartige Konsequenzen nicht unbedingt zu erwarten waren, hatte der Publizist Ludwig A. Minelli vorausgesehen. Der Schweizer «Spiegel»-Korrespondent war von Anfang an gegen eine parlamentarische Untersuchung; er sah in einer Strafuntersuchung die einzig richtige Lösung. Noch vor Einsetzung der PUK schrieb er in der Basler «National-Zeitung»: «Es geht darum, zu verhindern, dass der Ruch der Korruption, in welchem die Leitung der Stadtpolizei steht, sich nicht auch noch auf das Parlament ausbreitet. Es ist allgemein bekannt, dass sich nahezu sämtliche Mitglieder des Gemeinderates mit dem einen oder anderen Mitglied des Stadtrates, aber auch mit dem einen oder anderen höheren Offizier der Stadtpolizei duzen. Es ist weiter bekannt, dass es nur ganz wenigen Politikern – und notabene auch Journalisten – gelungen ist, mit Stadtrat Albert Sieber nicht auf Duz-Fuss zu kommen. Sieber gehört, wie der frühere Stadtpräsident Dr. Emil Landolt, zu jenen Magistraten, die sich bewusst durch Anbieten des ‹Schmollis› gegen Kritik absichern wollen. Solche Duzfreundschaften, in feucht-fröhlicher Umgebung geschlossen, sollen nicht dazu dienen, den politischen Kampf zwischen Exekutive und Legislative aus dem persönlichen Bereich heraus einzig auf eine sachliche Grundlage zu führen, sondern sie werden, insbesondere von einzelnen Mitgliedern der Exekutive, dazu benutzt, um den Kampf überhaupt auszuschalten.»

Das Bezirksgericht Zürich, welches am 23. August 1967 über Rechtsanwalt Heeb von den Vorwürfen Meiers gegenüber der Polizei vernommen hatte, hatte bereits eine Anzeige erwogen. Doch die Richter kamen zum Schluss, die Angaben Heebs seien allzu vage: «Die vom Angeklagten in der Untersuchung vorgebrachten und von seinem Verteidiger offensichtlich dramatisierten Vorfälle erscheinen nach ihrem Gehalt vorwiegend als Bagatellen, die nach den vorliegenden Akten nicht abgeklärt und vor allem nicht bewiesen sind.»

Diese Haltung des Bezirksgerichts veranlasste die Kantonsregierung, die sich bei der Justiz eigens nach dem Stand der Dinge erkundigt hatte, vorderhand auch nicht tätig zu werden.

Am 26. Januar 1968 hatte sich Meier 19 vor dem Zürcher Obergericht zu verantworten, und für Ludwig A. Minelli ergaben sich damit neue Hoffnungen. Über einen Zeitungsartikel forderte er Rechtsanwalt Heeb auf, seine Vorwürfe vor Obergericht zu wiederholen, abzusichern und eventuell zu erweitern: «Das Obergericht muss von der Verteidigung in die Lage manövriert werden, selber die Strafanzeige erstatten zu müssen. Dann dürfte sich die Regierung wieder einschalten und angesichts der politischen Bedeutung der Angelegenheit einen ausserordentlichen Staatsanwalt einsetzen, der die Strafuntersuchung zu führen hat.»

Minelli hoffte vergeblich. Weder der Staatsanwalt, der die Anklage vertrat, noch die Richter wurden tätig. Letztere entzogen sich der Pflicht, indem sie darauf hinwiesen, dass Meiers Vorwürfe durch eine parlamentarische Untersuchungskommission überprüft würden ...

Anzeigen gegen Sieber und Hubatka

Weil weder die Politiker noch die Justizbehörden handelten, Meier 19 selbst aber wegen eines Delikts, das er aus ernstzunehmenden Motiven begangen hatte, seiner beruflichen Existenz beraubt und den Strafbehörden überstellt worden war, kam er soweit, an Stelle der Behörden Strafanzeigen zu erstatten.

Als erstes reichte Meier 19 gegen Polizeivorstand Sieber Anzeige wegen Begünstigung, Amtsmissbrauchs, Urkundenfälschung und Amtsanmassung ein. Er warf seinem ehemaligen politischen Vorgesetzten vor, entgegen dem Urteil der zuständigen Polizeifunktionäre eine Bussenverfügung abgeändert und damit einen Kantonsratskollegen begünstigt zu haben. Im PUK-Bericht war dieser Vorfall interessanterweise unter das Eis geraten.

Meier 19 stellte die Anzeige nicht nur der Justiz, sondern in Kopie auch allen 125 Stadtparlamentariern zu. In einem Begleitbrief fragte er provokativ, ob die Gemeinderäte den Polizeivorstand eigentlich decken wollten. Meier 19 befand sich damals, angeleitet durch einen neuen Rechtsberater, bereits in der Phase der Eskalation. Stadtrat Sieber müsse ebenso dem Strafrichter überantwortet werden wie er, forderte Meier, denn: «Hier in Zürich darf es nimmer einfach wie vorher weitergehen. Es *muss* ein neuer Wind wehen.»

Die Anzeige wurde auf Antrag Meiers einem ausserordentlichen Untersuchungsrichter zur Behandlung übergeben: dem hochangesehenen Geschworenengerichtspräsidenten Hans Gut. 29 Jahre wirkte er als Oberrichter und – parallel dazu – 19 Jahre als Präsident des Schwurgerichts, das ab 1967 Geschworenengericht genannt wurde. Viele Straftäter, deren Delikte die Öffentlichkeit aufwühlten, wurden von ihm abgeurteilt, darunter – 1953 – die berüchtigten Raubmörder Ernst Deubelbeiss und Kurt Schürmann. Als sich Gut im März 1970 ins Rentnerdasein (und in die Stille des Fextales) zurückzog, sang der «Tages-Anzeiger» unter dem Titel «Nomen est omen» ein überschwängliches Loblied auf den verdienten Justizvertreter und attestierte ihm jene «Souveränität, die den echten Demokraten vom autoritären Richter unterscheidet».

Der 63jährige hatte mit der Übernahme der Strafuntersuchung gegen Polizeivorstand Sieber gezögert, da er damals noch einen anderen brisanten Auftrag ausführen musste. Gut prüfte auf Wunsch des Zürcher Stadtrats, ob es Siebers Untergebene beim Pop-Konzert vom 31. Mai 1968 und wenige Wochen später beim Globus-Krawall tatsächlich zu Übergriffen hatten kommen lassen (so war es gemäss Guts Feststellungen). Gut willigte schliesslich in die Untersuchung gegen Sieber ein, erhielt am 17. September 1968 offiziell den Auftrag dazu und verfügte bereits zwei Tage später die Sistierung, wobei er dem Anzeigeerstatter Kurt Meier aus Versehen den falschen Vornamen Gustav gab.

Die Vorwürfe Meiers waren zum Teil bereits 1965 verjährt. Eine Urkundenfälschung konnte Gut nicht erkennen, weil die Notiz, mit welcher Sieber die Umwandlung der Busse in eine kostenlose Ermahnung verfügt hatte, auf einem separaten Papier stand – ganz abgesehen davon, dass das Anbringen einer Notiz nicht als Fälschung gewertet werden könne. Und auch der Vorwurf des Amtsmissbrauchs war für Gut nicht am Platz. Er verwies zugunsten Siebers auf die übliche Praxis, wonach Polizeifunktionäre Rapporte zurückverlangen können, und bemerkte dazu: «Die Frage der Zulässigkeit einer solchen Praxis kann im vorliegenden Fall offengelassen werden.» Sollte sie negativ beantwortet werden, könnte – so Gut – dem Polizeivorstand immer noch der gute Glaube attestiert werden.

Von der Erledigung dieser Anzeige erfuhr man damals nichts. Als der Stadtrat anderthalb Jahre später dem Parlament Auskunft über das Verfahren gegen Sieber geben musste, vermied er es tunlichst zu erwähnen, dass es überhaupt eine Untersuchung gegeben hatte!

Der Strafanzeige gegen Sieber folgte ein paar Monate später die von Gertrud Heinzelmann aufgesetzte Eingabe, in welcher der Justiz alle von der PUK kritisierten Vorkommnisse zur Anzeige gebracht wurden. Über das Schicksal dieser Eingabe war später einzig zu vernehmen, dass im Fall der erlassenen Blutprobe tatsächlich ein Strafverfahren eingeleitet worden war.

Der Bezirksanwalt, der diese Anzeige behandelte, war Hermann Suter, der 1987 als Staatsanwalt in Pension ging. Suter hat verschiedene Strafanzeigen Meiers behandelt. Im Falle der von der PUK kritisierten Vorkommnisse tat er sein Möglichstes, um die Diskretion zu wahren. Meier 19 hat dem Bezirksanwalt wiederholt und über Jahre hinweg schriftlich und telefonisch die Frage gestellt, was mit der Anzeige geschehe oder geschehen sei und wann er als Anzeigeerstatter endlich einvernommen werde. Er erfuhr aber bloss, dass das Verfahren anhand genommen worden sei, dass kein Anlass für eine Einvernahme des Anzeigeerstatters bestehe und dass ihm auch keine Akteneinsicht gewährt werde.

Völlig im unklaren blieb Meier gleichwohl nicht. Einem Brief des Zürcher Stadtrats vom 10. September 1970 konnte er entnehmen, dass alle seine Klagen, die er bis zu diesem Datum gegen Hubatka eingereicht hatte, sistiert seien. Diese Mitteilung betraf offensichtlich auch die Anzeige wegen der erlassenen Blutprobe.

Dienstanweisungen und Geheimregister
Ganz ohne Folgen blieb die Prüfung der von Meier vorgebrachten Skandalfälle nicht. Die Stadtverwaltung zog aus dem Ergebnis des PUK-Berichts durchaus Konsequenzen, wenn auch nicht unbedingt jene, die für Meier 19 vordringlich waren.
Der Stadtrat beschloss im Februar 1969, die zutage getretenen Unzulänglichkeiten mit vier neuen Dienstanweisungen zu beheben. Polizeibeamte durften Rapporte nur noch gegen Empfangsbestätigung an das Polizeirichteramt überweisen. Ferner konnten Übertretungs- und Kriminalrapporte nicht mehr in Rapporte ohne strafrechtliche Folge umgewandelt werden, ohne dass dies kontrolliert würde. Eine weitere Anweisung betraf das Ausrücken der Polizeifunktionäre: Sie durften nur noch zu zweit auf Patrouille. Damit wollte man verhindern, dass sich Polizisten in kompromittierende Situationen begeben. Die vierte Anweisung übertrug die Ausstandsgründe, wie sie für Justizbeamte galten, auf die Polizei. Es sollte einem Polizeibeamten also nicht mehr erlaubt sein, bei Verkehrsdelikten von Freunden über die Sanktionen zu entscheiden. Kurzum: Rapporte und Polizisten sollten nicht mehr so leicht auf Abwege geraten können; dies war die Stossrichtung der neuen Dienstvorschriften.
Gertrud Heinzelmann empfand dies als ein «Ausweichen». In Zeitungsartikeln kritisierte sie die städtische Exekutive: «Es ist unschwer zu erkennen, dass der Stadtrat sich déchargieren will durch Verweis auf die neuen Dienstanweisungen über die Behandlung der Rapporte.» Dem Stadtparlament warf die Rechtsanwältin vor, gegen die Unterlassungen der Exekutive nichts getan zu haben: «Wenn der Gemeinderat seine Kontrollfunktion nicht ausübt, gehört er als Machthaber selber zum politischen Establishment. Und damit ist es um den letzten Rest des Aufsichtsrechts aller Stimmbürger in der Gemeinde geschehen!»
Auch die Polizei zog Konsequenzen aus der Affäre Meier 19. Sie ergriff Massnahmen, damit nicht wieder ein «Wahrheitsfanatiker» in den Akten prominenter Bürger wühlen könne. Am 4. April 1968 ordnete Inspektor Rolf Bertschi an, dass inskünftig «alle Akten von Behördenmitgliedern im weitesten Sinne und Polizeifunktionären verschlossen aufzubewahren seien und zwar beim Chef der Kriminalpolizei». Wenige Monate später enthielt das neue Register nach Aussagen Hubatkas die Dossiers von 15 bis 20 Personen.
Dass es ein solches «Geheimregister» gebe, hatte Meier 19 schon

früher behauptet. Tatsächlich bestätigte Polizeiinspektor Bertschi am 1. Februar 1968 vor der PUK: «Wir haben Akten unter Verschluss. Natürlich nicht alle Akten von Prominenten wegen jeder kleinen Sache, sonst müssten wir eine grosse Menge von Tresoren haben.» Mit diesem Faktum verband sich für Meier 19 die Vorstellung von Hubatka, der alles wusste und dank dieses Wissens eine Macht besass, die, wenn sie missbraucht wird, schnell einmal zur Korruption führt.

Der Beweis am eigenen Leib
Am 30. Dezember 1969 zog Meier 19 eine Bilanz aus all den Folgen, welche seine Flucht an die Öffentlichkeit gehabt hatte. Sie ist einem Brief zu entnehmen, den er an den Zürcher Regierungsrat schrieb: «Selbstlos, in der Meinung, Missstände im Staatsapparat beheben zu können, habe ich 1967 einen viel beachteten öffentlichen Protest gegen Verletzungen des Prinzips der Rechtsgleichheit vorgebracht. Dafür werde ich mit unerbittlicher Härte bestraft. Den Leuten, welche durch ihr verbotenes Verhalten meine Aktion erst auslösten, geschah bis heute trotz zwingender Strafrechtsnormen nicht das Geringste. Für mein Bestreben, endlich eine Wende herbeizuführen, soll ich dagegen jetzt immer weiter büssen. Mir scheint aber, auch Ihnen dürfte einleuchten, dass dies ein Zustand ist, welcher einer rechtsstaatlichen Zukunft unseres Gemeinwesens nimmer gedeihlich sein kann.»

Ähnlich, wenn auch wesentlich kürzer war die Bilanz, die Gertrud Heinzelmann am 15. April 1969 in einem Brief an den Gemeinderat zog: «Herr Kurt Meier wurde bisher als einziger bestraft und disziplinarisch entlassen.»

Für Meier 19 war dieser erste Teil der Affäre ein neuer Beweis dafür, dass in Zürich systematisch mit ungleichen Ellen gemessen werde: der Beweis am eigenen Leib.

III. DIE ESKALATION

Der Mann im Hintergrund (1968/75)

Mit der Feststellung, Meier 19 sei als einziger diszipliniert und gebüsst worden, hätte die Affäre eigentlich zu Ende sein können. Meier 19 hatte nichts erreicht, das Pulver war verschossen, und die Trumpfkarte Zahltagsdiebstahl hatte nicht gestochen.

Die Affäre Meier 19 war aber noch nicht zu Ende. Im Gegenteil, sie ging erst richtig los.

Zur Eskalation haben drei Männer beigetragen: ein Parlamentarier, ein Propagandist und ein Rechtsberater, der sich unermüdlich und kostenlos darum bemühte, dass Meier 19 nichts, aber auch gar nichts auf sich sitzen lassen musste. Es handelt sich um LdU-Gemeinderat Werner Strebel, den Justizkritiker Walter Düringer sowie einen Bankbeamten, der nicht namentlich genannt sein will. Werner Strebel trat später in den Hintergrund, dafür gesellten sich Leute aus dem Umfeld der Jugendbewegung zur Meier-19-Lobby, ferner zornige Vertreter der älteren Generation und vor allem der Leserbriefschreiber und Pazifist Ralf Winkler.

Bereits im Januar 1968, als Meiers wortgewaltigste Supporter noch nicht zu ihm gestossen waren, warf der NZZ-Gerichtsberichterstatter Erich Meier dem Expolizeibeamten vor, er leiste «gewissen Kreisen willkommene Vorspanndienste für allgemeine Angriffe gegen die Polizei» und scheine «nicht inneworden zu sein, dass er zeitweise zum Werkzeug anderer wurde». Polizeireporter Alfred Messerli schrieb 1975 im «Tages-Anzeiger»: «Es ist klar, dass ein ‹Meier 19›, der als Winkelried gegen angebliche Willkür in Polizei und Justiz antrat, eine Menge von Leuten anzog, die ihrerseits schlecht auf Polizei und Justiz zu sprechen waren. Zeitweise war Kurt Meier in einen Kreis angeblicher Freunde geraten, die ihn schlecht berieten.»

Und auch Meiers zeitweilige Rechtsvertreterin, Gertrud Heinzelmann, äusserte sich abfällig über diesen Freundeskreis: Meier 19 habe, schrieb sie einst, zahlreiche Rechtsverfahren «durch eigene Initiative vom Zaun gerissen oder durch sein Verhalten verursacht». Und dabei war ihm – so Heinzelmann – «als Ratgeber, Einbläser oder Mitarbeiter jeder gut genug, der möglichst laut die Pauke zu schlagen verstand».

Tatsache ist, dass es Leute gab, die Meier 19 anfeuerten und unterstützten und dabei einen radikaleren Kurs verfochten als die Juristin Heinzelmann. Sic brachten, teils auch aus persönlichen Interessen, seine Anliegen auf die politische Bühne, in die Zeitungen und vor die Justiz. Ohne ihren Beistand hätte der ehemalige Mechaniker und Detektiv sich niemals derart ausdauernd zur Wehr setzen können. Auch Gertrud Heinzelmann hat sich mit Eingaben und Zeitungsartikeln für ihren Mandanten eingesetzt. Sie kämpfte aber vor allem gegen Willkür und Verfahrensmängel und unterliess Frontalangriffe gegen Personen. Andere Helfer Meiers dagegen scheuten vor solchen Attacken nicht zurück.

Meiers Mann im Parlament

Kein anderer Parlamentarier hat sich so stark für Meier 19 eingesetzt wie Gemeinderat Werner Strebel. Die ersten Meier-19-Vorstösse lancierte der LdU-Vertreter im März 1968. Sie machten Meiers Verdacht in Sachen Zahltagsdiebstahl sowie Vorwürfe an die Adresse der städtischen Disziplinarkommission öffentlich. Einmal forderte Strebel mit einer parlamentarischen Anregung die Wiederanstellung Meiers in einer städtischen Verwaltungsabteilung ausserhalb des Polizeiamtes. Das Parlament war aber mit 52 zu 28 Stimmen dagegen.

Als der Briefträger Werner Strebel 1966 in den Gemeinderat gewählt wurde, war er mit 23 Jahren Zürichs jüngster Stadtparlamentarier. Er galt als Heisssporn und war ein Sorgenkind der LdU-Verantwortlichen, denen es kaum gelang, den ungestümen, quirligen Jungpolitiker zu zügeln.

Strebel sorgte immer wieder für Schlagzeilen, vor allem mit polizeikritischen Vorstössen und dem Ruf nach einem Eros-Center unter der Europabrücke und Sperrbezirken für Prostituierte. 1970 wurde er von der Partei zwar für eine zweite Amtszeit nominiert, doch er verzichtete auf das Mandat – «getreu meinem politischen Vorbild Gottlieb Duttweiler», wie er sagte. Landesring- und Migros-Gründer Duttweiler hatte einst von einer Nationalratskandidatur abgesehen, weil er

Sie sind Meier 19 tatkräftig beigestanden: der Erwa-Bund-Präsident Walter Düringer (oben links), der Leserbriefschreiber Ralf Winkler (oben rechts) und LdU-Gemeinderat Werner Strebel (links).

in ein Strafverfahren verwickelt worden war. Auch gegen Strebel lief ein Verfahren – wegen Teilnahme am Globus-Krawall.

Als er Ende 1970 angeblicher Schmähworte und Gewaltaufrufe wegen verurteilt wurde, liess es das Gericht bei der Beweiswürdigung «nicht ausser acht, dass es das Anliegen des damals jüngsten Gemeinderates war, seit seiner Wahl in die Zürcher Legislative im Jahr 1966 insbesondere sich kritisch mit der Stadtpolizei zu befassen». Und man konnte auch Zahlen vorlegen: «Von den 28 Vorstössen des sehr aktiven Gemeinderates hatten 12 die Stadtpolizei zum Gegenstand.»

Strebel wurde auch ausserparlamentarisch für Meier 19 tätig. Zusammen mit einigen Gleichgesinnten gründete er im Januar 1968 die «Aktion für Sauberkeit in der Stadtpolizei und Verwaltung». Strebel war Präsident, der Expolizist, in dessen Metallfabrik Meier vorübergehend Arbeit fand, Aktuar.

Der Verein wollte ganz allgemein gegen Übergriffe und Willkür der Behörden kämpfen, doch der Fall Meier 19 war das Haupttraktandum. «Meier 19 soll nicht dafür büssen, dass er seine Existenz der öffentlichen Ordnung geopfert hat», schrieb Strebel im Aufruf zu einer Geldsammlung für den Familienvater ohne regelmässiges Einkommen. «Zahlen wir noch heute unser Scherflein auf Postcheckkonto 80-67761. Wir helfen damit Meier 19, wir helfen aber auch unserer Stadt.»

Gleichzeitig heizte die Aktion tüchtig ein. «Das Ergebnis des Disziplinar- wie des Strafverfahrens gegen Meier 19, wonach ein untergeordneter Beamter zur Bekämpfung von Missständen, die seine Vorgesetzten verschulden, an diese gelangen muss und nicht die Öffentlichkeit alarmieren darf, hat die Allmacht der Verwaltung und die Korruption zur Folge», hiess es in einem Flugblatt. «Haben Exekutive und Justiz die Korruption zu fördern, nicht zu bekämpfen? All dies darf nicht sein. Wir dulden keine ‹Staatsraison›, die der Willkür Auftrieb verleiht. Wir wollen wie Meier 19, dass Gross und Klein mit gleichen Ellen gemessen werden. Die Lösung: Rücktritt von Polizeivorstand Sieber, Entlassung von Polizeiinspektor Bertschi, Entlassung von ‹Freier-Register›-Hubatka. Aber auch: Wiederaufnahme von Meier 19 in die Stadtpolizei. Leute seines Schlages werden dort dringend benötigt!»

Noch im Gründungsjahr schlief die «Aktion für Sauberkeit in der Stadtpolizei und Verwaltung» wieder ein. Werner Strebel reduzierte sein Engagement für Meier 19, weil nun andere Supporter immer bestimmender wurden.

Der Polizist, der zum Einbrecher wurde
Irgendwann im Frühjahr 1968 begegnete Meier 19 dem Gerechtigkeitskämpfer Walter Düringer. Wie es dazu kam, hat Meier mittlerweile vergessen, und Düringer kann nicht mehr gefragt werden. Er starb am 13. April 1975 im Alter von 62 Jahren an einem Herzleiden. In dem von ihm begründeten Blatt «Politik und Wahrheit» wurde er als «aussergewöhnlicher Kämpfer für die Menschenrechte und die Humanität» gewürdigt: «Sein ganzes Streben bestand darin, Unrecht in der Schweiz zu korrigieren und mit grossen Ideen auf volkswirt-

schaftlichem Gebiet, unsere Lebensgrundlagen – durch Sicherung des Existenzminimums – zu verbessern.»

Düringer wurde 1913 in Steckborn geboren. Er wollte Medizin studieren, doch die Wirtschaftskrise durchkreuzte seine Pläne. Nach einer Lehre als Konditor trat er 1938 in die Stadtpolizei Zürich ein. Vier Jahre lang war er Polizeibeamter. Er war ein aussergewöhnlicher Polizist. Er publizierte Artikel, hielt Vorträge und wollte zur Linderung der Not und zur Verbesserung der Welt beitragen. Der Abstinent und Nichtraucher hing eine Zeitlang religiösen Ideen an, wurde dann Atheist, Anhänger der Freiwirtschaft, dann Jungliberaler und schliesslich Sozialdemokrat. «Von jeder Bewegung erhoffte er sich eine sofortige Besserung der Verhältnisse, und überall erwartete er, Helden statt Menschen anzutreffen», schrieb damals das «Volksrecht». In dem grossen inneren Aufruhr, in dem er sich befand, wurde Düringer 1942, mitten im Krieg, zum Einbrecher.

Düringer zog einen künstlichen Bart an, verkleidete sich als Heizer, Handwerker oder Securitasmann und brach nachts zusammen mit seinem jüngeren Bruder, den er zum Mittun überredet hatte, in Liegenschaften ein, die er tagsüber als Polizist ausgekundschaftet hatte. Dabei achtete er darauf, dass die Bestohlenen gegen Diebstahl versichert waren. Er suchte das Nobelhotel «Baur au Lac», das «Falkenschloss» und drei Geschäfte heim. Bei den fünf Einbrüchen erbeutete er Geld und Waren im Wert von 2528 Franken. In vier weiteren Fällen blieb es beim Versuch. Am 27. Juni 1942 wurde der Bruder von einem Securitaswächter entdeckt, wie er sich in der Galerie eines Kinos versteckt hielt. Zwei Tage später verhaftete die Polizei auch Düringer selbst.

Was das «Volksrecht» als «Tat eines Wirrkopfes» bezeichnete, war als Protestaktion gedacht. In einem Interview erklärte Düringer später sein Tun: «Ich handelte aus meiner momentanen Verzweiflung über die Hartherzigkeit derer, die schuldig waren – auch in der Schweiz – an der Arbeitslosigkeit und damit am kommenden Krieg. Ich hoffte, meine Kameraden von der Polizei und die Menschen um mich herum zu wecken.» Acht Tage vor der Verhaftung hatte Düringer einen Brief an seine «lieben Mitbürger» geschrieben. Dieses Bekenntnis, das er auch dem untersuchenden Bezirksanwalt (Fritz Heeb!) überreichte und viele Jahre später veröffentlichte, gibt Aufschluss über die Erregung, in der sich der delinquierende Polizeibeamte befand: «Ich muss eine Tat begehen, die mich in Euren Augen erniedrigt, so dass ich von Euch verachtet werde, und dann werde ich frei sein, vollkommen frei! [...] Oh ja, meine lieben Mitbürger, ich werde an Eurem heiligsten Glauben, am Glauben an Gott Mammon, rütteln und ich weiss, in Euren Augen ist dies das grösste Verbrechen, viel grösser, als wenn ich einen andern töte [...] So bin ich nun zum Einbrecher geworden [...] Habt keine Angst, Ihr kleinen Leute. Nicht an Euch werden wir uns halten, sondern an die Versicherungen, die wiederum rückversichert sind.»

Ein psychiatrisches Gutachten attestierte Düringer volle Zurechnungsfähigkeit, das Zürcher Obergericht schenkte dem Attest aber keinen Glauben und befand auf leicht verminderte Zurechnungsfähigkeit. Auch Düringers Motive wurden nicht anerkannt; persönlicher Geldbedarf habe ihn zum Delinquenten werden lassen, meinte das Gericht. Es verurteilte den Einbrecher, der fast sechs Monate in Untersuchungshaft gesessen hatte, zu 15 Monaten Zuchthaus und drei Jahren Ehrverlust.

Düringer arbeitete zwei Jahre im Landdienst, eignete sich Kenntnisse in Psychologie und Graphologie an und wurde hauptberuflicher Referent, der landauf, landab Vorträge und Kurse gab. Immer wieder wurde er in Rechtsfragen um Hilfe angegangen, und er übernahm Vormundschaften und Eheberatungen. 1957 gründete er zusammen mit dem Sozialdemokraten August Bieri und dem Parteilosen Martin Litschi einen «Bund der Parteilosen», der später «Neuer Gotthardbund» genannt wurde. Der eigentliche «Gotthardbund», in dem Düringer früher einst eine leitende Stellung gehabt hatte, liess 1965 den Namen verbieten. Düringer gab seiner Bewegung nun den Namen «ERWA-Bund». Dies wurde später als Abkürzung von «Ehrlichkeit, Rechtssicherheit, Wirtschaft, Aufbau» interpretiert, in Wirklichkeit aber verbergen sich hinter dem Kürzel die Vornamen Walter Düringers und seiner Frau Erika.

18 Jahre lang stand Düringer seiner Bewegung als Präsident vor. Die Monatszeitung «Drachentöter», die später «Politik und Wahrheit» hiess, war sein Sprachrohr. Eine Hellebarde im Zeitungskopf signalisierte aufmüpfigen Patriotismus. In diesem Blatt trug der «berufsmässige Briefschreiber», wie sich Düringer einst bezeichnete, seine Fehden mit den Behörden und der Justiz aus, hier informierte er über das von ihm festgestellte Unrecht: so etwa über den Fall des Anstalts-

pfarrers Hans Freimüller, der fälschlicherweise beschuldigt worden war, 1953 einigen Zöglingen der Arbeitserziehungsanstalt Uitikon zur Flucht verholfen zu haben. Oder über den Fall des Luzerner Galeristen Anton Achermann, der zu Unrecht des Betrugs bezichtigt wurde, nachdem ein holländischer Sammler bei ihm 125 gefälschte Bilder ausgestellt hatte.

Immer wieder zitierte Düringer die Maxime des 1965 verstorbenen Bundesrichters Jakob Strebel: «Es ist die Pflicht des Bürgers, gegen das kleinste Unrecht anzukämpfen, um eine saubere Demokratie zu erhalten!» Mit dem Motto «Lieber heute aktiv als morgen radioaktiv» kämpfte Düringers Blatt bereits in den sechziger Jahren gegen die Atomkraft. Aber auch die «gelösten Rätsel der Cheops-Pyramide» wurden in einer längeren Serie abgehandelt.

1959 kandidierte Düringer als Zürcher Regierungsrat. Dabei interessierte er sich ausschliesslich für den vakanten Posten des Justizdirektors. Neuer Justizdirektor wurde aber der Freisinnige Ernst Brugger, der spätere Bundesrat. 1967 versuchte Düringer Bruggers Wiederwahl als Regierungsrat zu verhindern, unter anderem mit einer grossen Leuchtschrift, die von einem Schiff über den nächtlichen Zürichsee gefahren wurde.

Bei diesem Kampf und bei vielen anderen Aktionen wurde Düringer vom Fabrikanten Hans Oetiker unterstützt, einem wichtigen Geldgeber des Erwa-Bundes. Der 1918 geborene Oetiker hat sich als dynamischer Selfmademan, als vielfacher Erfinder und als Besitzer einer Maschinenfabrik in Horgen einen Namen gemacht. Er ist jener Patron, der Kurt Meier im Juni 1967 vorübergehend Arbeit gab. Offensichtlich wollte Oetiker den Fall auch publizistisch ausschlachten, stiess damals aber bei Meier 19 auf völliges Desinteresse. Auf jeden Fall geriet Meier 19 bereits damals in den Einflussbereich des Erwa-Bundes.

Düringer lernte Meier 19 aber erst 1968 kennen: «Ich kam mir als feiger Kerl vor und ging erst zu Düringer, als alles schon im Eimer war. Düringer machte mir Vorwürfe: ‹Warum kommst du erst jetzt?!› Er war ein selbstsicherer Mann und schrieb ausserordentlich mutig und offen. Er war für mich eine grosse Kraft. Aber ich hatte ein mulmiges Gefühl, weil Düringer als Polizist gestohlen hatte; das war mir nicht geheuer.»

Der Fall Meier 19 war in Düringers Monatsblatt ein Hauptthema.

Vieles, was die grossen Zeitungen übergingen, war hier nachzulesen. Der Erwa-Bund lebte zeitweise vor allem von dieser Affäre. Umgekehrt profitierte auch Meier 19 immer wieder von diesem Sprachrohr.

Düringer organisierte zwei öffentliche Veranstaltungen, bei denen auch Meier 19 als Redner auftrat. Die erste Veranstaltung fand am 25. Juni 1968, vier Tage vor dem Globus-Krawall, statt und trug den Titel «Von Meier 19 bis zur schmutzigen Demokratie». Laut einem Bericht des polizeilichen Nachrichtendienstes fanden sich 450 bis 550 Leute, mehrheitlich gesetzten Alters, ein. Der Spitzel, der seine Auftraggeber allerdings «schlecht bediente» (so eine Aktennotiz der Polizei), war von Meiers Debut als Versammlungsredner nicht gerade begeistert: «Meier 19 beginnt seine Ausführungen in Mundart. Da er jedoch damit nicht recht vorwärts kommt, findet er es besser, auf Schriftdeutsch umzustellen. Seine Rede beschränkt sich darauf, in äusserst ermüdender Weise in vollem Wortlaut seine diversen Eingaben und Beschwerden an den Stadtrat und andere Instanzen abzulesen. Da diese Eingaben sich aus ellenlangen Bandwurm-Sätzen zusammensetzen, ist es mir absolut unmöglich, den Inhalt auch nur einigermassen wiederzugeben. Ich bin sicher, dass man diese Eingaben mehrmals durchlesen müsste, um überhaupt herauszufinden, was Herr Meier sagen will.»

Ein Bankbeamter als juristischer Berater
Der Verfasser dieser «ellenlangen Bandwurm-Sätze» war in Wirklichkeit nicht Meier, sondern ein wissenschaftlicher Mitarbeiter einer bedeutenden Bank. Wie Düringer stiess auch er erst nach dem Obergerichtsprozess vom Januar 1968 zu Meier 19. Er hatte die Zeitungsberichte über Meiers Verurteilung gelesen, machte dessen Adresse ausfindig und schrieb ihm einen Brief. Er begann mit dem Satz: «Wir alle stehen in Ihrer Schuld.»

Der Bankbeamte tat alles, um diese Schuld abzutragen. Er war Ökonom mit juristischer Ader. Während sieben Jahren war er Meiers Rechtsberater und schrieb für ihn unzählige Briefe und Rechtsschriften. Das kostenlose Angebot veranlasste Meier 19, sich von seinem Rechtsanwalt Fritz Heeb zu trennen. Der Bankbeamte opferte zeitweise seine ganze Freizeit und ganze Nächte für Meier 19. «Ohne ihn hätte ich das alles nicht durchfechten können», sagt Meier heute.

Motto:
«Es ist die Pflicht des Bürgers, gegen das kleinste Unrecht anzukämpfen, um eine saubere Demokratie zu erhalten!»
Bundesrichter Dr. Jakob Strebel †

Öffentliche Versammlung

Am **Dienstag, dem 25. Juni 1968, 20.15 Uhr,** spricht Walter Düringer im **grossen Börsensaal** über:

«Von Meier 19 bis zur schmutzigen Demokratie»

Zu dieser öffentlichen Versammlung, an welcher schonungslos die Hintergründe zum «Fall Meier 19» aufgedeckt werden, haben wir die Herren Dr. Hubatka, Dr. Bertschi, Stadtrat Sieber und Oberrichter Willfratt persönlich eingeladen. Sie dürfen Red' und Antwort stehen.

Eintritt frei – Diskussion

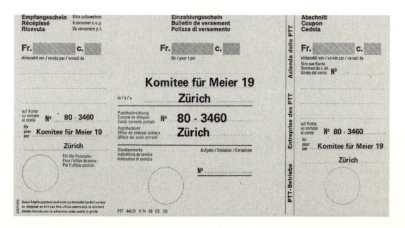

Inserat aus «Politik und Wahrheit» sowie ein Einzahlungsschein des «Komitees für Meier 19».

Ich habe den Bankbeamten als feinen, sensiblen Menschen kennengelernt. Die Rechtsschriften dagegen, die er damals aufsetzte und von Meier unterschreiben liess, sind von kompromissloser Schärfe. Seinen Stil kennzeichnete die Verbindung von glasklarer Logik und barocker Üppigkeit. Hubatkas Anwalt beklagte sich einmal über die «äusserst langen Eingaben mit enger Zeilenschaltung und in schwer lesbarem Stil» und behauptete, dass «es in diesen Eingaben Seiten gab, die fast unlesbar waren». Man kann sich gut vorstellen, dass manche der vom Bankbeamten formulierten Eingaben Meiers Kontrahenten aber auch in inhaltlicher Hinsicht zur Weissglut brachten.

Als erstes verfasste der Bankbeamte das Gesuch an den Gesamtstadtrat, Meiers Entlassung wiederzuerwägen. Es war, bei peinlicher Einhaltung aller gebotenen Höflichkeitsformen, eine ätzende Attacke auf das «Unrechtssystem des Polizeivorstandes und seiner Helfer» und legte dem entlassenen Detektivwachtmeister Sätze wie den folgenden in den Mund: «Ich kann und will nicht annehmen, dass die im Entscheid vom 4. Januar 1968 sich breittuende, mit Art. 4 BV unvereinbare Mentalität unmotivierten und verächtlichen Zerdrückens des für sein Recht kämpfenden ‹kleinen Mannes› Ihrem hohen Kollegium anhaftet.»

Es folgte eine Aufsichtsbeschwerde gegen die Staatsanwaltschaft, weil diese gegen die im PUK-Bericht kritisierten Polizeifunktionäre keine Strafverfahren eingeleitet hatte. In einem von Meier 19 unterschriebenen Brief an Justizdirektor Arthur Bachmann hiess es dazu: «Sie werden sicherlich verstehen, dass ich von einer Behörde, welche wie die Staatsanwaltschaft des Kantons Zürich anlässlich meines Prozesses unter Hinweis auf die ausserordentliche Schwere angeblicher Verfehlungen eines untergeordneten Funktionärs mit mir scharf ins Gericht zog, eine ebenso konsequente Haltung erwarten darf und will, falls hohe Amtsträger sich gegen das Strafgesetz vergangen haben bzw. fundiert unerlaubter Handlungen zu verdächtigen sind. Ich werde niemals protestlos einfach zuschauen, wie man einerseits mich, dessen ‹achtenswerte Beweggründe› heute […] kaum bestritten werden, bedenkenlos meiner materiellen Existenz beraubt und als Rechtsbrecher abstempelt, während anderseits das Krebsübel, wogegen ich mit so selbstlosem Einsatz ankämpfte, weiter besteht und grassiert. Das, was wegen rechtsverachtender staatlicher Machthaber ich und meine Familie leiden mussten, soll und wird zu Ergebnissen führen.

Weder ich noch meine die Volksstimmung immer deutlicher interpretierenden Sympathisanten können es dulden, dass ‹Meier 19› kurzentschlossen vernichtet und dass nach diesem das elementarste Rechtsgefühl arg verletzenden Sieg von meinen Gegnern im alten Stil das Recht weiterhin bedenkenlos gebrochen wird.»

Mit Hilfe des Bankbeamten ging Meier 19 nun dazu über, alles bis zur letzten Instanz durchzufechten und sich nichts mehr bieten zu lassen. Meier 19 musste zu dieser Strategie nicht überredet werden. Auch ihn selbst drängte es im Frühling 1968 zu einer forscheren Gangart. Meier 19 und der Bankbeamte reagierten nun auf alles mit unüberbietbarer Schärfe.

So etwa im August 1968: Der Zürcher Stadtrat hatte in seiner Antwort auf eine Anfrage von Gemeinderat Strebel den Vorwurf erhoben, Meier 19 habe den Vorsitzenden der Disziplinarkommission mit «zahlreichen unbegründeten Angriffen» schwer beleidigt. Gleich setzte der Bankbeamte eine Zivil- und eine Strafklage gegen «die Stadt Zürich bzw. deren Organ, den Stadtrat von Zürich» auf. Weil er in seinen Persönlichkeitsrechten verletzt worden sei, beschuldigte Meier alle neun Stadträte der Verleumdung und verlangte – natürlich vergeblich – Widerruf sowie eine Genugtuung von 2500 Franken.

Kampf gegen das HS-Register

Der Bankbeamte ist keineswegs von revolutionärer Gesinnung, sondern Mitglied einer bürgerlichen Partei. Die Präambel einer 1969 verfassten Denkschrift fasst sein Credo zusammen: «Im Rechtsstaat, als den alle dem Freiheitsgedanken zugetanen Bürger die Schweiz begreifen möchten, sind die Polizeiorgane neben der Justiz und den eigentlichen Untersuchungsbehörden mit der Aufgabe betraut, eine allseitige Respektierung der öffentlichen Normierung zu sichern. Dies setzt natürlich voraus, dass sie selbst eine absolute Gesetzestreue an den Tag legen. […] Beim Offizierkorps der Stadtpolizei Zürich wird dieses Postulat nur sehr bedingt beherzigt. […] Nun ist klar, dass ein Andauern des jetzigen gesetzesbrecherischen Zustandes, in dem man denjenigen, welcher sich allein mit Blick auf das Gemeinwohl für die Sauberkeit der Verwaltung einsetzte, einfach erledigt, gleichzeitig aber für die Verwirklichung dessen Ziele gar nichts Wirksames tut, dazu führen *muss,* dass sich Rechtsbruch, Korruption und Willkür frei entfalten und stets üppigere Blüten treiben. Die ungetreuen Funktionäre, welche sich nicht – wie sie sollten – als Diener der Gemeinschaft fühlen, wissen ja: Uns fasst der Staat trotz aller ihn bindenden Gebote des Strafrechts niemals an, nur jene, welche sich ‹erdreisten›, empörende Pflichtverletzungen einer selbsterwählten Obrigkeit herauszustreichen, müssen über die Klinge springen. Die Verbreitung und Festigung einer solchen Überzeugung wäre für die Zukunft augenfällig verhängnisvoll.»

Dass der Bankbeamte Kurt Meier – sowie verschiedenen rebellierenden Jugendlichen – im Kampf gegen die Polizei- und Justizbehörden so aufopfernd beistand, hängt auch mit persönlichen Erlebnissen zusammen. Auch er war ein verletzter Mensch. Auch er hatte bei der Polizei und der Justiz eine offene Rechnung.

Diese Geschichte begann am 4. Dezember 1961. Damals fand die Polizei in einer Wiediker Wohnung den 35jährigen Briefträger Heinrich Gähler tot auf. Der leichtgekleidete Mann war gefesselt und mit einem weissen Tuch erwürgt worden. Gähler war ein Homosexueller und hatte oft Besuche jüngerer Männer. Im homosexuellen Milieu suchte die Polizei denn auch den Urheber des mutmasslichen Beziehungsdeliktes. In der folgenden Nacht führten 258 Polizeibeamte in neun Schwulen-Treffpunkten und auf acht Strichplätzen eine Grossrazzia durch. 288 Männer wurden kontrolliert und 168 Strichjungen und Homosexuelle vorübergehend verhaftet. Rund die Hälfte der eingebrachten Männer waren bereits früher als Homosexuelle registriert worden.

Die Polizei führte damals eine Homosexuellen-Liste, und diese Registrierpraxis, die 1967 auf heterosexuelle Freier ausgedehnt wurde, war die Zielscheibe eines jahrelangen Kampfes des Bankbeamten. Er war im Zusammenhang mit dem Mordfall Gähler selbst registriert worden. Dreieinhalb Jahre nach der Tat, der Mörder wurde noch immer gesucht, denunzierte eine Diebin den Bankbeamten bei der Polizei als Homosexuellen, offenbar in der Meinung, dadurch die Gunst des Untersuchungsbeamten gewinnen zu können. Sofort wurde er auf die Sittenpolizei zitiert und einem Verhör unterzogen. Obwohl er eine gleichgeschlechtliche Veranlagung vehement bestritt, wurde er als Homosexueller registriert, und die Polizei nahm ihm die Fingerabdrücke, ohne ihm aber die Hintergründe der Vorladung zu eröffnen.

Gegen diese Behandlung wehrte er sich. Er wollte von der Polizei Anlass und Gesetzesgrundlage der Massnahmen in Erfahrung bringen.

«Anstatt der mir gebührenden Antworten erntete ich jahrelang nur Spott und Hohn», berichtete der Bankbeamte später. Immerhin bequemte sich die Polizei zur Auskunft, dass die Behandlung im Zusammenhang mit dem Mordfall Gähler stehe und dass der ermittelnde Bezirksanwalt Weisung gegeben habe, alle Homosexuellen zu erfassen. Letzteres wollte der Bankbeamte nicht glauben; er wollte wiederholt den Namen dieses Untersuchungsrichters in Erfahrung bringen. Doch die Auskunft wurde verweigert.

Der Bankbeamte erfuhr auch, dass er aufgrund der Fingerabdrücke aus dem Kreis der Tatverdächtigen eindeutig auszuscheiden sei: «Die Polizei erklärte mir nun aber, wenn ich nicht Heinrich Gähler ermordet und beraubt habe, so müsse ich als – angeblicher – Homosexueller a priori späterer, noch gar nicht begangener Kapitalverbrechen verdächtigt werden und auch eine dementsprechende Behandlung erfahren. Auch als prädestinierter Sexualdelinquent wurde ich seitens der Gegenpartei charakterisiert», berichtete der Bankbeamte. «Die Stadtpolizei wollte mir zumuten, im Zusammenhang aller künftiger, im homosexuellen Milieu begangener Vergehen und Verbrechen immer wieder ohne jegliche Ursache vorgeladen, verhört und mittels Alibiüberprüfung belästigt und geschmäht zu werden.»

Dem Bankbeamten wurde «zusehends klarer bewusst, dass im Tun der Polizeiorgane, welche bedenkenlos eine ganze, auch aus Ehrenmännern bestehende Bevölkerungsgruppe als durchwegs kriminell anfälligen behandelten, eine organisierte Missachtung des Gleichheitsgesetzes der Bundesverfassung lag. Aus staatsbürgerlichem Verantwortungsbewusstsein fühlte ich mich hierdurch zutiefst beunruhigt und empört.» Unterstützt vom bekannten Arzt, Eheberater und Schriftsteller Theodor Bovet (1899–1976), gelangte der Bankbeamte an Stadtrat Albert Sieber und die leitenden Beamten der Stadtpolizei. Er erkundigte sich erneut nach der Rechtsgrundlage für das behördliche Vorgehen und versicherte, es gehe ihm nicht allein um seinen persönlichen Fall, sondern «in erster Linie um Grundprinzipien der Freiheit und des Rechts, die von keinem auf unser Staatsgebilde stolzen Schweizer missachtet werden sollten». Er begegnete aber wiederum «bloss Abweisung und Hohn».

Der Bankbeamte erhob Beschwerde beim Stadtrat, wurde aber abgewiesen. Hierauf gelangte er an die Aufsichtsbehörde, den Bezirksrat. Dieser hiess den Rekurs Ende 1970 teilweise gut und wies den Stadtrat an, den Bankbeamten aus dem Homosexuellen-Register zu streichen. Auf das Begehren, die Fingerabdrücke herauszugeben und die Abschaffung des Registers anzuordnen, trat der Bezirksrat aber nicht ein. Der Bankbeamte zog die Sache an den Regierungsrat weiter. Dieser stützte Ende 1971 den Entscheid des Bezirksrats und brachte damit das Verfahren nach sieben Jahren zu einem nur teilweise befriedigenden Ende.

Erst 1974, ihm Rahmen eines Ehrverletzungsverfahrens, erfuhr der Bankbeamte den Namen des Bezirksanwaltes, nach welchem er sich bei den Polizeiverantwortlichen vergeblich erkundigt hatte. Es war Robert Frick, der später als Chef des Rechtsdienstes des kantonalen Strassenverkehrsamtes mit Meier 19 zu tun haben sollte. Frick hatte im Zusammenhang mit dem Mordfall Gähler tatsächlich Weisung gegeben, alle gleichgeschlechtlich veranlagten Männer – mindestens jene der Jahrgänge 1925 bis 1944 – erkennungsdienstlich zu behandeln.

Gleichwohl hat der Bankbeamte heute von Frick ein «recht positives Bild». Er erzählt, dass er in jenem Ehrverletzungsverfahren «ganz wesentlich wegen Fricks wahrheitsgetreuen Zeugnisses freigesprochen wurde». Frick wiederum betont heute, dass er nur für diesen konkreten Mordfall die Registrierung von Homosexuellen veranlasst habe: «Als Bezirksanwalt hätte ich gar nicht die Kompetenz gehabt, der Stadtpolizei eine allgemeinere Anweisung zu geben.» Dass die Polizei bis weit in die siebziger Jahre hinein ein HS-Register führte, ist somit nicht Frick anzulasten.

Als der Bankbeamte Meier 19 kennenlernte, war sein Kampf gegen die Registrierpraxis der Stadtpolizei noch in vollem Gang. Der Bankbeamte erblickte in Meier einen Kampfgefährten: «Presseberichte brachten mich zur Überzeugung, Kurt Meier verfolge dasselbe staatserhaltende Ziel wie ich, indem er für eine pflichtgemässe Beachtung des Gleichheitssatzes der Bundesverfassung und gegen verbotene behördliche Selbstherrlichkeit eintrat.»

Sein Einstehen für Meier 19 hatte für den Bankbeamten gravierende persönliche Folgen. Auf dem Höhepunkt der Affäre Meier 19 enthüllte die NZZ seinen Namen und seinen Arbeitgeber. Da alles immer von Meier unterschrieben war, war der Bankbeamte bis dahin weitgehend im Hintergrund geblieben. Hierauf war seine Anstellung bei einer bedeutenden Bank nicht länger haltbar. Der Ökonom quittierte seine

Stelle und fand während dreieinhalb Jahren trotz grosser Anstrengungen keine Arbeit mehr. Er zog niedergeschlagen und angewidert von Zürich weg und baute sich anderswo eine Existenz auf.

«Ein Stück weit war ich sein Produkt»
«Volksrecht»-Redaktor Traugott Biedermann hat den neuen Kurs, den Meier 19 unter dem Einfluss des Bankbeamten und Düringers nahm, mit Sorge verfolgt: «Das Ziel seiner Kampagne, gleiche Ellen bei der Stadtpolizei zu garantieren, selbst rehabilitiert zu werden und die Entlassung der versagenden Polizeiführung zu bewirken, wird er [Meier] mit der Flucht in eine Eskalation neuer Beschuldigungen schwerlich erreichen. Je mehr Meier 19 zum blossen Querulanten (in entsprechender Gesellschaft) durchdreht, desto leichter fällt es seinen Gegnern, seine Anschuldigungen zu bagatellisieren und unter den Tisch zu wischen. Wir würden es bedauern, wenn Kurt Meier einem solchen Ausgang der Geschichte noch mehr Vorschub leisten und damit auch die Sympathie verscherzen würde, die er von breiten Volkskreisen und vorab bei der Jugend mit Recht erworben hat.»

Auch Gertrud Heinzelmann schätzte die Tätigkeit des Bankbeamten, der auf ihren Mandanten grösseren Einfluss hatte als sie selbst, nicht sonderlich hoch ein. Einmal schrieb sie dem Nichtjuristen in ihrer gelegentlich spitzen Art: «Herr Meier hat sich den üblen Ruf eines Querulanten vor allem im Hinblick auf die Überfülle Ihrer schlecht formulierten und schlecht gezielten Eingaben zugezogen, was durchaus nicht zu seinem Nutzen ist.» Der Bankbeamte reagierte ritterlich und selbstlos. Er bat das «sehr geehrte Fräulein Doktor» brieflich, mit ihrem Einsatz für Meier 19 fortzufahren, und fügte bei: «Gerade die äusserst harten, an meine Adresse gerichteten Vorwürfe lassen mich diese Bitte formulieren.»

Ein Rechtsanwalt, der Meier eine Zeitlang in einem Strafverfahren vertrat, sagte einst vor Gericht, der Bankbeamte habe Meier einiges «eingebrockt». Der Rechtsanwalt wollte Meier entlasten, indem er ihn als Produkt dieses Mannes hinstellte, doch das Gericht ging nicht darauf ein.

War Meier 19 schlecht beraten, als er sich dem Bankbeamten anvertraute? War die Schärfe, mit welcher der Ökonom Meiers Anliegen vortrug, kontraproduktiv? Er selbst meint dazu: «Mildere Töne hätten an der Abweisung nichts geändert.»

Der ehemalige Bankbeamte, der viele Jahre keinen Kontakt mehr mit seinem Kampfgefährten hatte, bedauert es heute immer noch, dass er Meier 19 nicht zur Rehabilitierung verhelfen konnte. Völlig erfolglos war sein Einsatz aber nicht. Hätte Meier nicht mit seiner Hilfe weitergekämpft, wären manche Ungereimtheiten rund um die Untersuchung des Zahltagsdiebstahls unentdeckt geblieben. Dank der vom Bankbeamten ausgedachten Schachzüge konnte das erste Ehrverletzungsverfahren gegen Meier bis in die Verjährung hinausgezögert werden. «Wir mussten Tricks anwenden, sonst hätten wir null Chancen gehabt», sagt der Bankbeamte im Rückblick. Vor allem aber erreichte der Freizeit-Jurist, dass das Bundesgericht ein allzu hartes Geschworenenurteil aufhob und Kurt Meier zu einer wesentlich milderen Strafe verurteilt wurde. Er war es, der die brillante Nichtigkeitsbeschwerde verfasste, nachdem Meiers offizieller Rechtsvertreter die Sache schon verloren gegeben hatte. Sein Eingreifen hat Meier Gehör verschafft und ihm eine sechsmonatige Gefängnisstrafe erspart.

Meier 19 ist dem Bankbeamten heute noch dankbar: «Ohne ihn wäre mein Kampf im Jahr 1968 zu Ende gewesen.» In einem Fall allerdings bereue er es, ein vom Bankbeamten aufgesetztes Schreiben unterschrieben zu haben. Es handelte sich um einen Brief an einen bekannten Pfarrer, der Vorwürfe enthielt, die Meier nicht überprüft hatte. «Ich wagte es nicht, ihn zu korrigieren. Er war mir intellektuell total überlegen.»

Meiers Hochachtung vor dem Mann, der jahrelang in seinem Hintergrund stand, ist auch heute noch gross: «Er ist ein enorm sensibler Mensch. Ich hatte volles Vertrauen in ihn und wurde nicht enttäuscht. Er hoffte natürlich, über meinen Fall auch in seiner eigenen Angelegenheit und für den Rechtsstaat ganz allgemein Lösungen zu finden. Ein Stück weit war ich sein Produkt, doch ich fühle mich in keiner Art und Weise missbraucht.»

Der Fall Alexander Ziegler (1968/69)

Die neuen Helfer gaben Meier 19 neue Hoffnungen auf Durchbruch und Rehabilitation. In den Verfahren, die im Frühling 1968 hängig waren, gab es allerdings nicht mehr viel zu retten. Deshalb mussten neue Beweise, neues Material beigebracht werden, um Meier ins Recht und die Gesetzeshüter ins Unrecht zu setzen. Die neuen Themen stellten sich ein, oft infolge von Zufällen – oder waren es Fügungen, wie Meier heute sagt?

Heute wird der Namen Meier 19 hauptsächlich mit der Affäre Zahltagsdiebstahl verbunden. Doch bis zum Herbst 1969 war diese für Meier nicht das Hauptthema, damals investierte er seine ganze Kraft in einen anderen Fall.

«Die Untersuchung des Zahltagsdiebstahls ist nicht der schlimmste Korruptionsfall, den ich erlebte, sondern bloss der beweisbarste», sagt Kurt Meier rückblickend. Gravierender sei eine Affäre, bei der es um vermutete Verbrechen an Jugendlichen und deren Vertuschung gehe: eine Affäre, die eng mit dem Namen des Schauspielers und Autors Peter Alexander Ziegler verbunden ist. «Das war für mich der grosse Skandalfall, davon erhoffte ich mir den Durchbruch.»

«Schweinische Spielchen»

Alexander Ziegler – den Vornamen Peter liess er meist weg – wurde 1987, als er 44 Jahre alt war, im Zürcher Kammertheater Stok tot aufgefunden, dort, wo er eine Zeitlang jedes Jahr ein neues Stück aufgeführt hatte. Seine Bücher und Theaterstücke haben viel dazu beigetragen, dass das Thema Homosexualität salonfähig wurde. Verbotene Liebe und Knasterfahrungen spielten in seinen Werken eine wichtige Rolle. In der Strafanstalt schrieb er sein erstes Buch «Labyrinth»; es wurde 1970 veröffentlicht – im selben Jahr, in dem auch sein erstes Theaterstück «Zellengeflüster» aufgeführt wurde. Ab 1971 gab er die Homosexuellen-Zeitschrift «du und ich» heraus.

In den frühen achtziger Jahren liess sich Ziegler auf ein Ehrverletzungsklagen-Duell mit dem Zürcher Justizdirektor Arthur Bachmann ein. Dieser hatte ihn als «Mann mit krimineller Vergangenheit» bezeichnet. Umgekehrt wollte sich Bachmann in Zieglers Roman

«Eines Mannes Liebe» in der Figur des Justizdirektors «Rüfenacht» wiedererkannt haben, der sich auf einer Skandinavienreise allerlei Ausschweifungen hingegeben hatte. 1984 mischte sich Ziegler in den Streit zwischen dem deutschen Verteidigungsminister Manfred Wörner und dem vorzeitig entlassenen Nato-General Günter Kiessling ein: Er anerbot Wörner, öffentlich zu bezeugen, dass Kiessling homosexuelle Neigungen habe – eine peinliche Intervention.

Ziegler wuchs in Zürich auf. Mit 13 Jahren wurde er beim Stehlen erwischt, worauf er dreieinhalb Jahre in Erziehungsanstalten verbrachte. Als junger Schauspieler und Drehbuchautor lebte er in den sechziger Jahren in Basel. 1965 hegte er Filmpläne mit Lilian Harvey, dem Weltstar der dreissiger Jahre («Das gibt's nur einmal, das kommt nicht wieder ...»). Die Pläne scheiterten, weil Ziegler schon nach der ersten Probe erkannte: «Lilian Harveys Comeback könnte nur zum hoffnungslosen Debakel werden.»

Am 12. Dezember 1966 erschien im «Blick» ein Bild Zieglers mit der 57jährigen Harvey, Arm in Arm. Es war die Illustration für eine Skandalmeldung, die mit Lilian Harvey allerdings nicht das geringste zu tun hatte: «Fast ein Jahr lang hielt sich der Basler Schauspieler Alexander Ziegler (23) einen 15jährigen Knaben als ‹Mätresse›. Jetzt hat die Polizei das Homo-Konkubinat auffliegen lassen.»

Es wurde ein Verfahren wegen «widernatürlicher Unzucht mit Kindern» eingeleitet. Am 21. Juni 1967 wurde Ziegler verurteilt. Die zweieinhalbjährige Gefängnisstrafe sass er in der Strafanstalt Lenzburg ab; es war eine Erfahrung, die Zieglers Leben prägte.

Unter normalen Umständen hätte der junge Schauspieler vorzeitig entlassen werden können. Doch dieses Entgegenkommen wurde abgelehnt, unter anderem wegen «gewisser dunkler Punkte im Vorleben Zieglers». Die «dunklen Punkte» waren Gegenstand eines Briefes, den Alexander Ziegler kurz vor seinem 24. Geburtstag aus der Untersuchungshaft in Basel seinen Eltern geschrieben hatte: Ziegler beschuldigte zwei Zürcher Persönlichkeiten, einen Seelsorger und einen Beamten, mit ihm ab seinem 14. Lebensjahr während einiger Jahre «Spielchen» getrieben zu haben, die «schlechthin schweinisch» waren.

Der spätere Verteidiger der Schwulen empfand lange Zeit Ekel gegenüber der Homosexualität. In einem Brief vom 20. August 1967 – damals war Ziegler bereits in der Strafanstalt Lenzburg inhaftiert – heisst es: «Ich denke mit Schaudern daran zurück, was die beiden

Peter Alexander Ziegler (1981)

Herren während einer für mich sehr wichtigen Entwicklungsphase mit mir getrieben und mich dadurch in gravierender Weise beeinflusst haben, ohne dass ich damals in meiner jugendlichen Naivität imstande gewesen wäre, die daraus resultierenden Konsequenzen für meine Zukunft auch nur bei weitem zu erkennen. Heute bin ich homosexuell. Ich habe es mir nicht ausgesucht. Gerne würde ich mit irgendeinem normal veranlagten jungen Menschen tauschen, denn ein Weg, auf dem ständig verlacht, verhöhnt, verfolgt, erpresst und betrogen wird, ist wahrhaftig kein einfacher.»

Im Buch «Labyrinth» beschreibt Ziegler die beiden Männer, die «während der Pubertätszeit meinen Weg kreuzten und einen nachhaltigen Einfluss auf mich übten». Er nennt sie hier «Don Dottore Amadeo» und «Dr. Roland Freiermuth». Ziegler änderte aber nicht nur die Namen. In der Wirklichkeit hat sich manches anders zugetragen, als es in diesem «Report eines Aussenseiters» geschildert wird. Vor allem ist «Dr. Roland Freiermuth» keineswegs 1963 bei einem Autounfall tragisch ums Leben gekommen; sonst wäre am 28. März 1969 nicht jene Konfrontation zwischen «Freiermuth» und Meier 19 möglich geworden, die letzteren ins Gefängnis brachte. «Freiermuth» führte sein Amt noch viele Jahre weiter. «Don Dottore Amadeo», der seine homosexuelle Neigung gegenüber der Justiz nie abgestritten hatte, trat 1969 mit 63 Jahren von seinem Posten zurück, aus gesundheitlichen Gründen, wie es hiess (in Wirklichkeit aber auf Betreiben der kirchlichen Vorgesetzten, die einen Skandal befürchteten).

Alexander Ziegler behauptete also, die beiden Männer, die in Zürich in Amt und Würde standen, hätten ihn während seiner Pubertätszeit mehrfach verführt und zum Homosexuellen gemacht. Die beiden trügen, so schrieb Ziegler 1967, «indirekt weitgehend ein Stück Mitverantwortung, dass ich heute im Gefängnis sitze». Er forderte gar, dass Menschen von derartiger Verantwortungslosigkeit «unschädlich gemacht werden müssen». Die Eltern Zieglers waren, als sie aus den Briefen ihres Sohnes von den Verführungen erfuhren, zutiefst erschrocken. Ein Nachbar suchte Ziegler in der Haftanstalt auf, um der Sache auf den Grund zu gehen. Am 18. Mai 1967 erstattete er Anzeige gegen «Don Amadeo» und gegen «Freiermuth» – wegen Unzucht mit einem Kind.

Die Beschuldigten stritten ab, und die Verfahren wurden eingestellt. Die Untersuchungsbehörden diagnostizierten bei Ziegler, der die Vorkommnisse während der Waldspaziergänge mit «Don Amadeo» und der Autofahrten mit «Freiermuth» bis in die letzten Einzelheiten geschildert hatte, eine allzu rege Phantasie. Eine üppige Einbildungsgabe war Ziegler verschiedentlich zugeschrieben worden. 1956 erkannte ein Arzt bei dem damals 13jährigen eine «Pseudologia phantastica», und 1967 kam ein psychiatrisches Gutachten zum Schluss, bei Zieglers Schilderungen sexueller Erlebnisse habe «die Dichtung vor der Wahrheit entschieden den Vorrang».

Ein Schuss hinten hinaus war namentlich Zieglers Behauptung, «Freiermuth» habe an den Beinen keine Haare und am Oberschenkel «so feine Haut wie bei einem Mädchen». Der Fotodienst der Kantonspolizei überzeugte die Untersuchungsbehörden vom Gegenteil. Ziegler dagegen liess sich dadurch nicht von seiner Behauptung abbringen. Denn die Detailaufnahme zeigte wohl dicht und stark behaarte Oberschenkel, gab aber den Blick bloss auf den Mittelteil des Körpers frei. Dieser begrenzte Bildausschnitt ermöglichte bei einem späteren Verfahren die Gegenbehauptung, der Abgebildete sei nicht «Freiermuth». Die Justiz erliess «Freiermuth» jedoch die Pein einer erneuten fotografischen Erhebung. Der Untersuchungsrichter begnügte sich mit der Einvernahme des Fotografen und mit einem persönlichen Augenschein, um sich von der Wirklichkeit zu überzeugen, die haarig war, angeblich.

Die Szene am Spitalbett

Meier 19 hat diesen Fall nicht gesucht. Die Eltern Zieglers hatten in der Zeitung von Meier 19 gelesen und erkannten in ihm einen unerschrockenen Kämpfer gegen das Unrecht, der hinter die Kulissen von Polizei und Justiz sah. Sie telefonierten Meier 19 und baten ihn: «Machen Sie etwas, klären Sie den Fall auf!» Zieglers Eltern waren restlos davon überzeugt, dass ihr Sohn die Wahrheit erzählt hatte, als er «Don Amadeo» und «Roland Freiermuth» homosexueller Verführungen bezichtigte. Die Sistierung der beiden Strafverfahren Ende 1967/ Anfang 1968 war für sie ein Skandal.

Auch für ihren Sohn war es «vollkommen unfassbar», dass «Freiermuth» bei der Untersuchung «die grenzenlose Frechheit hatte, alles abzustreiten und mich, dem er vor wenigen Jahren ganze Welten vom Himmel herunter versprochen hat, als verwerflichen Lügner und hoffnungslosen Irren hinstellt». Auch bezüglich «Don Amadeo» war er felsenfest überzeugt, dass «er meine Jugend ruiniert und für mein späteres Leben die Weichen gestellt hat».

Obwohl Meier die Homosexualität «nie ganz geheuer» war, sagte er zu und wirkte bis in den Spätsommer 1969 als Zieglers Rechtsvertreter und Berater, wobei er stets den juristisch versierten Bankbeamten im Hintergrund hatte. Rund 60mal tauchte Meier in der Strafanstalt Lenzburg auf, oft zusammen mit Zieglers zwölf Jahre älterer Schwester. Manchmal lieh er Ziegler Geld, nach eigenen Angaben gesamthaft rund 10 000 Franken. Einmal, auf Zieglers Geburtstag hin, schmuggelte er Schnaps an den Aufsehern vorbei.

Alexander Ziegler erzählte Meier 19 von seinen Verführungen, und für diesen verdichtete sich alles zur überzeugenden Indizienkette für einen handfesten Sitten- und Vertuschungsskandal. Man muss auch diese Geschichte kennen und die Überzeugungskraft des jungen Schauspielers in Rechnung ziehen, um Meiers Verdacht zu begreifen. Es war ein Verdacht, der immer weiter um sich griff und am Ende eine grundlegende Verderbtheit der Staatsgewalt vermuten liess. Man muss diese Geschichten auch kennen, um Meiers Ahnung zu verstehen, er habe das Zentrum der Korruption gesichtet. Es ist erstaunlich, was der ehemalige Detektiv kraft seiner Stellung als Rechtsvertreter und dank anderer Quellen alles in Erfahrung bringen konnte. Nur ein Teil davon kann hier wiedergegeben werden, genügend allerdings, um Meiers Argwohn verständlich zu machen.

Dass die Zuneigung des Beamten «Freiermuth» zum Heranwachsenden den Rahmen des Normalen überstiegen habe, bewies für Alexander Ziegler eine Begegnung aus dem Jahr 1960. Ziegler war 17 Jahre alt, und die ersten angeblichen Verführungen durch «Don Amadeo» und «Freiermuth» hatten bereits stattgefunden. Da sei ihm, erzählte er, «plötzlich die Tatsache, dass ich homosexuell bin, in ihrer ganzen unmittelbaren, erschreckenden Konsequenz bewusst» geworden. «Unwillkürlich war ich mit der Zeit in ein Milieu hineingeschlittert, vor dem mir bei näherem Hinsehen grauste und das mir grauenhafte Angst vor der Zukunft einjagte. Der Gedanke, dass es für mich kein Zurück mehr gab, war für mich Anlass zu einem Selbstmordversuch. Ich schluckte zwei Röhrchen Schlaftabletten, nachdem ich vorher noch an ‹Freiermuth› einen Abschiedsbrief geschrieben hatte, in dem ich ihn zum Teil für meine fehlgeleitete Gefühlsentwicklung verantwortlich machte. Als ich drei Tage später im Spital erwachte, sass ‹Freiermuth› an meinem Bett. Er redete mir Mut zu, beschwor mich, ja niemandem von unserer Beziehung zu erzählen, sonst sei alles aus, und zwar für uns beide.»

Die Szene am Spitalbett kommt auch in Zieglers erstem Buch vor, wenn auch in einem veränderten Zusammenhang. Die Sache wurde sieben Jahre später durch die Justiz untersucht, wobei sich die Tatsache des Spitalbesuchs bestätigte. Der Abschiedsbrief wurde jedoch nicht gefunden, auch bei einer Hausdurchsuchung nicht.

«Freiermuth» gab an, über die Mutter Zieglers vom Suizidversuch erfahren zu haben; deshalb habe er den 17jährigen besucht. Laut «Freiermuth» hatte Ziegler seine Tat damit begründet, dass er sich als Schauspieler in eine Rolle habe einfühlen wollen, in der ein Selbstmord vorkomme. Er habe wissen wollen, wie man sich fühlt, wenn man nach erfolgtem Suizidversuch wieder zu sich kommt.

Dieser Erklärungsversuch wurde von den Untersuchungsbehörden akzeptiert, nicht aber von Meier 19.

Eine unterlassene Strafanzeige

Bei einem weiteren, sehr merkwürdigen Vorgang hatten beide angeblichen Verführer Zieglers mitgespielt. Anfang 1963 kam es, offenbar wegen eines Filmprojekts, zu einer heftigen Auseinandersetzung zwischen Ziegler und «Don Amadeo». Ziegler erzählte, er habe «Don Amadeo» gedroht, er «würde jetzt die Wahrheit auspacken und alles über ihn ausbringen». Er schrieb eine Strafanzeige und schickte diese «Don Amadeo». Ob er die Anzeige gleichzeitig auch bei der Bezirksanwaltschaft einreichte, ist unklar.

Ziegler erzählte, dass unmittelbar darauf «Freiermuth» zu ihm nach Basel gekommen sei. Zitat aus einer Eingabe Zieglers: «Wir trafen uns im Café Komödie, und er riet mir dringend davon ab, ‹Don Amadeo› anzuzeigen, weil ich ja nichts davon habe. Ich merkte deutlich, dass er Angst hatte, seine eigenen Beziehungen zu mir könnten durch ein laufendes Verfahren auskommen, umso mehr, als ich ‹Don Amadeo› 1957 von meinen Beziehungen zu ‹Freiermuth› erzählt hatte. ‹Freiermuth› bat mich dann, unverzüglich meine Anschuldigungen zurückzunehmen. Er sagte wörtlich: Es wäre für ihn äusserst peinlich, in diese Sache verwickelt zu werden. Er drohte mir auch, man werde mich einsperren, wenn ich auch weiterhin auf meiner Aussage beharren würde, weil er und ‹Don Amadeo› den längeren Arm hätten.»

«Don Amadeo» bestätigte später wesentliche Punkte des Vorgangs; er gab zu Protokoll: «Ich erinnere mich, dass Alexander Ziegler am 31. Januar 1963 mir eine Strafklage gegen mich zustellte, diese aber am gleichen Tage nach Intervention von ‹Dr. Freiermuth› zurückgezogen hat.»

Laut späteren Untersuchungen steht fest, dass «Freiermuth» «seinerzeit unverzüglich den damaligen Geschäftsleiter der Bezirksanwaltschaft Zürich über die gegenüber ‹Don Amadeo› erhobenen Beschuldigungen orientiert hat, dass dann aber mangels genügendem Tatverdachtes eine Untersuchung nicht eröffnet worden ist, nachdem Ziegler seine Anschuldigungen widerrufen hatte». Der Geschäftsleiter bestätigte, dass ihn «Freiermuth» aufgesucht und ihm von Zieglers Behauptung erzählt habe, mit «Don Amadeo» homosexuelle Beziehungen unterhalten zu haben. «Freiermuth» habe es ihm anheimgestellt, gegen «Don Amadeo» eine Strafuntersuchung zu eröffnen. Davon sei dann «Umgang genommen worden, weil nach den Angaben von ‹Dr. Freiermuth› der Jugendliche nicht mehr zu seinen Anschuldigungen gestanden sei». Nach dem Eindruck des Geschäftsleiters erweckte «Freiermuth» «dadurch nicht den Anschein, als gehe es ihm darum, ein Strafverfahren gegen ‹Don Amadeo› zu unterbinden, sondern im Gegenteil, er habe noch durchblicken lassen, etwas an der Sache könnte wahr sein».

Diese seltsame Geschichte weckt zahlreiche Fragen. Weshalb soll «Freiermuth» – so die übereinstimmenden Aussagen Zieglers und «Don Amadeos» – zum Widerruf der Strafanzeige gedrängt haben, wo er doch selbst der Meinung war, «etwas an der Sache könnte wahr sein»? Weshalb wandte er sich an die Untersuchungsbehörden und erzählte ihnen von Zieglers Behauptungen, wo er doch angeblich davon überzeugt war, eine Anzeige sollte besser unterbleiben? Durfte die Bezirksanwaltschaft auf die Eröffnung einer Strafuntersuchung verzichten, nachdem «Freiermuth» hatte durchblicken lassen, «etwas an der Sache könnte wahr sein»? Es ging immerhin um ein Offizialdelikt.

Eine weitere Frage betrifft den Widerruf von Zieglers Strafklage: Hatte er in schriftlicher Form vorgelegen? Zwei Indizien lassen dies vermuten. Zum einen ist dies schon deshalb zu erwarten, weil auch die Strafklage ein schriftliches Dokument war. Sollte diese den Untersuchungsbehörden offiziell vorgelegen haben, so wäre der Widerruf, von dem die Behörden ausgingen, in bloss mündlicher Form kaum anerkannt worden. Zum andern hatte auch «Don Amadeo» in einer Einvernahme zunächst ausgesagt, der Widerruf sei «schriftlich» erfolgt und ihm von «Freiermuth» «vorgelegt» worden. Ausgerechnet diese Aussagen hat «Don Amadeo» aber noch während der Einvernahme widerrufen und im Protokoll streichen lassen!

Wäre der Widerruf aber ein schriftliches Dokument gewesen, würden sich sofort weitere Fragen aufdrängen: Weshalb gelangte dieses Dokument, das Aufschluss über die Rolle «Freiermuths» versprochen hätte, nicht in die Untersuchungsakten? Und wie sind dann die Streichungen im Einvernahmeprotokoll zu erklären? Sollte etwas vertuscht werden?

Lassen wir diese Fragen zu einer längst verjährten Angelegenheit. Sie sollen bloss erklären, weshalb Meier Verdacht schöpfte, «Freiermuth» habe in unzulässiger Weise eine Strafuntersuchung gegen «Don Amadeo» abwenden wollen und es seien Sexualdelikte unter den Teppich gewischt worden. Auch dieser Verdacht hat zur Eskalation beigetragen.

Ein manipuliertes Einvernahmeprotokoll
Meier und Ziegler wurden erst recht stutzig, als sie entdeckten, wie die Untersuchungsbehörden mit Hinweisen auf die Homosexualität «Don Amadeos» umgingen, nachdem dieser wegen seiner Neigung mehrmals erpresst worden war. Der Erpresser, ein Kellner, hatte sonst keine weiteren Beziehungen zu «Don Amadeo» und wollte auch nicht gewusst haben – so 1968 ein ausserordentlicher Untersuchungsrichter –, «auf welche Weise ‹Don Amadeo› seine abnorme Veranlagung auslebe». 1960 traf der 19jährige in Gesellschaft eines Bekannten zufällig den Seelsorger, wechselte mit ihm aber kein Wort. Später hörte er in einem Restaurant im Niederdorf einen Gast erzählen, man sage im «Männermilieu», der Pfarrer sei «auch so einer».

Der Kellner, ein Bündner, der laut Gericht im Grossstadtmilieu verdorben worden war, kam nun, als er einst in Geldverlegenheit war, auf die Idee, den Seelsorger zu erpressen. Er teilte «Don Amadeo» in einem anonymen Brief mit, er und seine Freunde, der «Vierer-Club», benötigten dringend einen kleinen Zustupf von 450 Franken, andernfalls … Was dieses «andernfalls» bedeutete, machte ein beigelegter Briefentwurf an die kirchlichen Vorgesetzten «Don Amadeos» klar: ein Hinweis auf homosexuelle Beziehungen «Don Amadeos» zu Jugendlichen.

«Don Amadeo» zahlte. Er deponierte das Geld in einer Telefonkabine am Bellevue und legte noch ein Briefchen bei, in dem er dementierte, sich je mit Jugendlichen sexuell eingelassen zu haben.

Drei Jahre später, im Herbst 1963, wurde «Don Amadeo» erneut erpresst, worauf er wieder zahlte (540 Franken). Kurz darauf ereignete sich derselbe Vorgang ein drittes Mal; diesmal hatte «Don Amadeo» 500 Franken zu hinterlegen. Dass er jedes Mal zahlte, begründete «Don Amadeo» später wie folgt: «Weil ich wegen des Tenors dieser Briefe in Panikstimmung geriet und mir nicht zu helfen wusste. Auch waren die Beträge nicht sehr gross. Die Briefe waren auch so abgefasst, wie wenn fünf Personen dahinter steckten, so dass ich befürchtete, dass auch bei einer Anzeige nicht alle Täter gefasst werden könnten. Eine grosse Rolle für mein Verhalten hat auch der Umstand gespielt, dass ich als Opfer unter allen Umständen verhindern wollte, dass meine Veranlagung der Öffentlichkeit bekannt würde.»

Beim vierten Erpressungsversuch am 22. Februar 1964 (jetzt ging es um 700 Franken) kam die Polizei hinter die Sache – auf merkwürdigen Umwegen. «Don Amadeo» hatte damals regen Briefkontakt mit einem in Bern wohnhaften Burschen. Dessen Vormund hatte Einblick in die Briefe von «Don Amadeo» und gewann daraus den Eindruck, «Don Amadeo» könnte homosexuell veranlagt sein. Der Vormund telefonierte mit «Don Amadeo». Bei diesem Gespräch gab «Don Amadeo» seine homosexuelle Veranlagung zu, worauf er vom Vormund auf die Gefahr der Erpressung aufmerksam gemacht wurde. «Don Amadeo» erzählte ihm von den bereits erfolgten Erpressungen. Als ein wenig später der vierte Erpresserbrief bei «Don Amadeo» eintraf, informierte er den Vormund unverzüglich. Dieser wandte sich an die Stadtpolizei Zürich. Kripo-Chef Walter Hubatka liess den Vormund und «Don Amadeo» kommen und sicherte letzterem Diskretion zu. Die Polizei passte dem Erpresser ab. Er wurde verhaftet und war sofort geständig.

Am Tag nach der Verhaftung wurde erst der Erpresser und anschliessend – als Geschädigter – «Don Amadeo» einvernommen. Bei dieser Einvernahme gestand «Don Amadeo» seine homosexuelle Neigung. Er soll jedoch bestritten haben, sich je mit Minderjährigen eingelassen zu haben.

Andertags hatte «Don Amadeo» den Eindruck, er habe gegenüber dem einvernehmenden Detektiv mehr ausgesagt, als für die Untersuchung der Erpressung notwendig gewesen wäre. Er fürchtete, seine Homosexualität könnte an der Gerichtsverhandlung öffentlich werden. Er wandte sich an Hubatka und nahm auf dessen Anraten einen Anwalt, FDP-Gemeinderat Walter Guex. Guex war im späteren Verlauf der Affäre Meier 19 auch Rechtsvertreter Hubatkas.

Guex beurteilte die Befragung seines Mandanten als einen unzulässigen Eingriff in dessen Persönlichkeitsrechte und wandte sich an die Polizeiverantwortlichen mit der Bitte, das Einvernahmeprotokoll zurückzuziehen und durch einen Polizeirapport zu ersetzen. Die Polizei hatte ein Einsehen. Hubatka tadelte den einvernehmenden Detektiv, dessen Fragen nichts mit der Erpressung zu tun gehabt hätten, und stellte fest, es gebe keine Anhaltspunkte dafür, dass sich «Don Amadeo» mit Minderjährigen eingelassen hatte. Darauf wurden mit Einwilligung der Staatsanwaltschaft die peinlichen Stellen im Rapport und im Einvernahmeprotokoll abgedeckt. Die Einwilligung war vom ersten Staatsanwalt Gerold Lüthy erteilt worden, von jenem Staatsanwalt, der Meier 19 im April 1967 wegen der Affäre Zahltagsdiebstahl nicht hatte empfangen wollen.

Von den manipulierten Dokumenten erstellte die Polizei Kopien, und diese wurden dann den Untersuchungsbehörden zur Verfügung gestellt. In den Akten des Erpressungsfalles fanden sich somit zwei Akten mit leeren Stellen, die auffallen mussten. (Das Original und die manipulierte Kopie sind heute «nicht mehr existent», wie der Zürcher Polizeivorstand Robert Neukomm im Oktober 1996 gegenüber Meier 19 bekanntgab.)

Von der Veränderung des Einvernahmeprotokolls erfuhren Ziegler und Meier im Laufe der späteren Verfahren. Da kam bei ihnen Argwohn auf. Sie glaubten, mit der Abdeckung habe man das Geständnis «Don Amadeos» vertuschen wollen, er sei einzelnen Schülern bei der Sexualaufklärung zu nahe gekommen. Sie vermuteten auch, dass «Don Amadeo» auf die Frage nach möglichen Mittätern Ziegler genannt und damit indirekt einen Hinweis auf sexuelle Beziehungen mit diesem zugegeben habe.

Sogar der ausserordentliche Untersuchungsrichter, Geschworenengerichtspräsident Hans Gut, musste später zugeben, dass das Vorgehen Hubatkas und Lüthys «ungewöhnlich war und für einen Aussenstehenden Verdachtsgründe enthalten konnte».

Anwalt des Schwulen-Anwalts

Für Meier 19 war die Sache klar: Im Falle des jungen Peter Alexander Ziegler vertuschte die Justiz Sexualvergehen, die zwei Vertreter der höheren Gesellschaft begangen hatten. In jenem Frühjahr 1968 glaubte Meier, endlich den durchschlagenden Beweis für das unrechtmässige Handeln der Staatsgewalt gefunden zu haben. «Jetzt fällt der Karren um, jetzt habe ich einen Kronzeugen», frohlockte er.

Meier 19 wurde tätig – als Rechtsvertreter von Peter Alexander Ziegler. Dieses Mandat befähigte ihn, im Namen des jungen Schriftstellers rechtliche Schritte einzuleiten, vor Untersuchungsrichtern aufzutreten und in Akten Einblick zu nehmen, die ihm sonst niemals zugänglich gewesen wären.

Am 13. Mai 1968 reichte er Anzeige gegen alle Beamten, darunter Hubatka, ein, die irgendwie mit der Manipulation des Einvernahmeprotokolls zu tun gehabt hatten. Auch hier wurde der Präsident des Geschworenengerichts, Hans Gut, als ausserordentlicher Untersuchungsrichter bestellt. Gut kam zum Schluss, die Manipulation des Einvernahmeprotokolls sei statthaft gewesen, zumal sie sich «nicht im Verborgenen abgespielt» habe und die Abdeckungen für die Untersuchung nicht von Bedeutung gewesen seien. «Don Amadeo» habe sich weder zu sexuellen Beziehungen mit Jugendlichen bekannt noch den Namen Zieglers genannt. All dies erfuhren Meier und Ziegler aber nicht: Die Sistierungsverfügung wurde dem Anzeigeerstatter nicht zugestellt – was keineswegs dazu angetan war, dessen Argwohn zu besänftigen.

Einen Monat später reichte Meier eine nachträglich immer wieder ergänzte, geradezu monströse Klage gegen mehrere Beschuldigte ein, die den ganzen Fall Alexander Ziegler nochmals aufrollen sollte.

Dabei steuerte Meier 19 aus seiner Zeit als Detektivwachtmeister ein Indiz gegen «Freiermuth» bei. Eine Polizeiassistentin soll erfahren haben, dass es «Freiermuth» mit einem Zögling «bunt getrieben» habe. Weitere Ermittlungen und die Rapportierung sollen ihr dann aber von Kripo-Chef Hubatka pflichtwidrig verboten worden sein. Geschworenengerichtspräsident Hans Gut, der auch diese Untersuchung führte, bat Justizdirektor Arthur Bachmann, er möge in der Angelegenheit der Polizeiassistentin «von Amtes wegen die Bezirksanwaltschaft Zürich mit der Untersuchung beauftragen». Gut dachte an ein Verfahren gegen Hubatka wegen Amtsmissbrauchs und Unterdrückung von Urkunden.

Bachmann wies diesen Vorschlag mit fragwürdigen Argumenten zurück. Obwohl es um Offizialdelikte ging, schrieb der SP-Regierungsrat dem Geschworenengerichtspräsidenten: «Es scheint uns in dieser Sache ziemlich unnötig zu sein, Anklagepunkte von Amtes wegen aufzugreifen, da dem Beteiligten die Möglichkeit der Strafanzeige hinlänglich bekannt ist. Sonst werden nur die Verantwortlichkeiten verwischt, während triftige Anzeichen für irgendeinen strafrechtlichen Nutzeffekt nicht ersichtlich sind.» Dass Bachmann mit dem «Beteiligten» Meier 19 meinte, macht der nächste Satz klar. Es könne, schrieb der Regierungsrat, «unbedenklich zugewartet werden, bis sich Herr Meier allenfalls zu einer Strafanzeige entschliesst». Dann nahm der Justizdirektor, der eigentlich für eine unvoreingenommene Prüfung hätte besorgt sein müssen, eine strafrechtliche Einschätzung vor, die im Widerspruch zu jener des Untersuchungsrichters stand: Die Einleitung einer Strafuntersuchung von Amtes wegen, schrieb er, setze «jedesmal einen einigermassen verdichteten Verdacht voraus, wovon hier noch keine Rede ist». Und entlarvend ehrlich fügte er hinzu: «Die notorische Überlastung der Strafuntersuchungsorgane zwingt mit Notwendigkeit zu einer gewissen Zurückhaltung.»

Hans Gut prüfte den Fall der Polizeiassistentin dennoch. Diese bestätigte die Anschuldigungen allerdings nicht. Die Verdachtsmomente gegen «Freiermuth», mit denen sie seinerzeit konfrontiert war, seien viel zu vage gewesen, gab sie an. Deswegen und nicht auf Befehl von oben habe sie die Sache fallenlassen.

Der Geschworenengerichtspräsident nahm die Untersuchung ernst. Sie dauerte mehr als ein Jahr und brachte 231 Akten hervor. Nachdem Gut wegen des Geredes über homosexuelle Verfehlungen «Freiermuths» 78 junge Männer hatte befragen lassen und sich dabei keine Beweise ergeben hatten, gelangte er zum Schluss, dass an den Sistierungen in Sachen «Freiermuth» und «Don Amadeo» nichts zu rütteln sei. Am 24. Oktober 1969 sistierte Gut die Untersuchung seinerseits und legte die Verfahrenskosten von 1154.40 Franken Ziegler auf, da die Anzeige in verwerflicher Weise erhoben worden sei.

Entsprangen die Vorwürfe Zieglers und Meiers somit einer «Wahnvorstellung», wie sich einer der von ihnen Beschuldigten einmal ausdrückte? Selbst die Gerichte taten sich mit dieser Frage schwer.

Für die Zürcher Justiz war «Freiermuth» eindeutig zu Unrecht beschuldigt worden. Ein Einzelrichter des Bezirksgerichts Zürich, der sich 1975 mit einem Kostenerlassgesuch Zieglers zu befassen hatte und die zürcherischen Untersuchungen zusammenfasste, kam zum Schluss, dass für die Behauptungen Zieglers «nicht nur kein Beweis erbracht werden konnte, sondern positiv deren Unrichtigkeit erwiesen ist». Und – gestützt auf ein psychiatrisches Gutachten – folgerte der

Richter, es müsse «mit der Möglichkeit gerechnet werden und es kann nicht ausgeschlossen werden, dass der Gesuchsteller [Ziegler] ohne reale Basis seine Schilderungen für wahr hielt und [...] bis heute daran festhält».

Daraus könnte man ableiten, dass die Strafanzeige wegen falscher Anschuldigung, die «Freiermuth» 1967 gegen Ziegler eingereicht hatte, erfolgreich sein musste. Dem war aber nicht so. 1974 sprach das Bezirksgericht Lenzburg Ziegler von diesem Vorwurf frei, und das Urteil erhielt unangefochten Rechtskraft. Das Gericht war zum Schluss gelangt, es sei Ziegler nicht positiv nachzuweisen, dass seine Anschuldigungen gegenüber «Freiermuth» falsch seien. Gleichwohl liess es auch die Möglichkeit offen, die Anschuldigungen Zieglers könnten dessen Fantasie entsprungen sein ...

Bei dieser unklaren Sachlage wird man es einem Meier 19 kaum verdenken können, dass er von der Vermutung nicht abliess, im Fall Alexander Ziegler werde ein Skandal gedeckt. Meiers Verdacht bestand weiter, genährt durch das Gefühl, die Justiz habe alles zu Unrecht niedergeschlagen. Und wiederum stand Kripo-Chef Hubatka im Zentrum des Verdachts: Hubatka, der – wie Meier meinte – Protokolle manipulierte oder verhinderte, wenn es um die Verfehlungen von höhergestellten Personen ging.

Das Zerwürfnis

Noch während der Ermittlungen des Geschworenengerichtspräsidenten Hans Gut kam es zwischen Alexander Ziegler und Meier 19 zum Zerwürfnis. Ziegler wurde am 6. Juni 1969 aus der Strafanstalt entlassen. Meier holte den 26jährigen in Lenzburg ab und lud ihn zu einem üppigen Nachtessen in einen Landgasthof ein. Meier erinnert sich noch gut, wie er den Strafentlassenen vergeblich auf die Serviertochter im Minirock aufmerksam machen wollte. Ziegler war an den Reizen des weiblichen Geschlechts nicht interessiert.

Als Meier die rund 10 000 Franken zurückverlangte, die er Ziegler geliehen hatte, sträubte sich dieser. Ziegler nahm sich sogar einen Anwalt: Manfred Kuhn, der heute nicht nur als Jurist mit Neigung zum Spektakulären, sondern auch als Kolumnist, Krimi-Autor und als Exponent der Sterbehilfevereinigung «Exit» bekannt ist. Die Verhandlungen führten zu einem Vergleich. Ziegler zahlte das geliehene Geld zurück, und Meier verzichtete auf die finanzielle Beteiligung an Zieglers erstem Buch, die ihm zugesagt worden war. Rund 9000 Franken sollen ihm auf diese Weise entgangen sein. Trotz des Vergleichs war das Bündnis der beiden ungleichen Partner nicht mehr zu retten.

Ende August erschien Ziegler unangemeldet beim Geschworenengerichtspräsidenten Gut und liess ihn wissen, dass ihn die ganze Angelegenheit mit «Freiermuth» und «Don Amadeo» «nicht mehr stark berühre». Er sei persönlich überzeugt, dass er nicht wegen der Verführung durch «Don Amadeo» oder «Freiermuth» zum Homosexuellen geworden sei. Dies sei vielmehr «auf Veranlagung zurückzuführen». Er wäre deshalb froh, sagte Ziegler, «wenn die Angelegenheit endlich einmal erledigt werde, gleich auf welche Art».

Am 17. September entzog Ziegler seinem Rechtsvertreter das Mandat. Laut einer Aktennotiz Guts sagte Ziegler am gleichen Tag, er habe mit Kurt Meier gebrochen, da er von diesem «auf wucherische Weise übervorteilt» worden sei. Meier 19 ist über diesen Vorwurf heute noch bitter enttäuscht: «Das ist Stroh, das ist alles gelogen.»

Der Bruch mit Meier 19 fällt mit einem Schritt in der inneren Entwicklung Zieglers zusammen. Lange Zeit hatte er seine Veranlagung als ihm zugefügtes Verhängnis bekämpft – mit Hilfe Meiers, der in den Anschuldigungen des 18 Jahre jüngeren Mannes einen Rechtfertigungsgrund für seinen eigenen Kampf sah.

Zieglers Buch «Labyrinth» war dagegen ein Bekenntnis zur Homosexualität und liess gegenüber «Freiermuth» und «Don Amadeo» nicht mehr jene feindseligen Gefühle erkennen, die ein Jahr zuvor noch seine Strafanzeigen beflügelt hatten. Im Gegenteil, Ziegler spricht von einer «wunderbaren» beziehungsweise «unvergleichlichen Freundschaft» und erweckt den Eindruck, er sei in diesen Beziehungen der dominierende Partner gewesen. Er beschreibt auch, wie es auf dem Weg der homosexuellen Selbstfindung fast notwendigerweise zu «Ekelreaktionen» und massiven Gefühlen der Verlorenheit und Verdorbenheit kommen müsse; diese Empfindungen sind für ihn jetzt aber nur noch unvermeidliche Durchgangsphasen, an deren Ende alles zur natürlichen Selbstverständlichkeit wird.

So wurde Alexander Ziegler zum Anwalt der Schwulen. Meier 19 aber sah seinen einstigen Mandanten hernach nie mehr – und er wollte ihn auch nie mehr sehen.

Im Zweifelsfalle gegen Meier 19 (1969/72)

Meiers Strafanzeigen gegen Spitzenvertreter der Staatsgewalt forderten geradezu Gegenschläge heraus. Im März 1969 bot sich der Justiz schliesslich die Gelegenheit, Meier 19 zwei Strafverfahren anzuhängen. Beim einen war der höchste zürcherische Justizvertreter der Initiator, Regierungsrat Arthur Bachmann.

Signale der Voreingenommenheit
Bachmann hat für den Fall Meier 19 schon frühzeitig ein aussergewöhnliches Interesse gezeigt. Am 26. Januar 1968, beim Obergerichtsprozess wegen der Amtsgeheimnisverletzung, erschien der SP-Regierungsrat höchstpersönlich im Gerichtssaal. Er blieb bis zum Schluss und verfolgte die Verhandlungen gegen Meier 19 von einem separaten Sitz aus – auf einem kleinen Podest, das zur Linken des Angeklagten aufgestellt war.

Bachmann war zehn Monate zuvor zum neuen Regierungsrat gewählt worden. Der 1922 geborene Arbeitersohn aus Winterthur hatte seinem Vater zuliebe das Primarlehrerpatent erworben und anschliessend mit dem Studium der Jurisprudenz begonnen. Der plötzliche Tod des Vaters stellte das Studium aus finanziellen Gründen in Frage. Bachmann wollte aber unbedingt Rechtsanwalt werden. Deshalb übernahm er als Werkstudent Vikariate an der Schule und schrieb Zeitungsartikel über Theateraufführungen und Handballspiele.

Bachmann wurde Bezirksanwalt in Winterthur (1953) und Staatsanwalt (1960). Im Militär war er Major und Auditor eines Territorialgerichts. Für die SP, welcher er nach dem Doktorexamen beigetreten war, sass er im Kantonsrat und im Nationalrat. Als Regierungsrat wollte er 1979 in den Nationalrat zurückkehren, doch die Partei nominierte den Rechtsabweichler nicht. 1983, kurz nach seinem Rücktritt, starb er.

Bachmann hat sich den Zugang zur Welt der Rechtspflege mit grossen Opfern und hartem Einsatz erkämpft. War dies der Grund, weshalb er es nicht dulden wollte, dass die ihm anvertraute Zürcher Justiz und seine ehemaligen Kollegen bei den Anklagebehörden durch einen aufbegehrenden Expolizisten in Zweifel gezogen wurden?

Tatsache ist, dass Bachmann im Fall Meier 19 immer wieder negative Voreingenommenheit erkennen liess. Der Wink an den Geschworenengerichtspräsidenten Hans Gut, der Verdacht auf ein bestimmtes Offizialdelikt solle nicht von Amtes wegen untersucht werden, war nicht das einzige Mal, in dem Bachmann Strafanzeigen Meiers noch vor deren Beurteilung diskreditierte. In einem ähnlichen Fall bezeichnete Bachmann – ebenfalls gegenüber Gut, den er mit diesem Brief als Untersuchungsrichter zu gewinnen suchte – gewisse Anzeigen Meiers als «Querelen» und schrieb: «Überdies glauben wir nicht, dass die Untersuchung in der ‹Meier-19›-Angelegenheit sehr viel Zeit beanspruchen wird; die Tatbestände scheinen einfach zu sein, und die Anzeigen beruhen wohl weitgehend auf falschen rechtlichen Schlüssen.» Hinweise, die der Unparteilichkeit eines Untersuchungsrichters nicht gerade förderlich sein können. Ferner hat Bachmann bei einer Strafanzeige Meiers, die sich auch gegen ihn richtete, monatelang administrative Vorkehren getroffen und ist nicht in den Ausstand getreten. Er hat auch die Vertuschungsmanöver der Justiz im Fall der Zahltagsdiebstahluntersuchung nicht nur gedeckt, sondern sogar weitergeführt.

Bachmann machte auch in der Öffentlichkeit keinen Hehl daraus, wie er über Meier 19 dachte. Als einst eine von Meier initiierte Strafuntersuchung sistiert wurde, beeilte sich der Justizdirektor, in einer Presseerklärung zu betonen, die Anzeige stamme aus «Kreisen, die den Rechtspflegeorganen als Querulanten bekannt sind». «Bachmann gab der Justiz die Gewissheit, dass sie vor ihm keine Angst haben muss, wenn sie mich abweist», sagt Meier 19 heute.

Im Frühjahr 1969 liess sich Meier 19 zu einer Aktion bewegen, welche die Justiz als grossen Affront empfand.

Am 23. März waren im Bezirk Zürich die 25 Untersuchungsrichter, die sogenannten Bezirksanwälte, zu wählen. Die grossen Parteien stellten für die Volkswahl eine gemeinsame Liste von 25 Kandidaten auf. Dieser offizielle Vorschlag wurde aus Kreisen des «Zürcher Manifests» angefochten, welche sich nach dem Globus-Krawall mit einer aufsehenerregenden Erklärung auf die Seite der unruhigen Jugend gestellt hatten. Promotor der Kampfkandidatur war vor allem der 45jährige SP-Vertreter und Rechtsberater Bernhard Weck, ein Parteikollege Bachmanns. Als Alternative zur offiziellen Liste lancierte er eine Dreierliste. An deren Spitze figurierte Kurt Meier.

Die NZZ stellte entrüstet die Frage: «Ein verurteilter Polizist als Bezirksanwalt?» Nach Ansicht des Blatts war Meier ein Spielball der Parteipolitik: «Diese Kohlhaas-Figur wird nämlich ganz offensichtlich von seinen ‹Freunden› missbraucht.» Der Kommentar machte darauf aufmerksam, dass der einstige Mechaniker und Detektiv «beispielsweise die Voraussetzungen für das Amt eines Bezirksanwaltes» nicht mitbringe, und schloss mit dem Wunsch: «Vielleicht ist der Stimmbürger gnädiger und erspart ihm eine weitere Blamage.»

Nun, die Stimmbürger waren Meier 19 «gnädig» und wählten ihn nicht. Er erreichte bloss (aber doch immerhin) 7634 Stimmen, während die unbestrittenen Kandidaten alle mehr als 23 000 Stimmen holten. Meier selbst betrachtet die Kandidatur heute als «kompletten Blödsinn»: «Ich hätte absagen sollen, ich fühlte mich gedrängt.» Als ihn ein Jahr später der Erwa-Bund als Stadtratskandidaten für die Nachfolge von Polizeivorstand Sieber nominieren wollte, lehnte er ab.

Übereilte Verhaftung
Ebenfalls im März 1969 erhielt Justizdirektor Bachmann unversehens einen Hebel in die Hand, um gegen Meier 19 vorzugehen. Bachmann bewies Initiative – in einem haltlosen Fall, wie sich herausstellen sollte.

Die Angelegenheit hängt mit Alexander Zieglers Erstlingswerk «Labyrinth» zusammen, das im Sommer 1970 im Münchner Desch-Verlag erscheinen sollte. Um das Neujahr 1969 herum hatte Ziegler in der Strafanstalt Lenzburg die erste Fassung vollendet. Im 300seitigen Manuskript waren die Hinweise auf die Verführungen durch «Don Amadeo» (der hier noch ein anderes Pseudonym hatte) und durch «Dr. Roland Freiermuth» (dessen berufliche Tätigkeit hier noch weniger verfremdet war) viel konkreter. Fraumünster-Pfarrer Peter Vogelsanger, der den Text auf Umwegen zu lesen bekam, bezeichnete ihn als das «traurigste literarische Miststück, das mir je unter die Augen kam».

Vom überarbeiteten Buch, das eine Auflage von mehr als 100 000 Exemplaren erreichte, hatten die angeblichen Verführer aber kaum mehr etwas zu befürchten, sie waren nicht mehr zu identifizieren. Zieglers Anklagen richteten sich nun vor allem gegen die Unterdrücker der Homosexualität. Laut Klappentext ist das Buch «der authentische und erschütternde Lebensbericht eines jungen Schauspielers, der aufgrund seiner Veranlagung und einer erbarmungslosen Justiz zum gequälten Aussenseiter geworden ist und der hier den Versuch unternimmt, durch die Niederschrift seines bisherigen Lebens sich Mut zum Weiterleben zu machen und sich einer breiten Öffentlichkeit zu stellen».

Anstoss erregte die Publikation gleichwohl. Die «Tat» zerriss die «Lebensbeichte» als «einen misslungenen Versuch, die Homosexualität populär-wissenschaftlich erklärlich und verständlich zu machen». Der Rezensent meinte gar: «Die zahlreichen Platitüden und die teils abstossenden Versuche, intime Liebesszenen im Boulevardstil weiterzugeben, müssen aber auch als ein Ausdruck seines schlechten Gewissens gewertet werden.»

Der «Tat»-Redaktor liess sich auch über die Entstehungsgeschichte des Buchs aus: «Als in Zürich bekannt wurde, der Schauspieler Alexander Ziegler, in Zürich aufgewachsen und heute 26jährig, habe während seiner zwei Jahre dauernden Gefängnisstrafe wegen Unzucht mit Kindern in Lenzburg seine Memoiren geschrieben und beabsichtige, diese als Buch zu veröffentlichen, war man in gewissen Kreisen schockiert. Ziegler, der sich offen als Homosexueller bekennt, habe – so hörte man in Zürich flüstern – mit hochgestellten Persönlichkeiten unserer Stadt Beziehungen unterhalten. [...] Und diese hätten dem Verfasser nette Sümmchen offeriert, damit sie in seinen Lebenserinnerungen nicht mehr existent seien.»

Es gab tatsächlich aus Kreisen um «Don Amadeo» Bemühungen, die Streichung verfänglicher Passagen zu erreichen. Eine Zürcher Verlegerin, die das Manuskript erhalten (und unter der Hand in Umlauf gesetzt) hatte, besuchte den jungen Autor mit einem Plastiksäcklein voller Banknoten im Gefängnis. Ziegler aber wollte das Kapitel über die homosexuellen Beziehungen mit «Don Amadeo» nicht weglassen.

Wenig später, die Verhandlungen über die Übernahme des Manuskripts waren schon gescheitert, suchte Meier die Verlegerin auf und machte ihr ebenfalls klar, dass eine Weglassung des fraglichen Kapitels nicht in Frage komme. Anders wäre es, wenn die Verlegerin die Autorenrechte pauschal übernehmen würde: «Dann können Sie weglassen, was Sie wollen, oder auch das ganze Manuskript einstampfen.» Auf die Frage der Verlegerin, was dies denn kosten würde, nannte Meier die Summe von 200 000 Franken.

In den Augen der Verlegerin war dies ein Versuch, sie zur Erpres-

Der rote Faden durch die Fälle MEIER 19

Tages Anzeiger

Urteil gegen «Meier 19» mit Kommentar

100000 erwerbstätige Ausländ-

Alfred Rasser: Fall Meier 19 bühnenreif

pb. Kurt Meier, der ehemalige Detektivwachtmeister der Stadtpolizei, deam 15. Oktober vom Zürcher Geschworenengericht wegen übler Nachrede

DIE TAT

Mittwochabend 60 Rp.

Fall Meier 19 :

Entscheid gefallen

# Meier 19 verhaftet

Wieder im Brennpunkt: Meier 19

ZÜRICH — Noch vor rund einem Monat kandidierte er als Zürcher Bezirksanwalt, gestern

Bitte bestellen Sie it telefonisch über die Nr. 01 / 23 08 16 (inte oder schriftlich bei:

FRANZ CARL WE
Postfach 920, 8021 Z

Zürichs grösste Zeitung

rstag | Inseratenverwaltung: Postfach 148, 8021 Zürich, Tel. 01 / 36 71 71 | Redaktion: Tel. 01 / 27 08 94 | Preis 40

Versammlungen

Meier 19 und die Leiche im Keller der Zürcher Justiz

Am Donnerstagabend der vergangenen Woche versammelten sich wohl an die gespart wurden; dass es in *Hubatkas* Fragebogen eine Alibilücke wohl einmal mehr in O und der Meier 19 einma

NEWS 27. Januar 1968

All die Beispiele »ungleicher Ellen« nützten nichts!

Meier 19: Urteil bestätigt

Meier 19

ZÜRICH — Zürichs derzeit berühmtester Expolizist, »Meier 19«, hat in seinem Michael-Kohlhaas-ähnlichen Kampf gegen die ungleichen Ellen der Hermandad am Freitag eine

sung gegenüber «Don Amadeo» anzustiften. Sie hinterbrachte die Sache am 14. März 1969 der Justizdirektion, einen Tag nachdem in den Zeitungen von der Kandidatur Meiers als Untersuchungsrichter berichtet worden war. Die Verlegerin, die sich hernach als wenig verlässliche Zeugin erwies, liess es bei einer Mitteilung bleiben und stellte keinen Strafantrag.

Dies tat Justizdirektor Arthur Bachmann. Obwohl sich die Verlegerin bei ihrer Vorsprache als «sehr impulsiv» und «leicht wirr» gezeigt hatte (so eine Aktennotiz der Justizdirektion), setzte der Regierungsrat auf die unglaubwürdige Denunziantin und liess der Bezirksanwaltschaft Zürich über Polizeiinspektor Bertschi eine Anzeige zukommen.

Der kurz vor der Pensionierung stehende Bezirksanwalt Werner Weisflog wurde eingeschaltet, jener Untersuchungsbeamte, der schon wegen der Amtsgeheimnisverletzung gegen Meier 19 ermittelt hatte.

Weisflog beschlagnahmte am 9. April das skandalträchtige Manuskript und liess Meier am gleichen Tag verhaften – wegen dringenden Tatverdachts und der Gefahr, dass Meier die Verlegerin aufsuchen und beeinflussen könnte.

Der «Blick» brachte darüber einen grossaufgemachten Bericht: «Gestern früh wurde der ehemalige Zürcher Polizeiwachtmeister Meier 19 durch zwei Detektive der Kantonspolizei festgenommen. Er wurde beschuldigt, eine Drittperson zur Erpressung angestiftet zu haben. Die Frau des Verhafteten erzählte BLICK gestern: ‹Um 7.10 Uhr standen die beiden Detektive vor unserer Haustür. Mein Mann musste gleich mitgehen.› Gestern abend war der gefeuerte Polizeimann allerdings bereits wieder auf freiem Fuss. Die Vorwürfe gegen den verhinderten ‹Kämpfer wider Polizeiwillkür› erwiesen sich als haltlos. Die durch Bezirksanwalt Weisflog verfügte Festnahme Kurt Meiers war überstürzt erfolgt. Im Freundeskreis Meiers wird die Festnahme als übernervöse Reaktion der Behörden gegen das Vorhaben Meiers interpretiert, zur Aufdeckung eines angeblichen Sittenskandals in der höheren Zürcher Gesellschaft beizutragen.»

Das Verfahren wegen Anstiftung zur Erpressung wurde ein knappes Jahr später eingestellt, und Meier erhielt eine Entschädigung von 100 Franken zugesprochen. Die Untersuchungsbehörden misstrauten den Angaben der Verlegerin, welche «nicht als glaubwürdige Zeugin angesprochen werden kann». Ins Gewicht fielen auch die Fakten, dass die Verlegerin Ziegler schon zuvor Geld angeboten hatte und die

Verhandlungen über eine Übernahme des Manuskripts im Zeitpunkt, da Meier den 200 000-Franken-Handel zur Diskussion brachte, bereits gescheitert waren.

Das Scharmützel war aber damit noch nicht zu Ende. Meier beschuldigte Bezirksanwalt Weisflog wegen der Verhaftung des Amtsmissbrauchs und der Freiheitsberaubung, doch er drang mit seiner Anzeige nicht durch. Weisflog konterte mit einer Klage wegen falscher Anschuldigung. Bezirksanwalt Hermann Suter, innerhalb der Bezirksanwaltschaft Zürich der «Spezialist» für Strafanzeigen von Meier 19, entschied zugunsten von Meier 19 und sistierte die Untersuchung ohne Kostenfolge. Allzu freundlich war dieser Akt allerdings auch nicht gemeint. Suter begründete den Verzicht auf Anklageerhebung mit der wenig schmeichelhaften Bemerkung, dass Meier «sich seiner früheren Verurteilung und seines Stellenverlustes bei der Stadtpolizei Zürich wegen in einem Fanatismus Kohlhaasscher Prägung verrannt hat und daher nicht durchwegs in der Lage sein dürfte, spezifische strafprozessuale Vorgänge richtig zu deuten».

Aussage gegen Aussage

Dem ersten Versuch, Meier 19 vor den Strafrichter zu bringen, folgte, kurz nachdem Meier als Bezirksanwalt kandidierte, der zweite. Diesmal war es «Roland Freiermuth», der blitzschnell schaltete.

Der entscheidende Vorfall ereignete sich am 28. März 1969 im Amtszimmer des Geschworenengerichtspräsidenten Hans Gut, der mit der Untersuchung der Vorwürfe beauftragt war, die Meier 19 im Fall Alexander Ziegler erhoben hatte. An jenem Freitag waren Meier und «Freiermuth» zu einer Zeugeneinvernahme vorgeladen. Nach der Einvernahme kam es zwischen Meier und «Freiermuth» zu einem kurzen Wortgefecht. Untersuchungsrichter Gut stand, wie «Freiermuth» später zu Protokoll gab, «neben uns bzw. vor uns und muss die ganze Diskussion gehört haben».

Bei diesem Schlagabtausch richtete Meier an «Freiermuth» die Forderung, er müsse «von seinem Amt zurücktreten, bis die Untersuchung beendet ist». Soweit ist der Sachverhalt unbestritten. «Freiermuth» dagegen wollte noch einen weiteren Satz gehört haben: die Drohung, andernfalls würde Meier die ganze Angelegenheit und vor allem den Vorwurf, «Freiermuth» habe mit jungen Männern homosexuelle Beziehungen unterhalten, an die Öffentlichkeit bringen.

«Freiermuth» verklagte Meier zwei Tage nach dem Vorfall wegen vollendeten Nötigungsversuchs. Die Untersuchung führte – wie könnte es anders sein – Bezirksanwalt Werner Weisflog.

Meier bestritt, die ihm zur Last gelegte Drohung ausgestossen zu haben. Deshalb stand Aussage gegen Aussage, es stellte sich somit die Frage, was der dritte Anwesende, Geschworenengerichtspräsident Hans Gut, gehört hatte. Gut gab zu Protokoll, er erinnere sich sehr wohl daran, dass «Freiermuth» von Meier aufgefordert worden sei, sich beurlauben zu lassen. «Freiermuth» habe dies aber abgelehnt. Und er fuhr fort: «Es ist durchaus möglich, dass im Anschluss daran Meier erklärte, er werde die ganze Angelegenheit an die Öffentlichkeit bringen. Mit völliger Sicherheit kann ich mich nicht daran erinnern, aber eine solche Äusserung liegt in der Linie der früheren Erklärungen, welche Meier mir gegenüber gemacht hatte. An der Diskussion, welche nur ganz kurze Zeit dauerte, beteiligte ich mich nicht weiter.»

Mit andern Worten: Gut hatte bei der «nur ganz kurzen» Diskussion manches gehört, ausgerechnet die behauptete Drohung aber nicht; diese konnte er nicht bezeugen, er hielt sie aber für möglich. Er berief sich dabei auf «eine frühere Erklärung» Meiers, die Gegenstand einer Aktennotiz Guts war. Danach hätte Meier am 10. März für den Fall, dass er mit seiner Forderung nach einer Amtseinstellung «Freiermuths» nicht durchdringen sollte, «mit der öffentlichen Bekanntgabe von belastendem Material» gedroht.

Die Befragung des Zeugen Gut änderte somit nichts an der Tatsache, dass die behauptete Drohung nur von «Freiermuth» bezeugt wurde. «Im Zweifelsfall für den Angeklagten», könnte man meinen. Im Fall Meier 19 kam dieses Prinzip aber nicht zum Tragen.

Es folgten Anklageerhebung und Prozesse vor dem Bezirksgericht Zürich und dem Obergericht. Meier wurde zu sieben Tagen Gefängnis bedingt verurteilt. Die Richter hielten «Freiermuth» für glaubwürdig, Meier dagegen nicht. Die Angaben Guts werteten sie als «gewichtiges Indiz» für die Richtigkeit von «Freiermuths» Beschuldigung. Sie fanden, «Freiermuth» hätte es sicher nicht gewagt, Meier wahrheitswidrig des Nötigungsversuches zu beschuldigen, hätte er doch dann damit rechnen müssen, von Gut, der dabei war, der falschen Anschuldigung und des falschen Zeugnisses überführt zu werden.

Obwohl die Richter den Aussagen Guts in der Untersuchung durch

Bezirksanwalt Weisflog grosses Gewicht beimassen, unterliessen sie es, diesen näher zu befragen. Unter anderem wegen dieser Unterlassung gelangte Meier 19 an das Kassationsgericht und erhielt in diesem Punkt recht. Das Kassationsgericht hob das Obergerichtsurteil auf und wies die Sache zur Neubeurteilung zurück.

Die entscheidende Passage im Urteil des Kassationsgerichts: «Die Tatsache, dass von zwei Zeugen, die bei demselben Vorgang anwesend waren, nur einer einen immerhin auffälligen und den Angeklagten entscheidend belastenden Umstand wahrgenommen hat, muss [...] bei aktenmässiger Prüfung auch in dem Sinne gewürdigt werden, dass möglicherweise der andere Zeuge sich täuscht und der von ihm bezeugte Umstand, da ihn der eine Zeuge nicht wahrnahm bzw. sich an ihn nicht erinnern konnte, in Wirklichkeit nicht vorlag.» Wenn aber die aktenmässige Beurteilung von Beweiserhebungen in der Voruntersuchung verschiedene Deutungen zulasse, fährt das Urteil fort, bedeute es eine Verletzung der gesetzlichen Prozessformen, wenn keine gerichtliche Instanz sich ihr Urteil unmittelbar, gestützt auf die von ihr selber erhobenen Beweise bilde. Das Obergericht habe deshalb das Ermessen überschritten und die Parteirechte Meiers beeinträchtigt.

Das Obergericht musste die Sache also erneut aufgreifen und den Geschworenengerichtspräsidenten einvernehmen. Die Befragung Guts brachte aber nichts wesentlich Neues. Das Kassationsgericht hatte Zweifel an der Richtigkeit von «Freiermuths» Beschuldigung gehabt. Zweifel im urteilenden Richtergremium sind nach bundesgerichtlicher Rechtsprechung ein klarer Grund für einen Freispruch. Das Obergericht hätte die Zweifel der Oberinstanz durchaus zu den eigenen machen können. Dann aber hätte es Meier 19 freisprechen müssen. Statt dessen bestätigte es am 28. April 1972 seinen früheren Spruch und die siebentägige Gefängnisstrafe.

Die Probezeit wurde auf zwei Jahre festgesetzt: Eine weitere Verurteilung in dieser Zeit, und die Gefängnisstrafe würde vollzogen!

Fehlendes Fingerspitzengefühl
Zwei Jahre später sagte Meier 19 im selben Gerichtsgebäude: «Ich bin heute noch erschüttert wegen dieses Urteils, wo man überhaupt keine Zeugen hatte gegen mich. Ich wurde hier vom Zürcher Obergericht durch ein himmelschreiendes Unrecht verurteilt.» Und Walter Düringer meinte in seinem Blatt «Politik und Wahrheit», es sei «klar er-

sichtlich, dass es sich bei dieser ganzen Geschichte um nichts anderes als um ein Kesseltreiben gegen Kurt Meier handelte, den man als unbequemen Mahner auf die Schlachtbank schicken will».

So sind Meier 19 aus zwei ungeklärten Blitzreaktionen eilfertig Stricke gedreht worden. Dies sollte man auch bedenken, bevor man Meier 19 einen Amokläufer schilt.

Der Wetziker SP-Vertreter Erwin A. Lang formulierte einst im Kantonsrat eine wichtige Erkenntnis für das Verständnis der Affäre Meier 19: Es hätte «nie einen ‹Fall Meier 19› gegeben, wenn man in den ersten Phasen der Affäre bei ‹bestimmten Büros› und in ‹bestimmten Amtsstellen› etwas mehr Fingerspitzengefühl gehabt hätte. In allen diesen Fällen liegt eine bestimmte Tragik, und irgendwo hat jeder Querulant ein bisschen recht. Gerade in den Anfangsstadien müssen die Anklagen, die es immer wieder geben wird, mit aller Sorgfalt überprüft werden, damit kein Anlass zu einer falschen Interpretation vorliegt.»

Die Schubladisierung (1969)

Der Fall Alexander Ziegler gab für Meier 19 nichts mehr her, es blieb nur noch der andere grosse Skandalfall, der Zahltagsdiebstahl.
Bis Ende 1968 hatte Meier vergeblich versucht, den Behörden Neuigkeiten zu entlocken. Er nahm die Enthüllungen des heutigen Migros-Chefs Peter Everts und die Stadtratsantwort, die über Meiers Strafanzeige gegen Hubatka und die Einstellung des Verfahrens orientierten, zum Anlass, Akteneinsicht zu verlangen. Doch die Staatsanwaltschaft belehrte Meier, dass er als Verzeiger keinen Anspruch auf Einblick habe. Und Hubatka, der von Meier ebenfalls um Akteneinsicht gebeten wurde, reagierte selbstverständlich nicht.
Die beiden Briefe an den «sehr geehrten Herrn Adjunkt» verraten die Handschrift des Bankbeamten und die Schärfe, mit der Meier ab Frühling 1968 reagierte: «Ergäbe sich aus der detaillierten Überprüfung der mir unterbreiteten Dokumente wider Erwarten, dass mein Ihnen sattsam bekannter Verdacht trotz Ihres mehr denn seltsamen Verhaltens als Untersuchungsleiter unberechtigt ist, könnte ich absolut versichern, dass in der Sache meinerseits jeder Angriff augenblicklich aufhören würde. Demnach ist klar, dass Ihnen, falls Sie mit dem peinlichen, das Ansehen der Stadtpolizei mit Recht so trübenden Delikt tatsächlich nichts zu schaffen haben, sehr daran gelegen sein muss, im Verkehr mit mir grösste Offenheit zu zeigen.»
In einem Leserbrief auf die Kolumne Peter Everts im «Züri Leu» gab Meier im Juni 1968 auch öffentlich bekannt, dass er Hubatka aufgefordert habe, «mich loyal über die auf meine Anzeige hin gegen ihn eingeleitete Strafuntersuchung zu orientieren». Doch: «Der Amtsträger ignorierte bis anhin beide Zuschriften. Es wird kaum jemand bestreiten, dass die letztlich als Geschädigte dastehende steuerzahlende Bevölkerung ein klares Recht besitzt, über die in Sache Zahltagsdiebstahl unternommenen Nachforschungen umfassend orientiert zu werden. Indessen hüllt die Staatsanwaltschaft sich in Schweigen. Ich überlasse es ruhig dem Leser, zu entscheiden, ob in der geschilderten Situation mein wachsendes Misstrauen berechtigt sei oder nicht.»
Die Passage aus der Sistierungsverfügung, wonach «keine Elemente vorliegen, die – um es vorsichtig auszudrücken – den von Meier

des Diebstahls verdächtigten Beamten mehr belasten würden als einen der andern Korpsangehörigen», brachte Meier auf eine neue Idee. Wie kann von einem Polizeifunktionär, der am Tatabend in der Nähe des Tatorts gesehen worden war, behauptet werden, er sei nicht mehr verdächtigt als jeder andere Korpsangehörige «einschliesslich Polizeiinspektor»? Mit diesem provokativen Satz hatte Meier einen Zipfel in die Hand bekommen, an dem er weiter ziehen konnte.

Meier 19 wandte sich, mit Hilfe des Bankbeamten, an Staatsanwalt Oskar Birch, der die Sistierung verfügt hatte. Birch gehört zu jenen Justizvertretern, die Meier 19 immer wieder scharf attackiert hat. Der 1917 geborene CVP-Mann vertrat die Anklage in Meiers Amtsgeheimnisprozess. Er wurde auch als Ankläger im «El-Al-Prozess» gegen drei Araber bekannt, die am 18. Februar 1969 in Kloten ein Attentat auf eine israelische Verkehrsmaschine verübt hatten (und später von der Zürcher Regierung in einer umstrittenen Aktion auf freien Fuss gesetzt wurden). Von 1976 bis 1981 war er Erster Staatsanwalt.

Gegenüber Birch machte Meier nun geltend, die Behauptung, es gebe gegen Hubatka keine besonderen Verdachtsmomente, habe «die zwingende Konsequenz», dass der Staatsanwalt in der Strafanzeige gegen Hubatka eine verwerfliche Absicht oder zumindest Leichtfertigkeit hätte erblicken müssen: «Denn falls es tatsächlich zutrifft, dass Herr Dr. Hubatka des peinlichen, das Ansehen der hiesigen Polizeikräfte dermassen arg trübenden Deliktes gar – wie Sie in entgeisternder Manier glaubhaft zu machen versuchen – weniger verdächtig erscheint, als sämtliche übrigen Angehörigen des Korps, ist auch für einen wenig geschulten Geist die Schlussfolgerung naheliegend, meine Demarche in der Angelegenheit könne einzig als Ausdruck persönlicher Rache gewertet werden bzw. sie müsse strafbarem Leichtsinn entspringen. Sie waren mithin auf Grund Ihrer Stellungnahme verpflichtet, mir [...] die Kosten der Untersuchung aufzuerlegen.»

Nach der Praxis muss einem Anzeigeerstatter die Sistierungsverfügung zugestellt werden, wenn ihm die Untersuchungskosten auferlegt werden. Die Kostenauflage aber ist dann vorgesehen, wenn die Anzeige «in verwerflicher oder leichtfertiger Weise» erstattet worden ist.

Was Meier mit seinem Brief an Birch bezweckte, zeigt die anschliessende Aufforderung: «In der geschilderten Situation lade ich Sie ein, die Widersprüche Ihrer Verfügung, wodurch ich zum üblen Verleumder abgestempelt werde, zu beheben, d.h. entweder das Strafverfahren gegen Herrn Dr. Hubatka, den Tatsachen entsprechend, nunmehr bei gleichzeitiger Meldung an die vorgesetzte Behörde endlich seriös durchzuführen, oder mir Gelegenheit zu bieten, durch die vorgeschriebene Zusprechung der Kostenfolge im Rahmen des dann natürlich einzuleitenden Rekursverfahrens akteneinsichtsberechtigt und daher kontrollfähig zu werden.»

Da Birch trotz wiederholter Mahnungen nicht reagierte, gab Meier 19 noch einen drauf und drohte dem Staatsanwalt mit einer Strafanzeige wegen Begünstigung und Amtsmissbrauchs. Er nahm kein Blatt vor den Mund: «Dabei ist mir bitter ernst. Leute Ihrer Sorte darf der Rechtsstaat, vorab wenn sie keine Einsicht zeigen, nie und nimmer dulden. Gerade wegen Ihrer Eigenschaft als Staatsanwalt erscheint die skrupellose Weise, mit der Sie mit unsern auch für ‹Prominente› verpflichtenden Gesetzen umspringen, ganz besonders verwerflich. Ihr hohes Amt zwingt zu untadeligem Verhalten. Es kommt – auch wenn Sie in Verkennung Ihrer tatsächlichen Position anderer Ansicht sein mögen – keinem Freibrief für Delikte gleich.»

Bis in die Nacht hinein
Die angekündigte Strafanzeige gegen Birch konnte unterbleiben. Meier 19 erreichte unerwartet auf ganz anderem Weg, was er mit seinen dreisten Briefen an Hubatka und Birch hatte erzwingen wollen.

Der Zufall ergab sich aus der Ehrverletzungsklage, die er im August 1968 gegen alle Mitglieder des Stadtrats eingereicht hatte, weil diese ihn – so Meier – in der Antwort auf eine parlamentarische Anfrage verleumdet hätten. Im Zuge dieses Verfahrens reizte Meier die Gegenseite mit der Behauptung, die Stadträte hätten kaum «ernsthafte Gründe» gehabt, die Sistierung der Untersuchung gegen Hubatka als zutreffend hinzustellen. Diese Provokation zeigte Wirkung. Um darzutun, dass sich die Stadträte zu Recht auf die «sehr einlässliche Verfügung von Staatsanwalt Dr. Birch» abstützten, gab der städtische Rechtskonsulent eine Fotokopie der Verfügung zu den Akten. Und damit erhielt Meier am 13. Januar 1969 Einblick in dieses Dokument: Die 16 Seiten, die er jetzt vor sich hatte, erweiterten seinen Wissensstand um ein Vielfaches.

Eine der brisantesten Erkenntnisse war die Tatsache, dass Kripo-Chef Hubatka an jenem 26. März 1963 keineswegs nur am Abend, sondern bis in die Nacht hinein in der Hauptwache geweilt hatte.

Meier 19 erfuhr folgendes: Als der Tresor um 17.45 Uhr vom Kassenwart Ruoff verschlossen wurde und damit die offizielle Deliktszeit ihren Anfang nahm, befand sich Hubatka im Büro des Polizeiinspektors (zwei Türen neben dem Tatbüro), wo Bewerberinnen für die Stelle einer Polizeiassistentin empfangen wurden. Um ca. 18.45 Uhr suchte er «vermutlich» sein eigenes Büro auf, das auf demselben 1. Stock in der Gebäudeecke diagonal gegenüber dem Büro von Polizeiinspektor Bertschi lag.

Hubatka verliess das Haus zwischen ca. 19.15 und 19.30 Uhr. «Er fuhr – soweit dies sich heute noch feststellen lässt – nach Hause und führte vor 20.00 Uhr seine Frau mit einer Bekannten am Chilbiplatz Milchbuck vorbei in die Stadt, wo die beiden Frauen eine Kinovorstellung besuchten und sich um 22.45 Uhr im ‹Jägerstübli› des Restaurants Du Pont mit Dr. Hubatka trafen, der den Abend auf seinem Büro und zeitweise im Detektivbüro verbracht hatte.»

Ferner sei Hubatka zwischen 22.30 und 22.45 Uhr von einem Polizeimann bei einem der beiden Lifte des Amtshauses gesehen worden.

Für das «Volksrecht» (die einzige Tageszeitung, die einen kurzen Bericht über die von Meier zugänglich gemachte Sistierungsverfügung publizierte!) war es eine beunruhigende Entdeckung, dass sich Hubatka «während einiger Stunden der in Frage kommenden Tatzeit in der Umgebung des Tatortes aufgehalten hat». Traugott Biedermann kommentierte: «Dies hinderte ihn [Hubatka] jedoch nicht daran, die Leitung der Untersuchung gegen Korpsangehörige selbst in die Hand zu nehmen. Und das Bekanntwerden dieser Tatsache veranlasste den Stadtrat nicht zu einer Verurteilung dieses merkwürdigen Verhaltens.»

«Es bleibt eine Unklarheit»
Eine weitere Neuigkeit war die Tatsache, dass Hubatka der Angabe des Polizeimannes Wendel, er habe ihn zwischen 19 und 20 Uhr zwei- oder dreimal durch den Korridor vor dem Tatbüro gesehen, in der Untersuchung nicht widersprochen hatte. Hubatkas Stellungnahme wird in der Sistierungsverfügung wie folgt zusammengefasst: «Er [Hubatka] gibt an, es sei durchaus möglich, dass dieser [Wendel] ihn in der Halle des 1. Stockes gesehen habe, kann sich selbst jedoch weder an eine solche Begegnung, noch daran erinnern, zu welchem Zweck er die Halle begangen hat.»

Der untersuchende Bezirksanwalt Rudolf Gerber hat versucht, diese Erinnerungslücke Hubatkas durch eigene Überlegungen wettzumachen. Im Vergleich mit den Beobachtungen Wendels lasse sich, so heisst es in der Verfügung, «mindestens eine Begehung der Halle im 1. Stock durch Dr. Hubatka motivieren, nämlich als er diese beim Nachhausegehen zwischen ca. 19.15 und 19.30 Uhr in südlicher Richtung durchquerte. Warum er sich vor dem Weggehen ein oder gar zwei weitere Male in der Halle aufgehalten hat, kann Dr. Hubatka heute nicht mehr angeben.»

Es wird aber die Möglichkeit erwähnt, dass Hubatka dem Polizeimann Wendel allenfalls schon vor 19 Uhr im Korridor begegnet sei, als er von der Besprechung aus dem Büro des Polizeiinspektors kam. Diese Vermutung widerspricht aber der Angabe Wendels, er habe erst um 19 Uhr im Korridor Platz genommen. Die Sistierungsverfügung räumt ein: «Es bleibt aber eine Unklarheit, die heute eindeutig zu erhellen nicht mehr möglich ist.»

Eine «Unterlassung»

Die Verfügung dementiert ferner, es seien bei der Untersuchung von 1963/66 Akten beiseite geschafft worden. Gleichzeitig wird aber bestätigt, dass «diejenigen Akten nicht an die Bezirksanwaltschaft weitergeleitet worden waren, die für die Ermittlung des oder der Täter keine Hinweise geben» – und dazu gehörten, wie der Verfügung ebenfalls zu entnehmen ist, die Unterlagen über die Beobachtung des Polizeimannes Wendel am Abend der Tat. Ausgerechnet die Beweise für Hubatkas mehrmaliges Auftauchen in der Nähe des Tatorts waren dem Untersuchungsrichter vorenthalten worden!

Damit war die Erklärung gegeben, weshalb Wendel vom damaligen Bezirksanwalt nie einvernommen worden war. Damit verdichtete sich für Meier 19 aber auch der Verdacht gegen Hubatka. Denn der Kripo-Chef leitete die polizeiliche Ermittlung, und Meier 19 musste zwangsläufig auf den Gedanken kommen, der Ermittlungsleiter selbst könnte etwas mit der Schubladisierung jener Akten zu tun haben, die bei einer ordnungsgemässen Weiterleitung zu untersuchungsrichterlichen Aktivitäten gegen ihn hätten führen müssen.

Zu diesem Punkt findet sich in der Sistierungsverfügung der einzige Satz, der Meier 19 erfreute: «Dass die Unterlagen über die Beobachtung Wendels nicht der Bezirksanwaltschaft zugestellt wurden, stellt eine Unterlassung dar.» Selbst Bezirksanwalt Gerber und Staatsanwalt Birch, die Hubatka vom Verdacht reinwuschen, bekräftigten somit, dass die Beobachtung Wendels vom Untersuchungsrichter hätte geprüft werden müssen.

Beim Weiterlesen wurde Meiers Genugtuung sogleich wieder getrübt. Die Verfügung lässt nämlich den entschuldigenden Nebensatz folgen, diese Unterlassung dürfte «in erster Linie damit zusammenhängen, dass weder die polizeilichen Sachbearbeiter, noch der die Untersuchung leitende Bezirksanwalt sich im Ernst vorstellten, der die Fahndung leitende Chef der städtischen Kriminalpolizei könnte Täter sein».

«Psychologisch nahezu unvorstellbar»
Gerber und Birch machten keinen Hehl daraus, dass der Gedanke an eine Täterschaft Hubatkas auch für sie selbst undenkbar sei. Für einen Moment vergassen sie die Juristerei und wurden zu Psychologen. Es sei, hält die Verfügung fest, «psychologisch nahezu unvorstellbar anzunehmen, der Täter – hier somit angeblich Dr. Hubatka – habe vor den Augen eines Polizeimannes und dessen Begleiterin zwei- oder gar dreimal das Büro für Personelles betreten und mit gefüllten Taschen wieder verlassen». Ein solches Verhalten wäre «nicht mehr als kaltblütig, sondern als dumm zu bezeichnen». Aus der Anwesenheit Wendels vor dem Tatbüro müsse im Gegenteil gefolgert werden, «der Diebstahl sei nicht in diesem Zeitraum begangen worden, zumindest nicht von einem nicht tatortberechtigten Täter».

Im gleichen Sinne müsste, so die Verfügung, auch die Tatsache gewürdigt werden, dass in jenem Zeitraum in der Nähe des Tatorts die Putzfrauen tätig waren: «Ein nur einigermassen mit den Verhältnissen vertrauter Täter hätte sich zweifellos gehütet, ausgerechnet dann den Tresor zu öffnen, wenn er jeden Augenblick mit dem Erscheinen einer Putzfrau rechnen muss. Auch diese Überlegung spricht allgemein gegen eine Tatbegehung zwischen 19.00 und 20.00 Uhr, vor allem aber entlastet sie den nicht tatortberechtigten Dr. Hubatka vom Verdacht des Diebstahls.»

Auch die übrigen Verdachtsmomente, die Meier gegen Hubatka vorgebracht hatte, hatten für Gerber und Birch keinen Bestand. Zu den Vermutungen, Hubatka könnte für den Tresor einen Schlüssel gehabt haben, sollen sich keine näheren Anhaltspunkte ergeben haben: «Nach eigenen, glaubhaften Angaben war Dr. Hubatka überhaupt nie im Besitze des oder der Tresorschlüssel.» Er habe zwar 1955 als neuer Sittenkommissär die Wegschaffung des Tresors angeordnet, habe aber erst nach dem Diebstahl erfahren, dass es sich beim Tresor im Büro für Personelles um den früheren Tresor der Sittenpolizei handelte. «Selbst wenn nun angenommen würde», fuhr die Verfügung fort, «Dr. Hubatka sei zeitweise im Besitze eines Tresorschlüssels gewesen, und er hätte damals schon im Hinblick auf einen später zu begehenden Diebstahl einen Nachschlüssel anfertigen lassen, so bleibt immer noch die Frage offen, weshalb er in der Folge acht Jahre wartete, um seine Tat auszuführen – und zwar ausgerechnet vor den Augen eines sich ausnahmsweise in der Halle vor dem Büro mit dem Tresor aufhaltenden Polizeimannes».

Den Vermutungen, Hubatka sei in Geldnöten gewesen, wird in der Verfügung die Feststellung entgegengehalten, «die überprüften finanziellen Verhältnisse Dr. Hubatkas» liessen «keinerlei Rückschlüsse auf ein damit zusammenhängendes Motiv zu». Ausser vier Aktenzeichen, welche entsprechende Erhebungsberichte anzeigen, fehlen aber genauere Angaben. Die Hinweise Meiers auf den angeblich geldverschlingenden Lebenswandel Hubatkas bezeichnete Birch aber als «leeres Geschwätz» und als «blosse Vermutungen des wegen seiner Entlassung aus dem Polizeikorps der Stadt Zürich vergrämten Meier».

«Die Persönlichkeit des Verzeigers»

Eigenartig ist schliesslich die Begründung für die Kostenregelung: «Im vorliegenden Fall hat der Verzeiger Meier seine Anschuldigung mindestens teilweise auf haltlosen Gerüchten und Vermutungen aufgebaut.» Wer aus diesem Satz nun aber schliesst, die Untersuchungskosten von 792.80 Franken seien Meier aufgebürdet worden, täuscht sich. «Vorab im Hinblick auf die Persönlichkeit des Verzeigers erscheint es indessen fraglich», wird in schleierhafter Weise ausgeführt, «ob die gesetzlichen Voraussetzungen zur Auflage der Kosten auf ihn als erfüllt angesehen werden können.» Deshalb seien die Kosten auf die Staatskasse zu nehmen.

Die gewundene Begründung bestärkte Meiers Verdacht erst recht, Staatsanwalt Birch habe in erster Linie vermeiden wollen, dass der Anzeigeerstatter einsichtsberechtigt wird. Der pensionierte Staatsanwalt wich meiner Frage aus, als ich ihn mit diesem Vorwurf konfrontierte.

Die beiden Rechtsberater Meiers reagierten auf die Neuigkeiten blitzschnell. Gertrud Heinzelmann wies in einer Eingabe an Justizdirektor Bachmann auf Schwachstellen der Sistierungsverfügung hin und beanstandete es «auf das schwerste», dass ein Mann, der in der Tatnacht so viele Stunden im Tatgebäude geweilt hatte, «nicht zum Ausstand aufgefordert, sondern gleichwohl mit der Durchführung der Fahndung beauftragt wurde».

Der Bankbeamte setzte für Meier 19 einen Brief an Hans Walder auf, der 1966 als Staatsanwalt die erste Untersuchung zum Zahltagsdiebstahl sistiert hatte. Walder, der nun Bundesanwalt war, sollte wegen der beschönigenden Auskünfte zur Rede gestellt werden, die er im Frühling 1967 gegenüber der Zürcher Staatsanwaltschaft gemacht hatte; dieser Auskünfte wegen hatte die Staatsanwaltschaft Meier 19 eine Audienz verweigert.

Meier und der Bankbeamte wollten nun wissen, wie Walder zu den Behauptungen gekommen war, da diese durch die Sistierungsverfügung vom 14. März 1968 «teilweise oder ganz widerlegt» seien. Als der Bundesanwalt nach 40 Tagen noch immer nicht reagiert hatte, liess Meier ein zweites Schreiben folgen, in dem er die Vermutung äusserte, Walder könnte Hubatka «mutwillig begünstigt haben».

Justizdirektor Bachmann beschied Gertrud Heinzelmann in Vorwegnahme einer untersuchungsrichterlichen Prüfung, dass alles das, was Kurt Meier «zusammengetragen hat und was sich darauf gestützt noch kombinieren liesse, für eine Anklage niemals ausreicht». Und er beschloss sein Schreiben mit dem Satz: «Wir können in der Sache keine weiteren Korrespondenzen mehr führen.»

Noch knapper war die Reaktion des Bundesanwalts. Hans Walder schrieb am 12. März 1969: «Herr Meier, Sie haben mir am 31. Januar 1969 und am 11. März 1969 je einen eingeschriebenen Brief zukommen lassen. Beide Schreiben enthalten Formulierungen, die ungehörig sind. Auf Briefe solcher Art trete ich nicht ein. DER BUNDESANWALT: sign. Walder.»

Meier 19 unter Verdacht
Meier 19 und der Bankbeamte liessen sich nicht abspeisen. Sie begannen zu recherchieren und bereiteten in monatelanger Arbeit einen grossen Coup vor. Dass Ermittlungsleiter Hubatka in der Tatnacht so lange im Amtshaus war und ausgerechnet die Beobachtung Wendels

unter den Tisch gewischt wurde, liess in ihnen die Gewissheit über die Täterschaft wachsen. Obwohl Kriminalist Meier 19 um die Gefährlichkeit vorschneller Schlüsse hätte wissen müssen, war er nun bereit, Hubatka in aller Öffentlichkeit als Zahltagsdieb zu bezichtigen. Auch die Behörden beschäftigten sich weiter mit dem unaufgeklärten Delikt. Die Ermittlungen wurden hinter der Kulisse noch jahrelang fortgesetzt. Im März 1973 wäre die Tat eigentlich verjährt gewesen, doch die Frist wurde um fünf Jahre erstreckt. Immer wieder gingen Hinweise ein, die von der Polizei der Bezirksanwaltschaft zur Prüfung überwiesen wurden.

Vom Jahr 1969 an war aber nicht mehr Rudolf Gerber zuständig, sondern Bezirksanwalt Peter Veleff. Veleff, der die Bezirksanwaltschaft Ende 1978 verliess und 1990 als Sekretär der Zürcher Militärdirektion in Pension ging, ist auf vielfältige Weise mit der Affäre Meier 19 verbunden. Er gehörte zu den Hauptgegnern von Düringers Erwa-Bund. 1961 beschuldigte Düringer den Untersuchungsbeamten, Hubatka im Zusammenhang mit einer gegen einen Dritten geführten Kuppelei-Ermittlung vor einer peinlichen Blossstellung bewahrt zu haben. Auch Meier 19 betrachtete Veleff später als Freund Hubatkas.

Veleff hatte sich auch die Feindschaft von Hans Oetiker, dem Freund Düringers und zeitweiligen Arbeitgeber Meiers, zugezogen. Ein gegen den Fabrikanten gerichtetes Ermittlungsverfahren wegen unlauteren Wettbewerbs, das Veleff durchführte, und ein Konflikt innerhalb der Motorfluggruppe Zürich, der Oetiker und Veleff angehörten, waren die Anlässe. Als Meier 19 im März 1969 als Bezirksanwalt vorgeschlagen wurde, präsidierte Oetiker ein Komitee zugunsten Meiers, das den SVP-Vertreter Peter Veleff ausdrücklich (und erfolglos) zur Nichtwiederwahl empfahl.

Als Meier 19 von Veleffs Auftrag in Sachen Zahltagsdiebstahl erfuhr, passte für ihn alles irgendwie zusammen. Das war für ihn eine abgekartete Sache.

Dass in dieser Angelegenheit sogar er selber verdächtigt worden war, erfuhr Kurt Meier erst 1996, bei einer Akteneinsichtnahme. Ein Polizeiwachtmeister hatte im Herbst 1969 erfahren, dass Meier vier oder fünf Jahre zuvor ein bestimmtes Haus gekauft hatte. Er verfasste darüber einen Indizienbericht und überwies ihn Veleff, der die Sache aber nicht aufgriff. Der Bericht verfolgte den Verdacht, Meier habe sich den Hauskauf leisten können, weil er der Zahltagsdieb gewesen sei!

Der Feldzug gegen Bundesanwalt Walder (1969/73)

Am 21. Februar 1969 beschaffte sich der PTT-Monteur Fritz H. zwölf Kilogramm Putzlappen. Fritz H. war Hausabwart der Telefonzentrale Zürich-Hottingen. Die Lappen stopfte der 46jährige im Verteilerraum in die sogenannten Verteilerbänke.

Der Verteilerraum war der empfindlichste Teil der Zentrale, kamen hier doch die Telefonanschlüsse von 30 000 Abonnenten im Umkreis des Zürcher Schauspielhauses zusammen. Hier hatte Fritz H. seinen Arbeitsplatz. Hier wurde er von seinen Vorgesetzten gedemütigt, so sehr, dass er in seiner dumpfen Wut bisweilen mit dem Hammer gegen die Wand schlug. Ein junger Monteur, der ihn wie einen Lehrling behandelte, war ihm als Chef vor die Nase gesetzt worden.

Als Fritz H. die sechs Ballen Putzlappen in die Verteilerbänke gestopft hatte, kaufte er bei einer Tankstelle 15 Liter Benzin. Er versteckte den Kanister und ging zu Bett. Am nächsten Morgen, es war ein Samstag, wartete der Abwart, bis seine Frau und die vier Kinder das Haus verlassen hatten. Dann holte er einen Posten Holzwolle und stopfte diese zu den Lappen. Er goss das Benzin darüber und schaltete die Feuermelder aus. Dann legte er Feuer. Die Flammen breiteten sich fast explosionsartig aus. Es entstand ein Schaden von 30 Millionen Franken, und zwei Zürcher Stadtkreise waren während Wochen ohne Telefonverbindungen.

Kurt Meier hat den Racheakt des zurückgesetzten und unverstandenen Abwarts in der Presse mitverfolgt. Auch er befand sich damals auf einem Tiefpunkt. Er war überall abgeblitzt, und die Hoffnung auf eine Wende schwand ebenso wie die Anteilnahme der Öffentlichkeit. Seine Kinder gingen noch zur Schule, doch ihr Vater war ohne geregelte Einkünfte. Und die Justiz hatte ihm im selben Frühjahr 1969, da auch gegen Fritz H. Ermittlungen aufgenommen wurden, zwei Strafverfahren angehängt.

Es gab durchaus Leute, die Meier 19 damals eine ähnliche Wahnsinnstat zutrauten. Zwei Personen dachten sofort an ihn, als im Winter 1968/69 bei der Polizeihauptwache und beim Stadthaus Bomben platzten. Eine Frau aus Rheinfelden wandte sich an die Kantonspolizei Zürich, machte auf Meier 19 als möglichen Attentäter aufmerksam und bemerkte in ihrem Brief: «Aus Rache hat schon mancher etwas angestellt.» Ein scharfsinniger Bürger aus Rafz reichte Anzeige ein und behauptete, Meier 19 habe «seinen Helfern genaue Instruktionen über den Zeitpunkt der Sprengstoffanschläge erteilt».

Doch Kurt Meier liess keine Bomben platzen. «Eine Tat wie jene des Hausabwarts der Telefonzentrale Hottingen hätte meiner ethischen Basis völlig widersprochen», sagt er und versichert: «Ich bin des Terrorismus unfähig, ich wurde nie Terrorist.»

Meier 19 lehnt es aus diesem Grund auch ab, mit Michael Kohlhaas verglichen zu werden. Der Held aus Kleists Novelle hat einen Berliner Händler des 16. Jahrhunderts zum Vorbild. Hans Kohlhase, wie er wirklich hiess, hatte sich gegen die widerrechtliche Beschlagnahme zweier Pferde durch einen Junker gewehrt. Aus einem geringfügigen Anlass ergab sich ein dreijähriger Rechtsstreit, der Kohlhase um sein ganzes Vermögen brachte. Schliesslich kam ein Vergleich in Griffnähe, doch er wurde durch das Eingreifen des sächsischen Kurfürsten vereitelt. Nun wurde Hans Kohlhase zum Einbrecher, Wegelagerer und blutigen Rächer. 1540 wurde er gefangen genommen und aufs Rad geflochten.

«Mit dem ersten Teil dieser Geschichte verglichen zu werden, macht mir nichts aus», sagt Meier, «doch mit dem zweiten Teil habe ich nichts zu tun.»

Meier kämpfte mit Eingaben und Strafanzeigen und sagte sich: «Irgendwann gibt es eine Abrechnung, entweder hier oder dort.» Mit dem Papierkrieg trieb es Meier 19 allerdings bis zum Exzess. «Man hatte den Eindruck, er führe seinen Kampf gegen Polizei und Justiz fast wie ein Roboter, der unbeirrbar seinen einmal vorgezeichneten Weg ging», schrieb Alfred Messerli einst im «Tages-Anzeiger». Die rechtsbürgerliche Presseagentur «Schweizerische Politische Korrespondenz» meinte im Spätsommer 1972, man müsse «sich nur an den Kopf greifen, auf welch ausgefallene Ideen Meier in seinem Wahn, es werde ihm Unrecht getan, gekommen ist». Kopfschütteln erregte Meier 19 damals auch bei der Linkspresse. Die SP-Gemeinderätin und Journalistin Fanny Messmer überschrieb einen Kommentar mit dem Titel «Rechtssuche wird zum Amoklauf». Meier 19 habe zu Beginn seiner Suche um das Recht im Fall des Zahltagsdiebstahls einige Sympathie gefunden, führte sie aus. Doch: «Sein Aufstand gegen die

Instanzen wuchs sich inzwischen zu einem Amoklauf aus, auf dem man ihm nicht mehr folgen kann.»

«Wahn» und «Amoklauf» waren die Worte, mit denen die Presse jenen «Feldzug» bezeichnete, den Meier von 1969 bis 1973 gegen den damaligen Bundesanwalt Hans Walder führte. Es handelt sich um ein beinahe unüberschaubares Gewirr von Rechtsschritten, um einen Verfahrenssalat, der dreimal das Bundesgericht in Bewegung setzte und zweimal den Zürcher Kantonsrat als Gerichtshof über Regierungsräte bemühte.

Zweimal vor den Kantonsrat
Hans Walder, der von 1963 bis 1966 als Staatsanwalt die Untersuchungen zum Zahltagsdiebstahl betreute, hatte ihm Frühling 1967 mit drei verharmlosenden und missverständlichen Behauptungen gegenüber Staatsanwalt Gerold Lüthy verhindert, dass Kurt Meier seine Bedenken dieser Untersuchung gegenüber vorbringen konnte. Damit aber habe Walder, so Meier, «erreicht, Herrn Adjunkt Dr. Hubatka einer sonst unvermeidlichen Strafverfolgung zu entziehen», und dies sei Begünstigung. Nach den zwei Briefen, die Meier 19 und der Bankbeamte Walder deswegen bereits geschrieben hatten, doppelten sie im Spätsommer 1969 mit einer Aufsichtsbeschwerde und einer Strafanzeige nach.

Das Schicksal der Aufsichtsbeschwerde ist rasch erzählt: Der Bundesrat, Dienstherr des Bundesanwaltes, wies sie am 28. Januar 1970 ab.

Wesentlich komplizierter ist die Geschichte der Strafanzeige. Sie zog einen Schritt nach dem andern nach sich und verwickelte schliesslich die gesamte Justiz in die zahlreichen Haupt-, Neben- und Neben-Nebenverfahren.

Am 5. Februar 1970 verfügte der zweite Zürcher Staatsanwalt, Lorenz Caspar, dass der Strafanzeige keine Folge gegeben werde. Caspar legte Meier wegen der «als leichtfertig und trölerisch» erscheinenden Anzeige die Kosten im Betrag von 112.50 Franken auf und setzte ihm eine Rekursfrist an. Letzteres ist deshalb pikant, weil die Justizdirektion den Rekurs am 2. März 1970 mit der Begründung abwies, Meier sei in dieser Sache nicht rekursfähig. Es fehle ihm die Aktivlegitimation, weil ihm durch die angeblich strafbaren Handlungen Walders kein Schaden zugefügt worden sei. Auch bei diesem

Entscheid wurden Meier die Kosten verfällt, eine Staatsgebühr von 150 Franken sowie Ausfertigungsgebühren und Porti.

Hierauf setzte Meier die zweite Strafanzeige in dieser Sache auf. Er klagte am 4. April 1970 beim Regierungsrat Staatsanwalt Caspar und alle Vertreter der Justizdirektion ein, die an der Abweisung des Rekurses gegen die Verfügung Caspars mitgearbeitet hatten. Er beschuldigte sie der Begünstigung und des Amtsmissbrauchs, weil sie mit der Niederschlagung der ersten Anzeige das Vorgehen von Bundesanwalt Walder einer Strafuntersuchung entzogen haben sollen. Unter den Beschuldigten war auch Justizdirektor Arthur Bachmann.

Der Regierungsrat bezeichnete diese Strafanzeige Nummer 2 am 23. April 1970 als offensichtlich haltlos: «Wer einen Sachverhalt anders würdigt als Kurt Meier, macht sich damit noch nicht strafbar, und ein mehreres wird den Verzeigten im Grunde nicht zur Last gelegt.» Er belastete Meier mit Kosten von 60.40 Franken. Dies empfand Meier als eine «Busse ohne Rechtsgründe». Er verweigerte die Zahlung und musste per Gerichtsentscheid dazu angehalten werden.

Es folgte die Strafanzeige Nummer 3. Sie richtete sich gegen den Gesamtregierungsrat, weil dieser die Anzeige Nummer 2 nicht hatte entgegennehmen wollen. Für die Behandlung von Strafanzeigen gegen Regierungsräte ist im Kanton Zürich das Parlament zuständig. Die parlamentarische Geschäftsleitung, das Büro des Kantonsrats, weigerte sich aber, Meiers Strafanzeige Folge zu geben.

So musste es eben zur Strafanzeige Nummer 4 kommen. Mit dieser Klage unternahm Meier einen neuen Anlauf, Staatsanwalt Caspar und diverse Vertreter der Justizdirektion zu belangen, weil sie die Strafanzeige Nummer 1 abgewiesen und damit Bundesanwalt Walder begünstigt hätten. Es war eine Neuauflage von Strafanzeige Nummer 2, doch diesmal reichte sie Meier nicht beim Regierungsrat, sondern bei der Staatsanwaltschaft ein. Und diesmal wurde die Sache nicht zum vornherein abgewiesen.

Soweit sie sich gegen Justizdirektor Bachmann richtete, wurde die Strafanzeige an den Kantonsrat überwiesen. Das Plenum befasste sich gut zwei Jahre später (!) mit der Sache. Obwohl im Oktober 1972 ein paar Votanten Verständnis für Meier 19 äusserten, lehnte es der Kantonsrat einstimmig ab, gegen Bachmann, den damaligen Regierungspräsidenten, ein Strafverfahren zu eröffnen. Man folgte dem Aufruf des FDP-Vertreters und späteren Bundesrates Rudolf Friedrich: «Wir müssen in aller Form den Regierungspräsidenten vor solchen unqualifizierten Angriffen in Schutz nehmen.» (Friedrich hat in der Affäre Meier 19 das Unrecht aber offensichtlich nicht nur auf seiten Meiers gesehen. Daniel Ketterer, der Bruder von Nationalrat Karl Ketterer, sagte später als Auskunftsperson vor Gericht, Friedrich gehöre zu jenen «prominenten Juristen», die ihm bestätigt hätten, bei den gegen Meier 19 geführten Prozessen sei «vieles faul». Der alt Bundesrat vermag sich heute nicht mehr an diese Einzelheiten erinnern; er betont aber, dass sich sein Votum im Kantonsrat und die Aussage Ketteres keineswegs widersprechen müssen.)

Dreimal vor Bundesgericht
Mit der Strafanzeige Nummer 4 vom 13. Juni 1970 hatte Meier nicht nur Justizdirektor Bachmann, sondern auch Staatsanwalt Caspar und Sekretäre der Justizdirektion belangen wollen. Ein halbes Jahr lang ereignete sich nichts. Dann stellte der fünfte Staatsanwalt, Max Koller, den Antrag, die Justizdirektion solle einen ausserordentlichen Untersuchungsrichter ernennen, da sämtliche Bezirks- und Staatsanwälte befangen seien. (Es war dies eine der letzten Amtshandlungen Kollers als Staatsanwalt. Eine Woche zuvor war der CVP-Vertreter als Nachfolger von Finanzvorstand Ernst Bieri in den Zürcher Stadtrat gewählt worden, und wenige Tage zuvor war der Geschworenenprozess zum Globus-Krawall zu Ende gegangen, wo Koller als Ankläger fungiert hatte.)

Dem Antrag Kollers wurde stattgegeben. Der Strafantrag, welchen der Regierungsrat in der Form von Anzeige Nummer 2 nicht anhand nehmen wollte, wurde in der Form Nummer 4 nun behandelt! Am 10. März 1971 erhielt ein Beamter der Justizdirektion den Auftrag, nach einem ausserordentlichen Untersuchungsrichter Ausschau zu halten. Der Auftrag erging von Justizdirektor Arthur Bachmann, einem der Beschuldigten! Bachmann war es auch, der in dieser Sache alle Schreiben unterzeichnete. Eine andere Merkwürdigkeit war die Bemerkung, mit welcher Bachmann einen der angefragten Juristen, Exoberrichter Albert Heinrich Sieber, (vergeblich) als Untersuchungsrichter zu gewinnen suchte: «Wie Sie aus den beigelegten Akten ersehen, dürfte es sich um keine zeitraubende Sache handeln, sie ist zudem auch nicht dringlich.»

Meier erhielt Kenntnis von dieser Bemerkung, als er gegenüber dem Gesamtregierungsrat Zweifel äusserte, ob wirklich mit dem nötigen Ernst nach einem Untersuchungsrichter gesucht werde. Er erhielt als Beweis für entsprechende Aktivitäten eine Kopie des Schreibens an Oberrichter Sieber. Für Meier war dieses ein handfester Beweis mehr für die Befangenheit des Justizdirektors.

Meier reichte deswegen Aufsichtsbeschwerde beim Regierungsrat ein. Dieser gab der Beschwerde aber keine Folge (unter Auflage von 100 Franken Staatsgebühr und Ausfertigungskosten an Meier). Hierauf gelangte Meier an das Bundesgericht. Dieses schmetterte die Beschwerde am 8. März 1972 jedoch ab (297.50 Franken Kosten).

Dies war nicht die einzige Nebenfront, die Meier 19 im Zusammenhang mit seiner Strafanzeige Nummer 4 gegen Staatsanwalt Caspar und die Justizdirektion eröffnete. Am 2. April 1971 ersuchte Meier den Regierungsrat mit einer Aufsichtsbeschwerde, dass der Gesamtregierungsrat unter Ausschluss von Justizdirektor Bachmann in der Sache entscheide, da dieser massgebend an der «widerrechtlichen Sabotierung des Rekursverfahrens in Sachen Herrn Bundesanwalt Dr. H. Walder» beteiligt gewesen sei.

Der Regierungsrat wies auch dieses Begehren ab und legte Meier Kosten von 50 Franken zuzüglich der Ausfertigungsgebühren auf. «Die Justizdirektion hat sich in der Sache nicht befangen gezeigt, sondern ihr die Aufmerksamkeit gewidmet, welche sie verdient», bemerkte der Regierungsrat.

Nun schaltete Meier zum zweiten Mal in dieser Sache das Bundesgericht ein. Er liess von Gertrud Heinzelmann eine staatsrechtliche Beschwerde gegen den Beschluss des Regierungsrats ausarbeiten. Die Beschwerde wurde am 3. August 1971 eingereicht.

Auf der Zürcher Justizdirektion brach nun Hektik aus. Direktionssekretär Hans Hug forderte von der Staatsanwaltschaft alle möglichen Akten an, darunter auch solche, die mit der Angelegenheit direkt nichts zu tun hatten, so etwa die Akten des von Meier ausgelösten Verfahrens gegen Polizeivorstand Albert Sieber. «Je mehr Papier wir nach Lausanne schicken, umso eher bekommt das Bundesgericht einen Begriff von der Sache», schrieb Hug zur Begründung seines Papierhungers an die Staatsanwaltschaft.

Das Bundesgericht begriff. Die 18seitige Eingabe mit ihren 24 Beilagen, die Gertrud Heinzelmann dem Bundesgericht unterbreitet hatte, war ein Misserfolg. Das Bundesgericht beschloss am 14. Oktober 1971 Nichteintreten, weil Meier die Legitimation zur Anfechtung jenes Regierungsratsentscheides fehle, mit dem seine Aufsichtsbeschwerde abgelehnt worden war. Die Kosten (151 Franken) wurden Meier auferlegt.

Meier gelangte nochmals ans Bundesgericht und verlangte Revision des ersten Entscheids. Dies wurde aber – am 29. Dezember 1971 – abgelehnt, und auch diesmal musste Meier die Kosten (mittlerweile 213 Franken) übernehmen.

Paradox: Trotz der Schlappe vor Bundesgericht wurde Meiers Forderung erfüllt. Der Regierungsrat teilte ihm am 2. Dezember 1971 mit, dass Justizdirektor Bachmann in den Ausstand treten werde, nicht ohne gleichzeitig anzufügen, ein Anspruch Meiers auf Wahrung des Ausstandes werde damit aber nicht anerkannt. Offenbar empfand man im Zürcher Regierungsrat nun doch ein Unbehagen über die Tatsache, dass der Justizdirektor im Zusammenhang mit einer Strafanzeige tätig war, die auch gegen ihn gerichtet war.

«Keine verwerfliche Gesinnung»
Es vergingen fast zwei Jahre, bis ein ausserordentlicher Untersuchungsrichter zur Behandlung der Strafanzeige Nummer 4 gefunden wurde. Der 34jährige Rechtsanwalt Walter Spillmann-Thulin übernahm Ende November 1972 den Auftrag, ein Bürgerlicher aus einer angesehenen Juristenfamilie.

Spillmann-Thulin sprach Meier die Stellung eines Geschädigten zu und anerkannte sein Recht, an der Einvernahme des beschuldigten Staatsanwalts teilnehmen zu können. Die bereits anberaumte Einvernahme Caspars wurde dann allerdings als unnötig wieder abgesagt.

Vier Monate später legte der ausserordentliche Staatsanwalt seinen 18seitigen Bericht vor. Auch Meier 19 erhielt ihn.

Spillmann-Thulin entlastete Staatsanwalt Caspar vom Vorwurf, er habe Walder begünstigt, indem er in dessen beschwichtigenden Äusserungen zum Zahltagsdiebstahl nichts Strafbares gesehen habe. Diese könnten, laut Spillmann-Thulin, auch so interpretiert werden, dass sie tolerierbar gewesen seien. Abgesehen davon sei es höchstens um die Verhinderung einer Vorsprache Meiers und nicht einer Strafuntersuchung gegangen.

Jetzt erst, nach einem vierjährigen Rechtsstreit, geriet also der eigentliche Streitpunkt wieder ins Blickfeld. Eine verworrene Sache: Es ging um Caspars Reinwaschung von Walders Äusserungen, die aber nicht in ihrer ursprünglichen Form, sondern nur in der Wiedergabe in einem Brief von Staatsanwalt Gerold Lüthy vorlagen!

Spillmann-Thulin legte Meier die Kosten im Betrag von 194 Franken auf, weil die Anzeige leichtfertig erhoben worden sei. Es wäre Meier, führte er aus, «schon im Hinblick auf seine kriminalistische Erfahrung zumutbar gewesen, die meisten der vorstehenden Überlegungen selber anzustellen, bevor er sich zum schwerwiegenden Schritt einer Strafanzeige entschloss. Es ist keinesfalls angängig, eine Strafanzeige der vorliegenden Art zu erheben, weil ein Beamter, welcher im Gegensatz zum Anzeiger vollständige Akteneinsicht hatte, Tatbestände und Rechtsfragen anders würdigte als der Anzeiger.»

Die Kostenauflage erfolgte aber ausdrücklich nicht wegen unlauterer Gesinnung: «Anlässlich seiner mündlichen Stellungnahme», führte Spillmann-Thulin aus, «erweckte Meier den Eindruck, er sei von der Richtigkeit seiner Thesen überzeugt, und er habe sich aus vermeintlicher Sorge um die Integrität unserer Verwaltungsorgane zu der von ihm eingereichten Anzeige veranlasst gesehen.» Der Untersuchungsrichter kam aber nicht nur aufgrund eines Gesprächs zu diesem Eindruck: «Eine verwerfliche Gesinnung Meiers bezüglich seiner Anzeige kann auch auf Grund der Akten nicht angenommen werden.»

Spillmann-Thulin hatte sich um Augenmass bemüht. Er hatte Meiers staatsbürgerliche Motive ausdrücklich anerkannt und war dafür besorgt, dass der misstrauische Anzeigeerstatter Einblick in das Verfahren erhielt.

Spillmann-Thulin setzte Meier 19 eine Frist zum Rekurs an. Die Frist verstrich ungenutzt. Ein beinahe vierjähriger «Amoklauf» war damit zu Ende.

Die Anprangerung (1969/70)

Einen Tag nachdem Alexander Ziegler seinem Rechtsvertreter Kurt Meier das Mandat entzogen hatte, setzte dieser mit einer Pressekonferenz im Restaurant «Weisser Wind» zum grossen, seit langem vorbereiteten Paukenschlag an.

Meier legte eine «Denkschrift» vor. Ihr zentraler Inhalt: Kripo-Chef Walter Hubatka sei «zweifellos» der Zahltagsdieb.

Es war eine Verzweiflungstat. Sie erinnert an die legendäre Anklageschrift, mit welcher der französische Schriftsteller Emile Zola der Affäre Dreyfus eine andere Richtung geben wollte. Über diesen Justizskandal des ausgehenden 19. Jahrhunderts besitzt Meier 19 ein dickes Buch. «Der Fall Dreyfus muss an den Universitäten doziert werden, jeder angehende Jurist sollte darüber im Bilde sein», sagt er.

Der jüdische Hauptmann Alfred Dreyfus war 1894 aufgrund irriger Gutachten und regelrechter Fälschungen der Spionage bezichtigt und – unter dem Einfluss wachsender antisemitischer Stimmungen – nach Französisch-Guayana, auf die gefürchtete Teufelsinsel, verbannt worden. Wegen dieses Unrechts prangerte Emile Zola nun das Kriegsministerium öffentlich an. «J'accuse» lautete der Titel seiner Anklage. Zola wollte eine Verleumdungsklage provozieren, damit der Dreyfus-Prozess von anderer Seite her neu aufgerollt werde. Der Plan misslang, und Dreyfus wurde erst viele Jahre später rehabilitiert.

Dasselbe Ziel wie Zola mit seiner Schrift «J'accuse» verfolgten Meier und sein Rechtsberater, der Bankbeamte, mit ihrer «Denkschrift». «Wir hatten alles versucht; doch alles, was wir vorbrachten, wurde niedergeschlagen», umreisst Meier die Ausgangssituation: «Deshalb wollten wir nun an die Öffentlichkeit, den Souverän, und an die Behörden gelangen, um eine neue Untersuchung zu provozieren.»

Die Psyche des Zahltagsdiebs

Das 16seitige Memorandum stammt hauptsächlich aus der Feder des Bankbeamten. Er hatte monatelang daran gearbeitet und zusammen mit einem jungen Reporter auch den Tatort ausgekundschaftet. Meier spielte den Beitrag des Bankbeamten später herunter, um diesen zu schützen: «Ich habe mich bei der Redigierung […] beraten lassen, und

Meier 19 an seiner Pressekonferenz vom 18. September 1969.

zwar bezüglich der Formulierung. Die Unterlagen für diese Schriften habe ich jedoch allein beschafft», sagte er vor dem Untersuchungsrichter. Und auf die Frage, welche Personen ihm geholfen hätten, sagte er: «Ich will diese nicht bekanntgeben, weil ich die Verantwortung allein übernehmen will.» Der Bankbeamte selbst gab zu Protokoll: «Ich habe im Sinne eines Beraters bei der Formulierung massgeblich mitgewirkt.»

Mit der Denkschrift sollte die Verfügung vom 14. März 1968 widerlegt werden, mit welcher die Untersuchung gegen Hubatka sistiert worden war. Nicht «niedrige Rachegefühle» hätten zur Abfassung bewogen, heisst es in der Einleitung, sondern «die allgemeinheitsbezogene Überzeugung, eine Gesundung unserer Ordnungskräfte, ohne die namentlich eine Wiederholung von Ekzessen wie jenen der gleichfalls bislang ungestraft bleibenden Globus-Schläger kaum auszuschliessen wäre, erscheine einzig dann als möglich, wenn kompromisslos alle jene trüben Machenschaften beleuchtet werden, wodurch erst fundiert Zweifel an der rechtsstaatlichen Grundhaltung des Korps haben aufkommen können».

Nach einer Auflistung der Fakten, die nach Ansicht Meiers für eine Täterschaft Hubatkas sprachen, lässt die Denkschrift «Überlegungen» folgen, wie sich der Zahltagsdiebstahl zugetragen haben könnte. Sie sollen zeigen, dass die Tat durchaus in jener Stunde zwischen 19 und 20 Uhr möglich war, in welcher Hubatka zwei- oder dreimal in der Nähe des Tatorts vorbeimarschierte.

Die Denkschrift versucht zu zeigen, dass die Anwesenheit der Putzfrauen und des Polizeimannes Wendel vor dem Tatbüro einen «so ausserordentlich niedrig gesinnten Menschen» wie den Zahltagsdieb nicht abschrecken konnten, den Tresor zu plündern. In der Sistierungsverfügung hatten es Bezirksanwalt Gerber und Staatsanwalt Birch als «psychologisch nahezu unvorstellbar» erachtet, dass Hubatka die Tat begangen habe. Jeder Kriminelle gehe Risiken ein, entgegnet die Denkschrift, zumal wenn er über so lange Zeit auf den Moment gewartet habe, wo nur eines der zwei Kassenschrankschlösser verriegelt wäre. Und der Täter hätte – so die Denkschrift – auch nicht befürchten müssen, dass es der «damals frischgebackene» Polizeimann Wendel oder eine der autoritätsgläubigen Putzfrauen gewagt hätten, «den ungeheuren Vorhalt des Diebstahls an die Adresse des Machthabers zu richten».

Auch eine Begegnung mit dem Polizeiinspektor oder dessen Kanzleichef hätte der Dieb nach den Vorstellungen Meiers nicht fürchten müssen, «und zwar aus dem sehr einfachen Grunde, dass unter der Voraussetzung, es werde das gestohlene Geld unverzüglich an seinen Platz zurückgetan», weder der Kommandant noch der Kanzleichef «darauf erpicht gewesen wären, einen Skandal auszulösen, durch den sie unweigerlich auch selbst betroffen sein müssen – der Polizeikommandant, weil er schliesslich weitgehend die Verantwortung für die Ernennung des kriminellen Offiziers trägt, und sein Kanzleichef, weil derselbe einen vertrauten Vorgesetzten nicht in arge Verlegenheit hätte bringen wollen».

Diese Spekulationen wurden 1973 vom Bezirksgericht Zürich als bösartige Spitzfindigkeiten vehement zurückgewiesen. Die Überlegung, dass einzig Hubatka «kraft seiner hohen Stellung und wegen seiner Beziehungen zu andern ‹Höhern› als Täter in Frage komme», sei «charakteristisch für die Denkungsart der Verfasser», fand das Gericht. Als «unerhört» taxierte es die Begründung, weshalb Hubatka es als Offizier habe wagen können, die Tat auszuführen, obwohl er in der Zeit zwischen 19 und 20 Uhr mit Überraschungen durch Drittpersonen habe rechnen müssen: «Um das zu begründen, wird kurzerhand dem ganzen in Frage kommenden menschlichen Inhalt der Polizeikaserne von der Putzfrau bis zum Polizeiinspektor Bereitschaft zu Feigheit oder Korruption, den ‹Höhern› beides in die Schuhe geschoben.»

Die Stunde des Zahltagsdiebs

Die Denkschrift will ferner aufzeigen, weshalb die Tat nicht erst im späteren Verlauf der Nacht ausgeführt worden sei, sondern am Abend, zu jenem Zeitpunkt, da der Polizeimann Wendel den Kripo-Chef zwei- oder dreimal vor dem Tatbüro gesehen hatte: Nach dem Dunkelwerden hätte, so die Denkschrift, der Dieb die Deckenbeleuchtung oder eine Taschenlampe einschalten müssen, was aufgefallen wäre und alarmiert hätte.

Das Bezirksgericht Zürich hat sich auch mit diesem Argument eingehend auseinandergesetzt. Es kam zum Schluss, dass es einem «ortskundigen Dieb wahrscheinlich überhaupt ohne Lichtquelle im Büro möglich gewesen wäre, seine Arbeit zu verrichten, weil die [...] Strassenlampe vis-à-vis des Tatbüros und der Lichtschein der Geschäftsreklamen vom gegenüberliegenden Limmatquai her das Büro 109 bei Nacht nicht in völliger Dunkelheit versinken lassen». Und allenfalls hätte der Dieb auch eine «kleine, von aussen überhaupt nicht bemerkbare Taschenlampe» verwenden können, zumal die auf die Terrasse führende Glastür, bei welcher der Tresor stand, «bis ca. ³/₄ Höhe des Kassenschranks zum Schutz vor Zugwind mit einem dunklen Tuch verkleidet» war. Zudem sei das mittlere Tablar des Tresors der «eigentliche Arbeitsort des Diebes» gewesen, so dass «eine von ihm benützte kleine Lichtquelle sogar, ohne dass er besonders vorsichtig zu Werke ging, gegen aussen schon durch die gegebene Tatortsituation gut abgeschirmt» war.

Die Auffassung, eine nach 20 Uhr liegende Tatzeit komme nicht in Frage, weil der Täter dann von aussen sichtbares Licht hätte verwenden müssen, hielt das Bezirksgericht daher als «objektiv nicht vertretbar»: «Die Überlegungen [...] zur Festlegung der Tatzeit auf 19.00 bis 20.00 Uhr und die Eliminierung aller andern bekannten oder unbekannten Personen, die sich in, vor oder nach dieser Zeit am Tatort befinden konnten, erweisen sich als mindestens leichtfertig.»

Der Weg des Zahltagsdiebs
Meier 19 und der Bankbeamte gingen so weit, auch den Tathergang zu rekonstruieren, wie sie ihn für wahrscheinlich hielten. Danach wäre der Dieb vom Gang des ersten Stockes her nicht direkt in das Tatbüro Nr. 109 eingetreten, sondern er hätte sich ins Nebenbüro 110 begeben, «allenfalls nach einem kontrollmässigen Augenschein des danebenliegenden Amtszimmers des Kommandanten».

Im Büro 110 hätte er dann mit einem kopierten Kaba-Schlüssel das Schlüsselschränkchen geöffnet und diesem den Doppelbartschlüssel zum Tresor entnommen. «Hernach wäre er durch die Verbindungstüre, von der Halle nicht sichtbar, ins Büro Nr. 109 gegangen. Dort hätte er den Kassenschrank aufgetan und demselben soviel Zahltäschchen entnommen, wie er – ohne auffällig beladen zu wirken – in seine Rock- und Hosentasche zu stecken vermochte. Darauf wäre er entweder direkt vom Büro Nr. 109 oder – zur Tarnung – auf dem Umweg des Büros Nr. 110 nach Schliessen des Tresors wieder in die Halle zurückgekehrt, um die ergatterte Beute in sein auf der andern Seite des Amtshauses gelegenes Büro zu bringen. Dieses Spielchen hätte sich ein- oder zweimal bis zur vollständigen Ausplünderung des zugänglichen Teils des Kassenschranks wiederholt, worauf der Doppelbartschlüssel nach nochmaliger Verwendung (eventuell) wieder im Schlüsselschränkchen aufgehängt und dieses geschlossen worden wäre.»

Das «auf der andern Seite des Amtshauses gelegene Büro» war natürlich jenes Hubatkas. Die Denkschrift kommt denn auch – nach einer Aufzählung zahlreicher Ungereimtheiten und Unterlassungen bei der Untersuchung des Zahltagsdiebstahls (ein «erschreckendes Indizienbündel») – zum erwarteten Schluss: «Täter muss gewesen sein: Herr Adjunkt Dr. W. Hubatka, Chef der Kriminalpolizei der Stadtpolizei Zürich.»

Attackiert werden aber auch jene Justizvertreter, welche «die bisherige illegale Ungestraftheit des Zahltagsdiebes bzw. die Fortsetzung seiner den Staat immer wieder kompromittierenden Tätigkeit» «bewusst ermöglicht» hätten: Bundesanwalt Hans Walder, Staatsanwalt Oskar Birch und «wahrscheinlich» Staatsanwalt Gerold Lüthy sowie der seinerzeitige Bezirksanwalt Rudolf Gerber mit seiner «Schein-Ermittlung».

Meier 19 kam die Pressekonferenz damals vor «wie ein Gespräch unter Freunden»; er liess sich von der familiären Stimmung im kleinen Konferenzzimmer des «Weissen Windes» täuschen.

Er forderte vor den Journalisten eine erneute Strafuntersuchung gegen Hubatka, dessen Verhaftung und Sistierung im Amt. Er kündete eine Aufsichtsbeschwerde gegen Staatsanwalt Birch an, der die Sistierung der Strafuntersuchung gegen Hubatka verfügt hatte, und gab bekannt, dass er gegen Bundesanwalt Walder eine solche bereits eingereicht habe. Ferner verlangte er Ermittlungen gegen Lüthy und Gerber, dies wegen Gehilfenschaft bei den angeblichen Begünstigungen Walders und Birchs.

Die Denkschrift liess Meier nicht nur den Journalisten verteilen, er schickte sie auch an alle Stadtparlamentarier und alle in der Stadt Zürich wohnhaften Kantonsräte, an alle Staats- und Bezirksanwälte, an Bundesanwalt Walder, an die Zürcher Justizdirektion, die Stadtkasse Zürich, das Steueramt Zürich, an sämtliche Presseagenturen der Schweiz, an alle Bundesräte, alle Professoren der Rechtswissenschaft in der ganzen Schweiz sowie an Studenten und Rechtsanwälte. Und er liess sie an Polizeiwachen, Taxichauffeure, an die Passanten im Hauptbahnhof, an Polizisten und an das Publikum in Amtshäusern verteilen!

Das Begleitschreiben an die Parlamentarier war fast noch provokativer als die Denkschrift selbst: «Ich versuchte durch einen öffentlichen Protest gegen verbotene Praktiken der Verwaltung die Gesetzesverachtung der Korpsleitung zu bekämpfen, wofür der Zahltagsdiebstahl, welcher unmöglich hat von einem ‹Kleinen› begangen werden können, bloss ein Beispiel bildet. Damit hoffte ich, den für mich sowie meine ehrlichen Kollegen unerträglichen Vertrauensschwund aufzuhalten und eine unerlässliche Wendung herbeizuführen. Man bestrafte mich jedoch mit massloser Härte, und ich ging meiner wirtschaftlichen Existenz verlustig. Gegen das Übel, welches ich selbstlos einzudämmen trachtete, stand dagegen niemand auf. Ebensowenig dachten die ‹rechtsstaatlichen› Instanzen daran, die von mir fundiert denunzierten Träger von Willkür und Korruption zur Rechenschaft zu ziehen. Es waren eben ‹Prominente› ... Die stossende Einseitigkeit der Sühne, wie sie bis anhin zu beobachten war, belastet unsere Zukunft als sauber sein wollende Gemeinschaft und rückt unsere Justiz in ein trübes Licht. Jene, welche Missstände verurteilen, dürften sich inskünftig kaum mehr getrauen, dagegen auch nur die schüchternsten Schritte zu unternehmen. Die Konsequenzen einer derartigen Situation sind leicht zu ermessen. Es wäre mit Blick auf das Gemeinwohl bestimmt unverantwortlich, sie andauern zu lassen. Daher muss endlich hart zugegriffen werden. Ich verzichte im langfristigen Interesse der Stadtpolizei und des Staates, deren Gesundung alle jetzigen Vertuschungsmanöver entscheidend aufhalten, auf meine so schlecht belohnte, richtiggehend selbstmörderische Zurückhaltung und mache alle handlungsbefähigten Behördemitglieder klipp und klar darauf aufmerksam, dass der Zahltagsdieb einzig deswegen nie gefasst wurde, weil er Herr Adjunkt Dr. W. Hubatka heisst und die städtische Kriminalpolizei befehligt.»

Hubatka klagt
Auf diese Provokation hin konnte Hubatka nicht mehr länger untätig bleiben. Er liess den Medien die folgende Mitteilung zukommen: «Kurt Meier hat seit seiner Entlassung aus dem Dienste der Stadtpolizei Zürich gegen mich systematisch Rufmord betrieben. Unter anderem bezichtigte er mich, ich hätte den Zahltagsdiebstahl bei der Stadtpolizei Zürich im Jahre 1963 begangen. Kurt Meier weiss, dass die Staatsanwaltschaft Zürich die Strafuntersuchung, die auf sein Betreiben in

dieser Angelegenheit gegen mich eingeleitet wurde, definitiv eingestellt hat. Er weiss auch, dass die Untersuchungsbehörde seine angeblichen Indizien und Beweise prüfte und die von ihm vorgebrachten Behauptungen als leeres Geschwätz bezeichnete. Kurt Meier ist auch bekannt, dass die gleiche Untersuchungsbehörde feststellte, dass er nicht mehr als blosse Vermutungen vorbringen könne und nicht davor zurückschrecke, Äusserungen Dritter entstellt wiederzugeben. Ich war der Meinung, dass nach einem derart eindeutigen Entscheid der obersten Untersuchungsbehörde Kurt Meier die Sinnlosigkeit seines Tuns einsehe. Nun haben Kurt Meier und seine Komplizen ein neues Pamphlet gegen mich in die Öffentlichkeit gebracht, das in bezug auf Rufmord alles Bisherige in den Schatten stellt. Von neuem bezichtigt er mich des Zahltagsdiebstahls. Er und seine Gehilfen haben die Schmähschrift an die verschiedensten Behörden, Institutionen, Presseagenturen und Privatpersonen verteilt. Diese aussergewöhnlich schweren Ehrverletzungen kann ich nicht hinnehmen. Ich habe daher einen Rechtsanwalt beauftragt, Kurt Meier und seine Gehilfen gerichtlich zu belangen.»

Hubatka klagte auch den Bankbeamten ein: «Stil, Satzbau, Schriftbild, Raumverteilung, Schaltung und die zum Teil abstrusen Formulierungen» würden auf ihn hinweisen.

Bereits am Tag nach Hubatkas Medienmitteilung hatte der Stadtrat den Kripo-Chef von der Schweigepflicht entbunden, damit er ein Ehrverletzungsverfahren durchführen könne. Der Stadtrat beschloss auch, die Gerichtskosten und das Anwaltshonorar auf die Stadtkasse zu nehmen, weil der Ehrverletzungsprozess «als im Interesse des Polizeikorps liegend» zu bezeichnen sei. 24 800 Franken hatte die öffentliche Hand bis Ende 1977 zur Verteidigung von Hubatkas Ehre aufzubringen.

Die Ehrverletzungsklage machte Meier freilich einen Strich durch die Rechnung, weil es in einem solchen Verfahren, wie er erst jetzt realisierte, nicht Sache der Justiz ist, Nachforschungen über den Sachverhalt anzustellen. Es ist vielmehr am Beschuldigten, den Beweis dafür zu erbringen, dass seine Behauptung wahr ist und/oder in guten Treuen vertreten werden darf. Die Justiz begnügt sich damit, die vom Beschuldigten vorgelegten Entlastungsbeweise zu würdigen; das Untersuchungsamt im zürcherischen Ehrverletzungsverfahren ist denn auch nicht die Bezirksanwaltschaft, sondern das Bezirksgericht, das auch das Urteil fällt.

Anders wäre die Beweislast in einem Verfahren wegen falscher Anschuldigung verteilt; hier wäre es zu jenen behördlichen Nachforschungen gekommen, auf die Meier 19 spekuliert hatte. Denn es wäre an der Justiz gewesen, den Nachweis zu erbringen, weshalb Meiers Bezichtigungen falsch oder richtig seien. Von solchen Nachforschungen aber hatte Meier neue Erkenntnisse über den Zahltagsdieb und ein Ergebnis erhofft, das ihn ins Recht setzen würde. Meiers späterer Rechtsanwalt Christian Vogel sagte 1974 vor Gericht: «Es glaubten der Angeklagte [Meier] und seine rechtsunkundigen damaligen Berater rechtsirrtümlich, dass dann wegen falscher Anschuldigung untersucht werde und dass dann auf diese Weise die Untersuchung nach dem Zahltagsdieb mit umgekehrter Beweislast fortgeführt werden müsse.»

Doch ein Verfahren wegen falscher Anschuldigung war nicht zu erwarten. Im Strafgesetzbuch findet sich ein Haken, der Meiers Erwartungen zum vornherein zunichte machte. Artikel 303 definiert: «Wer einen Nichtschuldigen wider besseres Wissen bei der Behörde eines Verbrechens oder eines Vergehens beschuldigt, in der Absicht, eine Strafverfolgen gegen ihn herbeizuführen [...] wird mit Zuchthaus oder mit Gefängnis bestraft.» Beim damaligen (und auch heutigen) Wissensstand liessen jedoch die Worte «wider besseres Wissen» ein Verfahren wegen falscher Anschuldigung als aussichtslos erscheinen. Denn ein besseres Wissen könnte nur das Wissen um den effektiven Zahltagsdieb sein. Der Vorwurf, dass Meier 19 den Kripo-Chef der Tat bezichtige, obwohl er wisse, dass eine bestimmte andere Person die Tat begangen habe, war aber zum vornherein nicht möglich.

Unter diesen Umständen konnte Hubatka einzig mit einer Ehrverletzungsklage erfolgversprechend gegen Meier vorgehen. Meier 19 hat Hubatka und die Justiz über Jahre hinweg immer wieder mündlich und schriftlich aufgefordert, ihn wegen falscher Anschuldigung zu verzeigen. Doch dieser Gefallen wurde ihm nie erwiesen.

Ins Leere gelaufen
Von Hubatkas Klage abgesehen, gab es auf Meiers Provokation hin erstaunlich wenig Reaktionen. Die Behörden und die Medien liessen Meier 19 ins Leere laufen. Keine der vielen Instanzen, denen die Denkschrift zugeschickt worden war, unternahm etwas.

Die Zeit war vorbei, da Kritik an den Autoritäten noch den Reiz des Neuen hatte und weiterum als fröhliches Happening empfunden wurde. Wenige Monate vor Meiers Pressekonferenz, im Juni 1969, hatten die Globus-Krawall-Prozesse begonnen. Bei der rebellierenden Jugend entstand der Eindruck, das Obergerichtsgebäude sei zum «Bordell» verkommen, und «Frau Justitia» sei die «Starhure». So wurde es an einer Demonstration der «Fortschrittlichen Arbeiter, Schüler und Studenten» (FASS) mit Lautsprechern und Transparenten verkündet. Dann wurde die Fassade des Gerichtsgebäudes mit Farbbeuteln beworfen. Die Polizei blieb untätig. Hierauf hagelte es in den Zürcher Parlamenten Vorstösse, und in der Presse erging der Ruf «Soll das Volk zum Rechten sehen?». «In der Folge schlugen sich die Medien vollends auf die Seite der Obrigkeit, die Stimmung kehrte», erinnerte sich der alt 68er Walter Lüthold.

Im Spätsommer 1969 konnte man also mit Kritik an Polizei und Justiz nicht mehr so leicht Schlagzeilen machen. Einige Zeitungen würdigten Meiers Pressekonferenz mit keiner einzigen Zeile, die andern spielten die Sache herunter. Einzig Walter Düringer veröffentlichte in der Oktober-Ausgabe seines Blatts «Politik und Wahrheit» einen grösseren Bericht mit dem Titel «Wer ist der Täter, Herr Dr. Hubatka?» Dabei stellte er den Kripo-Chef als «Hauptverdächtigten des Zahltagsdiebstahls» hin. Prompt wurde auch Düringer von Hubatka eingeklagt.

Die Meldung im «Tages-Anzeiger» war mit der kleinstmöglichen Schrift überschrieben und mit einem lapidaren Titel versehen: «Meier 19 gab eine Pressekonferenz». Polizeireporter Alfred Messerli, der an Meiers Pressekonferenz war, erinnert sich, dass es auf der Redaktion eine Weisung gab, den Fall Meier 19 mit Zurückhaltung und Vorsicht zu behandeln. Aber auch für Messerli persönlich war Meiers damalige Anprangerung Anlass, auf Distanz zu gehen: «Als Meier Hubatka des Zahltagsdiebstahls bezichtigte, sagte ich ihm: Herr Meier, wenn Sie mir nur den Schatten eines Beweises liefern können, nehme ich das auf. So aber bin ich nicht bereit, einen Menschen nur auf Grund eines Verdachtes zu bezichtigen.»

In den Augen Messerlis hatte sich Meier «verbohrt, zum Teil aus begreiflichen Gründen. Er erschien mir als Gerechtigkeitsfanatiker, der nicht merkte, wie er andere verletzte, damit neues Unrecht schuf und der Wahrheit nicht diente. Hier konnte ich ihn nicht mehr unterstützen. Mich betrachtete er später als Verräter.»

Zwei unzimperliche Demonstrationen
Die Denkschrift, Meiers Pressekonferenz und Düringers Artikel blieben in jenem Herbst 1969 nicht die einzigen Anprangerungen. Einige Freunde Meiers beschlossen, den Gegner noch mehr zu reizen. Sie veranstalteten am 4. Oktober und am 18. Oktober 1969 rüde Demonstrationen.

Beide Züge begannen im Raum Bahnhofstrasse und führten über den Bürkliplatz und das Limmatquai zur Hauptwache der Stadtpolizei. An der zweiten Aktion, die laut «Tages-Anzeiger» eine «der merkwürdigsten ‹Demonstrationen›» war, welche Zürich «seit dem heissen Sommer 1968 erlebte», beteiligten sich rund 50 überwiegend jugendliche Demonstranten. Die Anklagen, welche aus dem «Häuflein der Demonstranten» erhoben wurden, hätten sich «zu einem unverdaulichen Gemisch von Halb- und Unwahrheiten» verbunden, hiess es ebenda. Vom Niveau dieser Kundgebungen künden die mitgetragenen Plakate: «Kennst Du den Gott der Diebe und der Händler? Hermes ist auferstanden. Hubatka lebt und stiehlt.» Oder: «Die Kleinen hängt man – die Hubatkas lässt man stehlen.» Und: «Hubatka – krimineller Engerling».

Einige der Plakate wurden von den Polizeibeamten, welche die bewilligte Kundgebung eskortierten, konfisziert. Auch die Ausrufe einzelner Demonstranten waren masslose Verunglimpfungen; der laut den Akten artig verwendete Doktor-Titel ändert daran nichts: «Dr. Hubatka ist der Zahltagsdieb. Er wird aber gedeckt von Bundesanwalt Walder, mit dem er duzis ist», «Dr. Hubatka ist ein Gewohnheitsdelinquent und ein Krimineller übelster Sorte.»

Eine massgebliche Rolle bei diesen Demonstrationen spielte der 19jährige Reporter Felix Stephan Erb. Ein Freund bezeichnet ihn als den «ersten Untergrundkämpfer» Zürichs. Er war eine beeindruckende Persönlichkeit, voller Energie. Erb führte ein bewegtes Leben und tauchte immer wieder unter. Doch sein Leben war kurz und endete tragisch. Im Sommer 1970 fanden Spaziergänger den jungen Reporter und einen gleichaltrigen Freund tot in einem Auto auf. In der Zeitung hiess es: «Der Motor lief noch, so dass fortwährend Kohlenmonoxyd vom Auspuff durch einen Schlauch ins Wageninnere strömte.»

Am 27. Dezember 1968, zwei Tage nach dem Sprengstoffanschlag auf die Polizeihauptwache, wurde Erb mit einem anonymen Telefonanruf bei der Polizei als Attentäter denunziert. Obwohl es gegen ihn

Neuer Trick der Gegner des Zürcher Kripo-Chefs

Extrablatt, Extrablatt! Dr. Hubatka ist der Zahltagsdieb!» So schrie der Mann mit der NZZ-Mütze gestern abend auf dem Zürcher Paradeplatz. Passanten strömten in Scharen herbei (Bild oben). Nur — der Zeitungsverkäufer war kein Zeitungsverkäufer, sondern der Demonstrantenführer Felix Erb, der auf diese Weise einmal mehr seine Vorwürfe gegen Zürichs Kripo-Chef an den Mann zu bringen versuchte. Nach knapp zehn Minuten war der Spuk vorbei: Stadtpolizisten beschlagnahmten die gratis verteilten Extrablätter (Bild rechts). Der «Verkäufer» wurde zur Einvernahme mitgenommen. **F. Ge.**

«Blick» vom 22. Oktober 1969. Oben rechts Maximilian Mayr, der spätere Mitangeklagte von Meier 19; Mitte Felix Stephan Erb.

keinen dringenden Verdacht gab und die Polizei auch nicht den geringsten Anhaltspunkt fand, wurde er während 30 Stunden in Haft gehalten.

Dem Anschlag auf die Polizeihauptwache vom Weihnachtstag 1968 folgte am 31. Januar 1969 ein Attentat auf das Stadthaus. Hier wie dort detonierten Sprengstoffbomben, und in beiden Fällen wurde ein Bekennerbrief einer «Anarchistengruppe Chanäen» aufgefunden. Hinter dieser Bezeichnung versteckten sich, wie später auskam, drei junge Zürcher, welche die Attentate zusammen mit einem italienischen Bombenleger begangen hatten. Einer der jungen Anarchisten hatte die beiden Bekennerbriefe geschrieben. Der eine begann mit den Worten «Wir verdammen alles, was die Menschen unterdrückt» und endete mit der Ankündigung «Wir werden alles Etablierte in der Tat endgültig (bis zum Tode) ZERSTÖREN». Die beim Hintereingang des Stadthauses aufgefundene Karte enthielt die Worte: «Fabriken, Kasernen, Schulen, Stadthäuser, Kirchen und Steuerämter sind Stätten autoritärer Vergewaltigung. Krieg den Institutionen! Anarchistengruppe Chanäen.»

Die Attentate zeigten, dass ein Teil der 68er Rebellen ihren Aufstand nun mit Untergrund-Aktionen weiterführte. Auch Felix Stephan Erb war vom 68er Geist erfasst worden, aber mit den Sprengstoffattentaten hatte er nichts zu tun.

Im Herbst 1969 tat sich Erb als Organisator und Sprecher eines «Aktionskomitees gegen staatlich-institutionalisierte Kriminalität» hervor. Er begleitete Meier an der Pressekonferenz und brachte Düringers Artikel in einer dreisten Aktion unter das Publikum. Mit einer NZZ-Mütze auf dem Kopf trat er am Paradeplatz als Zeitungsverkäufer auf und rief fortwährend: «Extrablatt, Extrablatt! Dr. Hubatka Zahltagsdieb, Dr. Hubatka verhaftet.» Der «Blick» brachte ein Bild davon, und die NZZ musste ihre Leserschaft mit einer Erklärung beruhigen.

Zum Kreis junger Gesellschaftskritiker, die in jenem Herbst 1969 für Meier 19 auf die Strasse gingen, gehörte auch der 1990 verstorbene Presselektor Walter Schmid. Ein Gericht bezeichnete ihn einst als «Berufsdemonstranten»; seine pfarrherrlich wirkende Erscheinung ist jedenfalls auf Zeitungsbildern von den 68er Umtrieben häufig zu erkennen. 1962, Schmid war damals 25 Jahre alt, schrieb er in ein Heft, in dem er alle Artikel über österliche Friedensmärsche sammelte: «Mein Leben gilt dem Sozialismus.» Ende 1970 wurde er zu

42 Tagen Gefängnis bedingt verurteilt, weil er beim Globus-Krawall fünf harte Eier gegen Polizisten und einen Stein gegen ein Feuerwehrauto geworfen hatte.

Das Gericht sah in ihm allerdings keinen «Revoluzzer». Er sei «nur unter dem Einfluss der Massenpsychose gewalttätig geworden», meinten die Richter, denn Schmids «besonderer Lebensstil» stehe solchem Verhalten «diametral gegenüber». Der bekannte Friedensapostel Max Daetwyler hatte zeitweise grosse Stücke auf Walter Schmid gehalten. Der 84jährige trat für Schmid in den Zeugenstand, als sich dieser wegen seiner Eierwürfe zu verantworten hatte. Mit der weissen Fahne in der Hand betrat er den Gerichtssaal, rief «Friede sei mit euch!» und erklärte, Walter Schmid sei sein Anhänger gewesen und hätte an seiner Stelle Friedensapostel werden können, wenn er nicht von ihm abgefallen wäre.

Ein anderer Meier-19-Aktivist, ein 21jähriger kaufmännischer Angestellter, wollte die rebellierende Jugend und Meier 19 zusammenbringen. «Bei der ‹Roten Hilfe›, welche Anfang der siebziger Jahre die eigentliche ‹Organisation› der Autonomen ausmachte, stiess ich mit meinen Bemühungen lediglich auf ein mitleidiges Lächeln», erzählt er. «Niemand mochte sich derart verausgaben, dass man sich ausgerechnet an diesem ‹polizei-internen› Fall mit dem Staate reiben sollte.»

Die gegen Polizei und Justiz agitierenden Komitees hatten in dieser Zeit andere Sorgen. Auf den 16. Oktober 1969 war vor dem Zürcher Obergericht eine Serie von Prozessen gegen Globus-Krawallanten angesagt. Die junge Linke versuchte, die Angeklagten einem «intensiven Justiztraining» zu unterziehen, damit sie sich «von den richterlichen Pseudoautoritäten nicht beeindrucken lassen». «Die Prozesse sollen zur erneuten Aufmöbelung der seit den Krawallen stark gelähmten Jungen Linken Zürichs dienen», fasste die NZZ das Ergebnis eines von ihr belauschten «Teach-ins» zusammen.

Meier 19 hatte für derartige Umtriebe nicht viel übrig. Er wehrte sich zwar keineswegs gegen die beiden Demonstrationen seiner Anhänger. Doch er beteiligte sich, wie später auch das Gericht anerkannte, nicht daran. «Ich wurde nicht einmal eingeladen; man wusste, dass ich nicht kommen würde», erinnert sich Meier, «ein Detektivwachtmeister und Familienvater in geordneten Verhältnissen ist nicht der Mann, der auf die Strasse geht.»

Hubatka klagte wegen der Demonstrationen auch Felix Stephan

Erb, Walter Schmid und den Bankbeamten ein. Letzterer hatte ein Flugblatt finanziert und den Demonstranten mit seinem Auto eine Lautsprecheranlage gebracht.

Die achte Anzeige gegen Hubatka
Das Jahr 1969 verstrich, die Anprangerungen waren weitgehend ins Leere verpufft. Im Jahr 1970 setzte Meier 19 seine Hoffnungen wieder in Strafanzeigen. Mit ihnen wollte er die «erschreckende Eiterbeule, welche die Zürcher Justiz und Polizei verunziert», aufstechen.

Am 21. Juli 1970 verlangte er mit einer Strafanzeige gegen Hubatka die Wiederaufnahme der Strafuntersuchung wegen Diebstahls. Das Gesuch wurde von Staatsanwalt Henri Ardinay, dem späteren Oberrichter, abgelehnt. Der Sozialdemokrat bemühte sich um Fairness und stellte Meier die Verfügung zu, obwohl ein rechtlicher Anspruch darauf nicht bestanden hätte. Es rechtfertige sich gleichwohl, «ihm ein Exemplar zuzustellen und ihm auf diese Weise die Gründe, die zur Abweisung seines Gesuchs geführt haben, bekanntzugeben», schrieb Ardinay. Die Begründung lief darauf hinaus, dass keine neuen Anhaltspunkte vorlägen.

Mit einer weiteren, ebenfalls am 21. Juli eingereichten Strafanzeige verdächtigte Meier seinen ehemaligen Chef, er sei dafür verantwortlich, dass die Akten über die Beobachtung des Polizeimannes Wendel bei der Polizei geblieben sind und nicht an die Bezirksanwaltschaft überwiesen worden waren. Bezirksanwalt Hermann Suter, der Spezialist für Strafanzeigen von Meier 19, stellte die Untersuchung einen Monat nach Anzeigeerstattung ein. Die Sache sei schon in der von Bezirksanwalt Rudolf Gerber geführten «einlässlichen» Untersuchung geprüft worden, befand Suter. Zudem habe Hubatka auf die Ausscheidung der «negativen» Erhebungsberichte keinen Einfluss gehabt. Die Aussortierung sei vielmehr Sache der Hauptsachbearbeiter gewesen, wie einer von ihnen ausgesagt habe. Vielleicht hätte Suters Feststellung der Wahrheitsfindung Meiers dienen können. Doch anders als Staatsanwalt Ardinay legte Bezirksanwalt Suter keinen Wert darauf, Meier die Sistierungsverfügung aus freien Stücken zuzustellen.

Nach der Erledigung dieses Strafverfahrens richtete sich der Stadtrat – auf Wunsch Hubatkas – mit einem Brief an Meier 19. Es sei festgestellt worden, hiess es darin, «dass Sie seit dem Jahre 1968 bis heute nicht weniger als 8 Strafanzeigen gegen Dr. W. Hubatka erhoben haben». Alle diese Klagen hätten sich aber als haltlos erwiesen. «Der Stadtrat ersucht Sie deshalb dringlich, von weiteren solchen Anzeigen inskünftig abzusehen.»

Von den vielen Strafanzeigen, die Meier gegen seinen ehemaligen Chef eingereicht hatte, betrafen nicht alle den Zahltagsdiebstahl. Zwei dieser Eingaben sind Meier 19 heute peinlich. Er reichte sie kurz hintereinander im Februar 1970 ein und verdächtigte darin Hubatka, die beiden Sprengstoffanschläge vom 25. Dezember 1968 und 31. Januar 1969 auf die Polizeihauptwache und das Stadthaus begangen zu haben.

Meier 19 hatte sich von Freunden zu diesen Eingaben bewegen lassen. Ein Graphologe hatte ihn auf die beiden Bekennerbriefe aufmerksam gemacht, die beim Tatort gefunden und in der Presse abgebildet worden waren: Die Handschrift des Täters weise Ähnlichkeiten mit der Schrift Hubatkas auf. Hubatka habe, so lautete nun der Verdacht, mit diesen Sprengstoffanschlägen die Bevölkerung hinter die bedrängte Polizei scharen wollen.

Diesen Verdacht hatte der Reporter Felix Stephan Erb bereits im Sommer 1969 öffentlich verbreitet. An einer Veranstaltung in Basel sagte er laut Manuskript: «Hubatka ist auch Täter der zwei Bombenattentate [...]. Schon zu Beginn stand fest, dass diese Anschläge im Sinne eines Mini-Reichtagsbrandes von der Stadtpolizei selbst inszeniert sein mussten [...]. Ein von uns konsultierter Spezialist für Schriftenvergleiche konnte bereits verdächtig verblüffende Ähnlichkeiten zwischen Hubatka-Schrift und Chanäen-Elaborat feststellen.» Diesem Hirngespinst ist Meier 19 aufgesessen.

Für Hubatkas Rechtsanwalt Walter Guex waren die vielen Strafanzeigen und nicht zuletzt die Verdächtigungen wegen der Sprengstoffanschläge ein gefundenes Fressen, um seine These zu untermauern, Meier 19 habe aus purer Rachsucht gehandelt. Nicht guter Glaube habe Meier geleitet, sondern «abgrundtiefer Hass», sagte Guex 1975 vor Gericht. Da hatte sich die Zahl von Meiers Klagen gegen seinen ehemaligen Chef schon auf 15 erhöht.

Dem Zugriff der Justiz entwischt (1969/74)

Hubatka hat über ein Jahr lang unglaubliche Provokationen klaglos über sich ergehen lassen, obwohl ihn Meier 19 und Walter Düringer immer wieder, auch öffentlich, mit ihren Beschuldigungen und Verdächtigungen bombardierten. Für Meier 19 war Hubatkas Stillhalten nur neuer Grund für seinen Verdacht. Am 6. Mai 1969 stellte er in einem Brief an den Zürcher Stadtrat fest, dass Hubatka «meine wiederholten und zum Teil öffentlichen Angriffe niemals parierte, was er im Hinblick auf die ausserordentliche Schwere der gemachten Vorwürfe fraglos täte, falls er sich nicht vor den Konsequenzen eines gegen mich angezettelten Ehrverletzungsprozesses fürchten müsste».

«Missbrauch der Justiz»
Die fünf Anzeigen, welche Hubatka im Herbst 1969 gegen Meier und vier seiner Anhänger einreichte, verlangten Verurteilung wegen Verleumdung oder allenfalls übler Nachrede. Der gravierendere Tatbestand der Verleumdung ist dann gegeben, wenn der Beweis erbracht wird, dass der Angeklagte «wider besseres Wissen» gehandelt hat.

Hubatkas Rechtsanwalt, der damals 51jährige FDP-Gemeinderat Walter Guex, war ein strammer Freisinniger, ein Vertreter des «gesunden Volksempfindens», wenn es etwa darum ging, die Saubannerzüge der Krawalljugend oder die Publikumsbeschimpfungen und «Blasphemien» der skandalumwitterten Schauspielhaus-Ära Löffler zu brandmarken. Er hatte Kurt Meier bereits als Mitglied der PUK kennengelernt.

Als Meier und seine Mitangeklagten realisierten, dass ihre Rechnung in einem Ehrverletzungsverfahren nicht aufgehen konnte, versuchten sie das Verfahren hinauszuzögern, so dass innerhalb der vierjährigen Verjährungsfrist ein rechtskräftiges Urteil nicht ergehen konnte. Meier 19 erinnert sich, dass er mit dieser Taktik nicht sofort einverstanden war: «Doch als uns auch ein Richter sagte, dass es nicht angehe, über ein Ehrverletzungsverfahren eine Untersuchung neu anhand zu nehmen, da wollte ich kein Urteil mehr. Auch ich war nun dafür, das Ganze in die Verjährung zu bringen.» Das Unterfangen gelang. Dem Bankbeamten, der Ökonomie und nicht Jurisprudenz studiert hatte, gelang es mit zahlreichen Tricks, die Sache immer wieder zu verzögern.

Meier 19 hat in diesem Ehrverletzungsverfahren unzählige Eingaben unterschrieben: Anträge, den Prozess so lange zu sistieren, bis andere Verfahren erledigt seien; Begehren um Beizug von Akten anderer Untersuchungen; Rekurse und Aufsichtsbeschwerden, wenn Anträge oder Begehren abgelehnt wurden; Ausstandsbegehren gegen nicht willfährige Richter und schliesslich auch die Ablehnung des Bezirksgerichts insgesamt mit der Forderung, die ordentlichen Untersuchungsbehörden müssten ermitteln, weil der Tatbestand eben nicht Verleumdung, sondern falsche Anschuldigung sein müsse.

Diese Taktik, letztlich Ausdruck dafür, dass die Angeklagten mit ihren schwach fundierten Anschuldigungen zum vornherein auf verlorenem Posten standen, blieb nicht verborgen. Auch der Zürcher Stadtrat hielt sich deswegen auf und warf Meier 19 und seinen Mitstreitern in einer öffentlichen Erklärung vor, jede prozessuale Möglichkeit auszuschöpfen, um das Strafverfahren in die Länge zu ziehen: «Sie hoffen offensichtlich auf die in absehbarer Zeit eintretende Verjährung.»

Mit ähnlichen Tricks versuchte es Meier auch beim Strafverfahren wegen versuchter Nötigung, das bis 1972 gegen ihn lief. Diese Angelegenheit nahm die «Neue Zürcher Zeitung» zum Anlass für eine eigentliche Abrechnung mit dem Mann, für den man anfänglich «noch einiges Verständnis, ja sogar Sympathie» habe aufbringen können, der aber «diese Gefühle durch seinen Kampf mit Unrecht gegen das Recht schon längst verscherzt» habe.

NZZ-Gerichtsberichterstatter Erich Meier kommentierte eine Prozessniederlage im Nötigungsverfahren, doch seine Kritik war allgemein gedacht: «Der streitbare Kurt Meier, bekanntgeworden unter dem Namen ‹Meier 19›, hat vor Gericht wieder eine Schlacht geschlagen und sie auch wieder verloren. Wer weiss, wie viele Verfahren er nach seiner wegen eines Beamtendeliktes erfolgten Entlassung als Detektivwachtmeister bei der Stadtpolizei Zürich angestrengt hat, und deren Ausgang kennt, könnte darüber zur Tagesordnung übergehen. Die Art und Weise, wie der ehemalige Polizeibeamte [...] glaubt mit unsern Gerichten umspringen zu können, und die jeder Einsicht bare Hartnäckigkeit, mit der er unsere Justiz strapaziert, seine stets neuen Ausstandsbegehren, mit denen er weite Kreise der Justiz lahmzulegen versucht, können uns jedoch nicht gleichgültig lassen. Was Kurt Meier treibt, kann nicht anders denn als Missbrauch der Justiz bezeichnet werden.»

Mit unüberhörbarer Häme schilderte Erich Meier sodann, wie das Zürcher Obergericht einem «Theatercoup» begegnete, mit dem Meier den Prozess hatte zum Platzen bringen wollen. Meier hatte während der Beratung das Gericht als befangen abgelehnt. «Nun trat das Gericht in den Ausstand. Kurt Meier verliess mit seinem nur drei Mann zählenden Trüppchen von Anhängern triumphierend den Saal und glaubte, die Sache sei fürs erste erledigt. Er täuschte sich jedoch; als er sich aus dem Gerichtsgebäude entfernen wollte, wurde er zurückgerufen.» Da Meier 19 «ähnliches Theater vor Gericht» schon einmal vollführt habe, sei die II. Strafkammer – so die NZZ – dadurch «gewitzigt» worden: «Einige Zeit später wurde er in den Saal zurückgerufen. Meier staunte nicht wenig, als er sich völlig andern Richtern gegenübersah. Das Obergericht hatte nämlich eine ‹Reservekammer› in Bereitschaft gehalten. Das Bild, das sich einem bot, war wirklich einmalig. Der neue Vorsitzende, in einem Rollkragenpullover, setzte Meier väterlich auseinander, dass diese Kammer nur zusammengetreten sei, um über sein Ausstandsbegehren zu befinden. Um ja nichts zu unterlassen, las er ihm Punkt für Punkt die Ablehnungsgründe aus dem Gerichtsverfassungsgesetz vor und erläuterte sie ihm. [...] Das Gericht hielt keinen der gesetzlichen Ablehnungsgründe für erfüllt und wies das Ausstandsbegehren Meiers ab. Die ‹zweite Besetzung› in diesem Verfahren hatte ihre Schuldigkeit getan, sie konnte gehen. Als nicht der Vorhang, sondern die Türe zum Sitzungssaal sich das nächste Mal öffnete, sass wieder die ‹erste Besetzung› der II. Strafkammer im Saal, um mit der durch die Prüfung des Ausstandsbegehrens unterbrochenen Verhandlung fortzufahren.»

Im Ehrverletzungsverfahren leistete aber auch die Justiz selber ihren Beitrag zur Verzögerung. So wartete das Bezirksgericht Zürich ein halbes Jahr zu, bis es die Beschuldigten endlich zur Einvernahme aufbot. Ferner führte die Vielzahl der Verfahren immer wieder dazu, dass die Akten der einen Sache für die andere beigezogen werden mussten und deren Weiterbearbeitung dadurch blockiert war. Und das Obergericht erliess in einem Rekursfall eine unrichtige Rechtsmittelbelehrung, was den Gang ans Kassationsgericht und eine erfolgreiche Appellation an das Bundesgericht ermöglichte.

Alfred Messerli machte den Behörden deswegen Vorwürfe: «Im Interesse des Ansehens der Zürcher Justiz hätte diese Justiz alles unternehmen müssen, den Prozess nicht verjähren zu lassen», schrieb er nach dessen Verjährung im «Tages-Anzeiger». Wohl stimme es, dass «die Angeklagten durch Eingaben und Begehren den Verlauf des Prozesses verzögerten. Andererseits hatte man aber den Eindruck, dass einzelne Justizbeamte und Richter die Verzögerung ganz gern sahen, wenn nicht sogar noch zu dieser beitrugen».

Die Verjährung war im Herbst 1973 fällig, und um sie zu erreichen, war bei der Hauptverhandlung vom 25. Juni 1973 wieder ein «Theatercoup» nötig. Der «Coup» bestand in einem Ausstandsbegehren und – als die Verhandlung gleichwohl durchgeführt wurde – im Auszug der Angeklagten aus dem Gerichtssaal. Meier 19, der Bankbeamte und Walter Schmid wurden hierauf in Abwesenheit verurteilt (Walter Düringer, der sich ebenfalls in die Verjährung retten konnte, hatte Beurteilung durch das Geschworenengericht verlangt, und Stephan Felix Erb war mittlerweile verstorben). Nach den Bestimmungen der Zürcher Strafprozessordnung hatten die in Abwesenheit Verurteilten nun aber das Recht, das in Abwesenheit gefällte Urteil abzulehnen und die Wiederholung des Prozesses zu verlangen. So musste der Prozess wiederholt werden.

Die Zweitauflage fand am 6. September 1973 statt, diesmal im Beisein der drei Angeklagten. Sie verteidigten sich selber, stellten Antrag auf Freispruch und bekräftigten ihre Ansicht, dass Hubatka (der sich am Prozess von seinem Rechtsanwalt vertreten liess) des Zahltagsdiebstahls zu verdächtigen sei. Meier 19 sagte am Schluss seines Plädoyers: «Abschliessend möchte ich vortragen, dass ich in meinem Kampfe nie persönliche Interessen vertreten habe. Ich habe meine Entlassung in Kauf genommen und mich für das öffentliche Interesse eingesetzt, was ich auch weiterhin tun werde, selbst wenn ich dabei untergehen sollte.»

Meier 19, der Bankbeamte und Walter Schmid wurden wegen übler Nachrede verurteilt. Der schwerwiegendere Tatbestand der Verleumdung kam für das Gericht nicht in Frage: «Da der wirkliche Täter nicht gefunden ist und der Ankläger [Hubatka] sich zur Zeit des Diebstahls zeitweise in der Polizeikaserne und zwei- bis dreimal in der Halle, dem Korridor, vor dem Büro 109, in dem der Kassenschrank stand, befand, konnte dem Ankläger der Nachweis, dass die Angeklagten ihn wider besseres Wissen des Diebstahls bezichtigen, nach der geltenden Gerichtspraxis nicht gelingen.»

Das Gericht taxierte das Verschulden als «sehr schwer» («Die

Qualifikation als Rufmord ist am Platze») und fällte denn auch massive Strafen. Bei einer theoretischen Höchststrafe von sechs Monaten Gefängnis wurden Meier und der Bankbeamte zu je fünf Monaten Gefängnis verurteilt, Walter Schmid zu zwei Monaten.

Der bedingte Strafvollzug wurde den drei Angeklagten verweigert. Der Grund: «Es besteht bei keinem von ihnen auch nur der leiseste Anhaltspunkt dafür, dass sie sich eine Verurteilung auch ohne Vollzug der Strafe zur Lehre dienen und sich dadurch vor weitern, ähnlichen Delikten abhalten liessen. Ihre völlige Einsichtslosigkeit liegt klar zu Tage. Dies ergibt sich nicht zuletzt auch aus ihrer Verteidigung in der Hauptverhandlung.»

Die Angeklagten wurden ferner verpflichtet, das Urteil in drei von Hubatka zu bezeichnenden Tageszeitungen zu veröffentlichen, und zwar auf einer Viertelsseite. Es wurde ihnen eine Prozessentschädigung von 3500 Franken und eine Genugtuungssumme von gesamthaft 8000 Franken zugunsten Hubatkas aufgebrummt.

Das Gericht hatte den Angeklagten das Recht eingeräumt, darzutun, dass die eingeklagten Äusserungen der Wahrheit entsprächen oder zumindest im guten Glauben gemacht worden seien. Doch diese Entlastungsbeweise konnten nicht erbracht werden, im Gegenteil: Alle von den Angeklagten vorgebrachten Tatsachen, Behauptungen und Überlegungen «lassen weder einzeln noch gesamthaft für den kritischen Beobachter den Schluss zu, der Ankläger sei des Diebstahls überwiesen oder auch nur verdächtiger als irgendein anderer unbekannter Dritter».

In der Sistierungsverfügung von 1968 hatte es noch geheissen, es lägen keine Elemente vor, die Hubatka «mehr belasten würden als einen der andern Korpsangehörigen». Nach dem Urteil des Bezirksgerichts Zürich war die Vergleichsgrösse nun nicht mehr bloss das Polizeikorps, sondern die Allgemeinheit.

Ein flammender Appell
Der «Beobachter» empfand das Urteil als einen Skandal und war damit ziemlich allein auf weiter Flur: «Der Zürcher Polizei-Zahltagsdiebstahl wird – an diesen Gedanken muss man sich nachgerade gewöhnen – wohl nie aufgeklärt werden können. Die ewigen ‹Stänkerer› und ‹Michael Kohlhaase› in dieser Sache wurden inzwischen durch harte Urteile in Ehrverletzungsprozessen zu unbedingten Gefängnisstrafen von ungewöhnlicher Härte verurteilt. Zugegeben: Im Eifer waren sie

zu weit gegangen, hatten persönliche Verdächtigungen ausgesprochen, wie sie in dieser Form unerlaubt waren. Dabei wäre es doch einfach darum gegangen, endlich eine Untersuchung aller Umstände und Fragwürdigkeiten anzuregen, die den Namen Untersuchung wirklich verdient. Mit eisernem Handschuh hat nun die Zürcher Justiz die Unruhigen im Staat ‹beerdigt›; einige Zeitungen haben erleichtert aufgeatmet und applaudiert, denn die Zürcher Presse möchte das alte, lästige Thema ebenfalls begraben sehen. Damit vertuscht man nun aber, was in dieser Sache einfach nicht vertuscht werden darf: das geradezu läppische Versagen der Polizei bei der Untersuchung des Zahltagsdiebstahls!»

Die Angeklagten appellierten natürlich an das Obergericht. Am 30. Dezember 1973 verjährte die letzte der von Hubatka eingeklagten Taten, und am 24. Januar 1974 fand die Verhandlung vor Obergericht statt. Der zweiten Instanz blieb nichts anderes übrig, als das Urteil des Bezirksgerichts zähneknirschend aufzuheben. Zu entscheiden war nun bloss noch die Kostenfrage: Die Angeklagten wurden verpflichtet, Hubatka für die Umtriebe vor Bezirks- und Obergericht mit 5000 Franken zu entschädigen.

Diesmal erschien auch Hubatka vor Gericht, begleitet von seinem Rechtsanwalt. Walter Guex musste wohl oder übel feststellen, dass es den Angeklagten geglückt sei, «sich durch ihre Trölerei um eine Strafe zu drücken».

Auch Meier ergriff vor der öffentlichen Urteilsberatung das Wort. Er sprach mit einer Mannhaftigkeit, zu der die unsympathischen prozesstaktischen Scharmützel nicht recht passen wollten. Es war ein eindrücklicher Appell, ihn jetzt in ein Verfahren wegen falscher Anschuldigung zu ziehen, wo nicht nur höhere Strafen drohen, sondern auch längere Verjährungsfristen gelten: «Ich möchte Sie nun mit Nachdruck ersuchen, Herr Präsident, sehr geehrte Herren Oberrichter, nachdem ja die Ehrverletzung verjährt ist und man die unbedingte Gefängnisstrafe, die man mir und den Mitangeklagten anhängen wollte, nicht ausführen kann, sind Sie so gut im Namen des Rechtsstaates, im Namen der Zürcher Justiz, alle Wege und Mittel zu prüfen, damit nunmehr auf falsche Anschuldigung untersucht wird; und das möchte ich auch den Presseleuten mitgeben, denn dort kann man die Einrede der Verjährung nicht bringen, und es bestehen noch genau fünf Jahre für die Untersuchung unter falscher Anschuldigung.»

Meier appellierte auch an Hubatka, «nunmehr doch Mut zu zeigen und zu sagen, es ist verjährt, das haben die drei Angeklagten fertiggebracht, diese Verjährung herzubringen, jetzt wollen wir es aber auf dem anderen Weg wissen, nämlich wegen falscher Anschuldigung». Wenn dieser Weg eingeschlagen werde, fuhr Meier fort, «dann gehe ich zufrieden nach Hause und bin sehr beruhigt, denn ich weiss, was dort für ein Resultat herauskommt, und ich weiss auch, dass viele Politiker – egal von welcher Partei – wissen, was dann herauskommt. Ich bin mit vielen im Gespräch gewesen, und viele haben mir gesagt: Herr Meier, wir wissen schon, es ist nicht sauber, aber man kann nichts mehr machen, diese Gesellschaft nimmt nichts mehr hin.»

Und Meier versprach: «Wenn ich in einem allfälligen Verfahren wegen falscher Anschuldigung unterliegen sollte und zu einer Strafe verurteilt werden sollte, dann würde ich ins Gefängnis gehen und meine Familie aufgeben, und ich würde den Rest meines Vermögens, das ich noch habe, für den Rechtsstaat aufgeben.»

Endlich eine feste Stelle
Meier 19 hatte damals wieder mehr zu verlieren als in den ersten fünf Jahren nach seiner Entlassung. Nach einer längeren Phase unregelmässiger Beschäftigungen hatte er auf den 1. Februar 1972 eine feste Stelle gefunden: als Sachbearbeiter für Schadenfälle bei der Regionaldirektion Zürich der «Winterthur»-Versicherung. Damit belief sich sein jährlicher Bruttolohn auf über 30 000 Franken, im Jahr 1975 auf 43 090 Franken. Das war eine beträchtliche Verbesserung, nachdem er 1969 und 1970 ein Einkommen von nur 4100 Franken versteuert hatte.

Die Stelle bei der «Winterthur» hatte Meier übrigens durch die Vermittlung eines Oberrichters erhalten: durch jenen Robert Frick, der im Winter 1966/67 die Affäre Meier 19 ins Rollen gebracht hatte, indem er dem Detektivwachtmeister gegenüber den Eindruck erweckte, er wolle ihn abwimmeln. Frick war von einem Freund Meiers gefragt worden, ob er die Möglichkeit einer Anstellung sehe. Frick traf sich mit Meier in einem Café und legte für ihn bei der Versicherung, wo er einen Studienkollegen kannte, ein gutes Wort ein. «Ich hatte das Gefühl, Meier 19 entwickle sich zum Desperado und eine feste Stelle könne für ihn eine Chance sein», erinnert sich der pensionierte Oberrichter.

Eines musste der neue Sachbearbeiter seinem Arbeitgeber allerdings versprechen: Mit der Affäre Meier 19 werde es ein Ende haben.

IV. DIE ENTDECKUNG

Das falsche Alibi (1971)

Die Affäre Meier 19 war nicht zu Ende, auch diesmal nicht. Sie ging weiter dank einer unerwarteten Entdeckung. Die Ironie der Geschichte will es, dass Kurt Meier diesen Fund seinem Prozessgegner Hubatka zu verdanken hat. Dessen Ehrverletzungsklage gab dem Beklagten, der zum Wahrheits- und Gutglaubensbeweis zugelassen war, das Recht, Einblick in die Akten zur Untersuchung des Zahltagsdiebstahls zu nehmen.

Kurz vor Ostern 1971 hatte Meier 19 den Aktenberg plötzlich vor sich und konnte Kopien machen. Meier kopierte die Akten allerdings nicht im Bezirksgebäude, der Preis für die Kopien war ihm dort zu hoch. Er bat, die Akten an Ort und Stelle verlesen und jene mitnehmen zu dürfen, die ihn interessierten. Er wollte sie bei einem Bekannten fotokopieren. Dies wurde ihm erstaunlicherweise erlaubt. Er konnte mit den Originalen das Haus verlassen und musste, so glaubt er sich zu erinnern, nicht einmal eine Quittung unterschreiben.

Meier 19 begab sich ins nahegelegene Discounthaus Eschenmoser. Alfons Eschenmoser war ein Freund. Er hatte ebenfalls Mechaniker gelernt und in Le Locle zusammen mit Kurt Meier in derselben Fabrik gearbeitet. Die beiden gehörten einer lustigen Deutschschweizer Clique an. Eschenmoser zog ein paar Jahre als Störmechaniker und Matrose durch die Welt und gründete 1953 in einer Einzimmerwohnung seine Discountfirma. Auch Meier 19 gewährte ihm finanzielle Starthilfe. Eschenmoser revanchierte sich, indem er Meier 19 immer wieder unter die Arme griff und ihm 1978, nach der Scheidung, zu einer Unterkunft verhalf.

Mit den bei Eschenmoser erstellten Kopien eilte Meier sofort zu seiner Rechtsanwältin. «Klient überbringt fotokopierte Akten aus dem Untersuchungsdossier Zahltagsdiebstahl», notierte Gertrud Heinzelmann unter dem Datum 7. April 1971. Weil ihr die Auswahl nicht genügte, schickte sie Meier mehrmals zurück, damit dieser weitere Kopien besorge oder gewisse Details am Original überprüfe.

Die Ausbeute war überwältigend: Meier 19 war nun über polizeiliche Fragebogen und Einvernahmeprotokolle dokumentiert, über die Rapporte der Sachbearbeiter, die knappe Schlussverfügung des damaligen Staatsanwalts Hans Walder aus dem Jahr 1966, ferner über die Akten der Untersuchung, die 1968 Bezirksanwalt Rudolf Gerber durchführte, sowie über dessen Einvernahmen, darunter auch jene von Hubatka. Die Sistierungsverfügung von Staatsanwalt Oskar Birch hatte Meier schon früher erhalten; er entdeckte nun aber, dass sie wortwörtlich dem Schlussbericht Gerbers folgte.

Brisante Weglassung

Beim Studium machte Meier 19 nun auch jene Entdeckung, die seinen Argwohn gegenüber dem Gebaren der Ermittler ins Recht setzte, seinen Kampf schlagartig seriöser machte, den bisherigen Feldzügen mehr Fundament und zu künftigen den Anlass gab. Mit unverminderter Schärfe und unerbittlicher Logik, aber ohne die kontraproduktiven Unterzüge konnte man nun auf objektive Fakten hinweisen.

Der Zahltagsdieb wurde freilich, auch wenn es Meier zeitweise anders vorkommen mochte, nicht auf dem Tablett serviert. Dafür aber ein Indiz, das Hubatka nach einem späteren Entscheid des Bundesgerichts als «zunächst verdächtiger als andere Korpsangehörige» erscheinen liess: Der Ermittlungsleiter hatte ein falsches Alibi angegeben.

Nicht, dass er auf dem Fragebogen, der eine Woche nach der Tat an alle Korpsangehörigen verteilt worden war, eine Unwahrheit festgehalten hätte. Doch er gab auf eine Frage, die lückenlose Antwort verlangte, nur einen Teil der Wahrheit an. Auch der Ermittlungsleiter musste Auskunft geben darüber, ob und weshalb er sich in jener Nacht auf den 27. März 1963 zwischen 18 und 6.30 Uhr im Stadtkreis 1 oder im Amtshaus I aufgehalten hatte.

Dem mit Schreibmaschine ausgefüllten und von Hubatka unterschriebenen Fragebogen, dessen Kopie Meier nun in Händen hatte, sind die folgenden Angaben zu entnehmen:

Auf die Frage nach der Präsenz im Innenstadtkreis 1 schrieb Hubatka: «ab 22.50 Jägerstübli ‹Du Pont› bis 23.30».

Auf die Frage nach der Präsenz im Amtshaus I: «ja, ca. 20.30 bis 22.45».

Auf die Frage «Warum?»: «Arbeiten auf meinem Büro // ca. von 22.30 – 22.45 auf Detektivbüro (Fahndungsaktion) // Im Jägerstübli mit Gattin und Frau Zurgilgen».

Keine Angaben enthält der Alibibogen dagegen über Hubatkas Anwesenheiten vor 20.30 Uhr, als ihn Polizeimann Wendel zwei- oder dreimal in der Nähe des Tatbüros gesehen hatte.

Hubatkas Anwesenheit am Abend wurde von weiteren Zeugnissen bekräftigt – von Zeugnissen, die Meier 19 jetzt entdeckte. Polizeiinspektor Rolf Bertschi hatte auf dem Fragebogen angegeben: «Bis ca. 18.45 Uhr Empfang von Anwärterinnen für die Polizeiassistentinnenstellen. Besprechung der Bewerbungen mit Dr. Hubatka in meinem Büro. Anschliessend Wegfahrt mit meinem Wagen …».

Der Kanzleichef gab an: «Als Kanzleichef verliess ich als Letzter um ca. 1810 h das Polizeiinspektorat, dh. nur noch der Hr. Inspektor und der Chef der Kripo empfingen die Stellenbewerberin Frl. R. T., Polizeiassistentin.»

Der Kripo-Chef hatte also mit der Nichterwähnung seiner Anwesenheit vor 20.30 Uhr den unzutreffenden Eindruck erweckt, er habe sich zwischen 18 und 20.30 Uhr stets ausserhalb des Amtshauses und des Stadtkreises 1 aufgehalten. Dabei war er, wie Drittpersonen bezeugen, bereits vor 20.30 Uhr im Haus. Diese Nichterwähnung ist aufgrund der Fragestellung ebenfalls als Angabe zu werten, deshalb kann Hubatkas Alibi als falsch bezeichnet werden. Wieviel exakter waren im Vergleich dazu die Angaben Bertschis und seines Kanzleichefs!

Die Weglassung ist um so erstaunlicher, als auf dem Fragebogen nicht nur nach Zeiten und Örtlichkeiten gefragt worden ist. Die Frage nach dem «Warum?» hatte die Exploranden nämlich gezwungen, sich intensiver mit den Vorgängen jener Nacht zu befassen, als wenn sie bloss nach den äusseren Daten gefragt worden wären. Auch hätte die Angabe, er sei ab 20.30 Uhr in seinem Büro gewesen, bei Hubatka doch automatisch die Frage wecken müssen, wie er die Lücke zwischen ordentlicher Bürozeit und spätabendlicher Büroarbeit überbrückt hatte. Vor allem aber hätte man von einem Mann, der diese Ermittlungen leitete, erst recht erwarten dürfen, dass er sich jenen Abend auf das genaueste vergegenwärtigte.

Schubladisierung durch Unbekannten
Meier 19 fand auch ein Einvernahmeprotokoll und zwei Rapporte, welche genau festhielten, wie Wendel in der Zeit zwischen 19 und 19.55 Uhr schräg gegenüber dem Tatbüro gesessen und Hubatka zwei- oder dreimal im Korridor gesehen hatte. Auf einem dieser Dokumente erblickte Meier 19 eine weitere Sonderbarkeit.

Er sah, dass der Rapport zur Weiterleitung an den Untersuchungsrichter bestimmt war. Es trug den Stempel mit der entsprechenden Verfügung von Kriminalkommissär Gottlieb Fuchs («Geht an die Bezirksanwaltschaft»); die Verfügung war von Fuchs unterschrieben und trug das Datum vom 13. Mai 1963. In diese Verfügung hinein war aber der handschriftliche Vermerk eingefügt worden: «ad acta» – die übliche Anweisung, dass ein Dokument polizeiintern zu den Akten zu legen sei.

Meier 19 musste eine ganze Weile auf die handschriftlich ergänzte Verfügung blicken, bis er die Brisanz des Vorgangs erkannte: Die Anordnung des Kriminalkommissärs, das Dokument über die Beobachtung Wendels dem Untersuchungsrichter zu übergeben, ist durch den anonymen Vermerk «ad acta» nachträglich korrigiert worden. Diese Intervention von unbekannter Hand verhinderte die Weiterleitung und war der Grund, weshalb der untersuchende Bezirksanwalt keine Kenntnis davon haben konnte, dass Hubatka in der Nähe des Tatorts gesehen worden war.

Von wem stammt der Vermerk «ad acta»? Wer wollte verhindern, dass der Untersuchungsrichter den Polizeimann Wendel und den von ihm beobachteten Kripo-Chef befrage? Hatte am Ende der Ermittlungsleiter selber etwas damit zu tun?

Meier hat in den späteren Ehrverletzungsprozessen zweimal den Antrag gestellt, die Herkunft des Schriftzuges «ad acta» sei durch einen amtlichen Schriftgutachter abzuklären. Beim ersten Mal lehnte der Gerichtspräsident die Expertise bereits vor dem Prozess ab, beim zweiten Mal zog Meiers Rechtsanwalt den Beweisantrag wegen Aussichtslosigkeit und «mit grossen Bedenken» wieder zurück. Er hoffte, dass die Einvernahme von Kommissär Fuchs, die auf jenen Prozesstag angesagt war, Licht in die Affäre bringe.

Nun, Kommissär Fuchs gab wohl einen vagen Hinweis auf eine bestimmte Person. Auf die Frage, wessen Unterschrift der Vermerk «ad acta» sei, antwortete er: «Das kann ich nicht genau sagen, offenbar die Unterschrift des Chefs der Detektiv-Abteilung.» Es war ein seltsamer Hinweis, denn er lenkte den Verdacht auf einen Mann, der gemäss den Akten mit den Ermittlungen nichts zu tun hatte. Dazu äussern konnte sich der 1963 amtierende Chef der Detektiv-Abteilung nicht; er war im Oktober 1975, als er von Fuchs genannt wurde, bereits seit drei Jahren tot.

Meier 19 hatte auch den Rapport eines Kantonspolizisten kopiert, der 1968 bei der Untersuchung des Zahltagsdiebstahls Gerbers Sachbearbeiter war. In dem Papier fand sich ein Abschnitt mit dem verheissungsvollen Titel «Überprüfung der Polizeioffiziere». Dort war ein länglicher Satz zu lesen, der einen interessanten, eigens unterstrichenen Einschub hatte: «Die Auswertung dieser Fragebogen erfolgte in der Weise, dass alle Corpsangehörigen – *mit Ausnahme der Offiziere* –, welche sich im kritischen Zeitpunkte im Hause aufhielten, von den Usancen in den Büros 108–110 des Polizeiinspektorates Kenntnis hatten, früher von Beruf Werkzeugmacher oder Maschinenschlosser waren (Nachmachung des Tresorschlüssels) oder durch ihren Lebenswandel auffielen, näher überprüft wurden.»

Was Meier schon immer behauptet hatte, erhielt er jetzt offiziell bestätigt: Bei den Offizieren wurden Ausnahmen gemacht, sie kamen um die «nähere Überprüfung» herum.

Das Vertuschungsmanöver Nummer 1
Meier fand auch jenen Schlussrapport, mit dem sein einstiger Freund, Detektiv Robert Schönbächler, ein Jahr nach dem Zahltagsdiebstahl einen Überblick über die Präsenzangaben gab. Hubatka und Wendel werden erwähnt, dies aber in einer Art und Weise, dass der Bezirksanwalt weder Hubatkas Aufkreuzen in der Nähe des Tatorts noch die unkorrekten Präsenzangaben bemerken konnte.

Von Wendel wird bloss vermerkt, dass er sich zusammen mit einer Parksünderin bis ca. 20 Uhr im Gang vor dem Polizeiinspektorat aufgehalten hatte. Über seine Beobachtung kein Wort.

Im Abschnitt über Hubatkas Anwesenheiten scheint Schönbächler die Worte mit besonderem Bedacht ausgewählt zu haben. Er kombinierte die Präsenzangaben Hubatkas derart geschickt mit jenen von Polizeikommandant Bertschi, dass einerseits nichts auf die Lücke im Alibi hindeutete und anderseits dem Autor des Rapports nicht der Vorwurf erwachsen konnte, er stütze sich auch dort auf Hubatkas

Präsenzangaben ab, wo eine derartige Abstützung gar nicht möglich war.
Zuerst werden die Präsenzangaben Bertschis wiedergegeben: «Hr. Inspektor Dr. R. Bertschi befand sich bis ca. 18.45 Uhr in seinem Büro. Zusammen mit Hrn. Adjunkt Dr. W. Hubatka empfing er Anwärterinnen für die Polizeiassistentinnen-Stellen.»
Dann werden die Angaben Hubatkas rapportiert, wobei deren Lückenhaftigkeit durch eine Anlehnung an die Angaben Bertschis überspielt wird: «Hr. Adjunkt Dr. W. Hubatka hielt sich wie vorstehend erwähnt bis ca. 18.45 Uhr beim Herrn Polizeiinspektor auf. Zw. ca. 20.30–22.30 Uhr arbeitete er in seinem Büro an einem Vortrag. Zw. ca. 22.30–22.45 Uhr schaltete sich Hr. Adjunkt Dr. W. Hubatka auf dem Det.-Büro in die unter Leitung von Hrn. Komm. Dr. H. Witschi im Gang befindliche Fahndungsaktion nach dem vermissten Knaben H. Z. ein.»
Obwohl die Zusammenfassung Schönbächlers den Umstand im verborgenen beliess, dass Hubatka den Aufenthalt im Büro des Polizeiinspektors nicht angegeben hatte, und ein Aussenstehender dieses Vertuschungsmanöver nicht durchschauen konnte, hätte der Untersuchungsrichter stutzig werden müssen. Der «Schweizerische Beobachter» schrieb 1971: «Jeder Bub, der zwei Krimis aus der Schulbibliothek gelesen hat, bemerkt doch hier, dass über den Aufenthalt des hohen Offiziers [gemeint ist Hubatka] zwischen 18.45 und 20.30 Uhr nichts ausgesagt wurde, dass hier eine Lücke, ein Loch, eine offene Frage besteht.»
Die Angabe, dass Hubatka zwischen 20.30 und 22.30 Uhr an einem Vortrag gearbeitet hatte, konnte Schönbächler übrigens nicht dem Fragebogen Hubatkas entnommen haben. Dies zeigt, dass er sich nicht bloss auf die Akten stützte, sondern offenbar den kritischen Abend mit seinem Chef durchbesprochen hatte. Um so mehr musste in Meier der Verdacht aufkommen, sein ehemaliger Dienstkollege habe einen bewussten Ablenkungsversuch unternommen oder er sei gar von Hubatka dazu gedrängt worden.
Schönbächler lehnte eine Stellungnahme im Hinblick auf dieses Buch ab. In der Einvernahme durch Bezirksanwalt Gerber erinnerte er sich 1968 zwar immer noch daran, dass Polizeimann Wendel «angegeben hatte, er habe Adjunkt Dr. Hubatka ein- oder zweimal gesehen». Etwas Aussergewöhnliches wollte Schönbächler darin aber nicht

POLIZEIINSPEKTORAT DER STADT ZÜRICH 321

F r a g e b o g e n

Name __Hubatka__ Vorname __Walter__
Grad oder Stellung im Beruf __Adj.__
Dienststelle __Kripo__

1. Waren Sie in der Nacht vom Dienstag auf den Mittwoch, 26./27. März 1963, von 1800 bis 0630 Uhr im Kreis 1 oder im Amtshaus I?

   Kreis 1: __ab 22.50 Jägerstübli "Du Pont"__
   __bis 23.30__
   Amtshaus I: __ja__
   Zeit: __ca.20.30 - 22.45__
   Warum? __Arbeiten auf meinem Büro__
   __ca. von 22.30 - 22.45 auf DB__
   __(Fahndungsaktion)__
   Im Jägerstübli mit Gattin und Frau Zurgilgen.

2. Holen Sie oder holten Sie den Zahltag im Polizeiinspektorat (Büro Ruoff) ab?

   Jetzt: __ja__
   Früher: ____

kursiert. Etwas Spezielles i
festgestellt. Er sei auch ni

Verfügung vom 13. MAI 1963
Geht an die Bezirksanwaltschaft
ad acta
Der Kriminalkommissär

Oben: Ausriss aus dem Fragebogen, mit dem Kripo-Chef Walter Hubatka Auskunft über seine Präsenz gab. Unten: Der Rapport ist von Kommissär Fuchs an die Bezirksanwaltschaft verfügt worden, doch nachträglich fügte eine unbekannte Hand die Worte «ad acta» ein.

erblickt haben. «Ich war aber eigentlich bisher immer der Ansicht, die Zeiten deckten sich insofern, als Hubatka in jenem Zeitpunkt bei Inspektor Dr. Bertschi an einer Besprechung mit Bewerberinnen teilnahm», sagte er zu Gerber. Als ihn dieser darauf aufmerksam machte, dass die Besprechung um ca. 18.45 Uhr zu Ende war, Wendel dagegen erst eine Viertelstunde später eintraf, nahm er dies zur Kenntnis und sagte: «Bestimmt hat man unter den Sachbearbeitern damals diesem Punkt Beachtung geschenkt.» Gerber unterliess es hierauf zu fragen, welche Beachtung denn die Sachbearbeiter, zu denen auch Schönbächler gehörte, damals diesem Punkt geschenkt hätten ...

1973 ging der ausserordentliche Untersuchungsrichter Walter Spillmann-Thulin der Sache nochmals nach, mit enttäuschendem Resultat freilich: «Eine formlose Befragung der damaligen Sachbearbeiter ergab, dass sich diese nicht mehr erinnern können, ob ihnen die Diskrepanz zwischen den Angaben in den Fragebogen Dr. Hubatkas und Dr. Bertschis bei der Auswertung aufgefallen war. Sollte sie ihnen aufgefallen sein, so hätten sie gemäss ihren Angaben daran keinen Anstoss genommen, weil einerseits die Zeit vor 20.00 Uhr im Hinblick auf die Anwesenheit des Reinigungspersonals im Haus und derjenigen von Polizeimann Wendel in der unmittelbaren Nähe des Tatortes als nichtkritisch angesehen worden sei und weil anderseits wohl ein offensichtliches Versehen Dr. Hubatkas angenommen worden wäre, indem dieser ja ohnehin noch später in jener Nacht im Amtshaus I geweilt habe.»

Spillmann-Thulin fand diese Erklärung «einleuchtend»: «Da Dr. Hubatka zufolge seiner späteren Anwesenheit in jener Nacht als möglicher Täter vom Alibi her ohnehin nicht ausgeschlossen werden konnte, war die Deutung jener Auslassung als blosses Versehen naheliegend.»

Die Frage, die Rudolf Gerber partout nicht stellte
Unter den Akten, die Meier 19 kopierte, befanden sich auch die Protokolle der Einvernahmen durch Bezirksanwalt Rudolf Gerber, darunter die Einvernahmen Schönbächlers und Hubatkas. Diese Dokumente offenbaren eine seltsame Mischung von Detailwissen und Erinnerungsschwäche der Einvernommenen und an manchen Stellen ein noch seltsameres Desinteresse Gerbers. Meier 19 erhielt den Eindruck, Hubatka sei von Gerber mit Samthandschuhen angefasst worden.

Er habe Hubatka keineswegs schonen wollen, sagt demgegenüber Gerber. Er habe mit Hubatka nie auch nur die geringsten persönlichen Beziehungen unterhalten. Hubatka habe sich sogar über seine «‹harten› Befragungen und das Abklären der persönlichen Verhältnisse beklagt». Als Gerber bereits Bundesanwalt war, soll der Kripo-Chef einmal zu ihm sogar gesagt haben, er habe sich durch seine Vorgehensweise «wirklich wie ein schon Verurteilter gefühlt».

Sehen wir uns die Fakten an. In der Einvernahme vom 19. Januar 1968 wurde Hubatka als erstes mit Meiers Verdacht konfrontiert, er sei der Zahltagsdieb. «Selbstverständlich bestreite ich diesen Vorwurf», entgegnete Hubatka.

Es folgte die Aufforderung Gerbers: «Geben Sie an, was Sie am Abend des 26. März 1963 ab 18 Uhr taten.» Hubatkas erster Satz lautete gemäss Protokoll: «Ich möchte vorausschicken, dass ich natürlich bezüglich Zeiten auf den von mir seinerzeit erstellten Fragebogen verweisen muss, der Ihnen ja vorliegt.» Und dann erzählte er von jener abendlichen Sitzung, bei welcher er zusammen mit Polizeiinspektor Bertschi Bewerberinnen um eine Polizeiassistinnenstelle empfing. «Ich glaube, dass diese Besprechungen ungefähr um 19.00 Uhr beendet waren», sagte er und fügte an: «Anschliessend begab ich mich, wie ich fast mit Sicherheit erklären kann, in mein Büro zurück.»

Ein anderer Untersuchungsrichter hätte jetzt wohl die Frage gestellt, weshalb Hubatka diese Präsenz auf dem Fragebogen, der «ja vorlag», nicht angegeben hatte, zumal er sich jetzt, fünf Jahre später, immer noch daran erinnerte. Gerber tat es nicht, weder an dieser Stelle noch im späteren Verlauf der Einvernahme.

Hubatka schilderte dann den weiteren Verlauf des Abends: «Mir ist in Erinnerung, dass ich nach Hause fuhr, dort vermutlich etwas Kleines ass und dann wieder in mein Büro zurückkehrte, um, so glaube ich, an einem Vortrag zu arbeiten.» Dann erinnerte er sich, dass er seine Frau und deren Freundin Dr. Leonie Zurgilgen «bei Regen zum Kino ‹Apollo› brachte». Er berichtete, dass «wir uns im Anschluss an die Kinovorstellung vermutlich getroffen haben, sei es, dass meine Frau mich abholte, sei es, dass wir irgendwo uns zu einer bestimmten Zeit trafen».

Gerber unterrichtete ihn hierauf über die Angabe auf dem Fragebogen, wonach das Treffen im «Jägerstübli» des Restaurants «Du

Pont» stattgefunden habe, worauf sich Hubatkas Vermutung festigte, er habe sich mit den beiden Frauen im «Jägerstübli» verabredet. Diese seien sehr wahrscheinlich mit dem Tram zum Treffpunkt gefahren, denn es komme «ausserordentlich selten vor, dass mich meine Frau im Büro abholt».

Ob es sich wirklich so zugetragen hatte, wurde weder in dieser Untersuchung noch in späteren Verfahren überprüft. Auch wurde die angebliche Begleiterin von Frau Hubatka, von der sich in den Akten immer nur der Name und nie eine Adresse findet, nie einvernommen. Meier 19 stellte seinerzeit sogar die Frage, ob die Person überhaupt existiere. Einen guten Grund, an jenem Abend das Kino Apollo aufzusuchen, gab es allerdings. Um 20.15 Uhr fand dort die festliche Premiere des Dialektfilms «Im Parterre links» statt – anwesend waren Regisseur Kurt Früh und ein Teil der Schauspieler, darunter Valerie Steinmann, Paul Bühlmann, Bella Neri und Peter Brogle.

Bezirksanwalt Rudolf Gerber stellte Hubatka nun die zentrale Frage, ob er sich daran erinnere, zwischen 19 und 20 Uhr in der Halle gewesen zu sein, in die auch das Tatbüro mündet. Von der Beobachtung Wendels sagte Gerber richtigerweise noch nichts. «Einzig im Zusammenhang mit den bereits erwähnten Bewerberinnen um eine Stelle als Polizeiassistentinnen», antwortete Hubatka und erläuterte dann seine hauptsächlichen Wege im Amtshaus. Und dann sagte er: «Aus den von Bertschi und mir in unseren Fragebogen angegebenen Zeiten leite ich ab, dass ich vermutlich zwischen 19.15 und 19.30 Uhr das Amtshaus I verlassen habe. Ich kann nicht mehr sagen, ob ich zuerst oder Bertschi und ich gemeinsam sein Büro um 18.45 Uhr verliessen, vermutlich ging ich zuerst weg. Ich schliesse die Möglichkeit aus, meine Unterlagen in seinem Büro zurückgelassen zu haben.»

Hubatkas Verweis auf die «von Bertschi und mir in unseren Fragebogen angegebenen Zeiten» hätte für Gerber erneut Anlass sein können, auf die lückenhaften Präsenzangaben in Hubatkas Alibibogen zu sprechen zu kommen.

Gerber unterrichtete nun Hubatka über die Beobachtung Wendels. Hubatkas Antwort: «Ich nehme zur Kenntnis, dass dieser angibt, mich zwei- eventuell dreimal in der Halle vor der Inspektoratskanzlei gesehen zu haben. Es ist durchaus möglich, dass ich zwischen 19.00 und 20.00 Uhr durch diese Halle ging. Ich kann mir aber lediglich vorstellen, einmal, nämlich beim Nachhausegehen, durch die Halle gegangen zu sein. Mindestens erinnere ich mich nicht an eine zweimalige Begehung der Halle. Natürlich lässt sich vorstellen, dass ich ausgerechnet an jenem Abend nicht nur einmal durch die Halle ging; ich schliesse aber aus, nochmals im Büro Bertschi oder in einem andern an die Halle angrenzenden Büro gewesen zu sein. Erklärungen für ein mehrmaliges Aufsuchen der Halle lassen sich natürlich geben, beispielweise ein Besuch in der Hauptwache und Rückkehr ins Büro vor dem Heimgehen. Ich möchte aber keine blossen Deduktionen wiedergeben. Ich erinnere mich einfach nicht mehr.»

Ohne Mantel und ohne Tresorschlüssel
Auf die Frage nach seiner damaligen Kleidung antwortete Hubatka zunächst mit grosser Sicherheit: «Bestimmt trug ich keinen Hut, sicher auch keinen Schirm. Früher trug ich selbst bei Regen keinen Mantel.» Weniger sicher schob er, offensichtlich auf eine Rückfrage Gerbers hin, den Satz nach: «Ich kann heute natürlich nicht mehr mit Sicherheit angeben, ob ich an jenem Abend einen Mantel trug.» Sieben Jahre später wird er zu dieser Frage noch einmal Stellung nehmen müssen – und eine ganz andere Antwort geben.

Gerber forderte Hubatka sodann auf: «Geben Sie Auskunft über die Schlüsselverhältnisse des Tresors.» Hubatkas Antwort: «Ich [...] übernahm am 1. April 1955 die Sittenpolizei. In meinem Vorbüro stand ein Tresor, der von meinem Vorgänger für die Aufbewahrung von Rauschgift etc. verwendet wurde.» In Wirklichkeit war der Stellenantritt schon am 1. März. Mit seiner Standortangabe für den Tresor widersprach Hubatka einem Rapport aus dem Jahr 1963, welcher festhielt, dass der Kassenschrank «mit an Sicherheit grenzender Wahrscheinlichkeit» im Büro des Sittenkommissärs stand. Er widersprach aber auch Recherchen, die erst nach der Einvernahme Hubatkas getätigt wurden; diese «versetzten» den Tresor in einen Raum der Sittenpolizei, der mit dem Büro des Kommissärs oder dessen Kanzlei nicht verbunden war.

Hubatka nahm nun erstmals aktenkundig zur Frage Stellung, auf welche Art und Weise er über den Tresor verfügt hatte. «Die Schlüssel zu diesem Tresor übernahm ich nie», sagte er. Weil im Vorbüro «enge Verhältnisse herrschten, veranlasste ich, dass der Tresor weggeschafft wurde, was dann auch getan wurde. Dass er schlussendlich im Büro für Personelles ‹landete›, erfuhr ich erst anlässlich der eingehenden Erhebungen über die Schlüsselverhältnisse im Zusammenhang mit dem fraglichen Diebstahl».

Der Bezirksanwalt spielte nun auf die Vermutung Meiers an, Hubatka sei in Geldnöten und deshalb bei der Darlehensbank «Prokredit» «gut bekannt» gewesen. «Sie sollen zu gewissen Banken besondere Beziehungen haben», sagte Gerber, worauf Hubatka antwortete, er habe sein Sparheft sowie die Hefte seiner Kinder bei einer bestimmten Sparkasse, deren Namen er nannte. Und dann sagte er: «Persönliche Kontakte zu den Leitern irgendeiner Bank unterhalte ich nicht, namentlich zur Bank ‹Pro Kredit› und Bank ‹Frei-Treig›. Ich bin lediglich einmal vor einigen Jahren mit Herrn Treig zusammen an einem sog. runden Tisch beim Fernsehen aufgetreten.»

Um derartige Kontakte war es bei der Frage jedoch nicht gegangen. Nicht die persönlichen Beziehungen zu Bankdirektoren waren von Interesse, sondern die Frage, ob Hubatka bei diesen Darlehensbanken Kunde gewesen sei. Dazu sagt seine Antwort aber überhaupt nichts aus. Trotzdem liess es Gerber dabei bewenden und stellte zu diesem Punkt keine weiteren Fragen.

Gerber stellte zwar Erhebungen über Steuerverhältnisse, Eigentumsvorbehalte (keine) und Autokäufe Hubatkas an, doch die von Meier geäusserte Vermutung, Hubatka sei Darlehensnehmer, blieb damals ungeklärt. Erst 1973, im Zusammenhang mit einer Interpellation im Zürcher Kantonsrat, wurden Recherchen angestellt; sie beschränkten sich aber offenbar auf eine einzige Bank, die «Prokredit». Zwei Verantwortliche der Bank bezeugten am 26. April 1973 zuhanden des Regierungsrats: «Wir nehmen Bezug auf Ihre Anfrage und teilen Ihnen mit, dass wir den Namen von Herrn Dr. W. Hubatka in keinem unserer Register vorfinden konnten. Demgemäss ist Herr Dr. W. Hubatka noch nie mit unserer Bank in irgendwelchen geschäftlichen Beziehungen gestanden.»

Das Vertuschungsmanöver Nummer 2
Jetzt erst machte Meier auch in der Sistierungsverfügung, die er ja bereits im Januar 1969 erhalten hatte, eine neue Entdeckung. Ein Bandwurmsatz aus Gerbers Schlussbericht vom 5. Februar 1968, der von Staatsanwalt Oskar Birch wortwörtlich in die Sistierungsverfügung vom 14. März 1968 übernommen worden ist, kam ihm plötzlich suspekt vor.

Hier dieser Satz («act. 327» ist das Aktenzeichen für die Einvernahme Hubatkas durch Gerber): «Auf Grund des Fragebogens von Polizeiinspektor Dr. Bertschi (act. 317), dessen Kanzleichef Wm. Dürrenberger (act. 318) und Dr. Hubatka selbst (act. 321) sowie des Berichtes von Kommissär Dr. Witschi über die Fahndungsaktion vom 26. März 1963 nach dem vermissten Knaben H. Z. (act. 320) konnte zusammen mit Dr. Hubatka (act. 327, S. 1ff.) festgestellt werden, dass dieser am 26. März 1963 bis ca. 18.45 Uhr im Büro Dr. Bertschis Bewerberinnen für die Stelle einer Polizeiassistentin empfing, anschliessend vermutlich sein eigenes Büro aufsuchte und das Haus zwischen ca. 19.15 und 19.30 Uhr verliess ...»

Gerber hatte es fertiggebracht, die Anwesenheiten Hubatkas am kritischen Abend in einer Art und Weise zu resümieren und auf Quellen abzustützen, dass ein Aussenstehender nie und nimmer hätte bemerken können, dass Hubatkas eigene Angaben lückenhaft waren. Im Gegenteil, man erhält sogar den Eindruck, alle aufgeführten Anwesenheiten gingen auch aus der Akte 321 (dem Fragebogen Hubatkas) hervor. Meier sah in diesem Satz eine glatte Lüge: «Als er [Gerber] schrieb, aus dem Fragebogen Herrn Dr. Hubatkas ergebe sich etwas über das Tun des Machthabers am Tatabend im Amtshaus I während der Zeit zwischen 18.00 und 20.30 Uhr, tat er die Unwahrheit kund.»

Man kann Gerbers Resümee aber auch so verstehen, dass erst alle genannten Quellen zusammen die Aussagen über Hubatkas Tun zuliessen. So gesehen enthält der Satz keine Unwahrheit, wohl aber eine irreführende Halbwahrheit. Denn er verleitet zum falschen Schluss, auch aus dem Fragebogen Hubatkas liessen sich Angaben über dessen Aktivitäten vor 20.30 Uhr ableiten, und er verschweigt die Lücke in Hubatkas Alibi. Jedenfalls kommt man nicht darum herum, den Satz als Vertuschungsmanöver zu bezeichnen.

Als ich den pensionierten StaatsanwaltBirch fragte, ob er damals erkannt habe, dass Gerbers Satz zu falschen Schlüssen verleiten könnte, gab er zur Antwort, der Inhalt der im März 1968 vorliegenden Untersuchungsakten sei ihm «selbstverständlich bekannt» gewesen.

Das Bundesgericht prüfte im Jahr 1976 die Frage, ob das falsche Alibi Hubatkas durch die Sistierungsverfügung in unzulässiger Weise vertuscht worden sei. Das Bundesgericht verneinte die Frage und verwies auf einen kleinen, unscheinbaren Satz der Verfügung, der freilich ganz woanders und in einem andern Zusammenhang steht:

«Möglich ist auch, dass damals das Nichtübereinstimmen der von Hubatka und Wendel angegebenen Zeiten versehentlich nicht beachtet wurde.» Aus diesem Satz zog das Bundesgericht die Schlussfolgerung, die Verfügung habe «ausdrücklich erwähnt, in der früheren Untersuchung könnte allenfalls übersehen worden sein, dass Hubatka seinen Alibibogen so ausgefüllt habe, dass er im wesentlichen mit Aussagen von Drittpersonen nicht übereinstimmte». Dies ist nun allerdings eine geradezu hellseherische Interpretation. Meier und der Bankbeamte jedenfalls haben aus dem Sätzchen nie auf die Lückenhaftigkeit von Hubatkas Alibi geschlossen, und sie wären die ersten gewesen, die diesen Schluss, wäre er ihnen möglich gewesen, gezogen hätten!

Meiers Kenntnis vom lückenhaften Alibi Hubatkas und von dessen Vertuschung brachte ihn erst recht zum Schluss, Bezirksanwalt Gerber und Staatsanwalt Birch hätten niemals den Satz formulieren dürfen, es lägen «keine Elemente» vor, die Hubatka «mehr belasten würden als einen der andern Korpsangehörigen». Dieser Satz stelle «eine eigentliche Diffamierung» der Korpsangehörigen dar, meinte er, und deshalb schulde der Staat sämtlichen Funktionären, welche im Gegensatz zu Hubatka korrekt ausgefüllte Fragebogen eingereicht hatten, eine Richtigstellung.

Pro und Kontra (Zwischenspiel)

Hat Walter Hubatka, von 1961 bis 1983 Chef der Stadtzürcher Kriminalpolizei, in der Nacht zum 27. März 1963 im Hauptsitz der Stadtpolizei Lohngelder im Wert von 88 350.60 Franken gestohlen? Über diese Frage stritten in den siebziger Jahren Meier 19 und die zürcherische Justiz.

Ein fiktives Streitgespräch zwischen Meier 19 und einem Richter soll die unterschiedlichen Positionen in dieser Frage darstellen.

Das Gespräch basiert auf Zitaten, hauptsächlich aus dem Jahr 1973. Hauptquelle für den Gesprächspartner Meier 19 ist das dreissigseitige «Memorandum zum polizeilichen Zahltagsdiebstahl vom 26. März 1963 sowie zu den hierüber geführten Strafuntersuchungen», welches der Bankbeamte verfasst hatte. Der Richter benutzt vor allem die Urteilsbegründung der 3. Abteilung des Bezirksgerichts Zürich vom 6. September 1973.

Meier 19: Auf Herrn Dr. Hubatka lastet bezüglich des Zahltagsdiebstahls vom 26. März 1963 ein äusserst schwerer Verdacht. Der Grund dafür liegt keineswegs in der Beobachtung des Polizeimannes Wendel an sich, sondern vor allem im Umstand, dass Hubatka es bei der Ausfüllung des Fragebogens verschwiegen hatte, in dieser Zeit im Amtshaus geweilt zu haben. Denn für jeden auch nur halbwegs seriösen Kriminalisten galt stets die Regel, das falsche Alibi eines Angeschuldigten sei als – mehr oder minder gravierendes – Belastungsmoment zu deuten. Da Hubatka aber hinsichtlich seines Tuns am Tatabend zwischen 18.00 und 20.30 Uhr unwahre Angaben machte, geriet er für jeden objektiven Beobachter in den engsten Kreis der Verdächtigen.

Der Richter: Es stimmt, Hubatka hat den Erhebungsbogen nicht genau ausgefüllt. Dies lässt bei objektiver Beurteilung aber durchaus harmlose Deutungen zu. Für jeden objektiven Beobachter erschiene es als vollkommen sinnloses Unternehmen, hätte Hubatka mittels dieses Fragebogens bewusst ein falsches Alibi konstruieren wollen. Denn er wusste doch als Chef der Kriminalpolizei, dass er sich in den Korridoren der Polizeikaserne nicht bewegen konnte, ohne mit grösster Wahrscheinlichkeit nicht nur gesehen, sondern auch erkannt und daher von seinen Kameraden und Untergebenen bei einer an alle gerichteten Umfrage erwähnt zu werden. Das spricht eindeutig gegen eine bewusst falsche Ausfüllung des Alibibogens.

Meier 19: Dem kann ich ein Zitat aus der Sistierungsverfügung von 1968 entgegenhalten. Hubatka hätte als Zahltagsdieb ohne weiteres mit dem Reflex der Mannschaftsmitglieder rechnen dürfen, dass «niemand sich im Ernst vorstellen werde, der die Fahndung leitende Chef der städtischen Kriminalpolizei könnte Täter sein». Es war einmalig oder mindestens eine äusserste Seltenheit, dass der Tresor am Tatabend nur mit einem Schloss gesichert war. Nicht zuletzt deswegen erscheint es keineswegs als psychologisch unvorstellbar, dass Hubatka den Tresor leerte, obwohl im Gang Polizeimann Wendel und seine Begleiterin anwesend waren. Die These, wonach das falsche Alibi ein «Versehen» sei, mutet wegen der kriminalistischen Tätigkeit Hubatkas und wegen der ausserordentlich ernsten Situation geradezu grotesk an. Es ist schlechthin unmöglich, zu glauben, dass der Chef der Kriminalpolizei wenige Tage nach dem Geschehen Dinge vergessen haben konnte, über die er fünf Jahre später wieder Auskunft zu erteilen vermochte. Man kann nicht glauben, Hubatka habe, als er die Zügel der Fahndung in die Hände nahm und sofort eine generelle Alibiüberprüfung innerhalb des Polizeikorps ins Auge fasste, sich keine Gedanken darüber gemacht, was er selbst am Tatabend besorgte und insbesondere, ob er nicht vorübergehend in unmittelbarer Tatortnähe geweilt hatte. Ein unrichtiges Alibi bei Personen, die mit Alibikontrollen beruflich bestens vertraut sind, muss viel mehr zum Aufsehen mahnen, als wenn es von einem Laien stammt. Die These, es handle sich um ein Versehen, unterstellt, just der Fahndungsleiter sei mit äusserst mangelhafter Ausfüllung seines Fragebogens hervorgestochen, obwohl es für ihn zweifellos eine Selbstverständlichkeit hätte sein sollen, als gewiegter Kriminalist mit dem guten Beispiel grösster Akribie voranzugehen.

Der Richter: Für eine harmlose Deutung spricht doch aber auch die Tatsache, dass Hubatka seine Anwesenheit nicht nur für die «gefährliche» Zeit nach 18.55 Uhr (als Wendel im Korridor sass) nicht angab, sondern auch für die Zeit bis 18.45 Uhr (als Hubatka beim Polizeiinspektor Stellenbewerberinnen empfing). Die Anwesenheit im Büro des Polizeiinspektors hatte Hubatka ohne Gefahr angeben können. Dass er es nicht tat, zeigt dem unbefangenen Beobachter, dass es sich um ein Versehen handeln muss. Zudem ist für einen hohen Polizeioffizier eine Anwesenheit nach 18 Uhr nichts Ungewöhnliches, woran er sich nach einer Woche noch erinnern musste. Seine Anwesenheit nach 20.30 Uhr, die schon eher auffällig war und die ihm als supponiertem Täter viel gefährlicher hätte werden können, hat er immerhin angegeben. Auch das spricht dafür, dass er nichts bewusst verschweigen wollte.

Meier 19: Da kann ich nur staunen. Denn es sticht doch in die Augen, dass Hubatka, falls er zwischen 19 und 20 Uhr das Verbrechen tatsächlich ausgeübt hätte, bestrebt gewesen wäre, der sehr heiklen Notwendigkeit zu entgehen, über die kritische Zeitspanne zwischen ca. 18.45 Uhr und 20.30 Uhr eine Auskunft zu erteilen.

Der Richter: Aber Hubatka hat doch selbst den Befehl gegeben, Polizeimann Wendel über seine Beobachtung genauer zu befragen. Er hat den Antrag der beiden Hauptsachbearbeiter, eine richtige Einvernahme in der Richtung durchzuführen, ob Wendel nicht doch am kritischen Abend etwas Spezielles beobachtet habe, genehmigt. Dieser Umstand ist geeignet, Hubatka vom Verdacht des Diebstahls zu befreien.

Meier 19: Ein Vertreter der Justiz sollte im Laufe seiner Karriere gelernt haben, dass es jeden Rechtsbrecher interessieren muss, was allfällige Tatzeugen wahrnahmen, weil seine Sicherheit vielfach von einem solchen Wissen abhängt. Hubatka hat dagegen nie für die Korrektur oder für eine objektive Kontrolle seines Alibis durch einen von ihm unabhängigen Beamten gesorgt. Er unternahm auch nichts, damit Wendel und seine Begleiterin vom Bezirksanwalt überhaupt zu ihrer Beobachtung befragt würden.

Der Richter: Wendel und seine Begleiterin haben Dinge beobachtet, die als harmlos zu erklären sind. Solche Begehungen der Halle durch Hubatka sind nicht als ungewöhnlich zu beurteilen. Der eine Gang durch die Halle rührt mit Sicherheit daher, dass Hubatka zu seinem Auto ging, um vor 20 Uhr seine Frau abzuholen. Ein zweiter Gang ist zum Beispiel so zu erklären, dass er sich auf dem normalen Weg zum Detektivbüro begab (nicht durch die Halle), von dort aus irgendeinem Grund zur Hauptwache oder in den dieser gegenüberliegenden Bereitschaftsraum ging und dann über die Treppe neben dem Inspektorat zur Halle stieg und sich, diese durchquerend, in sein Büro begab; ein zweiter oder dritter Gang durch die Halle lässt sich auch durch eine Verrichtung direkt auf der Hauptwache oder in seinem vor dieser parkierten Auto mit anschliessender Rückkehr in sein Büro erklären. Möglicherweise hat Polizeimann Wendel Hubatka aber auch gesehen, als er um 18.55 Uhr in der Halle Platz nahm; denn die Besprechung im Büro des Polizeiinspektors, an der Hubatka teilnahm, endete nicht sicher um punkt 18.45 Uhr, sondern nach den Angaben des Polizeiinspektors um «ca. 18.45 Uhr»: Endete sie nur zehn Minuten später, so konnte Wendel Hubatka auch aus diesem Anlass in der Halle gesehen haben. Die Beobachtungen Wendels besagen somit bei vernünftiger Beurteilung nichts gegen Hubatka, weil dessen zwei- bis dreimalige Begehung der Halle zwanglos als normal bezeichnet werden kann, also keinen Rückschluss darauf zulässt, dass er am eigentlichen Tatort, im Büro 109, gewesen sei.

Meier 19: Weshalb wurde dann alles getan, damit das falsche Alibi und die Beobachtung dem Untersuchungsrichter nicht zur Kenntnis kamen?

Der Richter: Für die Ausscheidung und Weiterleitung jener Akten, die als erheblich betrachtet wurden, waren die Sachbearbeiter zuständig und nicht Hubatka. Nach den glaubwürdigen Aussagen des Hauptsachbearbeiters steht fest, dass es in der Hauptsache drei bestimmte Detektive gewesen waren, welche diejenigen Unterlagen ausschieden, bei denen eine Überweisung an die Bezirksanwaltschaft nicht notwendig war. Er sagte auch, dass bestimmt nicht Hubatka darüber entschieden hatte. Der Vorwurf, Hubatka habe Akten nicht weitergeleitet, um seine Anwesenheit nach 17.45 Uhr im Polizeigebäude zu vertuschen, geht daher fehl. Aus demselben Grunde war es auch nicht Hubatka, der den Vermerk «ad acta» angebracht hatte.

Meier 19: Diese Behauptungen sind falsch. Weil die Urteilsbildung darüber, was in einer Fahndungsaktion wesentlich ist und was nicht, zu den ureigensten Aufgaben des Fahndungsleiters gehört, mutet es nachgerade grotesk an zu sagen, Hubatka sei diesbezüglich völlig abseits gestanden. Eine Durchsicht der mir vorliegenden Untersuchungsakten zum Zahltagsdiebstahl zeigt im Gegenteil, dass die Schlussverfügungen auf den an die Bezirksanwaltschaft überwiesenen Schriftstücken durchwegs die Unterschrift von Polizeioffizieren oder gar von Hubatka selbst tragen. Keine aber weist die Unterschrift eines der drei Detektive auf, welche laut den Aussagen des Hauptsachbearbeiters für die Ausscheidung der Akten zuständig gewesen sein sollen. Selbst bei so belanglosen Dokumenten wie dem Bericht über die Wetterverhältnisse in der Tatnacht verfügten Offiziere die Weiterleitung. Es besteht somit Gewissheit, dass nur Offiziere für die Zurückbehaltung von Akten verantwortlich zu machen sind. Die Unterdrückung der Wendel-Akte kann nicht anders als absichtlich erfolgt sein, denn es gehört bekanntlich zum ABC jedes Kriminalbeamten – und damit auch des Polizeioffiziers oder des Untersuchungsrichters –, dass Lücken in abgegebenen Alibis und noch vielmehr falsche Alibis eine peinlich genaue Kontrolle nach sich ziehen müssen, auch dann, wenn es um Prominente geht.

Der Richter: Selbst wenn Hubatka selbst den Vermerk «ad acta» angebracht oder veranlasst hätte, wäre dadurch seine Täterschaft noch keineswegs erwiesen. Und selbst wenn die Nichtüberweisung dieser Akten ein Fehler gewesen sein sollte, so kann damit nicht in guten Treuen abgeleitet werden, Hubatka sei der Zahltagsdieb. Das Einvernahmeprotokoll über Wendels Beobachtung konnte ohne weiteres als unbedeutend bei der Stadtpolizei zurückbehalten werden. Wäre Hubatka für die Weiterleitung zuständig gewesen, könnte man wegen der Bedeutungslosigkeit dieser Protokolle bei objektiver Betrachtung daraus immer noch nichts gegen Hubatka ableiten. Ganz abgesehen davon, dass dann auch noch nicht erklärt wäre, wie Hubatka in den Besitz des Tresorschlüssels gekommen wäre.

Meier 19: Hubatka, der auch sonst tatverdächtig ist, hatte sehr wohl die Möglichkeit gehabt, in den Besitz eines Doppelbartschlüssels zu kommen, mit dem der Tresor zu öffnen war: Der Tresor befand sich in den Räumlichkeiten der Sittenpolizei, als Hubatka im März 1955 deren Chef wurde, und erst im folgenden Sommer wurde der Kassenschrank ins Tatbüro verlegt. Ich gebe aber zu, es erscheint als wahrscheinlicher, dass der Tresor mit dem Doppelbartschlüssel, der im Nebenbüro in einem Kästchen hing, geöffnet worden ist.

Der Richter: Die Theorien, dass Hubatka einen Schlüssel zum Kassenschrank besass, einen solchen zurückbehalten oder nachmachen lassen hätte, sind reine Vermutungen. Selbst wenn Hubatka im März 1955 den Schlüssel besessen hätte, könnte darin kein Anhaltspunkt gesehen werden dafür, dass er sich einen Nachschlüssel hätte anfertigen lassen und in der Folge acht Jahre wartete, um seine Tat auszuführen.

Meier 19: Dieses Argument ist völlig unhaltbar. Weil der Tresor immer mit zwei Schlüsseln geschlossen wurde und dies am 26. März

1963 ausnahmsweise nicht geschah, musste der Dieb, der wahrscheinlich nur den Doppelbartschlüssel hatte, die Gelegenheit am Schopf packen. Früher hatte er sie nicht. Und später hätte sie sich kaum wieder geboten.

Der Richter: Es ist mit Sicherheit festgestellt, dass Hubatkas Vorgänger an der Spitze der Sittenpolizei einen Doppelbartschlüssel hatte und dass möglicherweise eine unbekannte Drittperson schon damals einen weiteren Schlüssel hatte. Dieser Unbekannte aber konnte unmöglich Hubatka sein, da die Amtszeit des Vorgängers bis September 1954 dauerte und Hubatka erst am 1. Januar 1955 in die Stadtpolizei eintrat. Zu beachten ist auch, dass Hubatka erst nach dem Zahltagsdiebstahl erfahren haben will, dass es sich beim geplünderten Tresor um den früheren Schrank der Sittenpolizei handle. Wenn aber schon nicht feststeht, dass Hubatka überhaupt wusste, wohin der Schrank gelangen würde, nachdem er ihn aus der Sittenpolizei hatte entfernen lassen, so bestand für ihn weder ein Grund, einen Schlüssel zurückzubehalten, noch einen solchen nachmachen zu lassen.

Eine dritte These
Soweit dieses fiktive Streitgespräch. Zwischen der verharmlosenden Deutung des Zürcher Bezirksgerichts und der anklägerischen These von Meier 19 ist eine dritte Position denkbar. Der Zürcher Strafrechtsprofessor und Kassationsrichter Jörg Rehberg zieht eine Erklärungsmöglichkeit in Betracht, die von einem Versehen Hubatkas und einem skandalösen Vertuschungsmanöver ausgeht. Die Machenschaften, mit denen das unkorrekte Alibi unter dem Deckel gehalten wurde, sollten demnach nicht den Täter schützen, sondern «bloss» die Peinlichkeit abwenden, dass ausgerechnet der Ermittlungsleiter auf dem Fragebogen nur die halbe Wahrheit angegeben hatte.

Rehberg: «Es ging damals, 1963, um das Image der Kriminalpolizei und ihres Chefs. Es gab Vorwürfe wegen der Ermittlung in eigener Sache. Da ist es gut vorstellbar, dass man einen zusätzlichen Vorwurf wegen der unvollständigen Präsenzangabe des Ermittlungsleiters vermeiden wollte.»

Der Umstand, dass die Behörden diese Peinlichkeit jahrelang zu verbergen suchten, veranlasste Rehberg zur Bemerkung: «Käme so etwas heute vor, würde man angesichts dieser Umstände sicher von einem Skandal sprechen.»

Regierung deckt Vertuschung (1971/73)

Meier 19 aber wollte der Gedanke, Hubatkas unvollständige Präsenzangaben könnten ein Versehen sein, nicht in den Kopf. Als er im Frühling 1971 die Untersuchungsakten eingesehen hatte, witterte er den Durchbruch: «Als ich das entdeckte, war ich mir ganz sicher, dass man mir jetzt recht geben müsse.»

Munitioniert mit seinen neuen Erkenntnissen und unterstützt von Gertrud Heinzelmann und vom Bankbeamten, lancierte er eine weitere Serie von Klagen. Zwei Anzeigen – es ging um die irreführende Stadtratsantwort aus dem Jahr 1963 und die beschönigenden Auskünfte Hans Walders – wurden vom ausserordentlichen Staatsanwalt Spillmann-Thulin behandelt und abgewiesen, die übrigen vier von Hermann Suter, dem «Spezialisten» für Meier-19-Anzeigen in der Bezirksanwaltschaft Zürich.

Es vergingen fast zwei Jahre, bis Suter seine Ermittlungen abschloss. In der zweiten April-Hälfte 1973, kurz vor seiner Beförderung zum ausserordentlichen Staatsanwalt, sistierte er alle Untersuchungen. Der Tenor der Begründungen lautete stets gleich: Die Sache war bereits 1968, in der Untersuchung durch Bezirksanwalt Rudolf Gerber, geprüft worden, und Meier hatte keine neuen Anhaltspunkte vorgebracht, sondern nur solche, die bereits damals dem Untersuchungsrichter bekannt waren.

Die unvollständige Ausfüllung des Alibibogens hatte Meier 19 dem Kripo-Chef als Urkundenfälschung anlasten wollen. Suter verwies auf die Tatsache, dass diese Zeitlücke der Bezirksanwaltschaft und der Staatsanwaltschaft im Jahr 1968 sehr wohl bekannt gewesen sei: «Beide Instanzen massen ihr keinen Beweiswert mit Bezug auf eine allfällige Täterschaft Dr. Hubatkas bei. Eine neuerliche sorgfältige Prüfung der Strafakten führte zum gleichen Resultat.» Und selbst wenn Hubatka das Verfolgen eines unrechtmässigen Vorteils unterstellt werden könnte, wäre der Straftatbestand der Urkundenfälschung nicht gegeben, befand Suter. Dem Fragebogen gehe nämlich die Eigenschaft einer Urkunde ab.

Die Schubladisierung des Protokolls über die Beobachtung des Polizeimannes Wendel brachte Meier 19 als Urkundenunterdrückung,

Amtsmissbrauch und Begünstigung zur Anzeige. Auch dazu bemerkte Bezirksanwalt Suter, dieser Vorgang sei bereits in der Untersuchung durch Rudolf Gerber überprüft worden: «Nach nochmaliger sorgfältiger Prüfung der Untersuchungsakten ergeben sich keine neuen Anhaltspunkte dafür», schrieb Suter, dass ein Funktionär der Stadtpolizei «zur Schonung des Chefs der Kriminalpolizei Akten absichtlich archiviert hätte». Zudem sei das Protokoll über die Einvernahme Wendels «nicht zurückgehalten, sondern ordnungsgemäss den polizeilichen Untersuchungsakten einverleibt» worden. Aus den Untersuchungsakten ergebe sich, dass «der damalige Untersuchungsrichter die Stadtpolizei ausdrücklich angewiesen hat, ihm nur solche Akten zuzustellen, welche positive Anhaltspunkte für die Täterschaft enthielten».

Dem Hauptsachbearbeiter Robert Schönbächler lastete es Meier als Falschbeurkundung und als Begünstigung Hubatkas an, dass er im Rapport die Beobachtung Wendels und Hubatkas unvollständige Präsenzangabe vertuscht hatte. Auch diese Anzeige wurden von Suter abgewiesen: «Ein Nachweis dafür, dass der Angeschuldigte vorsätzlich in seinem Rapport die Alibilücke Dr. Hubatkas unterdrückt hätte, ist nicht erbracht.»

Spätere Strafanzeigen gegen Oskar Birch und Rudolf Gerber, weil diese versucht hätten, «einen schwer belasteten Prominenten um jeden Preis zu decken», wurden von der Justizdirektion 1973 nicht einmal anhand genommen: «Nachdem in mehreren Verfahren die erneute Überprüfung dieses Materials zu keinen anderen Schlüssen führte, kann eine Überprüfung des Verhaltens der beiden Angeschuldigten unterbleiben», lautete der Kernsatz der Begründung. Die Kosten wurden Meier aufgebürdet, dies mit der folgenden Begründung: «Der Verzeiger hat in den letzten Jahren trotz sorgfältiger Abklärung des Tatbestandes immer wieder versucht, mit Anzeigen gegen auch nur entfernt mit der ursprünglichen Untersuchung in Verbindung stehende Personen und auf andere Weise die Auseinandersetzung um das Alibi von Dr. W. Hubatka wieder aufzurollen, wobei er jeweils nach dem Abschluss eines Verfahrens eine neue Persönlichkeit anvisierte. Waren dafür bei der Anzeige vom 19. Dezember 1967 gegen Dr. W. Hubatka noch lautere Motive verantwortlich, muss heute nicht nur von einem leichtfertigen, sondern im Sinne der Strafprozessordnung von einem verwerflichen Vorgehen gesprochen werden.»

Der Weg über Strafanzeigen war aussichtslos. Für Strafrechtsprofessors Jörg Rehberg gibt es zwar einen Punkt, der strafrechtlich sehr wohl relevant war. Rehberg weist auf jenen Vermerk «ad acta» hin, mit dem ein Unbekannter die Weiterleitung eines Einvernahmeprotokolls an die Untersuchungsbehörde verhindert hatte. Diese Intervention könnte nach seiner Ansicht den Tatbestand der Begünstigung erfüllt haben – «allein schon als Versuch, jemanden aus dem Kreis der Tatverdächtigen herauszuhalten». Allerdings war dieser Tatbestand 1971, als Meier 19 darauf stiess, bereits seit drei Jahren verjährt.

In der unvollständigen Präsenzangabe Hubatkas dagegen sieht Rehberg kein Delikt. Diese Unkorrektheit sei zwar «ein gewisses Belastungsmoment», meint er: «Von einem Kriminalpolizeichef könnte man eigentlich erwarten, dass er die Frage nach seinem Aufenthalt am kritischen Abend genau ausfüllt, zumal sich Hubatka auch als Ermittlungsleiter Gedanken darüber machen musste, ob er an jenem Abend selber irgend etwas beobachtet habe.» Doch es ginge zu weit, wenn man daraus einen konkreten Tatverdacht ableiten würde.

Ein guter Artikel zur falschen Zeit
Im Frühling 1971 versucht Meier einmal mehr, auch die Presse für seine Sache zu gewinnen. Nur eine Zeitung reagierte: der «Schweizerische Beobachter».

Die bisher erschienenen Zeitungsartikel waren vor allem Reaktionen auf öffentliche Ereignisse, namentlich auf Gerichtsverhandlungen und behördliche Stellungnahmen. Im «Beobachter»-Artikel dagegen schlug sich erstmals in der Affäre Meier 19 der moderne Recherchier-Journalismus nieder. Hier ging ein Blatt dazu über, ein Ereignis selbst zu schaffen, indem es bisher verborgene Fakten ohne offiziellen Anlass zu Tage förderte.

Josef Rennhard gab dem Publikum in seinem Artikel vom Juli 1971 weiter, was Meier 19 beim Kopieren der Untersuchungsakten entdeckt hatte: die «miserable» Art und Weise, wie «einer der hohen Offiziere» den Alibibogen ausfüllte, die Schubladisierung der «Aussage eines einfachen Polizeimannes», die Zusammenfassung der Präsenzangaben des hohen Offiziers durch «einen mittleren Offizier», welche «bedenklich unvollständig» war.

Mit seinem Beitrag wollte der «Beobachter», mit 450 000 Exemplaren das auflagenstärkste Schweizer Presseerzeugnis, mehr als nur informieren, er wollte – so das Editorial – «etwas in Gang bringen»:

«Die hier erstmals in der breiten Öffentlichkeit zur Diskussion gestellten neuen Fakten im Zusammenhang mit dem 80 000-Franken-Diebstahl in der Hauptwache der Zürcher Stadtpolizei müssen nach Überzeugung des ‹Beobachters› zu neuen, längst fälligen Entscheiden der Zürcher Justiz führen.»

Dazu kam es freilich nicht. Die grossen Zürcher Blätter griffen die Enthüllungen des «Beobachters» mit keinem Wort auf. «Die Medien waren des Themas Meier 19 überdrüssig», erklärt sich Josef Rennhard ein Vierteljahrhundert später das Ausbleiben von Reaktionen.

Möglicherweise war Rennhards Kollegen das Thema aber auch zu heiss. Eine Woche vor der Publikation des «Beobachter»-Artikels hätte an der Universität Zürich eine «antikapitalistische und antifaschistische Woche» stattfinden sollen. Der neue Erziehungsdirektor Alfred Gilgen liess die Hochschule kurzerhand schliessen. Die Gemüter waren erhitzt – welches Zürcher Blatt wollte in dieser Zeit mit Meier-19-Skandalberichten Öl ins Feuer giessen?

1971 war für die Hüter des Gesetzes ohnehin ein schlimmes Jahr. Namentlich die Gewaltkriminalität sei im Jahr 1971 «fast sprunghaft angestiegen», hielt 1993 der pensionierte Kripo-Chef Walter Hubatka in einem Rückblick fest: «Auffallend war vor allem die Brutalität der Täterschaft.» Es sei auch zu einer «deutlichen Steigerung und Verhärtung der Rockerszene» gekommen. Gegen 360 Personen wurde wegen Betäubungsmittelmissbrauchs polizeilich ermittelt – zehnmal so viele wie 1969. Für Hubatka steht mindestens eine Ursache für die Zunahme der Kriminalität fest: «Die Jugendprobleme standen hauptsächlich im Zusammenhang mit dem Lindenhofbunker.»

Das behördlich tolerierte Autonome Jugendzentrum im Bunker unter dem Lindenhof – gegenüber dem Polizeihauptsitz – war Ende Oktober 1970 eröffnet worden. Schon am ersten Betriebswochenende zeigte es sich, dass der Bunker dem Ansturm der Jugendlichen nicht gewachsen war. Es wurde Haschisch und LSD konsumiert, entwichene Zöglinge erhielten hier Unterschlupf, und in der Silvesternacht wurde die «Autonome Republik Bunker» ausgerufen. In der Nacht zum 18. Januar 1971 räumte die Polizei die Republik.

Nach dem gescheiterten Experiment gingen die unruhigen Jugendlichen vermehrt zu spektakulären Hausbesetzungen über, und eine «Heimkampagne» prangerte Dunkelarrest und brutale Behandlungen in Erziehungsanstalten an. Die Heimkampagne spielte in der «Bewegung» eine wichtige Rolle. Sie inszenierte auch zwei «Solidaritätsbesuche» in der Arbeitserziehungsanstalt Uitikon. Beim zweiten Besuch im September 1971 entwichen 17 Zöglinge.

Im Herbst 1971 begannen einige Jugendliche, darunter auch ehemalige Bunker-Leute, in einer Wohnung an der Bändlistrasse Lebensmittel, Bargeld, Waffen, Munition, Funkgeräte und Sprengstoff-Ingredienzien zu lagern. Der «Anarchistengruppe Bändlistrasse» konnten über hundert Einbrüche mit einer Deliktssumme von rund 120 000 Franken nachgewiesen werden. «Sie waren wahnsinnig fleissig, sie haben höllisch gearbeitet», sagte später der Gerichtspräsident. Gemäss Anklageschrift wollten die Anarchisten «nach dem Vorbild ausländischer revolutionärer Vereinigungen, wie beispielsweise der Baader-Meinhof-Gruppe in Deutschland oder der Tupamaros in Uruguay», darauf hinarbeiten, «die logistischen Voraussetzungen für eine linksextreme Organisation zu schaffen, die sich den bewaffneten Kampf gegen die bestehende Ordnung zum Ziel setzte». Ihre Umtriebe kamen im Frühling 1972 ans Tageslicht, als ein 20jähriger Kommunarde im LSD-Rausch aus dem Fenster sprang, neun Meter in die Tiefe fiel und sich verletzte.

Just am Tag vor diesem Vorfall, am 24. April 1972, fand der Prozess gegen die Gruppe «Chanäen» statt, welche mit ihren Sprengstoffanschlägen gegen die Polizeihauptwache und das Stadthaus im Winter 1968/69 eine Radikalisierung der Bewegung eingeleitet hatte. Hubatka meint im Rückblick auf das Jahr 1971: «Man wurde sich klar, dass der Terrorismus eine Realität geworden war. In sich abgeschottete revolutionäre Zellen hatten die ‹Bewegung› unterwandert. Schwer einzuschätzen war noch der Untergrund, wo Erscheinungen ähnlich der ‹guerilla diffusa› sich abzeichneten. Was noch als Theorie oder weltfremde Ideologie galt und darum als nicht besonders gefährlich eingestuft wurde, näherte sich der Terror-Randszene. Protestbewegungen waren härter geworden.»

Die Interpellation im Kantonsrat

Das Stillhalten der Presse nach dem «Beobachter»-Artikel ist nicht nur mit den hochgehenden Wogen in der Jugendszene zu erklären, sondern auch mit der Haltung der Behörden, die Meiers Anschuldigungen als unhaltbare Unterstellungen abtaten. Spätestens vom Frühling 1973 an stand jedem Journalisten, der an das Tabu rühren wollte, eine Stellungnahme der Kantonsregierung entgegen, die – von einer bagatellisierten Ausnahme abgesehen – energisch abstritt, dass es bei der Ermittlung zum Zahltagsdiebstahl zu Fehlern gekommen sei. Wie hätte die damalige, vorwiegend gouvernementale Presse noch Zweifel an der offiziellen Darstellung vorbringen können, wo doch der Regierungsrat, der immerhin in alle Akten Einblick hatte, Zweifel verbat?

Diese Stellungnahme der Regierung erfolgte, weil 1973 zum ersten Mal seit den vielen Vorstössen von LdU-Gemeinderat Werner Strebel sich wieder ein Parlamentarier der Sache annahm. Am 19. März 1973, eine Woche vor dem Zehnjahresjubiläum des Zahltagsdiebstahls, reichte der 66jährige SP-Vertreter und alt Gewerkschaftssekretär Walter Hauser im Kantonsrat eine Interpellation ein. Hauser, der 1981 starb, war ein geachteter Mann gewesen. Als er 1972 als VPOD-Sekretär zurücktrat, attestierte ihm sogar sein Verhandlungsgegner, Finanzdirektor Albert Mossdorf, dass er seine «loyale und äusserst korrekte Verhandlungspraxis stets zu schätzen wusste».

Er stellte Fragen zur polizeilichen Fahndung in eigener Sache, zu den Unterschieden bei der Ermittlung gegenüber der Mannschaft und gegenüber dem höheren Polizeikader, zur Schubladisierung von Akten und vor allem auch die Frage: «Trifft es zu, dass das Alibi eines ganz bestimmten Offiziers (Dr. Hubatka) nicht völlig einwandfrei ist und dass wesentliche Aussagen eines Polizeimannes in dieser Alibisache keine Beachtung fanden und zudem im Widerspruch stehen zu den eigenen Angaben des Polizeioffiziers?»

Die Antwort war von Justizdirektor Arthur Bachmann vorzubereiten, einem Parteikollegen des Interpellanten. Bachmanns Entwurf wurde vom Regierungsrat am 9. Mai 1973 zum Beschluss erhoben. Noch am Vortag war Meier 19 bei SVP-Regierungsrat Jakob Stucki aufgekreuzt und hatte ihm die Frage gestellt, ob die Interpellation auch wirklich wahrheitsgetreu beantwortet werde. Dieselbe Frage hatte auch der Interpellant gestellt: «Ist der Regierungsrat bereit, dem Kantonsrat eine in allen Teilen erschöpfende Auskunft zu geben und dadurch das öffentliche Misstrauen gegenüber bestimmten Stadtpolizeifunktionären, gegenüber der Stadtpolizei im allgemeinen und auch gegenüber der Justiz im besonderen wesentlich abzubauen, bzw. zu beheben?»

Er sehe «keinen Grund, dem Kantonsrat eine in allen Teilen erschöpfende Auskunft vorzuenthalten», beteuerte der Regierungsrat. In

Tat und Wahrheit widersprach er «dem Gebot der rückhaltlosen Aufrichtigkeit» und antwortete auf mehrere Fragen des Interpellanten «ausweichend oder gar irreführend». Das sagt Kantonsrat Daniel Vischer (GP). Der Rechtsanwalt nahm im Februar 1996 die Interpellationsantwort von 1973 unter die Lupe und machte deren Ungereimtheiten zum Gegenstand einer parlamentarischen Anfrage.

Drei Behauptungen des Regierungsrats waren 1973 ausweichend oder gar irreführend. Auf die Frage, ob es stimme, dass bei der Ermittlung Unterschiede zwischen Mannschaft, Unteroffizieren und Offizieren gemacht worden seien, antwortete er: «Es kann festgestellt werden, dass bei der Ermittlung keine Unterschiede zwischen den Trägern der verschiedenen Dienstgrade gemacht worden waren.» Diese Antwort steht aber im Widerspruch zu den Akten, wonach die Polizeioffiziere von der «näheren Überprüfung» ausgenommen waren.

Ferner erweckte der Regierungsrat den Eindruck, die Ermittlungen seien lückenlos und umfassend gewesen. Dabei war der ausserordentliche Untersuchungsrichter Spillmann-Thulin zum gegenteiligen Schluss gekommen. In seiner Antwort auf die Anfrage Vischer gab der Regierungsrat von 1996 (mit dem SP-Vertreter Markus Notter als Justizdirektor) denn auch zu, dass es «den faktischen Verhältnissen der damaligen Untersuchungsführung besser Rechnung getragen hätte», wenn die Feststellungen Spillmann-Thulins in die Interpellationsantwort von 1973 aufgenommen worden wären. Notter meinte auch: «Wenn Kurt Meier geltend macht, es seien nicht alle Abklärungen getätigt worden, so ist dies zumindest für die Phase der Alibiüberprüfung zutreffend.»

Der eigentliche Skandal der Regierungsantwort von 1973 betraf Hubatkas Alibi. Die Frage von Kantonsrat Hauser, ob es zutreffe, dass «das Alibi eines ganz bestimmten Offiziers (Dr. Hubatka) nicht völlig einwandfrei ist», hätte der Regierungsrat ehrlicherweise mit «ja» beantworten müssen. Statt dessen resümierte er die Anwesenheiten Hubatkas mit derselben nebulösen Formulierung, mit welcher schon Bezirksanwalt Rudolf Gerber die Lückenhaftigkeit von Hubatkas Präsenzangaben verschleiert hatte. Vischer: «Die Interpellationsfrage blieb somit unbeantwortet, und es wurde der Eindruck erweckt, es sei alles in bester Ordnung.»

Mit diesem Ausweichmanöver ist die Vertuschung, die 1964 der polizeiliche Sachbearbeiter begonnen und 1968 Bezirksanwalt Gerber weitergeführt hatte, von höchster Stelle gedeckt worden. Diese früheren Manöver sind vom Regierungsrat, auf Betreiben von Justizdirektor Bachmann, zum eigenen Anliegen und zum öffentlichen Dogma gemacht worden. Die Exekutive führte damit nicht nur das Parlament an der Nase herum, sondern hat das Volk in den falschen Glauben gewiegt, es gebe nichts zu kritisieren.

Man mag einwenden, das kleine Versehen beim raschen Ausfüllen eines Formulars sei keine Staatsaffäre wert. Doch es ging – einmal abgesehen davon, dass das Formular ein Aktenstück einer strafrechtlichen Ermittlung war – nicht mehr bloss um dieses einzelne Dokument. Der fehlerhaft ausgefüllte Fragebogen stand längstens für den fundamentalen Verdacht, im Staate Zürich (und wohl auch anderswo) gelte nicht für alle das gleiche Recht.

Der Regierungsrat von 1973 hat die Gelegenheit vertan, mit vorbehaltloser Offenheit alle Karten auf den Tisch zu legen. Hat er es unterlassen, weil Meier 19 seine Sache in alle nur erdenklichen Amtsstuben getragen und eine Instanz die andere geschützt hatte? Weil die ganze Hierarchie ins Wanken gekommen wäre, wenn man auch nur an einer Stelle Kritik zugelassen hätte?

Am abwiegelnden Charakter der Regierungsantwort ändert die Tatsache wenig, dass in der Stellungnahme bezüglich der Tatsache, dass die Stadtpolizei Zürich in eigener Sache ermittelt hatte, ein zaghaftes Zugeständnis gemacht wurde: «Rückblickend, namentlich angesichts des ausgebliebenen Erfolgs und der seither nicht mehr verstummten Kritik, lässt sich durchaus die Auffassung vertreten, es wäre – und dies vor allem aus psychologischen Gründen – besser gewesen, der Kantonspolizei bei den Ermittlungen die federführende Rolle zuzuteilen.»

Der Vorwurf der Korruption
Die Interpellation Hauser wurde am 21. Mai 1973 im Kantonsrat behandelt, einen Tag nachdem das Volk den Bau einer U-Bahn abgelehnt hatte. Die Sitzung im Rathaus an der Limmat wurde vom Ratspräsidenten Ulrich Bremi, dem späteren FDP-Nationalrat, geleitet. Von der Verhandlung existiert eine (verbotenerweise angefertigte) Tonbandaufnahme, auf welcher die heisere Stimme Bremis ebenso zu hören ist wie die ebenfalls heisere Stimme von Justizdirektor Bach-

mann. Bachmann hatte die Interpellationsantwort nach dem damaligen Brauch Wort für Wort vorzulesen; erst so gelangte der Rat in Kenntnis der Antworten, zu denen er unmittelbar nach der Vorleseübung Stellung zu nehmen hatte.

Es meldeten sich lediglich drei Kantonsräte zu Wort. Der Uhrzeiger rückte gegen Mittag, und Ratspräsident Bremi machte das Parlament zwischendurch darauf aufmerksam, dass am Nachmittag noch ein Fraktionsausflug stattfinde.

Als erster meldete sich der Handelslehrer Hans Oester zu Wort, der spätere EVP-Nationalrat. Er kritisierte die Regierungsantwort, da sie nicht in allen Teilen den Akten entspreche: «Es sind in den Untersuchungen schwerwiegende Fehler unterlaufen, die aktenmässig belegt werden können. Das schleckt keine Geiss weg», sagte er gemäss dem Ratsprotokoll. «Ich habe den Verdacht – ich behaupte es nicht –, dass so viele hochgestellte Leute in diese Untersuchung verwickelt sind, dass eine nochmalige Überprüfung sich aufdrängt.»

Ein Vergleich des offiziellen Ratsprotokolls mit der Tonbandaufnahme zeigt, dass der Ratssekretär nicht nur Straffungen, sondern auch inhaltliche Abschwächungen vorgenommen hat. Das Ratsprotokoll, das eine leicht geraffte, aber wörtliche Wiedergabe der Voten zu sein scheint, stützte sich damals noch auf Stenogramme und die Manuskripte der Votanten ab.

Beim Protokoll der Meier-19-Debatte erstaunen vor allem die Manipulationen beim Votum des Interpellanten. Kantonsrat Hauser hatte in zwei Punkten aufgezeigt, dass die Antwort von Regierungsrat Arthur Bachmann im Widerspruch zum Bericht des ausserordentlichen Staatsanwalts Spillmann-Thulin stand, den Justizdirektor Bachmann selbst in Auftrag gegeben hatte. Exakt jene Sätze, die diesen Widerspruch deutlich machen, wurden weggelassen. Und der Satz «So völlig stubenrein war das Alibi von Dr. Hubatka beim besten Willen nicht» wird im Protokoll wie folgt wiedergegeben: «So vollständig stubenrein und hieb- und stichfest sind die angegriffenen Alibis auch wieder nicht.»

SP-Kantonsrat und Polizeipsychologe Werner Bosshard verteidigte die polizeiliche Fahndung zum Zahltagsdiebstahl: «Wir haben Untersuchungen über uns ergehen lassen müssen, die man sich von keinem aussenstehenden Korps hätte gefallen lassen, derart massiv und rücksichtslos waren sie.» Und über seinen Exkollegen Meier sagte der

Vertreter der Stadtpolizei Zürich: «Zu Meier 19 ist zu sagen, dass jede Belegschaft eine Person braucht, die rumort und aufwühlt. Wenn aber Unschuldige darunter leiden müssen, ist es nicht mehr in Ordnung. [...] Meier 19 wird attestiert, dass er ein integrer Mann sei, der gewisse Vorgänge mit seinem Gewissen nicht mehr habe vereinbaren können. Allerdings hat er auch erst 1967 sein Gewissen entdeckt, nicht im Zusammenhang mit dem Zahltagsdiebstahl, sondern bei einem anderen Fall, wo irgendetwas nicht nach seiner Meinung gelaufen war.»

Am Schluss der Debatte – 12 Uhr war bereits vorbei, und die Mägen knurrten – hatte Justizdirektor Bachmann das Wort. «Gerade der Umstand, dass jemand kein Alibi hat, kann entlastend wirken, und die Verdächtigsten sind häufig die, welche über ein einwandfreies Alibi verfügen», sagte der frühere Untersuchungsbeamte, der die verräterische Wirkung seiner Aussage offenbar nicht realisiert hatte. Auf dem Tonband folgt noch ein weiterer Satz, der im Ratsprotokoll jedoch weggelassen wurde: «Dr. Hubatka hatte keine Gelegenheit, sich ein Alibi bereitzulegen.» Diese Behauptung war der Höhepunkt der merkwürdigen Verteidigung und Glorifizierung eines Alibis, das keineswegs zu glorifizieren war.

Der SP-Magistrat schloss mit einer Entgegnung auf das Votum von Kantonsrat Oester, die für einiges Aufsehen sorgte (gemäss Tonbandaufnahme): «Ich muss mit aller Schärfe und mit aller Entschiedenheit den versteckten Korruptionsvorwurf, den Sie gemacht haben, zurückweisen. Wenn er mich betreffen sollte, werde ich klagen in Zukunft. Ich werde mir von keiner Seite her in dieser Sache vorwerfen lassen, ich sei korrupt.»

Das Flugblatt (1972)

Meier 19 sah seine letzte Hoffnung in einem Appell an das Volk. Im August 1972 liess er ein Flugblatt in Umlauf setzen – mit einer Auflage von 30 000 Exemplaren.

Das Flugblatt war von Meier aufgesetzt und vom Bankbeamten in rechtlicher Hinsicht geprüft worden. Der juristische Berater Meiers befand den Text zwar als vollauf zutreffend, hatte aber persönliche Einwände gegen die Aktion. Er misstraute der Zürcher Justiz und sah im Flugblatt eine Gefahr für sein damaliges Bestreben, die Ehrverletzungsverfahren Hubatkas in die Verjährung zu ziehen.

Meier liess sich aber nicht beirren. Im Vergleich zur «Denkschrift» vom September 1969, die Hubatka eindeutig des Zahltagsdiebstahls bezichtigte, war das Flugblatt geradezu brav: Es listete in schwarzen Lettern unumstössliche Fakten über die Untersuchung des Zahltagsdiebstahls auf und stellte in roten Buchstaben sechs Fragen. Diese Fragen, in denen die Justiz hernach eine deliktische Absicht hineinlas, waren von Meier ganz zuletzt eingefügt worden: «Wir fragen schon lange: Warum wird Dr. Hubatka gedeckt?» lautete die Titelfrage, die übrigen waren in den Text eingestreut: «Warum denn nicht? Wieso? Warum nur? Warum nicht? Warum nicht?»

So heisst es beispielsweise, Hubatka habe seinen Alibibogen so ausgefüllt, dass «er im wesentlichen mit Aussagen von Drittpersonen nicht übereinstimmte». Und weiter: «Pm. Wendel beobachtete Hubatka, wie er zwei- bis dreimal zu den Tatbüros schritt und zwar ausgerechnet in der von ihm nicht ausgewiesenen Alibizeit. Diese in einem Protokoll festgehaltenen Wahrnehmungen Wendels wurden dem Untersuchungsrichter nicht zur Kenntnis gebracht. Diese Unterlassung wurde nach fünf Jahren zugegeben, mit der Begründung, man habe nie im Ernst geglaubt, der polizeiliche Untersuchungsleiter könne selbst der Täter sein.» Und dann folgte die rotgedruckte Frage: «Warum denn nicht?»

Oder es wird an die Tatsache erinnert, dass die Aktenstücke über die Beobachtung Wendels, «worin Hubatka sehr stark belastet wurde», von Kommissär Fuchs «ordnungsgemäss» an die Bezirksanwaltschaft verfügt worden sind. «Eine unbekannte Drittperson schrieb in diese Verfügung nachträglich ‹ad acta› hinein, worauf diese Aktenstücke bei der Stadtpolizei blieben», fährt der Text fort und lässt die Frage folgen: «Wieso?»

Das Flugblatt schliesst mit einem Zitat Abraham Lincolns («Man kann nicht beliebig lange beliebig viele für dumm halten») und der Aufforderung «Helfen Sie mit, alles zu einem guten Ende zu führen!» Unterschrieben ist es nicht von Meier 19, sondern von einem gewissen Max Mayr.

Maximilian Mayr war ein 68jähriger ehemaliger Maurer, der in den Akten auch als Zeitungsverkäufer und Aushilfe-Strassenwischer figuriert. Im Herbst 1973 sollte er auf dem Mofa tödlich verunglücken. Wie aber kam sein Namenszug auf das Flugblatt?

In der Höhle des Löwen
Mayr war ein Bewunderer Walter Düringers, besuchte die Veranstaltungen des Erwa-Bundes und hatte bereits 1969 für Meier 19 Flugblätter verteilt. Weil Mayr selbst mit der Justiz «schlechte Erfahrungen» gemacht hatte, wie er sagte, schickte er Meier einmal 50 Franken «für seinen Kampf um sein Recht». Diesen Maximilian Mayr kontaktierte Meier Mitte August 1972, als das Flugblatt in Vorbereitung war. Er bat ihn, seinen Namen und seine Postchecknummer für das Flugblatt zur Verfügung zu stellen. «Ich sagte zu, weil ich davon überzeugt bin, dass hier ein Unrecht geschehen ist», gab Mayr vor Gericht zu Protokoll. Und auf die Frage des Einzelrichters, ob er denn Meier 19 nicht die Frage gestellt habe, weshalb er nicht selbst unterschreibe, sagte er: «Ich fragte ihn nicht, und er hat es mir nicht gesagt.»

Es gibt Anzeichen dafür, dass Meier das Flugblatt deshalb nicht selbst zeichnete, weil seine Berater darin eine Gefahr für die Verzögerungstaktik beim Ehrverletzungsverfahren sahen. Davon wollte Meier später aber nichts wissen. Dem Untersuchungsrichter sagte Meier später, er würde «heute jederzeit» seinen eigenen Namen unter das Flugblatt setzen: «Die Verantwortung für das Flugblatt übernehme ich.» Und in einer späteren Gerichtsverhandlung begründete er die Unterzeichnung des Flugblatts durch eine Drittperson wie folgt: «Mayr sagte von Anfang an, die Aktion müsse selbsttragend sein, man müsse ein Postscheckkonto eröffnen. Da hätte ich es nun stossend gefunden, wenn ich das selbst gemacht hätte. Das ist auch eine taktische Überlegung. Es war sicher nicht deswegen, weil ich schon eine Ehrverletzungsklage am Hals hatte.»

Maximilian Mayr beteiligte sich auch an der Verbreitung des Flugblattes. Er verteilte rund 50 Exemplare an Bekannte, Geschäftsleute und Polizeibeamte seines Wohnorts. «Bei dieser Gelegenheit habe ich 1300 Franken zusammengebettelt, die ich spielend erhielt», sagte er darüber. Mit diesem Geld beglich Mayr die Kosten für das Flugblatt.

Laut polizeilichen Aktennotizen wurden die ersten Flugblätter am Freitag, den 18. August 1972, abends an der Sihlporte verteilt. Meier liess das Flugblatt auch 350 Zeitungsredaktoren und 200 Rechtsanwälten, Politikern und Juristen zukommen.

Am darauffolgenden Montag erschien in der Polizeihauptwache und im neuen Kripo-Gebäude an der Zeughausstrasse ein 51jähriger Mann und verteilte hier, in der Höhle des Löwen, 300 Flugblätter. Hubatka, der seit gut einem Jahr an der Zeughausstrasse sein Büro hatte, erhielt Wind von der Sache. Er telefonierte seinem Rechtsanwalt Walter Guex und gab ihm den Auftrag, beim Gericht ein sofortiges Verteilverbot zu verlangen. Kaum hatte er den Hörer aufgelegt, tauchte der Flugblattverteiler sogar bei ihm auf. Hubatka fragte ihn, wer dahinter stecke, und erfuhr, dass Meier 19 der Urheber der Aktion sei.

Noch am gleichen Tag wurde es Maximilian Mayr vom Einzelrichter verboten, selbst oder durch andere das Flugblatt zu verteilen.

Der Flugblattverteiler, der sich in die Höhle des Löwen gewagt hatte, war ein Sanitärmonteur. Er schrieb einst über sich, er sei im Leben «nur ein Bauknecht und Verschupfter» gewesen. Er lebte schon seit längerem auf Kriegsfuss mit der Justiz, hatte mit Meier 19 Kontakt aufgenommen und sich später bereit erklärt, die Verteilung des Flugblatts bei der Stadtpolizei zu übernehmen.

Der Sanitärmonteur hat für «sein grosses Vorbild» Meier 19 mindestens ein Dutzend Flugblätter und offene Briefe verfasst und verbreitet. Diese Schriften, die der Monteur teils als «das 7. Argusauge» unterschrieb, sind ätzend und schrullig. Drei Kostproben: «Die Stadt Zürich war immer das nationale und internationale Schlammgut. Die Ablagerung dieser Elemente finden wir auch im Verwaltungsapparat vor. [...] Dr. Hubatka [...] hat genügend Einblick in das Treiben des Beamten- und Politikersumpfes, wo um Tausender gepokert wurde, wo Mätressen Tausender zugeschoben werden; wo in den höchsten

Kreisen Lustknaben gehalten werden, wo um das Laster das Geld keine Rolle mehr spielt.» «Es existiert die Gewissenlosigkeit des Justizbeamten, der durch seine verseuchte Hirnsubstanz die Wahrheit von der Lüge nicht mehr unterscheiden kann.» «Die Justizherren glauben, wie die heiligen Kühe in Indien, auch wenn sie räudig sind, schalten und walten zu können, je nach Laune.»

Im Herbst 1976 kündete das «7. Argusauge» im Namen einer «Aktion gegen Justizwillkür» an, es «übernehme das Ruder zur Entblössung Hubatkas». Als der Sanitärmonteur im «Volksrecht» ein entsprechendes Inserat veröffentlichte, wurde Meier 19 die Sache zu bunt. Er distanzierte sich in einer Zuschrift von diesem Vorgehen und verbot seinem Bewunderer, sich seines Namens zu bedienen. Dieser hielt sich aber nicht an das Verbot, sondern reichte beim Zürcher Obergericht eine Aufsichtsbeschwerde ein mit der Forderung: «Meier 19 muss rehabilitiert werden!»

Maximilian Mayr und das «7. Argusauge» sind Vertreter einer enttäuschten älteren Generation, bei der Meier 19 in jenem Herbst 1972 zunehmend Echo fand.

Meier 19 am Rednerpult

Meiers Versuch, das Volk für sich zu gewinnen, zeigte sich auch in erfolglosen Bemühungen, die Fernsehsendung «Aktenzeichen XY ungelöst» für den Zahltagsdiebstahl zu interessieren oder eine Diskussionsrunde am Radio oder am Fernsehen zu lancieren. Meier 19 war bereit, mit Hubatka oder den Justizvertretern Oskar Birch und Rudolf Gerber öffentlich die Klingen zu kreuzen, und alt «Stapi» Emil Landolt war bereits für das Patronat angefragt worden. Landolt sagte aber ab und schrieb zurück: «Sollte man nicht auch einmal eine unabgeklärte Angelegenheit wie diesen Lohnraub auf sich beruhen lassen?»

Meier 19 sprach im Spätsommer und Herbst 1972 aber gleichwohl zum Volk, wenn auch nicht am Fernsehen, so doch in öffentlichen Räumen.

Eine erste Veranstaltung im Zwinglihaus war von der «Jungen Kirche» mehr als interner Anlass geplant worden. Am Vorabend verteilte Flugblätter machten aber auch die breite Öffentlichkeit auf die Veranstaltung aufmerksam. Meier 19 werde an diesem Abend nicht verschweigen, wen er als Täter für den Zahltagsdiebstahl vermute, wurde angekündigt. Und im «Tagblatt der Stadt Zürich» erschien eine Vorankündigung mit dem Titel «Meier 19 am Rednerpult».

Der Erfolg blieb nicht aus. Gegen 400 Personen stellten sich ein. «Zahlreiche Besucher fanden keine Sitzplätze mehr und mussten den Wänden entlang stehen», berichtete das Meier 19 wohlgesinnte Quartierblatt «zürcher city». «Ich habe mich entschlossen, die allerhöchste Instanz anzurufen, die es in einer Demokratie gibt, nämlich das Volk», sagte Meier 19 zum Beginn seiner Rede. Laut «zürcher city» erzählte der Redner über den «legendären Zahltagsdiebstahl zahlreiche Einzelheiten, natürlich alle von seiner Sicht aus betrachtet, und erntete verschiedentlich Applaus, was dann einen der Pfarrer bewog, ihn energisch zur Ordnung zu rufen».

Dass die Kirchenverantwortlichen ihre liebe Mühe hatten mit dem Anlass, liess der kurze Zeitungsbericht auch an anderer Stelle durchblicken: «Als Meier 19 die Worte ins Publikum schleuderte: ‹Obschon ich nichts für Dienstverweigerer übrig habe, ist ein Staat in dieser Form wie ich ihn täglich vor mir habe, nicht einen Schuss Pulver wert!›, entspann sich eine scharfe Diskussion, ob nun der Bogen in einem Kirchgemeindehaus überspannt worden sei oder nicht.» Es habe an Aufforderungen, für Meiers Sache Geld und Unterschriften zu sammeln, ebensowenig gefehlt wie «an Drohungen der Kirchenpfleger, diese Veranstaltung aufzulösen». Der Berichterstatter schloss mit der Bemerkung: «Der Unterhaltungswert dieses Abends übertraf phasenweise die beste TV-Story und hätte Stoff für einen spannenden Heimatroman geliefert. Das Publikum bekam das alles gratis.»

Die Zürcher Presse zeigte im übrigen kaum Interesse am Anlass. «Seltsamerweise blieben Meldungen über diese immerhin beachtliche Veranstaltung in fast allen Zürcher Zeitungen aus», notierte der «Beobachter» und kam zum Schluss, das Thema sei offenbar tabu. Und an die Adresse seiner Berufskollegen fügte der spätere Chefredaktor Josef Rennhard an: «Man kann über Meier 19 und seine Aktionen geteilter Meinung sein; man darf aber keinesfalls die Informationspflicht der Presse so wenig ernst nehmen, dass man die Unruhe Hunderter von Menschen über eindeutig ungelöste Fragen ganz einfach zu verschweigen beginnt.»

Seinen nächsten Auftritt hatte Meier am 9. Oktober 1972 an einer Versammlung von Walter Düringers Erwa-Bund. In den «kleinen Saal» des Restaurants «Du Pont» drängten sich 70 Personen. Die

Versammlung hiess eine Resolution gut, welche die Untätigkeit der Behörden und das Schweigen der Presse geisselte. Düringers «Politik und Wahrheit» hatte auf diese Veranstaltung hin eine umfangreiche Dokumentation über Hubatkas falsches Alibi und dessen Vertuschung publiziert. Sie war mit Faksimile-Wiedergaben von Polizeiakten illustriert. Auch die «zürcher city» liess unter dem Titel «Bleibt der polizeiliche Zahltagsdiebstahl wirklich ungesühnt?» eine ausführliche Zusammenfassung folgen.

Damit nahm Meiers Kampagne ein Ausmass an, das den Zürcher Stadtrat zum Handeln veranlasste. Die Stadtkanzlei veröffentlichte am 9. November eine Stellungnahme: «Walter Düringer, Kurt Meier und weitere Personen werden nicht müde, gegen Untersuchungsbehörden und den Chef der städtischen Kriminalpolizei Verdächtigungen auszusprechen, wonach im Zusammenhang mit dem Zahltagsdiebstahl bei der Stadtpolizei Zürich in der Nacht vom 26. auf den 27. März 1963 das polizeiliche Ermittlungsverfahren und die Strafuntersuchung nicht korrekt durchgeführt worden seien. Den Chef der städtischen Kriminalpolizei persönlich bezichtigen sie dabei des Diebstahls.» Der Stadtrat versicherte: «Niemand bedauert den seinerzeitigen Zahltagsdiebstahl mehr als der Stadtrat.» Niemand wäre «so stark interessiert an einer endgültigen Abklärung der Angelegenheit». Dies dürfe aber «nicht dazu führen, unbewiesene Behauptungen und Verdächtigungen gegen städtische Beamte ohne Widerspruch hinzunehmen».

Die Erklärung hatte auf Meier 19 und Düringer natürlich nicht die gewünschte Wirkung. Im Gegenteil, am Tag, da die Erklärung erschienen war, schlugen sie im grossen Saal der seinerzeitigen Börse nochmals zünftig auf die Pauke.

Von der Versammlung, zu der über 300 Leute erschienen, existiert eine Tonbandaufnahme. Sie hält den väterlichen Ostschweizer Dialekt Düringers fest und zeigt, wie gekonnt er das Publikum im Bann hielt. Im Vergleich zum 59jährigen Düringer, der völlig frei sprach und seine Sätze jeweils lange im Raum schweben liess, so dass sie ihre Wirkung voll entfalten konnten, wirkt Meier 19 eher hölzern und unbeholfen. «Ich habe mich als Redner nicht wohl gefühlt», erinnert er sich. Er wandte sich in der Sprache der Polizeirapporte ans Publikum, manchmal stockend, gerade deshalb aber auch glaubwürdig. Er erntete Applaus und löste entrüstetes Gemurmel aus, als er von Stadtrat Ernst Bieri erzählte, der ihm eine städtische Rente versprochen hatte – sofern er sich eine psychische Invalidität bescheinigen lasse. «Für die ganze Zürcher Gesellschaft wäre das der goldene Schlüssel gewesen», rief Meier in den Saal.

Das Publikum setzte sich vorwiegend aus älteren Herren zusammen, die selbst unter ihresgleichen lieber per Sie verkehrten und bei den gröbsten Schmähreden nicht vergassen, den Doktortitel des Geschmähten zu nennen.

Im Gratisblatt «Züri Leu» ist diese Versammlung mit liebevoller Ironie porträtiert worden. Der Autor war der Journalist und Dokumentarfilmer Roman Brodmann. Der in Deutschland wirkende Nonkonformist arbeitete damals an seinem Büchlein «Schweiz ohne Waffen» und reiste eigens nach Zürich, um den Auftritt eines Mannes zu schildern, der ähnlich wie er, wenn auch mit andern Mitteln, gegen den Machtmissbrauch kämpfte.

Brodmanns Reportage erschien auf der Frontseite und trug den provokativen Titel «Meier 19 und die Leiche im Keller der Zürcher Justiz». Brodmann schrieb: «Am Donnerstag der vergangenen Woche versammelten sich wohl an die dreihundert Leute in Zürichs grossem Börsensaal, eingeladen (oder vielleicht sollte man sagen: aufgewiegelt) vom sogenannten Erwa-Bund des Walter Düringer, der mit seinem Hellebarden-Emblem und seinem bündischen Gehabe an die rechtsdriftigen vaterländischen Bewegungen der dreissiger Jahre à la Jakob Lorenz erinnert. Als Petersilie der siebziger Jahre waren einige junge Leute mit Bunkerhabitus über die vorwiegend grauköpfige Versammlung gestreut.»

«Schaute man sich die Menschen an, die sich da mit aggressivem Vorsatz zur Entflammung anboten wie Zunder oder Schiesspulver, dann lag am nächsten der Gedanke an ein koloritreiches Feuilleton über Zürichs ewige Querulanten vom Dienst», fuhr Brodmann fort. Bei Walter Düringer komme «die Demagogie mit der verstaubten Eleganz des Tangos daher», spöttelte Brodmann und fragte dann: «Querulanten, Kohlhaase, Besserwisser, Amokläufer?» Die Antwort: «Man mag sie nennen, wie man will, diese dreihundert Menschen, die sich da gewohnheitsmässig bis zum spontanen Schmähruf echauffierten – es bleibt als Fels ihres Anstosses ein Justizskandal veritablen Ausmasses.»

Die Frage, wer damals die Zahltagstäschchen gestohlen haben mag, sei lächerlich, aber «sehr ernst zu nehmen ist die selbstverständliche Arroganz, mit der die zürcherische Justizhierarchie von unten nach oben alles abwimmelt, was da seit Jahren an unbequemen Fragen ins Spiel kommt. Fragen, die ein tatsächliches Versagen des Rechtsstaats betreffen.»

«Ein Amokläufer?» fragte Brodmann mit Bezug auf Meier 19. Er beantwortete die Frage nicht, erinnerte aber an die «Tatsache, dass in dieser Affäre bis heute noch nie der überzeugende Anschein entstehen konnte, man habe bei der Verfolgung möglicher Ersttäter und Folgetäter alles getan, um Begünstigung auszuschliessen». «Neues gab es nicht», beschloss Brodmann sein Feuilleton. Doch: «Gerade das ist der Skandal, dass in dieser Sache alles beim alten und die Leiche im Keller der Zürcher Justiz bleiben kann. So lange, bis die dreihundert Versammlungsquerulanten vom Schimpfen ermüdet oder gestorben sind.»

Vorläufig ermüdeten die «Versammlungsquerulanten» nicht, sondern sie kamen am 4. Dezember 1972 erneut zusammen. Die Veranstaltung fand im «Volkshaus» statt und stand unter dem Motto «Meier 19. Und er hat doch recht!» Der Anlass stand nach dem Eindruck eines Polizeispitzels «auf einem bedenklich tiefen Niveau». Besonders erwähnenswert fand der Staatsschützer Meiers Rückschau auf seine Zeit bei der Polizei: «Ich bin froh, dass ich aus diesem ‹Säuhufe› herausbin, ich bereue es nicht, sonst wäre ich jetzt ein kranker Mann.»

Auch hier fanden sich unter den rund 140 Teilnehmern nur wenige Vertreter der jungen Generation. Als einer von ihnen einen Resolutionsentwurf vorlas, musste die Wendung «Unsere Justiz ist eine zu barer Mafia abgesunkene kriminelle Clique» mehrmals wiederholt werden. Etliche der älteren Versammlungsteilnehmer hatten Hör- und Verständnisprobleme.

Die Versammlung war von Ernst Meier organisiert und geleitet worden. Der 1915 geborene Kaufmann und Psychologe, der sich auch als Astrologe betätigte, benützte den Anlass, um den Verein «Justizkampagne» zu gründen. Ernst Meier war Präsident der Justizkampagne, das «siebte Argusauge» – auch der Sanitärmonteur trat an jenem Abend ans Rednerpult – Kassier. Der Verein setzte sich zum Ziel, Fälle von Polizei- und Justizwillkür publik zu machen, lebte aber vor allem vom Fall Meier 19. Im Frühjahr 1973 gab die «Justizkampagne» mehrere Bulletins heraus, forderte den Rücktritt von Justizdirektor Arthur Bachmann und schlief dann wieder ein.

Meier junior als Flugblattverteiler
Das Flugblatt und Meiers Reden waren für Hubatka Anlass zu einer erneuten Ehrverletzungsklage. An einer der Veranstaltungen war er von Meier sogar als «Amtskrimineller» bezeichnet worden. Hubatka sagte später vor Gericht: «Mein Bekanntenkreis und meine Kollegen haben mich zur Überzeugung gebracht, dass ich nicht mehr glaubwürdig wäre und nicht mehr tragbar wäre als Offizier der Stadtpolizei, wenn ich diese ungeheuren Anschuldigungen einfach auf mir sitzen lassen würde. Ich war es also der Öffentlichkeit schuldig, gegen diese Anschuldigungen zu reagieren.»

Für Hubatkas Rechtsanwalt war die Auswahl nicht leicht. Walter Guex wollte «allenfalls nur den günstigsten Tatbestand wählen unter Verzicht auf die übrigen», heisst es in einem Rechenschaftsbericht. Zuerst war Guex der Ansicht, dass «am aussichtsreichsten wohl eine Klage gegen Meier wegen seiner Ausführungen im Zwinglihaus wäre». Doch dann entschied er sich für das Flugblatt, dessen anrüchigste Passage eine simple Frage war: «Warum wird Dr. Hubatka gedeckt?»

Das Flugblatt wurde trotz des gerichtlichen Verbotes immer wieder verteilt oder irgendwelchen Publikationen beigeheftet. Bei diesem illegalen Tun wurde an einem Samstagabend auch Kurt Meiers Sohn erwischt. Der 18jährige Feinmechaniker-Lehrling verteilte die Flugblätter zusammen mit einem 16jährigen Kollegen am Bürkliplatz. Ein Stadtpolizist, der dort den Verkehr regelte, hielt die beiden an, nahm ihnen 600 Flugblätter ab und machte ihnen klar, dass sie gegen ein Verbot verstossen.

Doch Meier junior liess sich nicht verängstigen. Er sah dem Polizisten in die Augen und sprach zwei Sätze aus, die der Beamte in seinem Rapport eigens festhielt: «Wir glauben nicht, dass diese Art von Flugblättern verboten werden kann, da ja das Geschriebene bewiesen werden kann. Sie werden dies doch selbst zugeben müssen.»

V. DIE STILLEGUNG

Sechs Monate für sechs Fragen (1972/74)

Die Ehrverletzungsklage Hubatkas richtete sich gegen drei Personen: gegen Meier 19 als den mutmasslichen Autor des Flugblatts, gegen den Flugblatt-Unterzeichner Maximilian Mayr und gegen jenen Sanitärmonteur, der das Corpus delicti in den Amtsräumen der Stadtpolizei verteilt hatte. Das Flugblatt mit dem Titel «Wir fragen schon lange: Warum wird Dr. Hubatka gedeckt?» könne «nur als Behauptung verstanden werden, Dr. Hubatka habe den fraglichen Diebstahl begangen», hiess es in der Klageschrift von Rechtsanwalt Walter Guex.

Die Klage erfolgte im letzten Augenblick, nach Ansicht Meiers sogar nach Ablauf der dreimonatigen Frist, die nach Bekanntwerden eines ehrverletzenden Tatbestandes für die Einreichung der Klage besteht. Dieses vermeintliche Zuspätkommen war einer der Punkte, an denen Meier – angeleitet vom Bankbeamten – ansetzte, um auch diese Klage Hubatkas ins Leere stossen zu lassen. Bereits am 19. August 1972 habe Hubatka von der Flugblattaktion Kenntnis gehabt, die Klage vom 20. November sei somit zu spät gekommen, machte Meier geltend. Doch er konnte den Nachweis für seine Behauptung nicht erbringen.

Ein weiteres Manöver bestand darin, dass Meier auch diesmal verlangte, es müsse wegen falscher Anschuldigung untersucht werden und nicht wegen Ehrverletzung. Die Justiz ging darauf nicht ein und drehte Meier aus diesem Vorgehen später jenen Strick, an dem sie ihn aufhängen konnte.

Strafantrag gegen 109 Personen

Auch der dritte Trick, mit dem Meier 19 der Klage den Boden entziehen wollte, war ein zwiespältiges Unterfangen. Meier stützte sich dabei auf Artikel 30 des Strafgesetzbuchs. Danach sind alle an einer Tat Beteiligten zu verfolgen, wenn jemand Strafantrag gegen einen

Beteiligten stellt. Nun hatte Hubatka aber nur zwei der zahlreichen Gehilfen eingeklagt, die sich an der Weiterverbreitung des Flugblatts beteiligt hatten. Meier hatte aber eine Liste von 109 Flugblattverteilern und legte diese nun dem Untersuchungsrichter, Bezirksrichter Hans Sorg, vor.

Sorg setzte Hubatka eine Frist, um wegen Gehilfenschaft auch gegen die 109 Personen Klage zu erheben, ansonsten werde Rückzug des Strafantrags angenommen. Da Hubatka seine Klage nicht fallenlassen wollte, war er gezwungen, auch die 109 mutmasslichen Gehilfen einzuklagen.

Damit hatte Meier nicht gerechnet. Er hatte nicht angenommen, dass man es wagen würde, gegen so viele Personen vorzugehen. Auch war dieser Schachzug seinem Ruf nicht gerade zuträglich. Hubatkas Anwalt kritisierte Meiers Aktion später als «unsympathische Massen-Denunziation» und als ein «Verheizen junger Leute». Auch Meier gibt heute zu: «Das war eine heikle Sache, ich muss sie aber voll verantworten.»

Tatsächlich wusste Meier von den 109 Sympathisanten nur, dass er ihnen Flugblätter zugeschickt hatte, nicht, ob sie diese auch wirklich verteilt hatten. Es gab zahlreiche erboste Reaktionen von Leuten, welche die Flugblätter einfach beiseite gelegt hatten, unter ihnen auch Gertrud Heinzelmann, die zuoberst auf Meiers Liste figurierte. Die Justiz liess die 109 Verfahren verjähren, «bequemerweise», wie der «Beobachter» kritisierte. Es blieb nach der Verjährung, 1976, bloss noch die Kostenfrage zu entscheiden. Von den 109 Beschuldigten konnten 25 wegen Unauffindbarkeit, Todes oder schwerer Krankheit nicht mehr belangt werden. 56 stritten das Delikt ab oder hatten vor dem Untersuchungsrichter die Aussage verweigert. Es verblieben somit nur noch 28 Personen, die dazu standen, das Flugblatt verteilt zu haben. Nach dem Entscheid des Bezirksgerichts hätten sie Hubatka je 50 Franken an die Gerichtskosten zahlen müssen, doch das Obergericht setzte den Betrag auf 20 Franken hinab. Ein Beteiligter zog die Sache über alle Instanzen hinweg bis vor die Europäische Menschenrechtskommission in Strassburg. Diese nahm die Klage aber nicht entgegen.

Eine nicht zugelassene Frage
Noch während der Untersuchung suchte Meier einen patentierten Anwalt. Sein Rechtsvertreter wurde der 36jährige Christian Vogel, der fünf Jahre zuvor das Anwaltspatent erhalten hatte. «Ich wurde als Anwalt eingesetzt, weil niemand sonst das Mandat übernehmen wollte; mich dagegen interessierte der Fall», erinnert sich der heutige Wirtschaftsanwalt. Und: «Es war ein politischer Prozess; von Anfang an spürte ich, dass wir nicht gewinnen können.»

Die Verhandlung gegen Meier 19 wurde vom 19. bis zum 21. Juni 1974 vor dem Zürcher Geschworenengericht durchgeführt. Bei Ehrverletzung durch das Mittel der Druckerpresse kann der Angeklagte Aburteilung durch die Geschworenen verlangen. Meier entschied sich für diese Instanz, weil er sich von ihr mehr öffentliche Aufmerksamkeit versprach und hoffte, dass Laien eher bereit seien, dem Volksempfinden zum Durchbruch zu verhelfen. Er war von den drei Beschuldigten der einzige, der sich vor dem Geschworenengericht zu verantworten hatte. Maximilian Mayr war im Herbst zuvor gestorben, und der Sanitärmonteur wurde vom Bezirksgericht abgeurteilt, weil er die erforderliche Kaution nicht bezahlt hatte.

Präsident des Geschworenengerichts war Werner Bantli, der letzte Nichtakademiker, der es zum Zürcher Oberrichter brachte. Der 1910 geborene Sozialdemokrat begann seine berufliche Laufbahn als «Kanzlist II. Klasse» bei der Stadtzürcher Armenpflege. Er arbeitete sich zum Adjunkten des Fürsorgeamtes empor und wurde 1949 von der SP als Bezirksrichter nominiert. 1965 wurde er Strafrichter am Obergericht. 1971 übernahm er offiziell das Präsidium des Geschworenengerichts. Inoffiziell amtete er bereits im Herbst als Vorsitzender, anstelle des erkrankten Max Willfratt.

(Es war dies kein einfacher Einstand für Bantli, ging es doch um den siebenwöchigen Globus-Krawall-Prozess in Winterthur. Strapazierend war vor allem die Verhandlung gegen den Rädelsführer André Chanson. Bantli hatte Mühe, sich zu beherrschen. Als Chanson behauptete, er sei in der Untersuchungshaft gefoltert worden, quittierte Bantli dies mit dem Ausruf «eine Frechheit!». Und als das Hohngelächter aus dem Publikum kein Ende nahm, liess er den Saal durch Polizeigrenadiere räumen. Danach allerdings riss er sich zusammen. Er bemühte sich um einen väterlichen Ton gegenüber dem 24jährigen Chanson und sagte, er sei schliesslich Vater eines ungefähr gleich alten Sohnes.)

Im Prozess gegen Meier 19 waren neun Männer als Geschworene ausgelost worden: ein Friedhofverwalter, zwei Sekretäre, ein Gärtner, ein Versicherungsbeamter, ein Werkzeugmechaniker, ein Bankangestellter, ein Hafnermeister und ein pensionierter Depotchef. Sie befanden zusammen mit dem sogenannten Gerichtshof – Bantli als der Vorsitzende und zwei Bezirksrichter – über alle Fragen, die sich beim Prozess stellten.

Der Prozess begann mit einer herben Enttäuschung für Meier 19. Nachdem ihn der Untersuchungsrichter zu den Entlastungsbeweisen hatte zulassen wollen, schnitt ihn das Gericht davon ab. Die Begründung: «Ist einmal ein Entscheidungsakt wie eine Sistierungsverfügung oder ein freisprechendes Urteil ergangen, kann ein öffentliches Interesse an weitern gegen den Verletzten gerichteten Behauptungen nicht einfach mit der beharrlichen Aufrechterhaltung der Behauptung, der Verletzte sei halt doch der Täter, begründet werden.» Mit andern Worten: Weil Hubatka vom Verdacht des Diebstahls entlastet worden war, durfte Meier nicht mehr den Beweis antreten, dass die eingeklagten Äusserungen der Wahrheit entsprächen oder in guten Treuen vorgebracht werden durften. Meier hatte sich somit vergebliche Hoffnungen gemacht, die Untersuchung des Zahltagsdiebstahls bis in alle Details hinein zum Gegenstand einer öffentlichen Verhandlung machen zu können.

Der Prozess konnte zur Hauptsache nur noch in den persönlichen Befragungen Meiers und Hubatkas sowie in den Plädoyers bestehen. Die dreitägige Verhandlung fand in der Presse erstaunlich wenig Echo. Die Zeitungen begnügten sich mit kleinen Meldungen, die NZZ liess es sogar bei 19 Zeilen über das Urteil bewenden.

Bei der Befragung des Angeklagten musste Meier zum Vorwurf der Anklage Stellung nehmen. Er sagte: «Ich wollte mit dem Flugblatt Dr. Hubatka nicht beschuldigen, er habe den Zahltagsdiebstahl begangen.»

Gerichtspräsident Bantli entgegnete: «Das Flugblatt stellt aber mindestens eine Verdächtigung in diesem Sinne von Dr. Hubatka dar?»

Meier: «Nein.»

Bantli: «Warum erwähnen Sie dann überhaupt den Namen von Dr. Hubatka?»

Meier: «Das ist eine graphische Sache. Ich würde das Flugblatt heute anders gestalten. Dr. Hubatka ist in der ganzen Sache schon die zentrale Figur. Darum wurde auch sein Name erwähnt.»

Bantli: «Was für eine Meinung hatten Sie, als Sie das Flugblatt verfassten?»

Meier: «Ich hatte nur einen Gedanken, einen staatserhaltenden. Ich habe die Meinung, dass über dieses Flugblatt eine Untersuchung in Gange kommt, die diesen Namen auch verdient.»

Hierauf stellte der Geschworenengerichtspräsident dem Angeklagten jene Frage, die zur Falle werden sollte: «Warum haben Sie das Begehren gestellt, es müsse gegen Sie eine Strafanzeige eingereicht werden wegen falscher Anschuldigung?»

Meier: «Das würde ich begrüssen, denn das würde eine Untersuchung mit einer Umkehr der Beweislast bringen.»

Bantli: «Jetzt wollen Sie behaupten, Sie hätten Dr. Hubatka nicht angeschuldigt. Wen sollen Sie dann angeschuldigt haben, wenn Sie das Begehren stellen, gegen Sie eine Strafuntersuchung wegen falscher Anschuldigung zu eröffnen?»

Meier wich aus: «Ich hätte vor allem Dr. Gerber und Dr. Birch falsch angeschuldigt, weil ich sie der Falsch-Beurkundung bezichtigt habe.»

Bantli beharrte darauf, dass Meier verlangt habe, Hubatka müsse wegen falscher Anschuldigung klagen. Meier antwortete: «Das würde ich auch heute noch realistischer finden, wenn Dr. Hubatka deswegen geklagt hätte und nicht wegen Ehrverletzung.» Hierauf lässt Bantli das Thema fallen. Er konnte Meier nun bei seinen eigenen Worten nehmen, wenn es um den Nachweis dafür geht, dass Meier gegen Hubatka Anschuldigungen erhoben hatte – Anschuldigungen, die auch nach Meiers eigener Einschätzung einklagbar waren.

Die Frage, welcher Tatbestände Meier denn Hubatka beschuldige, wenn nicht des Zahltagsdiebstahls, stellte Bantli indessen nicht. Meier sagte von sich aus: «Ich bezichtige Dr. Hubatka in erster Linie des falschen Alibis und nicht des Zahltagsdiebstahls.» Bantli ging aber nicht weiter darauf ein.

Meiers Rechtsvertreter Christian Vogel dagegen wollte die Sache bei der Befragung Hubatkas nochmals aufgreifen. Er stellte dem Kripo-Chef die entscheidende Frage: «Warum haben Sie sich den Aufforderungen des Angeklagten verschlossen und ihm nicht eine ganz klare Darstellung Ihres Alibis am fraglichen Tage des Zahltagsdiebstahls gegeben?» Die Antwort auf diese Frage würde die Öffentlichkeit noch heute interessieren, doch Bantli liess die Frage nicht zu.

Rache und nackter Hass
Hubatkas Rechtsvertreter Walter Guex interpretierte das Flugblatt mit den sechs rotgedruckten Fragen wie folgt: «Dr. Hubatka ist der Zahltagsdieb, aber er wird von den Untersuchungsorganen geschützt.» So ergebe es sich für «jeden unbefangenen Leser», anders lasse sich der Text «überhaupt nicht deuten».

Mit seinem Plädoyer wollte Guex vor allem aufzeigen, dass das Flugblatt «Teilstück einer ganzen breit angelegten Rufmord-Kampagne gegen Dr. Hubatka» und die «Rache und die Vergeltung eines entlassenen Polizei-Funktionärs» war. Er trug nun jene vereinfachende These vor, die Meiers Ruf bis heute belastet: «Als der Angeklagte [Meier] bei der Stadtpolizei entlassen werden musste, beschloss er sich zu rächen, und von diesem Momente an ging er planmässig darauf aus, den Ankläger [Hubatka] zu diffamieren. Anders lässt sich die gerade unsinnige Zahl von Verzeigungen wegen allen möglichen angeblichen Delikten ja gar nicht erklären. Denken Sie zum Beispiel an das Sprengstoff-Delikt, das ihm vorgeworfen wurde. Wie kommt man vernünftigerweise zu so etwas. Daraus spricht ja nur der nackte Hass.»

Meier nehme für sich das Recht in Anspruch, fuhr Guex fort, «einen Mitmenschen moralisch zu vernichten, indem er ihm alle möglichen Straftaten andichtet, öffentlich zur Last legt, vom Diebstahl über die Erpressung und die Nötigung, über die Urkundenfälschung und Freiheitsberaubung bis zum Sprengstoff-Delikt. Hier muss die Justiz ein zwingendes Halt bieten.» Guex wandte sich an die Geschworenen und den Gerichtshof: «Es liegt nun in Ihren Händen, in den Händen Ihres Gerichtes, meinen Klienten und seine geplagte Familie endlich vor den immerwährenden öffentlichen Angriffen dieses rachsüchtigen Menschen zu schützen, vor den Angriffen, deren Planmässigkeit jedem Beschauer unverkennbar ist.» Und: «Wenn der Angeklagte nicht endlich exemplarisch bestraft wird, hört er nie auf, den Ankläger zu verfolgen.»

Im Plädoyer von Hubatkas Rechtsvertreter wurde auch erneut der Versuch unternommen, das Vorbeimarschieren Hubatkas in der Nähe des Tatbüros zu begründen. Guex griff jene Stelle des Flugblatts auf, welche die Beobachtung des Polizeimannes Wendel wiedergab, wonach Hubatka – so das Flugblatt – «zwei- oder dreimal zu den Tatbüros schritt». Dies sei eine unwahre Behauptung, sagte Guex, denn Hubatka «schritt gar nicht ins Tatbüro, in dem sich der Tresor befand, sondern er ging in das Büro seines Vorgesetzten, des Polizei-Inspektors, der ihn hatte zu einer Besprechung rufen lassen». Deshalb habe die Aussage des Polizeimannes Wendel den Kripo-Chef nicht belasten können, weil Wendel «nichts anderes gesehen hat, als dass Dr. Hubatka vorbei gegangen ist: vorbei gegangen an einem Ort, wo er vorbei kommen musste, wenn er zum Polizei-Inspektor ging, wo er vorbei kam, wenn er das Haus verliess usw.».

Diese Darlegungen waren eine offenkundige Fehlinterpretation der Fakten. Die Besprechung beim Polizeiinspektor begann ja eindeutig lange bevor Polizeimann Wendel in der Halle vor dem Tatbüro Platz nahm.

Der mit Meier befreundete Psychologe Heinrich Scheller schilderte die Wirkung dieser falschen Behauptung später wie folgt: «Ich war selbst im Gerichtssaal, und die Wirkung der Aussage von Dr. Guex auf mich musste die gleiche sein wie die auf die Geschworenen. Ich dachte sofort: ‹Jetzt ist Hubatka fein raus und entsprechend Meier 19 fein drin›, Hubatka war entlastet, Meier 19 bezüglich übler Nachrede belastet.» Da die Behauptung des Rechtsanwaltes während der Gerichtsverhandlung von niemandem korrigiert wurde (weder von Hubatka, noch von Meiers Vertreter oder vom Gerichtspräsidenten), kam der 81jährige Scheller zum Schluss: «Ich kann nicht annehmen, dass den Geschworenen nachträglich, wie mir, bewusst geworden ist, dass die Angabe von Dr. Guex falsch war. Folglich ist der Schuldspruch der Geschworenen unter dem Gesichtspunkt dieser falschen Vorstellung ausgesprochen worden.»

Rechtsanwalt Walter Guex stellte den Antrag, Meier 19 wegen Verleumdung zu sechs Monaten Gefängnis unbedingt zu verurteilen, ferner zu einer Genugtuungssumme von 6000 Franken und zur Urteilspublikation in drei Zeitungen.

Meiers Rechtsvertreter Christian Vogel dagegen verlangte Freispruch oder aber, im Falle eines Schuldspruchs, milde Bestrafung. Der junge Rechtsanwalt rief dazu auf, «dem Angeklagten nicht zum vornherein unlautere Motive» zu unterstellen, und erinnerte an all die Ungereimtheiten der Untersuchung zum Zahltagsdiebstahl. Er beschuldigte namentlich Rudolf Gerber, 1968 als Bezirksanwalt «pflichtwidrig» nicht so untersucht zu haben, «wie es eben ein gewiegter Kriminologe, schon der Ordnung halber, ohne Verdacht zu schöpfen, hätte tun sollen». Vogel widersprach auch der Behauptung, Meier habe planmässig gehandelt: «Was Meiers Berater diesem einbrockt, kann doch niemals als Plan bezeichnet werden. Diese heterogenen Aktionen haben niemals den Charakter von Planmässigkeit annehmen können.»

Einen grossen Teil seiner Ausführungen verwandte der Rechtsanwalt darauf, aufzuzeigen, dass mit dem inkriminierten Begriff «decken» («Warum wird Dr. Hubatka gedeckt?») keineswegs eine Bezichtigung oder Verdächtigung wegen des Zahltagsdiebstahls verbunden sein muss. «Denn auch ohne Täter im Zahltagsdiebstahl zu sein, kann doch jemand, und sei es der Ankläger Dr. Hubatka, gedeckt werden, nämlich in der Weise, dass gar nicht richtig untersucht wird, wer der Täter ist, oder so, dass derart untersucht wird, dass Fehler in seinem beruflichen oder privaten Lebenswandel unentdeckt bleiben.» Vogel meinte denn auch, «Dr. Gerber hätte hier auch ohne Nennung seines Namens zu einer Klage mehr Grund gehabt als Dr. Hubatka, weil er als Bezirksanwalt die wiederaufgenommene Untersuchung allzu rasch einstellte». Im Flugblatt sei bloss «mit anderen Worten festgehalten» worden, dass «immer noch nicht richtig überprüft wurde, ob Dr. Hubatka oder ein anderer nicht der Täter sei. Das bedeutet aber nicht, dass der Angeklagte im Flugblatt behauptete oder auch nur unterstellte, Dr. Hubatka sei wirklich der Täter.»

Der Rechtsanwalt machte schliesslich auch auf den «bewundernswerten» Mut und die Zivilcourage Meiers und seiner Freunde aufmerksam und meinte: «Es würde allen Staatsfunktionären gut anstehen, diese Leute nicht gering zu achten.»

Der letzte Schrei nach Gerechtigkeit

Gegen Mittag des zweiten Prozesstags nahm Meier das Recht des letzten Wortes wahr. «Wenn ich mich zur Redaktion dieses Flugblattes hingab, so ist dies ganz sicher nicht aus rachsüchtigen Überlegungen gewesen», sagte er. «Es ist ein Schrei, vielleicht der letzte Schrei nach Gerechtigkeit, nach sauberer Untersuchung gewesen.» Meier signalisierte auch ein gewisses Entgegenkommen: «Dr. Guex hat mir schwere Vorwürfe gemacht, ich hätte übers Ziel hinaus geschossen, ich hätte böse Briefe geschrieben, viele Anzeigen, das kann ich nicht bestreiten. Im Nachgang sehe ich ganz genau, dass ich irgendwo und vielleicht oft übermarcht habe. Als Gegenargument möchte ich vortragen, dass die Gegenseite ebenfalls übermarcht hat. Ich wurde plötzlich verhaftet von zwei bewaffneten Polizisten, das ist klar, abgeführt ins Gefängnis, in die Verhaftzelle verbracht, am Abend wieder entlassen. Es hatte sich ergeben, dass alles illegal war. Man hat mir hundert Franken Entschädigung zuerkannt. Ich möchte das nur schildern, dass Sie sehen, dass Übermarchungen dann eben naheliegend sind. Wenn sie erfolgten, wo sie auch immer erfolgten, bin ich bereit, das mit dem grössten Bedauern heute zurückzuziehen und mich dafür zu entschuldigen.»

Meier entschuldigte sich – nicht aber für das Flugblatt mit den sechs rotgedruckten Fragen: «Wenn Dr. Hubatka mir hier einen ehrverletzenden Passus vortragen kann, bin ich auch bereit, sofort dazu Stellung zu nehmen. Ich finde nichts.» Er möchte, schloss Meier, «eigentlich nicht um Freispruch in erster Linie bitten, sondern darum ersuchen, alles Mögliche zu unternehmen, damit dieser Fall noch gründlich untersucht werden kann, die bestehenden Fehler behoben werden können. Ich möchte sogar sagen, nach dieser Untersuchung würde ich meinen Kopf ganz in die Schlinge legen und sagen, wenn die Untersuchung durch eine neutrale Kommission ergeben hat, dass ich nicht recht habe mit der bösen Kritik, wie der Gegner sagt, an der Untersuchungsbehörde, dann ziehen Sie die Schlinge zu.»

Anschliessend zogen sich die drei Berufsrichter und die neun Geschworenen zur Urteilsberatung zurück. Die Beratungen dauerten – ohne Pausen – gut acht Stunden und konnten erst am frühen Nachmittag des nächsten Tages abgeschlossen werden. Acht Stimmen waren nötig für die Bejahung der Schuld, in den übrigen Fragen genügte die Mehrheit der Stimmen. Bei der Stimmabgabe machen die Geschworenen als die Repräsentanten des gesunden Volksempfindens den Anfang, während der Präsident seine Stimme erst am Schluss abgibt.

Die schriftliche Urteilsbegründung macht klar, dass das Gericht die Frage «Warum wird Dr. Hubatka gedeckt?» unter keinen Umständen auf die Kritik an der gegen Hubatka geführten Untersuchung reduzieren wollte. Es liess keinen Zweifel daran, dass Hubatka im Flugblatt «des Zahltagsdiebstahles jedenfalls verdächtigt, wenn nicht sogar bezichtigt wird»: «Schon der Titel des Flugblattes ‹Warum wird Dr. Hubatka gedeckt?› stellt eine Verdächtigung dar. Gedeckt werden kann jemand nur vor etwas, mit andern Worten, der zu Deckende wird in Schutz genommen vor etwas. Im vorliegenden Fall heisst das, dass Dr. Hubatka vor der Anklage in Schutz genommen wird, von den Untersuchungsbehörden gedeckt und von ihnen so der Justiz entzogen wird. Der Justiz entzogen wird derjenige, der für sein Tun zur Verantwortung gezogen werden müsste.» Das Flugblatt sei deshalb geeignet, «den Ruf des Anklägers als eines ehrbaren Menschen zu schädigen, ihn als Menschen verächtlich zu machen und seinen Charakter in ein ungünstiges Licht zu rücken».

Und dann nahm das Gericht Meier beim Wort: Der Angeklagte habe sein Wissen um den ehrverletzenden Charakter seiner Behauptungen «vor den Schranken indirekt zugegeben». Denn er habe bestätigt, dass er Hubatka aufgefordert hatte, ihn nicht wegen Ehrverletzung, sondern wegen falscher Anschuldigung zu verzeigen: «Wer nun aber jemanden auffordert, ihn wegen falscher Anschuldigung zu verzeigen, kann im Ernst nicht geltend machen, er habe die aufgeforderte Person nicht angeschuldigt.»

Als wäre er erschossen worden
Am dritten Verhandlungstag, nachmittags um 16 Uhr, wurde das Urteil verkündet. Meier wurde der üblen Nachrede schuldig gesprochen. Sein Verschulden wurde als schwer und sein Vorgehen als planmässig taxiert: «Zu erinnern ist dabei an die zahlreichen Strafanzeigen, die er seit 1968 gegen Dr. Hubatka einreichte und die zum Teil durch ihre Absurdität nicht mehr überboten werden können.» Straferhöhend wirkten sich die zwei Vorstrafen (Amtsgeheimnisverletzung, Nötigungsversuch) sowie der Umstand aus, dass die letzte Verurteilung bloss vier Monate zurücklag. «Mit seiner Intelligenz und beruflichen Ausbildung hätte er aber auch die Fähigkeit gehabt, das ganze Geschehen um den Zahltagsdiebstahl herum von einer objektiveren Warte aus anzuschauen», gab das Gericht Meier zu bedenken. «Er kann sich deshalb auch nicht darauf berufen, bei gewissen Schritten, die er unternommen hatte, falsch beraten worden zu sein.»

Meier wurde zur Höchststrafe verurteilt: «Angesichts der Schwere des Verschuldens des Angeklagten, des Fehlens von Strafmilderungsgründen und in Berücksichtigung des Umstandes, dass ein Fall von krasserer übler Nachrede wohl nicht denkbar ist, ist der Angeklagte zur gesetzlichen Höchststrafe von sechs Monaten Gefängnis zu verurteilen.» Für jede der sechs Fragen einen Monat!

Der nächste Schlag folgte auf dem Fuss: «Vorleben und Charakter des Angeklagten, nämlich sein erschreckender sich seit 1968 in zahlreichen Aktionen und Strafanzeigen zeigender Hass gegen den Ankläger, seine Unbelehrbarkeit, sein stures Festhalten an unhaltbaren

Beschuldigungen und Behauptungen, lassen nicht erwarten, er werde sich durch eine an sich objektiv mögliche Gewährung des bedingten Strafvollzuges vor weiteren ähnlichen Delikten abhalten lassen. Die Strafe ist daher zu vollziehen.»

Meier wurde verpflichtet, Hubatka eine Genugtuungssumme von 4000 Franken und eine Umtriebsentschädigung von 10 000 Franken zu entrichten. Ausserdem wurde angeordnet, dass das Urteilsdispositiv in drei Zeitungen in der Grösse einer Viertelsseite zu veröffentlichen sei, dies auf Kosten Meiers. Hubatka wurde das Recht eingeräumt, die drei Zeitungen zu bestimmen. Schliesslich beschloss das Gericht, dass die 7 Tage Gefängnis wegen versuchter Nötigung, die Meier bedingt erlassen worden waren, zu vollziehen seien.

«Ich war fast nicht mehr ich selbst, ich war zu keiner Erregung mehr fähig, mein Pulsschlag war nicht höher als sonst», erinnert sich Meier 19 an den Moment der Urteilsverkündung. «Ich konnte es irgendwie nicht glauben und hatte das Gefühl, dies könne nicht der Abschluss sein. Ich sah mich nicht im Gefängnis und hatte selbst in jenem Moment noch das Gefühl, ich werde getragen.»

Einem Prozessbeobachter dagegen war es so, als ob «die Zürcher Justiz diesen ihr so lästigen Meier 19 mitten im Gerichtssaal mit der Maschinenpistole erschossen hätte». Er wollte nicht mehr länger Schweizer Bürger sein und schrieb einen Brief an den Gesamtbundesrat, in dem er der Landesregierung mitteilte, dass er auf das Bürgerrecht so lange verzichte, bis «Meier 19 voll rehabilitiert ist». Es widerstrebe ihm, «weiterhin Bürger eines Staates zu sein, in welchem, nur damit unkorrekt handelnde – also korrupte – Behörden ihre ‹Ruhe› haben, ein grundanständiger, auf saubere Rechtszustände bedachter Mann auf eine so empörende Weise stillgelegt, resp. ‹beerdigt› werden soll, wie das nun die Zürcher ‹Justiz› mit ‹Meier 19› einmal mehr vordemonstriert.»

Unter den Beilagen des Schreibens figurierte an erster Stelle: «1 Heimatschein».

Kabarett mit Alfred Rasser (1974)

Der Mann, der nach der Verurteilung von Meier 19 nicht mehr länger Schweizer Bürger sein wollte und seinen Heimatschein beim Bundesrat deponierte (und zwei Jahre später wieder zurückgesandt erhielt), heisst Ralf Winkler. Er ist zehn Jahre älter als Meier, war ihm ein rühriger Kampfgefährte in der Zeit der Bedrängnis und ist ihm ein treuer Freund geworden.

Ralf Winkler ist als Verfasser unzähliger, mit spitzer Feder geschriebener Leserbriefe, als Autor der «Werkstatt schreibender Arbeiter» und als Aktivist der Gruppe «Schweiz ohne Armee» bekannt. Seine pazifistische Einstellung und sein Gewissen haben es ihm verunmöglicht, ein normal-bürgerliches Leben zu führen.

Der 1915 geborene Winkler lernte schon als Kind, dass die Menschen überall auf der Welt gleich sind. Sein Vater war ein im Württembergischen aufgewachsener Schweizer und wirkte als Sulzer-Chefingenieur sechs Jahre lang in Oberägypten. In Sibirien heiratete er eine livländische Adelige. Von seiner Mutter hat Ralf Winkler die Freude am Formulieren. Sie war künstlerisch begabt, ein «gottbegnadetes Kind», und lebte nach der Scheidung als Schriftstellerin und Pilzsammlerin in Zürich.

Ralf Winkler wuchs in Winterthur, Herisau und Lothringen auf. Er lernte Maschinenschlosser, sein Vater wollte nicht, dass er höhere Schulen besuche. Im Militär war er wegen einer «Beingeschichte» dem Hilfsdienst zugeteilt. Im zweiten Weltkrieg wurde er zum Grampen aufgeboten. Er hatte Schwierigkeiten, den Militärdienst mit seinem Gewissen in Einklang zu bringen, und verweigerte 1941, in einer Zeit, da sich ein Militärdienstverweigerer völlig unmöglich machte, den Fahneneid. Winkler musste deswegen drei Monate ins Gefängnis. Als er kurz vor Kriegsende einem erneuten Aufgebot wiederum keine Folge leistete, bedeutete das zehn Monate Gefängnis. Damals hatte er bereits seine Frau Hedi kennengelernt. Als Quäkerin und Pazifistin bestärkte sie Ralf Winkler in seinem Weg.

Hedi und Ralf Winkler leisteten in verschiedenen Ländern Zivildiensteinsätze. Sie übernahmen in Norddeutschland die technisch-ökonomische Leitung eines freikirchlichen Freundschaftsheims, das

Ausbildung zur Friedensarbeit anbot. Einmal wollten sie eine Siedlung aus ungebranntem Lehm, ein andermal ein Experimentierdorf für einen neuen Lebensstil aufbauen. Doch die Pläne zerschlugen sich, namentlich wegen finanzieller Probleme.

1957 kehrte das Ehepaar mit seinen zwei Kindern in die Schweiz zurück. Ralf Winkler arbeitete in verschiedenen Betrieben, doch er hatte Mühe mit der kapitalistischen «Zwangswirtschaft». Er wollte nicht dazu beitragen, dass im Namen der Rentabilität Menschen versklavt sowie Waffen und Gift produziert würden. Winklers fassten einen Entschluss, der damals noch ungewöhnlich war: Er sorgte als Hausmann für die Kinder, den Haushalt und den Garten, und sie ging als kaufmännische Angestellte Geld verdienen. «Ich war eben psychisch stärker», sagt Hedi Winkler rückblickend. In jener Zeit begann Winkler auch, die Zeitungsredaktionen mit Leserbriefen gegen Militarismus, Justizwillkür und Umweltverschmutzung einzudecken. An die fünf Meter misst die Reihe der Ordner heute, in denen die Kopien der publizierten und – grossmehrheitlich – nichtpublizierten Leserbriefe abgelegt sind.

Ralf Winkler hat Meier 19 im Jahr 1972 kennengelernt. Von ihm stammen auch zwei amüsante literarische Versuche über die Affäre Meier 19: «Es geschehen merkwürdige Dinge» in Zürich («National-Zeitung» vom 19. Januar 1974) und «Die Geschichte vom grossen Zapfenklau» («zürcher student», November 1975). Winkler war in Sachen Meier 19 ausserordentlich aktiv. Er legte Proteste ein, verschickte Dokumentationen, geisselte die Untätigkeit und das Schweigen von Behörden und Presse, verlangte Aufklärung und Taten. Es gibt kaum eine Instanz, die er nicht bearbeitet und derart strapaziert hätte, dass am Ende jede weitere Korrespondenz verboten wurde.

Kein Erfolg bei Kurt Furgler und Alfred Rasser
Grossen Aufwand trieb Winkler bei seinem Versuch, den Fall Meier 19 zu einem Thema der eidgenössischen Politik zu machen. Anlass dazu waren die Ernennung von Rudolf Gerber zum Bundesanwalt und die Tatsache, dass gegen ihn eine Strafanzeige Meiers anstand.

Im März 1973, kaum war die Ernennung publik geworden, fragte Winkler das Eidgenössische Justiz- und Polizeidepartement schriftlich an, ob wirklich ein Mann höchster schweizerischer Ankläger werden soll, gegen den eine Strafklage hängig war. Als er keine Antwort erhielt, schrieb Winkler im Herbst 1973 an Bundesrat Furgler persönlich. Dieser liess den Tenor von Winklers Briefen rügen, konnte die Stürmerei aber keineswegs stoppen. Furglers Generalsekretär liess Winkler wissen, dass man «auf weitere Eingaben nicht mehr eintreten» könne. So sandte Winkler die nächsten beiden Briefe an Furglers Privatadresse. Aber auch damit bewirkte er bloss, dass Furglers Stab zwei abwimmelnde Empfangsbestätigungen mehr abzufassen hatte.

Winkler liess sich nicht verdriessen und suchte einen andern Weg, um den Fall Meier 19 zu einem Traktandum der Bundespolitik zu machen: Nachdem verschiedene SP-Nationalräte – Andreas Gerwig, Lilian Uchtenhagen, Walter Renschler und Jean Ziegler – es abgelehnt hatten, zugunsten von Meier 19 parlamentarisch tätig zu werden, wandte er sich an seinen Duzfreund Alfred Rasser. Der 1977 gestorbene Kabarettist («HD Läppli», «Professor Cekadete») war 1967 für den Aargauer Landesring in den Nationalrat gewählt worden. 1975 liess ihn der LdU fallen, und Rasser, der auf einer eigenen Liste kandidierte, wurde abgewählt.

Obwohl Meiers Klage gegen Rudolf Gerber kurz vor Weihnachten 1973 von der Zürcher Justizdirektion zurückgewiesen worden war – Gerber hatte bei Justizdirektor Arthur Bachmann um eine beförderliche Erledigung gebeten –, liess Ralf Winkler nicht locker. Er hat die zahlreichen Briefe und Telefonate, mit denen er den in Basel wohnhaften Rasser bombardierte, alle registriert. Sie sind Ausdruck einer Realsatire, in der ein Politiker der anstürmenden Klientel nicht Einhalt gebietet, obwohl er ahnt, dass er seine Versprechungen nicht einhalten kann. «Typisch Rasser», reagierte sein Biograph Franz Rueb, als ich ihm von den Telefongesprächen zwischen Winkler und Rasser erzählte: «Rasser wollte nicht enttäuschen und enttäuschte doch.»

Hier einige Müsterchen aus diesem Kabarett:

1. März 1974. Winkler will von Rasser erfahren, wie es mit der früheren Zusicherung stehe, Bundesrat Kurt Furgler während der Session für ein Gespräch unter vier Augen zu gewinnen. Rasser klagt, er sei irrsinnig überlastet und sollte jetzt bei der Basler Fasnacht noch die Regie eines Trommelkonzerts übernehmen. Dann schimpft er über den Nationalrat, diesen «Saftladen». Als Winkler seine Frage wiederholt, gibt er zu, Furgler immer noch nicht um ein Gespräch ersucht zu haben. Aber er könnte ja, wirft Rasser plötzlich ein, eine parlamentarische Anfrage machen, die vom Bundesrat in Erfahrung bringen sollte, ob er es nicht endlich an der Zeit finde, zu den ständigen Vorwürfen gegenüber Gerber Stellung zu nehmen. Rasser fordert Winkler auf, bei Gelegenheit erneut zu telefonieren.

9. April 1974. Winkler telefoniert Rasser. Dieser hat Katarrh, wettert kurz über den herrschenden «Neofaschismus» und bittet Winkler, sich am Osterdienstag wieder zu melden.

16. April 1974. Osterdienstag. Winkler telefoniert Rasser. Zum Katarrh ist jetzt noch Herzflattern hinzugekommen. Es wird der geplanten kleinen Anfrage wegen ein Treffen vereinbart, bei dem auch Meier 19 dabei sein soll. Rasser ist aber nicht imstande, jetzt schon einen Termin vorzuschlagen, und bittet Winkler, am kommenden Montag wieder anzuläuten.

22. April 1974. Montag. Winkler telefoniert Rasser. Dieser ist total überlastet und bittet Winkler, am Mittwoch wieder anzuläuten. Winkler fragt: «Muss ich Hemmungen haben?» Rasser beruhigt Winkler und verspricht ihm, am Mittwoch einen Termin fest abzumachen.

24. April 1974. Mittwoch. Winkler telefoniert Rasser. Sie machen einen Termin auf Donnerstag, den 30. Mai ab. Das Treffen kommt zustande. Rasser lernt Meier 19 kennen und lässt sich von ihm und Winkler ausführlich orientieren. Er verspricht erneut, eine kleine Anfrage oder gar eine Interpellation zu starten.

15. Juni 1974. Samstag. Winkler telefoniert Rasser. Am folgenden Mittwoch soll in Zürich der Geschworenenprozess gegen Meier 19 beginnen. Winkler möchte sich bei Rasser erkundigen, ob die versprochene kleine Anfrage nicht noch vor Prozessbeginn eingereicht werden könnte. Der Anruf kommt ungelegen. Rasser muss zu einer Demonstration gegen das damals noch geplante Atomkraftwerk Kaiseraugst, um eine Rede zu halten.

16. Juni 1974. Sonntag. Winkler telefoniert Rasser. Auf die Frage, ob die kleine Anfrage noch vor Prozessbeginn möglich sei, weicht Rasser aus. Er habe zuvor noch mit Bundesrat Furgler sprechen wollen. «Wenn du in dieser Session nichts machst, wäre es für mich eine grosse Enttäuschung», entgegnet Winkler. Rasser lenkt ab und bringt eine neue Idee zur Sprache, ein Theaterstück: «Das gäbe eine tolle Komödie!» Dies wäre das einzig Richtige, das würde er gerne an die Hand nehmen, bloss habe er jetzt keine Zeit dafür. Er warte den Prozess ab, dann mache er die kleine Anfrage, ohne zuvor bei Furgler vorzusprechen. Er verspricht, Winkler zu telefonieren.

22. Juni 1974. Samstag. Am Vortag ist das harte Geschworenenurteil gegen Meier 19 gefällt worden. Winkler telefoniert Rasser. Diesmal ist er mit der Gartenarbeit völlig im Hintertreffen. Winkler orientiert Rasser über das Urteil: «Du musst etwas machen!» Rasser verspricht, die Akten nochmals genau zu studieren, und deutet an, dass er sich mit einer Anfrage im Nationalrat unmöglich machen würde: «Die werfen mich zur Fraktion hinaus. Ich mache die kleine Anfrage und reiche gleich die Demission ein.» In der Landesring-Fraktion ist man auf den Linksabweichler wegen seiner Rede bei der Anti-AKW-Demonstration nicht gut zu sprechen. Rasser verspricht, alles nochmals genau zu lesen und dann Bericht zu geben.

27. Juni 1974. Ein Tag vor Sessionsschluss im Bundeshaus. Rasser telefoniert Winkler. Er hat mit Bundesrat Furgler gesprochen. Dieser hatte darauf hingewiesen, dass die Vorwürfe gegen Bundesanwalt Gerber genauestens abgeklärt worden seien. Noch vor der Ernennung Gerbers habe man bei der Zürcher Justiz in Erfahrung bringen können, dass diese es abgelehnt habe, ein Verfahren gegen Gerber anhand zu nehmen. Eine kleine Anfrage müsse unter diesen Umständen sehr genau überlegt sein: «Wir warten besser in einer so heissen Sache.» Winkler ist froh, dass Rasser endlich etwas unternommen hat, und willigt ein, dass der parlamentarische Vorstoss auf die Herbstsession verschoben wird. Rasser bittet Winkler, ihm bei Gelegenheit wieder anzuläuten.

7. Juli 1974. Winkler telefoniert Rasser. Es gibt Neuigkeiten. Meier 19 hat die Geduld verloren und sich direkt an Bundesrat Furgler gewandt. Furglers Sekretariat sagte ihm eine Audienz zu – und anderntags gleich wieder ab. Furgler habe angeordnet, dass Bundesanwalt Gerber Meier 19 empfangen soll. Rasser, der von der Sache ebenfalls Wind bekommen hat (über Bundesrat Furgler), weiss, dass sich Gerber gesträubt haben soll, Meier 19 zu empfangen. Winkler teilt Rasser mit, auch Meier 19 sei nicht auf ein Gespräch mit Gerber erpicht (das Treffen kam nie zustande). Rasser meint, es sei das beste, er gehe nochmals zu Furgler. Dies sei allerdings erst im August möglich, da er für drei Wochen nach Jugoslawien reise. Rasser bittet Winkler, ihm im August wieder zu telefonieren.

14. August 1974. Winkler telefoniert Rasser. Rasser ist sehr beschäftigt, er steht unmittelbar vor der Premiere für eine Bühnen-Neuauflage seines «HD Läppli». Er hat auch eine Bemerkung über den

Kabarettist und Nationalrat Alfred Rasser (1974).

Zahltagsdiebstahl in das Stück eingebaut. «Man sollte über den Fall Meier 19 einen Film machen», sagt Rasser und erzählt, dass er auch Furgler gegenüber gesagt habe, er wolle ein Stück schreiben. «Machen Sie das!» soll der Bundesrat entgegnet haben. Winkler erinnert Rasser an die parlamentarische Anfrage. Er habe jetzt keine Zeit, entgegnet Rasser. Winkler solle ihm Ende August, nach der Premiere, wieder anläuten, dann könne man sich treffen und alles nochmals prüfen.

30. August 1974. Winkler telefoniert Rasser und hat Herzklopfen, weil er schon wieder «stürmt». Der Anruf kommt ungelegen. Rasser muss zahlreiche Arbeiten, die wegen der Premiere liegengeblieben sind, nachholen. Er bittet Winkler, in der kommenden Woche nochmals zu telefonieren.

3. September 1974. Winkler telefoniert Rasser. Rasser ist müde wegen der Vorstellungen. Er bittet Winkler, ihn in der darauffolgenden Woche wieder anzurufen, um ein Treffen zu vereinbaren.

9. September 1974. Winkler telefoniert Rasser. Rasser hat Nakkenweh und ist überanstrengt. Weil dringende Termine noch offen sind, bittet er Winkler, ihm anderntags wegen des Treffens nochmals anzuläuten.

10. September 1974. Dienstag. Rasser telefoniert Winkler und teilt ihm mit, dass das Treffen am Donnerstag oder am Freitag stattfinden könne; er habe aber nur eine Stunde Zeit. Das Treffen kommt zustande. Winkler und Meier überreichen dem Nationalrat den Entwurf zu einer kleinen Anfrage, verfasst von Walter Düringer vom Erwa-Bund. Am 16. September beginnt die Herbstsession im Bundeshaus, und Meier 19 und Winkler warten auf die Nachricht über die Anfrage Rassers. Doch es tut sich nichts.

28. September 1974. Samstag. Winkler erkundigt sich nach dem Verbleib des parlamentarischen Vorstosses. Rasser verspricht, die Anfrage am Sonntag zu entwerfen, und fügt hinzu, dass er damit den gesamten Nationalrat gegen sich aufbringen werde und dass man im Parlament eben unter dem Druck einer «satanischen Macht» stehe. Winkler macht Rasser klar, dass Meier 19 sehr enttäuscht wäre, wenn aus dem Vorstoss wieder nichts würde: «Du bist der einzige, in den wir unsere Hoffnung setzen.» Rasser sagt, er wolle die Anfrage am Montag einreichen; zugleich bittet er Winkler, sich nicht allzu sehr darauf zu verlassen.

29. September 1974. Sonntag. Rasser telefoniert Winkler und hat zahlreiche Fragen zum Fall Meier 19. Er ist sehr dürftig orientiert und bringt alles durcheinander.

5. Oktober 1974. Am Tag nach Sessionsschluss. Winkler telefoniert Rasser. Dieser bekennt kleinlaut, dass er die Anfrage doch nicht eingereicht habe und dass er eine solche auch nicht einreichen wolle. Furgler habe ihm zu verstehen gegeben, dass man gegen kritische Fragen wohl gewappnet sei, ja geradezu darauf warte. «Machen Sie die kleine Anfrage nur», soll er höhnisch gesagt haben. Auch SP-Nationalrat Andreas Gerwig habe dringend abgeraten; eine solche Anfrage könne sich für Meier 19 nur schädlich auswirken. Unter diesen Umständen könne er, Rasser, «höchstens noch ein Stück machen». Winkler fragt, ob Rasser nicht nochmals bei Furgler vorsprechen könne. Rasser lenkt ab und schlägt ein Gespräch mit alt Nationalrat Werner Schmid vor. Der LdU-Vertreter war der Vorgänger von Gertrud Heinzelmann im «Büro gegen Amts- und Verbandswillkür» und galt als Altmeister im Kampf gegen die Willkür. Er war damals bereits schwer erkrankt. Das Telefongespräch endet mit dem Vorschlag Rassers, Winkler und Meier sollten Werner Schmid fragen, was er, Rasser, noch tun könnte. «Gib mir wieder Bescheid», sagte Rasser und hängte auf.

Hinter der Komik dieser Telefonate, die noch eine Zeitlang weitergeführt wurden und für Winkler die «grösste Enttäuschung des Jahres 1974» waren, verbirgt sich auch Tragik: die Tragik eines Politikers, der für die Mächtigen ein Komödiant blieb, und vor allem die Tragik Meiers und seiner Freunde, die so viel Hoffnung in einen parlamentarischen Vorstoss setzten, der ihnen, selbst wenn er zustande gekommen wäre, kaum etwas eingebracht hätte. Rasser und Meier standen letztlich auf verlorenem Posten, und all die Scheintätigkeiten dienten nur dazu, darüber hinwegzutäuschen.

Der Kontakt Rassers mit Meier 19 und seinen Freunden brach nicht völlig ab. Im Oktober 1975, wenige Tage bevor er als Nationalrat nicht wiedergewählt wurde, gab Rasser seinen Namen für ein Komitee her, das für Meier 19 Geld sammelte. «Der Fall Meier 19 ist bühnenreif», sagte er an der Pressekonferenz des Komitees erneut, doch in seinen zwei letzten Lebensjahren kam Alfred Rasser nicht dazu, diesen Gedanken weiterzuverfolgen.

Bernhard Böhi und Alexander Solschenizyn
Alfred Rasser war nicht der einzige, der im Fall Meier 19 eine literarische Vorlage erblickte. Die Affäre Zahltagsdiebstahl ergäbe «einen tollen Krimi und wäre der Verfilmung wert», schrieb der Basler Automobil-Journalist Bernhard Böhi im Juni 1974. Und er fuhr fort: «Aber vielleicht kommt das noch. Samt vorsorglichem Verbot des Filmes, was ihn dann allerdings zum Kassenschlager machen dürfte!»

Der 1911 geborene Böhi – der in den achtziger und frühen neunziger Jahren mit seinen (erfolglosen) Volksinitiativen für eine schnellere und billigere Automobilität Schlagzeilen machen sollte – gehörte zum harten Kern jener 109 Personen, die eingeklagt wurden, weil sie für Meier 19 ehrverletzende Flugblätter verteilt hatten.

Böhi hatte den Fall Meier 19 von Anfang an in der Presse mitverfolgt und dabei «den Eindruck erhalten, dass da von interessierter Seite ‹Himmel und Hölle› in Bewegung gesetzt werden, um die Skandale zu vertuschen». Er lernte Meier aber erst nach der Flugblatt-Aktion vom August 1972 persönlich kennen. In seinem «Motor-Report», einem periodischen Nachschlageheft über Autos, Motorräder, Boote und Lastwagen, tauchte nun plötzlich auch der Name Meier 19 auf.

Kurt Meier sei «mehr als nur hart verurteilt» worden, rügte Böhi unmittelbar nach dem Geschworenenprozess vom Juni 1974. Und er schlug den Bogen zum eigentlichen Zweck seines Periodikums, indem er ausführte, der Fall Meier 19 sei für Automobilisten «besonders aufschlussreich». Schliesslich habe alles mit Meiers «mutigem Auftreten gegen die Beziehungskorruption» angefangen, die sich bei Verkehrsdelikten von Prominenten gezeigt habe. Von Böhi stammt eine prägnante Kurzformel für die Affäre Meier 19: «Seine Vorgesetzten trieben ihn, indem sie sich mehr für seine Indiskretion als um die von ihnen selber begangenen Rechtsbeugungen kümmerten, immer mehr in die Opposition und zuletzt in Provokationen, an denen sie ihn dann aufhingen.»

Der quirlige Journalist, damals immerhin schon 63, war der Ansicht, dass man mit privaten Aktionen für Meier 19 nichts mehr erreichen könne: «Also muss man eben auf die Welle der Öffentlichkeitsarbeit, das heisst der Politik umschalten.» Böhi tat dies, indem er für eine geplante Broschüre mit dem Titel «Kohlhaas 19» zu recherchieren begann. Er wollte die Publikation allen National- und Ständeräten zuschicken und diese zur Stellungnahme auffordern, allenfalls auch mit eingeschriebenen Briefen. Diese Statements sollten samt Fotos vor den Wahlen 1975 veröffentlicht werden. Böhi wollte selbst einen Teil der Finanzen dafür aufbringen und versprach, den Erlös Meier 19 zu überlassen. Doch die Broschüre wurde nie Wirklichkeit. Böhi riss immer viel an, führte aber lange nicht alles zu Ende.

Seine Bemühungen, einen Vertreter der Weltliteratur für den Fall Meier 19 einzuspannen, waren ebenso erfolglos. Er glaubte, beim russischen Bürgerrechtskämpfer Alexander Solschenizyn das Interesse für die Tatsache wecken zu können, dass ein Schweizer Bürger, Ralf Winkler, aus Protest auf sein Bürgerrecht hatte verzichten wollen.

Der Literatur-Nobelpreisträger war nach seiner Verbannung aus der Sowjetunion Ende März 1974 samt Familie vorübergehend nach Zürich übersiedelt. Meiers ehemaliger Rechtsanwalt Fritz Heeb vertrat nun die Interessen des russischen Dissidenten.

Über Heeb liess Böhi nun Solschenizyn einen Brief zukommen. Er äusserte darin die Überzeugung, dass Winklers «offerierter Bürgerrechtsverlust» eine Angelegenheit sei, «die es verdient, auch von Ihnen beachtet zu werden». «Es würde mich freuen, von Ihnen zur Sache zu hören», schrieb Böhi. Doch Rechtsanwalt Heeb liess ausrichten, Solschenizyn könne sich mit der Sache nicht befassen.

Schockierende Enthüllungen (1974/75)

Wie aussichtslos die Situation von Meier 19 nach dem Urteilsspruch vom 21. Juni 1974 schien, zeigt ein Brief, den er in der darauffolgenden Woche von seinem Rechtsanwalt Christian Vogel erhielt: «Sie haben es gewissen Ihrer Helfer zu verdanken, dass Sie zu solch schwerer Strafe verurteilt wurden. Denn die dem Flugblatt, das hier allein zur Diskussion stand, vorangegangenen Schmähschriften gegen Dr. Hubatka etc. liessen das Flugblatt in einem derartigen Licht erscheinen, dass daraus nur noch eine weitere Ehrverletzung herausgelesen werden konnte. Gegen die Tatbestandmässigkeit des Flugblattes kann daher auch vor Bundesgericht nicht angekämpft werden. Vor Bundesgericht können Sie lediglich erwarten, dass wegen der Abschneidung weiterer Beweise durch den Geschworenengerichtspräsidenten das Urteil kassiert wird. Das heisst, dass die ganze Angelegenheit wieder neu aufgerollt wird vor dem Geschworenengericht hier in Zürich. Die dann trotz verbesserter Beweismöglichkeiten zu erwartende Strafe wird nicht wesentlich geringer sein oder gleich sein wie die eben ausgefällte. Deshalb und um Ihnen die kostspielige Tortur weiterer Strafverfahren zu ersparen, erachte ich es als meine Pflicht, Ihnen von weiteren Rechtsschritten abzuraten. Das heisst, dass Sie im Bewusstsein Ihrer eigenen Rechtschaffenheit die Strafe tragen müssen, weil von der Justiz nichts mehr zu erwarten ist.»

Erfolg vor Bundesgericht
Ein Dutzend Versuche, einen neuen Rechtsanwalt zu finden, scheiterten. Wieder trat einer jener Helfer in die Lücke, die von Christian Vogel für das Scheitern Meiers verantwortlich gemacht worden waren: der Bankbeamte. Und er hatte Erfolg. Die eidgenössische Nichtigkeitsbeschwerde, die er verfasste, führte zu einem Urteil, das in die amtliche Sammlung der Bundesgerichtsentscheide einging.

Der Bankbeamte beanstandete in der Hauptsache den Umstand, dass Meier 19 nicht zu den Entlastungsbeweisen der Wahrheit und des guten Glaubens zugelassen worden war. Es sei dies «im Ergebnis ein regelrechtes Verbot, mich überhaupt verteidigen zu dürfen», heisst es in der von Meier unterzeichneten Beschwerde.

Der Kassationshof des Bundesgerichts hiess die Beschwerde am

4. Juli 1975 insofern gut, als Meier zu den Entlastungsbeweisen zuzulassen sei. Das Urteil des Zürcher Geschworenengerichts wurde aufgehoben, und die Sache ging zur Neubeurteilung an dieses zurück.

Der entscheidende Punkt war die Frage, ob an der Abklärung von Meiers Vorhaltung gegenüber Hubatka ein öffentliches Interesse bestehe. Das Zürcher Geschworenengericht hatte dies verneint. Anders urteilte nun das Bundesgericht. Es attestierte dem Zürcher Geschworenengericht zwar, dass es «ein öffentliches Interesse an der Wiederholung alter Verdachtsgründe gegen Hubatka verneinen» durfte. Gleichwohl bestehe aber ein öffentliches Interesse an der Frage, was es mit Meiers Vorwürfen auf sich habe: «Hubatka ist Chef der städtischen Kriminalpolizei. Er hat damit eine verantwortungsvolle Stelle inne, die nur einer integren und vertrauenswürdigen Person übertragen werden soll.» Obwohl ein erneutes Strafverfahren und eine Verurteilung Hubatkas zum vornherein nicht mehr möglich seien, bleibe «ein eminentes öffentliches Interesse bestehen, einen eines solchen Diebstahls schuldigen Chef einer Kriminalpolizei disziplinarisch oder sonst auf dem Verwaltungsweg aus dem Amt zu entfernen».

Da Oberrichter Werner Bantli als Geschworenengerichtspräsident mittlerweile abgelöst worden war, musste sich der neue Vorsitzende, der 1914 geborene Landesring-Vertreter Peter Fink, in den Fall einarbeiten. Dem Gerichtshof, der aus Fink und zwei Bezirksrichtern bestand, wurden neun Geschworene beigegeben, Hausfrau, ein Landwirt, Postverwalter, Elektroingenieur, Schulabwart, Briefträger, Kaufmann und zwei Vertreter.

Nachdem verschiedene Rechtsanwälte, darunter auch der Basler SP-Nationalrat Andreas Gerwig, Meiers Rechtsvertretung abgelehnt hatten, übernahm ein junger Jurist aus einer Winterthurer Anwaltskanzlei den Fall. Roland Bühler hatte erst in jenem Sommer 1975 das Anwaltspatent erhalten und ging seinem Beruf damals nur teilzeitlich nach. Jetzt musste er auf ein volles Wochenpensum inklusive Wochenendarbeit umschalten.

Der erste grosse Fall war für den jungen Anwalt eine grosse Herausforderung, die er mit grossem Eifer annahm und – aus der Sicht des Bankbeamten – «glänzend» meisterte. Es war ein harter Einsatz, räumte ihm doch der Geschworenengerichtspräsident für die Einreichung der Beweismittelliste vorerst nur eine elftägige Frist ein, die dann um zehn Tage erstreckt werden musste.

Ein neuer Meier 19
Der Prozess im kantonalen Gerichtsgebäude am Hirschengraben 13 begann am Montag, den 13. Oktober 1975 morgens um 8.15 Uhr und dauerte drei Tage. In den Zeitungen waren Vorschauen erschienen, und der «Blick» hatte ein Bild veröffentlicht, auf dem der 50jährige Angeklagte kaum mehr zu sehen war: Der Berg der bisherigen Prozessakten, den Meier vor sich auf dem Tisch hatte, verdeckte ihn beinahe.

Die Zuschauertribüne war mit über hundert Besuchern gestossen voll, als Gerichtspräsident Fink mit der anderthalbstündigen persönlichen Befragung des Angeklagten begann.

«Was wollten Sie mit dem Flugblatt?» fragte Fink.

Meier antwortete: «Dass das öffentliche Geld wieder dorthin zurückgebracht wird, wo es weggekommen ist.»

Fink: «Waren Sie der Meinung, Hubatka habe das Geld gestohlen?»

Meier: «Nicht in erster Linie.»

Fink: «Aber in zweiter Linie?»

Meier: «Ja.»

Fink: «Wie schauen Sie das heute an? Hat Hubatka den Zahltag gestohlen?»

Meier: «Das kann ich nicht sagen. Ich könnte eine solche Aussage heute auch nicht verantworten.»

Fink: «Behaupten Sie das heute noch?»

Meier: «Niemals.»

Fink: «Mit Überzeugung?»

Meier: «Ja, mit Überzeugung.»

In den Zeitungen, die diese Verhandlungen aufmerksamer mitverfolgten als den ersten Geschworenenprozess, wurden diese Äusserungen als Widerspruch zu andern Aussagen (NZZ) oder als «Zurückkrebsen» («Blick») interpretiert. Meier 19 weist heute solche Deutungen strikt zurück: «Ich stehe heute noch zu meinen Aussagen vor Geschworenengericht, doch ein Zurückkrebsen sehe ich darin nicht. Ich bin schon früher zur Erkenntnis gekommen, dass man Hubatka nicht als Zahltagsdieb bezeichnen darf. Im Flugblatt habe ich ja deshalb nur noch kriminalistische Fakten festgehalten und Fragen gestellt.»

Der Gerichtspräsident fragte Meier im späteren Verlauf der Befragung, weshalb er trotz der zweiten Sistierung der Untersuchung gegen

Hubatka im Jahr 1970 seine Verdächtigungen im Flugblatt wiederholt habe. Er sei durch die erneute Sistierung in «eine eigentliche Gewissensnot» gekommen, antwortete Meier. «Alle die Zeugen wurden überhaupt nicht einvernommen. Ich war das dem Gemeinwesen schuldig, dass man diesen dubiosen Fall noch klären kann. Ich bin auch heute noch der Überzeugung, dass man alles zu einem guten Ende führen könnte. Ich würde heute nicht mehr schreiben ‹Warum wird Hubatka gedeckt?›, sondern ich würde schreiben: ‹Helfen Sie mit, alles zu einem guten Ende zu führen.›»

Auch in diesem Prozess wurden Meier die zahlreichen Anzeigen, die er gegen Hubatka erstattet hatte, einzeln vorgehalten. «Warum machten Sie das alles?» fragte ihn Fink. Meier: «Weil einfach alles dubioser wurde. Die Staatsanwaltschaft hat einfach alles abgewiesen und nichts an die Hand genommen. Ich kam durch die Staatsanwaltschaft in eine eigentliche Gewissensnot.» Auch Hubatkas Rechtsvertreter Walter Guex zählte alle Strafanzeigen gegen Hubatka nochmals auf, und jedes Mal musste Meier bestätigen, dass er die Anzeige tatsächlich erstattet hatte.

«Was für Gründe haben Sie 1972 gehabt, das zu sagen, Hubatka sei der Zahltagsdieb?» fragte Fink weiter. Es war dies eine Fangfrage, auf die Meier nicht hereinfiel. «In dem Flugblatt heisst es nicht, Hubatka sei der Zahltagsdieb», antwortete er. «Doch das Allerwichtigste, aus dem der Verdacht erwachsen ist, war eben das falsche Alibi von Hubatka.»

Meier erinnerte sodann an die Tatsache, dass der Alibibogen Hubatkas und dessen Beobachtung durch den Polizeimann Wendel bei der Polizei ad acta gelegt worden sind: «Das sind die Hauptgründe, die mich veranlassten, das Flugblatt zu schreiben. Trotz diesen von mir nun ausgeführten Tatsachen hat die Strafuntersuchungsbehörde gesagt, es sei alles in Ordnung.»

Nun ergriff Meiers Rechtsanwalt Roland Bühler das Wort. Er erinnerte an die «Denkschrift» von 1969, in welcher Meier Hubatka eindeutig als Zahltagsdieb bezeichnet hatte. Er richtete sich an seinen Mandanten: «Haben Sie eingesehen, dass man eine solche Denkschrift, wie Sie sie verfasst haben, nicht verfassen darf?»

Meier: «Ja. Zu dieser Einsicht war ich gekommen. Ich könnte heute nicht mehr dazu stehen. Von dieser Denkschrift distanziere ich mich insoweit, als die Schlussfolgerung, die darin ist, falsch war.»

Bühler: «Sind bezüglich dieser Denkschrift Rückfälle zu erwarten?»

Meier: «Davor werde ich mich hüten. Ich kann heute nur noch die Frage stellen, wie ich sie im Flugblatt gestellt habe. Mehr kann ich heute nicht mehr verantworten. Ich mache heute das aus Überzeugung.»

Bühler: «Wenn Sie im heutigen Prozess verurteilt würden, würden Sie dann noch einmal ein solches Flugblatt veröffentlichen?»

Meier: «Nein, ich habe heute nicht nur die öffentlichen Interessen, sondern auch die privaten Interessen zu vertreten.»

Dann brachte Bühler die Möglichkeit eines Freispruchs zur Sprache: «Was würden Sie machen, wenn Sie nicht verurteilt werden?»

Meier: «Dann habe ich meinen Dienst an der Öffentlichkeit getan. Es ist dann Sache anderer Leute, wenn sie weiter machen wollen.»

Meier weist die Vermutung zurück, er habe damals diese Äusserungen gemacht, um sich beim Prozess einen strategischen Vorteil zu verschaffen. «Solche Überlegungen stellte ich nicht an. Ich hielt in jener Zeit still, weil es nichts mehr zu tun gab und weil ich nicht mehr so viel Kraft hatte. Ich kam mir vor wie ein Schifflein, das auf den Wellen treibt und nicht weiss, wohin es geworfen wird. Doch selbst damals wartete ich immer noch auf irgendetwas.»

Verwirrung wegen Hubatkas Mantel
Noch am gleichen Vormittag, nach einer halbstündigen Pause, wurde Hubatka als Zeuge einvernommen.

Der 53jährige Kripo-Chef musste erstmals offiziell zum unkorrekten Alibi Stellung nehmen (1973 hatte das Bezirksgericht Zürich einen entsprechenden Antrag Meiers abgelehnt). Gerichtspräsident Fink fragte: «Inwiefern ist Ihnen bekannt, dass Ihre Angaben in Ihrem Alibi-Bogen nicht mit den Angaben von andern übereinstimmen?»

Hubatkas Antwort war irreführend: «Da geht es vor allem um die Aussagen von Wendel. In dem Alibi-Bogen habe ich angegeben, dass ich im Haus war. Ich habe aber nicht angegeben, dass ich in das Vorzimmer des Polizei-Inspektors gegangen bin.»

Indem Hubatka an die Beobachtungen des Polizeimannes Wendel zwischen 19 und 20 Uhr erinnerte und gleichzeitig beteuerte, er habe seine Anwesenheit im Haus angegeben, erweckte er bei den Geschworenen den falschen Eindruck, er habe eine Präsenz für jene Zeit deklariert, da er von Wendel in der Nähe des Tatorts gesehen worden war. Ein Versehen kann schwerlich vorliegen, denn Hubatka war vom Gerichtspräsidenten unmittelbar zuvor sein Alibibogen vorgehalten worden; auf diesem aber hatte Hubatka angegeben, er habe sich erst ab 20.30 Uhr im Amtshaus aufgehalten.

Neu und vorerst kaum beachtet war die Angabe Hubatkas, er sei bei einem seiner Gänge durch den Korridor in das Vorzimmer des Kommandanten gegangen.

Gerichtspräsident Fink ging über all das hinweg: «Wie verhält es sich mit weitern Differenzen in Ihrem Alibi-Bogen?»

Hubatka: «Ich habe im Alibi-Bogen nicht angegeben, dass ich in der Zwischenzeit ein Telefon mit meiner Frau hatte und heimgefahren bin und meine Frau und ihre Freundin Frau Zurgilgen in die Stadt geführt habe, wo sie ins Kino gegangen sind.»

Nun griff Rechtsanwalt Bühler ein und stellte jene Frage, die den unzutreffenden Anschein korrigierte, Hubatka habe für die Zeit zwischen 19 und 20 Uhr seine Präsenz angegeben: «Stimmt es, dass über die Zeit von 19 bis 20 Uhr aus dem Fragebogen nicht gesehen werden kann, dass Sie im Amtshaus I waren?»

Hubatka: «Das ist richtig.»

Bühler: «Warum ist im Fragebogen nicht ausgewiesen, dass Sie zwischen 19 und 20 Uhr im Amtshaus I waren?»

Hubatka: «Ich bin sehr oft in dieser Zeit im Büro. In dieser Zeit musste ich für einen Polizei-Kurs in Neuenburg mich vorbereiten. In dieser Zeit kam dann eben das Telefon, und ich ging zu meiner Frau und habe sie und ihre Freundin in die Stadt gefahren. Ca. 20.30 Uhr bis 23 Uhr war ich dann wieder im Büro, nämlich während der Zeit der Kino-Vorstellung. Ich habe nie bestritten, dass ich an diesem Abend im Amtshaus war. Es ist aber richtig, dass ich um 19.30 Uhr das Amtshaus verlassen habe. Ich habe immer gesagt, zwischen 19 und 20 Uhr sei ich einmal aus dem Amtshaus heraus gegangen, um meine Frau zu holen. Das habe ich nie bestritten. Ich habe nur im Fragebogen nicht geschrieben, dass ich in der Zwischenzeit schnell heimgefahren bin, um meine Frau zu holen.»

Bühler: «Im Flugblatt wird gesagt, trotz des falschen Alibis sei Dr. Hubatka bis zum heutigen Tage nicht zur Verantwortung gezogen worden. Bekamen Sie von Ihrem Vorgesetzten eine Rüge wegen Ihrer Unterlassung bezüglich der Ausfüllung des Alibi-Bogens?»

Da der Gerichtspräsident diese Frage nicht zuliess, stellte Bühler die Frage anders: «Ist es richtig, dass Sie wegen Ihres Versehens in der Ausfüllung des Alibi-Bogens von Ihrem Vorgesetzten keinen Verweis bekamen, das heisst von Dr. Bertschi keinen Verweis bekamen.»

Hubatka: «Ganz sicher hat er es beanstandet, als er das hörte.»

Bühler: «Hat der Polizeivorstand auch im ähnlichen Sinne reagiert?»

Hubatka: «Ja.»

Bühler: «Bekamen Sie einmal einen Verweis?»

Hubakta: «Nein.»

Gerichtspräsident Fink führte das Gespräch vom pikanten Nebenthema wieder weg: «Wo waren Sie am fraglichen Tag zwischen 19 und 20 Uhr?»

Hubatka: «Vorerst hatte ich eine Besprechung bei Dr. Bertschi [Polizeikommandant, der sein Büro zwei Räume neben dem Tatbüro hatte], wo sich neue Polizei-Assistentinnen vorgestellt haben. Diese Besprechung war ca. 18.45 Uhr beendet. Ich ging dann zurück in mein Büro.»

Hubatka erläuterte aufgrund eines Planes, wie er dabei durch die Halle an Polizeimann Wendel vorbeiging, und präzisierte nun seine vorherige Andeutung, er sei in das Vorzimmer von Polizeiinspektor Bertschi gegangen. Er lancierte damit einen völlig neuen Versuch, einen seiner Gänge durch die Halle zu begründen: «Ich hole dann meinen Mantel, den ich bei Dr. Bertschi gelassen hatte, und ging dann wieder bei Wendel vorbei. Ich ging dann die Treppe hinunter zur Hauptwache, und dort bestieg ich das Auto.»

Rechtsanwalt Bühler: «Wieso wissen Sie heute das alles noch so genau, nachdem Sie es im Fragebogen nicht einmal mehr sagen konnten?»

Hubatka: «Ich wurde ja später in der Untersuchung nach 7 (richtig: 5) Jahren wiederholt nach diesen Sachen befragt.»

Gerichtspräsident Fink lenkte das Gespräch nun auf die Beobachtung des Polizeimannes Wendel, der zusammen mit einer Parkierungssünderin schräg gegenüber dem Tatbüro gesessen hatte: «Was hatte Wendel zu machen mit einer Verzeigten?»

Hubatka: «Er hat mit dieser Person gesprochen. Ich sagte ihm nur Grüezi.»

«Meier 19» (links und Dr. Hubatka (mit Mappe): kühler Blick nach Verhandlung.   Kam als Zeuge: A. Rasser

«Meier 19» krebs
«Hubatka ist nicht

Ausriss aus der Berichterstattung des «Blick» vom 14. Oktober 1975 über die Verhandlung des Zürcher Geschworenengerichts. Zu erkennen sind (von links): Meier 19, Hubatka, der Meier-19-Anhänger Walter Schmid und (auf separatem Bild) Alfred Rasser.

    Fink: «Sind Sie dreimal vorbei gegangen in diesem Gang und war Wendel alle drei Mal da?»

    Hubatka: «Ich kann das nur aus der Erinnerung sagen. Er war bei allen drei Gängen, die ich machte, noch dabei. Ich bin aber nicht mehr sicher, ob er noch am gleichen Ort sass.»

    Fink: «Konnte man von seinem Platz aus zur Türe jenes Zimmers schauen, in dem sich der Kassenschrank befand, nämlich ins Büro 109?»

Hubatka: «Vom Fensterplatz aus konnte er sicher dahinein schauen. Von den andern Plätzen aus bin ich nicht mehr sicher.»

Fink: «Haben Sie die Türfalle der Türe 109 in die Hände genommen, als Sie einmal bei Ihren drei Gängen da vorbei gingen?»

Hubatka: «Nein.»

Rechtsanwalt Bühler: «Eine Woche nach dem Vorfall haben Sie versehentlich nicht angegeben, dass Sie zur fraglichen Zeit überhaupt im Amtshaus waren?»

Hubatkas Antwort wiederholte die missverständliche Behauptung von zuvor: «Ich habe angegeben, ich sei im Amtshaus gewesen.»

Fink reagierte nicht. Später fragte er: «Hatten Sie einen Schlüssel für das Zimmer 109?»

Hubatka: «Nein, ich weiss nicht, ob ich in dieses Büro hinein hätte gehen können an diesem Abend, wenn ich hätte wollen.»

In diesem Moment regte sich auf der Geschworenenbank der Postverwalter. Er wollte wissen, was es mit der Angabe Hubatkas auf sich hatte, er habe bei Polizeiinspektor Bertschi seinen Mantel geholt.

Hubatka: «Ich ging zu Inspektor Dr. Bertschi nachmittags um 14 Uhr und habe dort meinen Mantel zurückgelassen. Ich blieb ungefähr 5 Stunden bei ihm, und dann ging ich auf mein Büro. Dann merkte ich, dass ich den Mantel vergessen hatte bei Bertschi und ging zu Dr. Bertschi zurück, um den Mantel zu holen. Dann ging ich wieder in mein Büro, und dann hat eben meine Frau angerufen.»

Zum zweiten Mal behauptete Hubatka somit, dass er beim Polizeikommandanten den zurückgelassenen Mantel geholt habe. Der Bankbeamte, der jahrelang Meiers Rechtsberater war und auch jetzt unter den Zuschauern sass, reagierte sofort. In der Mittagspause steckte er Meiers Verteidiger eine Notiz zu. Sie erinnerte an eine Aussage des Polizeimannes Wendel während der Untersuchung durch Bezirksanwalt Rudolf Gerber. Damals hatte Wendel nämlich gesagt: «Nach meinem jetzigen Erinnerungsvermögen war er [Hubatka] weder mit Mantel noch mit Hut bekleidet.» Diese Aussage deckt sich mit einer Angabe, die Hubatka selbst damals machte. Gegenüber Bezirksanwalt Gerber sagte er am 19. Januar 1968 auf die Frage, wie er am Abend des Zahltagsdiebstahls gekleidet war: «Bestimmt trug ich keinen Hut, sicher auch keinen Schirm. Früher trug ich selbst bei Regen keinen Mantel. Ich kann heute natürlich nicht mehr mit Sicherheit angeben, ob ich an jenem Abend einen Mantel trug.» In der gleichen Einvernahme hatte Hubatka ferner gesagt: «Ich schliesse aus, nochmals im Büro Bertschi oder in einem andern an die Halle angrenzenden Büro gewesen zu sein.» Die Behauptung Hubatkas, er habe bei Bertschi den Mantel geholt, steht somit in einem dreifachen Widerspruch zu Aussagen aus dem Jahr 1968.

Für den Bankbeamten war klar: «Dass Dr. Hubatka heute als Ankläger über Dinge genauestens Bescheid wissen möchte, woran er sich schon 1968 als Angeschuldigter ausdrücklich nicht mehr näher zu erinnern erklärte, wirkt sicher unglaubwürdig.» In seiner Notiz für Rechtsanwalt Bühler schrieb er ausserdem: «In der Angelegenheit des Mantels erscheint sodann meines Erachtens der Schluss unausweichlich, es sei entweder im jetzigen Ehrverletzungsprozess oder in der früheren Strafuntersuchung wegen Diebstahls von der Gegenpartei bewusst die Unwahrheit gesagt worden.» Der Bankbeamte regte gegenüber Bühler an, Wendel, der am Nachmittag als Auskunftsperson vorgeladen war, und Hubatka auf diesen Widerspruch hin zu befragen oder aber diesen Sachverhalt in einer Nichtigkeitsbeschwerde auszunützen. Doch Bühler folgte der Anregung nicht.

Weglassung im Gerichtsprotokoll

Bei der Einvernahme Hubatkas ergriff auch dessen Anwalt Walter Guex das Wort. Er stellte seinem Mandanten die Frage: «Hat Ihre Familie auch gelitten unter dieser ganzen Sache?» Hubatkas Antwort: «Ja, das war sehr schlimm. Ich habe zwei Kinder, welche genau in der Zeit, da Meier diese ganze Sache in Szene setzte, in der Mittelschule waren. Meinem Sohn rief man zum Beispiel nach, sein Vater sei ein Dieb.»

Eine andere interessante Passage aus der Einvernahme Hubatkas sucht man im offiziellen Gerichtsprotokoll vergeblich. Die Sequenz ist von Alfred Messerli immerhin als so brisant angesehen worden, dass er sie im «Tages-Anzeiger» wortwörtlich zitierte. Es handelt sich um die Antwort Hubatkas auf die zentrale Frage, weshalb er ein unkorrektes Alibi angegeben hatte.

Laut «Tages-Anzeiger» fragte Gerichtspräsident Fink: «Stimmt es, dass Sie bei dieser Untersuchung den Alibibogen, den alle Korpsangehörigen bis zum Kommandanten ausfüllen mussten, so ausgefüllt haben, dass er mit den Aussagen Dritter nicht übereinstimmt?»

Hubatka: «Ja.»

Fink: «Warum haben Sie das getan?»
Hubatka: «Es war ein Versehen.»
Fink: «Tatsächlich versehentlich?»
Hubatka: «Richtig. Ich war in der umstrittenen Zeit von 19 bis 20 Uhr ebenfalls im Amtshaus und bin dreimal durch die Halle gegangen, in die die Türe des Büros mündet, in dem der Kassenschrank war.»

Die im offiziellen Protokoll nicht aufgenommene Beteuerung, es habe sich bei den unvollständigen Alibiangaben bloss um ein Versehen gehandelt, wurde auch von NZZ und «Blick» rapportiert. Dem mittlerweile pensionierten Geschworenengerichtsschreiber Wilfried Landwehr kommt die Weglassung «schleierhaft» vor: «Erstaunlich, dass ich das nicht protokolliert habe, erstaunlich aber auch, dass es deswegen kein Protokollberichtigungsverfahren gab.»

Jetzt erst berichteten die grossen Zürcher Zeitungen von jener unkorrekten Präsenzangabe, die dem «Beobachter» bereits 1971 einen Artikel wert war. «Zürcher Kripo-Chef gibt falsches Alibi zu – ‹Meier 19›-Prozess mit Überraschung» lautete der Titel auf der Frontseite des «Tages-Anzeigers».

«Mehr Schaden als eine aufrührerische Ansprache»
Am Nachmittag des ersten Prozesstages fanden verschiedene Zeugeneinvernahmen statt, darunter die nicht gerade ergiebige Befragung jenes Polizeikommissärs, der das Protokoll der Einvernahme Wendels an die Bezirksanwaltschaft hatte weiterleiten wollen. Der ehemalige Zahltagsbeauftragte Karl Ruoff gab zu Protokoll, dass ein bestimmter Detektivwachtmeister ihm einst gesagt habe, «wenn er diese Akten bekommen würde, so könnte er den Täter schon noch ‹herauspikkeln›». Leumundszeuge Daniel Ketterer bemerkte: «Ich möchte nur sagen, wenn ein Mensch das durchgemacht hat, was Meier in diesen Jahren durchgemacht hat, und er dann nicht zu einem Michael Kohlhaas wird, dann fehlt ihm etwas.»

Als Leumundszeuge war auch Alfred Rasser vorgeladen, sein Auftritt geriet nicht zur grossen Nummer. Mit Ausnahme des Gerichtspräsidenten stellte ihm niemand Fragen. Der Kabarettist bestätigte, dass Meier kritischen Einwänden zugänglich sei, männlich und offen handle und davon persönlich überzeugt sei, dass Hubatka des Zahltagsdiebstahls verdächtig sei. Weil Rasser Meier noch nicht lange kannte, mass das Gericht diesem Zeugnis aber keine grosse Bedeutung zu.

Am zweiten Verhandlungstag wurde der ehemalige Polizeimann Wendel einvernommen. Dabei ging es vor allem um den Vorwurf Wendels, dass Bezirksanwalt Rudolf Gerber «mich hinter einer Wand haben wollte, wo ich am fraglichen Abend des Zahltags-Diebstahls nach seiner Auffassung hätte gesessen sein sollen». Dreimal habe Gerber auf dieser Plazierung insistiert. Da Wendel den zwei- oder dreimal vorbeimarschierenden Kripo-Chef von dort aus nicht hätte sehen können, empfand er diese Art der Befragung als Manipulation zugunsten Hubatkas. Meiers Verteidiger hatte auch Gerber selbst als Zeugen aufrufen wollen, doch der Gerichtspräsident hatte dies abgelehnt. Es war dann das Gericht selbst, welches zur Verteidigung Gerbers antrat und es in der Urteilsbegründung als «Pflicht des Untersuchungsrichters» rechtfertigte, «genau danach zu fragen», wo Wendel gesessen hatte.

Dies war der andere Punkt, der in den Zeitungen für Schlagzeilen sorgte. «Der heutige Bundesanwalt schwer beschuldigt», titelte Alfred Messerli anderntags im «Tages-Anzeiger». Bundesanwalt Gerber wies die «wahrheitswidrige» Behauptung Wendels in einer Presseerklärung zurück und stellte eine mögliche Strafanzeige wegen falscher Anschuldigung in Aussicht. Wendel hat von Gerber aber nie dergleichen gehört, und meine Frage an Gerber, ob er bloss die Unterstellung einer manipulativen Absicht oder das Faktum an sich als «wahrheitswidrig» zurückgewiesen habe, blieb unbeantwortet.

Die Enthüllungen über Gerbers Befragung und über Hubatkas Alibis beschäftigten die Kommentatoren nach Abschluss des Prozesses fast mehr als der Urteilsspruch. Werner Schollenberger äusserte im «Züri Leu» sein Erstaunen darüber, wie lange die Sache mit dem unkorrekten Alibi unter dem Deckel geblieben war: «Sicherlich war es wenig erbaulich, zu vernehmen, dass Kripochef Hubatka in seinem Alibibogen einen Schönheitsfehler hatte [...] Ungeheuerlich ist, dass darüber erst nach zwölf Jahren gesprochen wird, obschon sämtliche Untersuchungsorgane darüber im Bilde waren. Dicke Post war aber auch, dass die polizeiliche Einvernahme eines Polizeimannes ‹ad acta› gelegt und somit nicht an den Untersuchungsrichter weitergeleitet wurde; dass dieser Zeuge erst Jahre später, auf sein eigenes Betreiben, einvernommen wurde, wobei er sich erst noch gegen eine Manipulation seiner Aussage zur Wehr setzen musste. Was geschieht, ist unserer zürcherischen Justiz unwürdig. Das widerspricht auch der

Menschenwürde, die ja gerade durch diese Justiz geschützt werden sollte.»

Alfred Messerli stellte eine «schockierende» Wirkung fest: «Obwohl es in den Akten schon lange vermerkt war, wurde jetzt doch erstmals öffentlich bekannt, dass der Chef der städtischen Kriminalpolizei bei den ersten Untersuchungen den Fragebogen zu seinem Alibi zumindest unvollständig ausgefüllt hatte. Ferner stellte sich heraus, dass die Aussage eines Polizisten, die Hubatkas damaligen Angaben widersprach, für fünf Jahre ‹ad acta› gelegt wurde. Dieser Polizeimann behauptete, dass der heutige Bundesanwalt Rudolf Gerber versucht habe, seine Zeugenaussage ‹zu manipulieren›. Auf die Öffentlichkeit wirkten diese Enthüllungen schockierend.»

Es sei sicher höchst unglücklich, fuhr Messerli fort, dass «ausgerechnet der Chef der städtischen Kriminalpolizei in diesem Fall ein falsches oder zumindest unvollständiges Alibi abgegeben hat. Überhaupt förderte der ‹Fall Meier 19› schon früher einige Ungereimtheiten bei der städtischen Polizei zutage, die dann durch eine gemeinderätliche Untersuchungskommission genau geprüft wurden.» Der Kommentator gelangte gleichwohl zu einem beruhigenden Schluss: «Allen diesen Vorkommnissen ist jedoch gemeinsam, dass sie in die Amtszeit des – inzwischen verstorbenen – Vorgängers des heutigen Polizeivorstands fallen. Man darf erwarten, dass sie unter dem heutigen Polizeivorstand nicht mehr möglich wären und dass Parlament und Öffentlichkeit schärfer aufpassen würden.»

1970 war das Polizeiamt vom früheren Telekurs-Direktor Hans Frick übernommen worden, und eine der grossen politischen Herausforderungen des korrekten LdU-Mannes war es tatsächlich, die Stadtpolizei aus dem Patriarchalismus der Ära Sieber herauszuführen. (Vor dem Amtsantritt Fricks wurde in der Presse sogar die Erwartung geweckt, dass der neue Departementsvorsteher das Polizeiamt mit eisernem Besen kehren und Inspektor Bertschi sowie Kripo-Chef Hubatka in die Wüste schicken werde. Doch die beiden Chefbeamten wurden vom Gesamtstadtrat, wenn auch nicht einstimmig, wiedergewählt.)

Ulrich Kägi reagierte in der «Weltwoche» auf Messerlis Kommentar: «Genügt der doppelte ‹Trost›, dass diese peinlichen Dinge schon so lange zurückliegen? Dass sie noch in der Ära des verstorbenen Polizeivorstandes Albert Sieber geschehen und deshalb gewissermassen getilgt seien?» Er fuhr fort: «Der Normalbürger merkt sich jedenfalls die Tatsache, dass schwerwiegende Unkorrektheiten, falls sie von Hütern des Rechtsstaates selbst begangen wurden, weder die weitere Karriere zu zerstören brauchen, noch Versetzung oder gar Entlassung zur Folge haben. Ganz fremdartig scheint hierzulande auch der Gedanke zu sein, dass nach einem Missgriff ein Beamter aus eigener Einsicht sein Büro verlassen sollte, damit das Vertrauen dorthin zurückkehren kann. Sehen denn die zur Aufsicht bestellten Oberbehörden nicht, dass (menschlich noch so verständliche) Nachsicht auch nur in einem einzigen Fall das zerstörerische Misstrauen weckt, in anderen Fällen werde ebenfalls mit verschiedenen Ellen gemessen? Begreifen sie nicht, dass ein unvollständiges Alibi und eine manipulierte Zeugenaussage dem demokratischen Rechtsstaat mehr Schaden zufügen als zum Beispiel eine aufrührerische Ansprache des mit Redeverbot belegten Trotzkisten Ernest Mandel?»

Diese Kommentare waren für Meier 19 Genugtuung und enthielten gleichwohl einen Wermutstropfen: Sie wären schon vier Jahre früher möglich gewesen, denn in den Akten war alles längstens vermerkt, und Meier 19 hatte diese bereits im Frühling 1971 kopiert und an die Presse weitergegeben.

«Doch nöd so ganz eifach alles lätz» (1975)

Die Befragungen anlässlich des zweiten Geschworenengerichtsprozesses weckten grosse Erwartungen. Es schien, dass die Justiz Kurt Meier endlich umfassendes Gehör gewähren und ihm attestieren wolle, dass er zu Recht Ungereimtheiten rüge. Tatsächlich bemühte man sich bei diesem Prozess stärker als früher, Meiers Beweggründe zu berücksichtigen.

Dies ändert freilich nichts daran, dass auch jetzt wieder alle Vorzeichen auf eine Verurteilung hindeuteten und sich nur noch die Frage nach dem Strafmass stellte. Aus heutiger Sicht mag es seltsam erscheinen, dass ein Flugblatt mit der simplen und begreiflichen Frage «Warum wird Dr. Hubatka gedeckt?» so zwingend die Verurteilung zur Folge haben musste. In der damaligen, vorbelasteten Situation war aber ein Freispruch mit all seinen Rückwirkungen auf frühere Weichenstellungen in der Affäre Meier 19 nicht mehr denkbar.

Zu dieser Situation trug auch der Bundesgerichtsentscheid vom 4. Juli 1975 bei. Dieser Teilsieg für Meier 19 hatte auch seine Nachteile, schränkte er doch die Position der Verteidigung entscheidend ein. Das Bundesgericht hatte nämlich verbindlich festgelegt, dass Hubatka im eingeklagten Flugblatt des Zahltagsdiebstahls verdächtigt werde und dass man nicht sagen könne, es werde darin bloss die Unkorrektheit der Untersuchung kritisiert. Rechtsanwalt Bühler konnte das Flugblatt mit der Titelfrage «Warum wird Dr. Hubatka gedeckt?» zum vornherein nicht mehr so interpretieren, dass mit dem Begriff «decken» beispielsweise das Vertuschen des unkorrekten Alibis gemeint sein könnte. Und er konnte auch nicht Meiers jüngste Beteuerungen geltend machen, dieser würde heute niemals mehr sagen, Hubatka habe den Zahltag gestohlen.

Bühler behalf sich mit der Feststellung, Meier behaupte nicht, Hubatka sei des Zahltagsdiebstahls verdächtig, sondern bloss, er sei dieses Deliktes vergleichsweise verdächtiger als die anderen Personen, die sich in der fraglichen Nacht im Polizei-Hauptsitz aufgehalten hatten. Verdächtiger aber sei Hubatka vor allem deshalb, weil er als einziger ein unkorrektes Alibi abgegeben habe. Dieses Faktum sei unbestritten: «So weit hat der Angeklagte also den Wahrheitsbeweis erbracht. Er hat den Beweis dafür erbracht, dass der Privatstrafkläger [Hubatka] mehr verdächtigt ist als die übrigen möglichen Täter.» Und weil Meier für seinen Verdacht ernsthafte Gründe habe, sei ihm auch der Beweis des guten Glaubens gelungen, führte Bühler aus. Er verlangte für seinen Mandanten daher den Freispruch.

Die Position von Hubatkas Rechtsvertreter war einfacher. In den Augen von Walter Guex sagte das Flugblatt nichts anderes als: «Hubatka hat gestohlen». «Und weil man auf diese Weise nun während Jahren einen Menschen geplagt hat, bitte ich Sie, endlich das abzustellen und den Angeklagten zu verurteilen», schloss er sein Plädoyer.

Ein Urteil mit Lücken
Die Urteilsberatung zur Schuldfrage fand am 15. Oktober 1975 statt. Erst danach befasste sich das Gericht mit dem Strafmass. So hatte es die Verteidigung beantragt.

Nach der dreieinhalbstündigen Beratung gab Gerichtspräsident Fink bekannt, dass das Gericht, angehalten durch das Bundesgericht, Meier der üblen Nachrede für schuldig halte und dass die Entlastungsbeweise, die allein noch zu prüfen waren, gescheitert seien. Laut der schriftlichen Urteilsbegründung ist es «zu verneinen, dass Meier irgendwelche ernsthaften Gründe hatte bei der Herausgabe des Flugblattes, Dr. Hubatka erneut des Zahltagsdiebstahls zu verdächtigen».

Es fehlen aber klare Schlussfolgerungen zum Wahrheitsbeweis sowie Erwägungen über das unkorrekte Alibi und dessen Vertuschung in der Sistierungsverfügung von 1968. Das war in den Augen von Meiers Verteidiger eine schwerwiegende Gehörsverweigerung. Vor allem diese Mängel bewogen ihn, das Urteil mit kantonaler und mit eidgenössischer Nichtigkeitsbeschwerde anzufechten. Gegen die Abweisung der kantonalen Nichtigkeitsbeschwerde reichte er beim Bundesgericht staatsrechtliche Beschwerde ein.

Das Bundesgericht wies die Beschwerden Meiers am 14. August 1976 ab, bestätigte aber, dass das Geschworenengerichtsurteil lückenhaft war. Das Bundesgericht holte das Versäumte nach, prüfte verschiedenes und kam zum Schluss, dass Meier die Entlastungsbeweise nicht erbringen könne. Der Wahrheitsbeweis bestehe nicht im Nachweis, dass die Verdachtsgründe (so etwa die unvollständigen Präsenzangaben Hubatkas) wahr seien, sondern im Nachweis, dass Hubatka den Zahltag tatsächlich gestohlen habe. Dies aber könne nicht bewiesen werden, so dass der Wahrheitsbeweis misslungen sei. Den Versuch von Meiers Rechtsanwalt, die Intensität des Verdachts im Vergleich mit der Verdachtslage bei anderen Personen zur entscheidenden Frage zu machen, lehnte das Bundesgericht ab.

Bei der Frage, ob Meier den Kripo-Chef in guten Treuen habe verdächtigen dürfen (Gutglaubensbeweis), gelangte das Bundesgericht zum Schluss, dass nach den Einstellungsverfügungen von 1968 und 1970 «gegen Hubatka keine ernsthaften Verdachtsgründe bestehen bleiben». Und dies hätte Meier «mit seiner kriminalistischen Erfahrung und seiner natürlichen Begabung einsehen müssen». Hätte Meier, so das Bundesgericht, die Gründe, welche für und gegen die Verdächtigung sprechen, loyal gegeneinander abgewogen, hätte «er ohne Mühe erkennen können, dass für einen ernsthaften Verdacht gegen Hubatka kein Platz ist».

In einigen Punkten doch noch recht erhalten
Am Nachmittag des 15. Oktobers fanden die Plädoyers zum Strafmass statt. Hubatkas Rechtsvertreter forderte die Bestätigung des ersten Urteils: sechs Monate Gefängnis unbedingt.

Rechtsanwalt Bühler verlangte, dass die Strafe nicht über 14 Tage Gefängnis bedingt hinausgehen dürfe. «Dazu muss ich sagen», führte Bühler aus, «dass der Angeklagte Meier 19 eben nicht mehr der Meier 19 vom Jahre 1972 ist, sondern der Meier vom Jahre 1975. Der Angeklagte hat genug, nehme ich an, von diesen Geschichten. Er ist durch das ganze Verfahren ein gebrochener Mann geworden, und die Verteidigung wagt zu sagen, dass die Prognose für künftiges Wohlverhalten gut ist. Sicher hat er oft übermarcht. Ich habe als Verteidiger auch ausdrücklich darauf hingewiesen.»

An der Aussage, er sei ein gebrochener Mann, hatte Meier 19 keine Freude. «Ich war nicht zahmer geworden», sagt er heute, «ich hatte bloss eingesehen, welch mächtiger Clique ich gegenüberstand und wie aussichtslos es war, mit der Wahrheit durchzudringen.»

Bühler schloss sein Plädoyer mit den Worten: «Die Verteidigung bittet Sie nicht um Gnade für den Angeklagten, sondern es geht der Verteidigung nur darum, dass ein gerechtes Urteil gefällt wird. Und um ein solches gerechtes Urteil bitte ich Sie in der Tat.»

Im Publikum wurde Beifall geklatscht. Gerichtspräsident Fink, der sich während des ganzen Prozesses immer wieder mit derartigen Kundgebungen konfrontiert sah, bezeichnete sie als ungehörig. Hierauf verliess einer der Besucher den Saal, indem er rief: «Es ist noch vieles ungehörig hier.» – «Will noch jemand den Saal verlassen?» gab Fink zurück, mit dem Erfolg, dass weitere Besucher abzogen.

Das Gericht zog sich zur Beratung zurück, und um 16.50 Uhr verkündete Fink das Strafmass: «Der Angeklagte wird zu drei Monaten Gefängnis verurteilt, der Vollzug wird aufgeschoben bei einer Probezeit von fünf Jahren.» Der Gang ans Bundesgericht hat Meier 19 immerhin eine halbjährige Haftstrafe erspart. «Ich war erleichtert darüber, dass es eine bloss bedingte Strafe war; dies konnte ich ertragen», erinnert sich Meier 19 an die Urteilsverkündung.

Erneut wurde bestimmt, dass Meier das Urteilsdispositiv in drei von Hubatka bezeichneten Zeitungen in der Grösse einer Viertelsseite zu publizieren habe. Wie schon im ersten Geschworenenprozess wurde die Genugtuungssumme, die Meier an Hubatka zu entrichten hatte, auf 4000 Franken angesetzt, während die Umtriebsentschädigung um 5000 auf 15 000 Franken erhöht wurde. Und auch jetzt wurde wieder angeordnet, dass die sieben Tage Gefängnis wegen versuchter Nötigung, die Meier 1972 bedingt erlassen worden waren, zu vollziehen seien.

Die Begründung des Strafmasses wurde mit Sätzen eingeleitet, die Meiers Verteidiger bei seinen Beschwerden an das Kassations- und an das Bundesgericht vergeblich anfocht: «Das sehr schwere Verschulden des Angeklagten liesse auch heute an sich die Ausfällung der Höchststrafe rechtfertigen. Meier ging mit einer kaum zu überbietenden Planmässigkeit, Hartnäckigkeit, ja Skrupellosigkeit darauf aus, den guten Ruf des Anklägers zu untergraben.»

Dass Meier dennoch «nur» drei Monate Gefängnis bedingt erhielt, begründete das Gericht wie folgt: «Zu berücksichtigen ist aber, dass das Verschulden des Angeklagten dadurch heute etwas milder zu beurteilen ist, als nicht davon ausgegangen werden darf, er habe mit dem Flugblatt den Ankläger des Diebstahls bezichtigt, sondern lediglich verdächtigt. Sodann kann nicht unberücksichtigt bleiben, dass seit der ersten Verurteilung durch das Geschworenengericht bereits sechzehn Monate verflossen sind und diese Verzögerung nicht dem Angeklagten angelastet werden kann. Es ist nicht bekannt und wird vom Ankläger dem Angeklagten auch nicht vorgeworfen, dass er sich in dieser Zeit erneut in gleicher oder ähnlicher ehrverletzender Weise geäussert hätte.» Zudem äusserte das Gericht die Hoffnung, dass Meier «bemüht ist, sich nun endlich aus dieser Verstrickung zu lösen».

Laut «Tages-Anzeier» hatte Fink bei der mündlichen Begründung des Urteils noch einen Satz gesagt, der in der Folge immer wieder zitiert werden sollte: «De Meier hät doch nöd so ganz eifach alles lätz gmacht.» Was aber Meier nicht «lätz» gemacht hatte, sagte der Gerichtspräsident nicht. Im Hinblick auf dieses Buch erklärte sich der 83jährige ausserstande, sich genau an den Anlass für seinen Ausspruch zu erinnern.

In der schriftlichen Urteilsbegründung finden sich aber doch einige Anhaltspunkte. Hier wurde nämlich ausdrücklich festgehalten, dass insbesondere die folgenden Behauptungen des Flugblatts unbestrittenermassen richtig seien:

«– dass Dr. Hubatka seinen Alibi-Bogen so ausfüllte, dass er im wesentlichen mit Aussagen von Drittpersonen nicht übereinstimmte,

– dass Polizeimann Wendel Hubatka beobachtete, wie er zwei- bis dreimal zu den Tatbüros schritt in der von ihm nicht ausgewiesenen Alibizeit,

– dass diese in einem Protokoll festgehaltenen Wahrnehmungen Wendels dem ersten Untersuchungsrichter nicht zu Kenntnis gebracht wurden,

– dass Kriminalkommissär Fuchs dieses Protokoll ordnungsgemäss an die Bezirksanwaltschaft Zürich verfügte, eine unbekannte Drittperson aber in diese Verfügung nachträglich ‹ad acta› hineinschrieb, worauf diese Aktenstücke bei der Stadtpolizei blieben».

Damit wurde zum ersten Mal offiziell zugegeben, was der Zürcher Regierungsrat zwei Jahre zuvor noch zu vertuschen versucht hatte.

Ein weiteres wichtiges Zugeständnis sollte das Bundesgericht 1976 nachliefern. Es prüfte nämlich Hubatkas unkorrektes Alibi und räumte ein, dass dieses «zunächst ein Verdachtsmoment war, das einen besonderen Hinweis auf Hubatka, also auf eine bestimmte Person aus dem grossen Kreis jener Polizeileute gab, die sich in der Tatnacht am Tatort aufgehalten hatten». Ja, noch mehr: «Durch das teilweise falsche Ausfüllen des Alibibogens war er [Hubatka] daher zunächst verdächtiger als andere Korpsangehörige, die sich am Tatort befanden, soweit gegen sie nicht andere besondere Verdachtsgründe bestanden. Es war daher geboten, das Verhalten Hubatkas am Tatort näher zu überprüfen. Die Anzeige Meiers vom 19. Dezember 1967 war deshalb berechtigt und führte zur erforderlichen Untersuchung.»

Diese Ausführungen des Bundesgerichts sind bemerkenswert. Das Eingeständnis, Hubatka sei «zunächst verdächtiger» als andere Korpsangehörige gewesen, war die längst fällige Präzisierung zu den früheren Beteuerungen, Hubatka sei nicht «mehr belastet als ein anderer Korpsangehöriger» (Sistierungsverfügung 1968) oder er sei nicht «verdächtiger als irgendein anderer unbekannter Dritter» (Bezirksgericht Zürich, 1973). Meier 19 ist sodann offiziell attestiert worden, richtig gehandelt zu haben, als er Ende 1967 eine Untersuchung gegen Hubatka bewirkte.

Der rote Faden
Geschworenengerichtspräsident Fink beschloss die mündliche Urteilsbegründung mit den Worten: «Durch diesen Prozess ist festgestellt, dass niemand mehr gutgläubig behaupten kann, Hubatka sei der Zahltagsdieb. Wir hoffen, es habe nun ein Ende mit dieser Geschichte, die die Gemüter jahrelang in Wallung gebracht hat. Gegenüber Hubatka ist jahrelang ein schweres Unrecht begangen worden. Ob es ein Ende hat, hängt von Ihnen ab, Herr Meier. Wir hoffen sehr, es gebe nun Ruhe.»

Es gab Ruhe, allein schon aus finanziellen Gründen. Rund 120 000 Franken hatten Meier die vielen Prozesse gekostet. Sein einstiges Vermögen von rund 170 000 Franken war dahingeschmolzen.

Ein «Komitee für Meier 19», das sich nach der Verurteilung mit einer Pressekonferenz zu Wort meldete, eröffnete ein Sammelkonto. Das Komitee war von fünf Politikern gegründet worden: von den Nationalräten Karl Ketterer (LdU) und Alfred Rasser, alt Nationalrat Werner Schmid (LdU) sowie den Kantonsräten Hans R. Bachofner (Nationale Aktion) und Paul Ketterer (LdU). Organisator war Bachofner, der ein Beispiel dafür ist, dass Meier 19 nicht nur von seiten der Linken Sympathien zuflogen.

Diese Geldsammlung bewahrte Meier vor dem gänzlichen Ruin und bewies, wie populär Meier 19 immer noch war. In der ersten Woche nach dem Aufruf gingen 328 Spenden im Gesamtbetrag von 9970 Franken ein. «Bravo Meier 19!», «Für einen Schweizer, der Mut beweist», «Die Verurteilung ist ein Skandal sondergleichen» und ähnliches war auf vielen Coupons zu lesen. Nach einem Monat waren 22 589 Franken beisammen, Ende Jahr bereits 40 005 Franken (aus 1324 Spenden). Rund 60 000 Franken sammelte das Komitee für Meier.

Im übrigen konnte man jetzt bloss noch Rückblick halten. Dies tat vor allem Gertrud Heinzelmann mit ihrem grossen Beitrag über «den roten Faden durch die Fälle Meier 19», den sie am 13. März 1976 im «Tages-Anzeiger-Magazin» veröffentlichte. Obwohl die Rechtsanwältin ihrem unbequemen Mandanten kritisch gegenüberstand, beurteilte sie dessen Wirken im Grundsatz positiv: «Der rote Faden, der sich, mindestens zu Beginn, sehr deutlich nachweisen lässt, sich aber auch später durch den wirren Knäuel von Fällen und Verfahren hindurchzieht, ist die Durchsetzung der Rechtsgleichheit im Sinne einer genauen und für alle gleichen Anwendung der Gesetze und des behördlichen Ermessens. Dass er in diesem an sich anerkennenswerten Kampf als unbescholtener Bürger eines Rechtsstaates schliesslich selber zum Rechtsbrecher und Delinquenten wurde, darüber hinaus Beruf, Pensionsberechtigung und den Rückhalt eines Vermögens verlor, ist seine Tragik.»

Gertrud Heinzelmann, die damals kurz vor der Pensionierung als Leiterin des «Büros gegen Amts- und Verbandswillkür» und vor einem Studium in Kirchen- und Kunstgeschichte stand, versuchte auch, sich vorzustellen, was geschehen wäre, wenn Meier 19 sich in seinen Reaktionen an den Durchschnitt gehalten hätte: «Hätte sich sein Leitbild nach dem chinesischen Symbol der drei Affen ausgerichtet, von denen einer sich mit den Pfoten die Ohren verschliesst, um nicht zu hören, ein zweiter die Augen verdeckt, um nicht zu sehen, und ein dritter das Maul zuhält, um nicht zu reden, wäre mindestens ein pensionsversicherter Detektivwachtmeister Meier 19 weiterhin bei der Stadtpolizei bzw. der Stadt Zürich beamtet, soweit er nicht zuletzt dank seinem Stillschweigen die Treppen einige Stufen hinauf geflogen wäre. Überdies wäre die Öffentlichkeit nie in ihrem gern geträumten Traum gestört worden, dass in unserem Staatswesen alles in bester Ordnung sei und das mit seiner Führung und Verwaltung befasste Establishment in allen seinen Funktionären amtlich und privat dem einfachen Grundsatz nachlebe: ‹Üb immer Treu und Redlichkeit bis an dein kühles Grab.›»

Kürzer fasste der Rechtsberater Bernhard Weck den Fall Meier 19 zusammen. In einem Leserbrief zum Heinzelmann-Artikel schrieb er: «Die von Meier 19 gerügten Rechtswidrigkeiten haben zur Hauptsache nachweislich stattgefunden. Sie sind bis heute durch unsere Justiz ungesühnt geblieben. Die Justiz hat sich darauf beschränkt, den unbequemen Kritiker Meier 19 zu bestrafen, weil der das Unrecht aufgedeckt hatte. Deswegen wurde er dem Ruin zugeführt.»

In der Versenkung (1975/95)

Mit der Verurteilung Meiers durch das Geschworenengericht war die Affäre Meier 19 für die breite Öffentlichkeit zu Ende. Obwohl der Prozess neue Enthüllungen gebracht hatte, zeigte die Presse keine Lust mehr, den Fall nochmals aufzurollen. Eine Aufarbeitung unterblieb, und die nicht weiter erklärte Andeutung des Gerichtspräsidenten, der Kurt Meier habe «doch nöd so ganz eifach alles lätz gmacht», blieb der einzige Ansatz einer Rehabilitierung.

Einen Monat nach der Verurteilung erhielt Kurt Meier von seiner Arbeitgeberin, der «Winterthur»-Versicherung, das Kündigungsschreiben auf den 31. Januar 1976. Kündigungsgrund war der Umstand, dass Meier 19 ein Flugblatt, das seinen Fall betraf, einem Kollegen am Arbeitsplatz zugesteckt hatte.

Meier, mittlerweile 51 Jahre alt, fand lange Zeit keine Stelle mehr. «Wenn Sie schon bei der ‹Winterthur› nicht tragbar sind, wieso dann bei uns?» lautete die Reaktion, die er häufig zu hören bekam. Obwohl er bei der Vermittlungsstelle der Arbeitslosenkasse gemeldet war, wurde ihm durch diese keine Arbeit vermittelt. Ab Ende Oktober 1976 erhielt er kein Arbeitslosengeld mehr. Meier richtete sich in der Garage neben seinem Einfamilienhaus als Antiquitätenauffrischer und -händler ein. Schliesslich erhielt er eine Stelle bei einer Krankenkasse, für die er das Postwesen, die Versorgung mit Büromaterialien und andere administrative Aufgaben erledigte.

Im Februar 1976 war der Fall Meier 19 nochmals ein Fasnachtsthema, nicht nur am Zürcher Umzug, sondern auch im aargauischen Wohlen, wo einer der 35 Wagen an den mysteriösen Zahltagsdiebstahl erinnerte und mit dem zweiten Preis prämiert wurde.

Das Bundesgericht fällte seine Entscheide über die Beschwerden Meiers am 14. August 1976 – eine Woche vor der Verjährung. Eines der beiden Urteile wurde im November 1976 revidiert – auf Verlangen Hubatkas. Der Kläger hatte das Urteil gerügt, weil die Zusprechung einer Prozessentschädigung vergessen worden war. Das Bundesgericht gab Hubatka recht und wies Meier an, seinem Prozessgegner den Betrag auszuzahlen – 500 Franken.

Die Justiz hatte sich eine Weile noch mit dem angefochtenen

Kostenentscheid im verjährten Verfahren gegen die 109 Flugblatt-Verteiler herumzuschlagen. Am 29. November 1977 befasste sich das Bundesgericht damit, am 3. Oktober 1979 die Europäische Menschenrechtskommission in Strassburg. Ralf Winkler war an diese höchste Instanz, die sich je mit dem Fall Meier 19 befasste, gelangt.

Kurt Meier plagten mittlerweile andere Sorgen. Seine Ehe brach auseinander. «Die ganze Sache war zu viel für meine Frau», hatte Meier bereits bei der Gerichtsverhandlung vom 13. Oktober 1975 gesagt. Seine Frau hielt die existentiellen Unsicherheiten nicht mehr länger aus. Sie reichte die Scheidung ein. Nach einem längeren Hin und Her willigten die beiden Eheleute in eine Konvention ein. Meier überliess seiner Frau das Haus und war ihr im Gegenzug keine Unterhaltszahlungen mehr schuldig.

Mitten in den Scheidungsverhandlungen, Ende November 1976, musste Kurt Meier auch noch die Gefängnisstrafe wegen versuchter Nötigung antreten. Er absolvierte die sieben Tage im Bezirksgefängnis Uster. «Ich überstand die Erniedrigung nur dank der Erlaubnis, tagsüber Holz spalten zu dürfen, und auch die Bibel, die in der Zelle auflag, half mir.»

Am 30. Juni 1981 wurde die Verurteilung wegen übler Nachrede im Strafregister gelöscht. Ende 1984 liess sich der 62jährige Kripo-Chef Walter Hubatka aus gesundheitlichen Gründen vorzeitig pensionieren.

Auch Kurt Meier schied vor Erreichung des Rentenalters aus dem Arbeitsprozess aus. Bei der Krankenkasse, für die er tätig gewesen war, hatte er «schlimmstes Mobbing» erlebt, wie er sagt. Meiers Posten sollte offenbar eingespart werden, und weil Meier trotz einer Lohnreduktion um tausend Franken nicht von sich aus die Kündigung einreichte, versuchte man, ihn hinauszuekeln. Es kam zum Konflikt mit dem Chef und – nach einer lautstarken Auseinandersetzung – zur Kündigung.

Nach mehreren Domizilwechseln fand Meier in einer Alterssiedlung in der Flugschneise am Stadtrand von Zürich eine subventionierte Einzimmerwohnung. Er hatte Hemmungen, sich beim Sozialamt zu melden, doch die finanzielle Situation liess nichts anderes zu. Meier lebt von einer gekürzten AHV-Rente und von 700 Franken Pension. Auf Ergänzungsleistungen hätte er wohl Anspruch, doch er will nicht davon Gebrauch machen. Er ist viel auf Wanderungen und auf Reisen. Sein grösster Luxus ist ein Gebrauchtwagen, oft ist er aber auch mit dem Velo unterwegs. Er liest Biographien und Bücher über Kriminalfälle und Machthaber. Regelmässig ist Meier auf dem Flohmarkt anzutreffen; einen schönen alten Schlüssel aufzustöbern oder einen Gewichtsstein aufzufrischen, macht ihm grosse Freude.

Während einiger Jahre wohnte Meier mit einer Partnerin zusammen. Heute lebt er allein und ist ziemlich isoliert. Viele von Meiers ehemaligen Kollegen ziehen sich fluchtartig zurück, wenn er ihnen über den Weg läuft. Zu Sohn und Tochter, die ihrem Vater stets die Treue hielten, hat er aber einen guten Kontakt.

Während der vielen Jahre in der Versenkung trat die Erinnerung an die turbulenten 60er und 70er Jahre immer mehr in den Hintergrund. Bei einem der Umzüge warf Kurt Meier einen Grossteil der Akten fort. Schliesslich dachte er nur noch selten an seinen Fall. Die Hoffnung auf Gerechtigkeit verlegte er auf das Leben nach dem Tod.

Neue Hoffnungen (Nachspiel)

Kurt Meier legt Wert auf die Tatsache, dass er nicht sofort einwilligte, als ich ihn im Juli 1995 um einen Interviewtermin für ein Porträt im «Tages-Anzeiger» bat: Er war es jedenfalls nicht, der die «alte Geschichte» nach so vielen Jahren wieder aufwühlen wollte. Der Anstoss kam von aussen, von mir.

An jenem schönen Sommertag, als ich zum ersten Mal in Meiers Einzimmerwohnung sass, reagierte der ehemalige Detektivwachtmeister noch erstaunlich milde. Auf seine Anklagen gegenüber Hubatka angesprochen, zitierte er aus der Bibel: «Richtet nicht, auf dass ihr nicht gerichtet werdet!» Doch nachdem das Porträt erschienen war, rumorte in Kurt Meiers Innern wieder die Vergangenheit. Er setzte sich an die Schreibmaschine und schrieb Erinnerungen auf. Ihm traten Szenen vor Augen, die in diesem Buch keine zentrale Position einnehmen: das für ihn verdachterregende Nichthandeln der Justiz, nachdem er vier Polizei- und Justizvertreter öffentlich als «Amtskriminelle» bezeichnet hatte; die angeblich ins Nachbarbüro geöffnete Tür bei der Einvernahme durch Bezirksanwalt Rudolf Gerber; die von Bundesrat Kurt Furgler überstürzt wieder abgesagte Audienz; die Abfindung, die ihm nach der Kündigung angeblich als Schweigegeld offeriert worden war; dass ihn nach der Aburteilung im ersten Geschworenenprozess kein Rechtsanwalt mehr verteidigen wollte; die als Diskriminierung empfundene Zusicherung des städtischen Finanzvorstands Ernst Bieri, eine Rente sei möglich, wenn ein Attest des Stadtarztes für eine leichte psychische Invalidität vorliege.

Neue Töne von seiten der Justizdirektion
Und dann begann Kurt Meier, wie in alten Zeiten, wieder Eingaben auszuhecken. Im August 1995, als der Prozess im Wirte-Korruptionsfall um Raphael Huber und die «Peilflugzeugaffäre» bei der Zürcher Kantonspolizei für Schlagzeilen sorgten, gelangte er an den Zürcher Justizdirektor Moritz Leuenberger und forderte eine «Neuuntersuchung, das heisst eine tatsächliche Untersuchung».

Leuenberger, der kurz darauf zum Bundesrat gewählt wurde, wies das Gesuch wegen «absoluter Verjährung» ab, bemühte sich in diesem und in einem weiteren Brief aber um einen Ton, der sich von den frostigen Schreiben seines Vor-Vorgängers wohltuend abhob. Leuenberger, der laut eigenen Angaben nie zu den «Bewunderern» Meiers gehört hat, wünschte diesem, «dass Sie mit Ihren Nachforschungen zu einer akzeptablen Vergangenheitsbewältigung finden können, und dass vielleicht auch die Zeit das Ihre dazu getan hat, damit keine Spuren der Verbitterung zurückbleiben».

Die Ablehnung einer Neuuntersuchung hinderte Meier 19 nicht, sich sogleich an den kantonalen Ombudsmann zu wenden und eine «Administrativ-Untersuchung» seines Falles zu fordern. Ombudsmann war damals noch der CVP-Vertreter Adolf Wirth. Wirth hatte das Geschäft mehr als ein Jahr auf seinem Tisch; seine Bemühungen erschöpften sich aber darin, die kantonalen Behörden zur Abklärung eines Hinweises auf die Täterschaft des Zahltagsdiebstahls anzuhalten, den Meier 19 erhalten hatte.

Meier 19 wandte sich auch an den Stadtzürcher Ombudsmann Werner Moser und suchte ihn davon zu überzeugen, dass er 1967 bei seiner Entlassung aus dem städtischen Dienst unfair behandelt worden sei, namentlich auch durch die Disziplinarkommission. Meier bat den Ombudsmann, sich beim Stadtrat für eine Rehabilitierung und eine finanzielle Entschädigung einzusetzen. Ich habe Meier 19 in diesem Verfahren mit zwei Eingaben unterstützt und glaubte auch, einen rechtlichen Weg für die Wiedergutmachung gefunden zu haben: Der Stadtrat könnte anerkennen, dass er sich 1968 bei der Bestätigung der Kündigung auf ein Disziplinargutachten gestützt hatte, dessen missgünstigen und teilweise tatsachenwidrigen Charakter er damals nicht hatte erkennen können. Er könnte nun nachträglich anerkennen, dass sich die disziplinarische Entlassung aus heutiger Sicht als unbegründet erweise. Unter diesen Umständen aber wäre – dies haben bereits 1968 und 1972 rechtliche Abklärungen der städtischen Versicherungskasse ergeben – die nachträgliche Gewährung der freiwilligen Pensionsversicherung möglich.

Doch Ombudsmann Werner Moser wies das Ersuchen ab: «Im Rahmen des Rechts bleibt heute nach meiner festen Überzeugung für finanzielle Abfindungen keinerlei Raum mehr», schrieb er. Auch eine Prüfung nach Billigkeit komme zu keinem andern Ergebnis: Meier 19 sei kein Unrecht widerfahren, «jedenfalls kein derart krasses», dass der Ombudsmann eine Abfindung empfehlen könnte. Obwohl sich dazu einiges entgegnen liesse, nahm Kurt Meier diesen Bescheid vorerst hin.

Neue Hinweise
Im Volk ist Meier 19 noch erstaunlich populär. Dies zeigte sich, als ich am 6. Januar 1996 im «Magazin» ein weiteres Porträt veröffentlichte. Meier 19 wurde nun immer wieder von Leuten angesprochen und ermuntert, die in der Zeitung sein Bild gesehen hatten.

Er erhielt auch Hinweise zum Zahltagsdiebstahl – oft auf seltsamen Wegen. Im Oktober 1995 zupfte ihn auf dem Flohmarkt ein ehemaliger Staatsschutzbeamter am Ärmel. Dieser brachte ihm zu Ohren, ein ehemaliger Adjunkt der kantonalen Verwaltung habe ihm gesagt, die 88 000 Franken seien dem Kanton kurz nach dem Zahltagsdiebstahl wieder zurückbezahlt worden. Nachforschungen ergaben, dass das Gerücht bereits in den 60er und 70er Jahren die Runde gemacht hatte.

Meier 19 setzte alle möglichen Hebel in Bewegung, damit die Behörden dem Hinweis nachgingen, und schaltete auch den kantonalen Ombudsmann in die Sache ein. Recherchen durch den städtischen Finanzvorstand Willy Küng, Polizeivorstand Robert Neukomm sowie durch den kantonalen Finanzdirektor Eric Honegger ergaben aber keine festen Anhaltspunkte. Honegger liess auch den früheren Staatsschutzbeamten befragen. Dieser bekräftigte im wesentlichen die Angaben, die er Meier 19 gegenüber gemacht hatte, doch das Gerücht blieb ein Gerücht.

Aufsehenerregend war ein Hinweis, auf den Meier 19 im Herbst 1996 – wiederum rein zufällig – stiess. Meiers Sohn weilte im Spital, und sein Zimmerkollege entpuppte sich als ehemaliger Beamter der Stadtpolizei. Er berichtete, er habe in der Nacht des Zahltagsdiebstahls im Detektivbüro (eine Etage unterhalb des Tatbüros) Dienst gehabt und sei am andern Morgen, er war gerade zu Bett gegangen, von zwei angeblichen Detektiven aufgesucht worden. Die beiden Männer, die dem Polizisten wie Pensionierte vorkamen und in der Kunst des Schreibmaschinenschreibens noch Anfänger waren, hätten ihn – es muss vor 8 Uhr gewesen sein – wegen des Gelddiebstahls, welcher in der vergangenen Nacht im Polizeiinspektorat verübt worden sei, befragen wollen. Die Einvernahme sei dann auf 10 Uhr verschoben und in einem Polizeiposten durchgeführt worden.

Irritierend ist an diesem Bericht vor allem der frühe Zeitpunkt: Die beiden geheimnisvollen Detektive müssen, wenn der Bericht zutrifft, zu einem Zeitpunkt aufgeboten worden sein, da vom Zahltagsdiebstahl, der um 7.25 Uhr entdeckt wurde, abgesehen vom Täter, noch niemand etwas wusste.

Ich habe mit dem früheren Polizeibeamten und seiner Frau, die alles miterlebt hatte, ausführlich gesprochen. Die beiden wirken glaubwürdig und besonnen, doch es gelang nicht, unabhängige Indizien zu finden, die diese an sich schon abenteuerliche Darstellung stützen. Dabei hatte Meier 19 bereits einen Anhaltspunkt gewittert, mit dem seine Verurteilung wegen übler Nachrede revidiert werden könnte.

Eine erstaunliche Entdeckung darf ich mir selbst zuschreiben. Erstaunlich ist der Fund deshalb, weil er zeigt, dass es Meier 19 und seine Freunde seinerzeit offensichtlich unterliessen, Hubatkas Alibibogen über die Präsenz am Abend des Zahltagsdiebstahls genau anzusehen (vgl. Abbildung S. 259). Ich tat es und wurde, als ich Hubatkas Antworten auf die Frage nach dem Grund seiner Anwesenheiten im Amtshaus studierte, plötzlich hellwach.

Ich las: «ca. von 22.30 – 22.45 auf Detektivbüro (Fahndungsaktion)». Da fiel mir auf, dass die Ziffern 3 und 4 sich von den gleichen Ziffern unterscheiden, die zwei Zeilen weiter oben standen: hier eine völlig runde Drei und eine oben offene Vier, dort eine spitze Drei und eine geschlossene Vier. Es ist ganz eindeutig: Die Angabe «ca. von 22.30 – 22.45 auf Detektivbüro (Fahndungsaktion)» stammt aus einer anderen Schreibmaschine als der übrige Text und ist offensichtlich nachträglich eingefügt worden, ohne signiert zu werden. Sollte der Fragebogen erst nach der Unterzeichnung ergänzt worden sein, hätte dies, wie auch Strafrechtsprofessor Jörg Rehberg bestätigt, zwingend gezeichnet werden müssen, um die Urheberschaft oder aber das Einverständnis Hubatkas zu bezeugen. Es handelte sich schliesslich – so der ehemalige Untersuchungsbeamte Rehberg – «nicht um irgendein Papier, sondern um ein Aktenstück eines Ermittlungsverfahrens».

Hubatkas kurze Anwesenheit im Detektivbüro ist auch im Bericht über jene Fahndungsaktion nach einem vermissten Knaben festgehalten, die in der Nacht des Zahltagsdiebstahls durchgeführt wurde. Hat der Vergleich mit diesem Bericht die Ergänzung auf dem Alibibogen veranlasst? Hat Hubatka selbst diese Ergänzung vorgenommen oder jemand anders? Und: Wann war das?

Vor allem aber stellt sich die Frage, weshalb bei der Überprüfung des Alibibogens nicht auch die Lücke für die Zeit vor 20.30 Uhr behoben worden ist: Kann diese Lücke noch ein Versehen sein, wo der Fragebogen doch offensichtlich nochmals unter die Lupe genommen worden ist? Und: Weshalb ist die Manipulation nicht spätestens 1968, beim Wiederaufnahmeverfahren durch Rudolf Gerber, Gegenstand der Untersuchung geworden?

Es handelt sich um einen weiteren Beweis für die Fehlerhaftigkeit der Ermittlung; ein Alibibogen, der nicht nur unvollständig ist, sondern auch noch den Verdacht auf Manipulation weckt, hätte erst recht zu Untersuchungshandlungen führen müssen. Doch auch dieses Indiz reicht meines Erachtens nicht aus, Hubatka als Täter zu verdächtigen, auch nicht im Verbund mit allen übrigen Ungereimtheiten. Und selbst wenn die Alibilücke kein Versehen gewesen wäre, würde immer noch die Möglichkeit bestehen, dass mit dieser Unterlassung aus ganz anderem Grund Recherchen über das Tun am frühen Abend hätten verhindert werden sollen.

Letztlich ist es nicht so entscheidend, wer diese längst verjährte Tat begangen hat. Der rote Faden im Fall Meier 19 ist nicht der Verdacht, Hubatka sei der Zahltagsdieb, sondern die Zivilcourage eines Polizeibeamten, der sich dagegen wehrte, dass die «Hohen» geschont und die Kleinen an die Kasse kommen, dass bei den einfachen Polizeibeamten mit allem Aufwand nach dem Zahltagsdieb gesucht wird, bei den Offizieren dagegen nicht.

Auch besteht der Skandal im Fall Meier 19 nicht so sehr in der Tatsache, dass die Ermittlungen in diesem 88 000-Franken-Diebstahl schlampig waren oder prominente Verkehrssünder um eine Busse herumkamen. Schlimmer ist: Ein in seinem Gerechtigkeitsgefühl verletzter Mensch rannte jahrelang gegen Mauern und wäre daran fast zugrunde gegangen. Und die Glaubwürdigkeit des Rechtsstaates wurde aufs Spiel gesetzt, bloss um einigen Behördenvertretern Peinlichkeiten zu ersparen. Auf diesem Hintergrund ist es allerdings nicht völlig egal, wie all die Ungereimtheiten des Zahltagsdiebstahls zusammengehen.

Meier 19 und ich haben verschiedene Hinweise erhalten, die den Verdacht gegen bestimmte Personen richten, beispielsweise gegen einen prominenten Vertreter der Stadtpolizei, der verstorben ist. Mit einer dieser Anzeigen gelangte ich an die Bezirksanwaltschaft Zürich. Deren Geschäftsleiter Walter Bickel musste aber – erwartungsgemäss – mitteilen, den Untersuchungsbehörden seien wegen der Verjährung die Hände gebunden. Bickel meinte allerdings auch: «Mit Ihnen bin ich der Ansicht, dass es auch heute noch im öffentlichen Interesse liegt, wenn die Täterschaft eruiert werden könnte.» Privatpersonen sei es – so Bickel – unbenommen, weitere Recherchen zu tätigen.

Auch die Zürcher Staatsanwaltschaft sieht, mindestens vorderhand, keine Möglichkeit, private Recherchen zu unterstützen. Staatsanwalt Hansruedi Müller bejaht zwar das Vorhandensein eines öffentlichen Interesses an einer nachträglichen Aufklärung, allerdings nur «soweit dies der Rehabilitation von Herrn Meier dienen kann».

«Thema der Zeitgeschichte»
Einen Schritt zur politischen Bewältigung der Affäre Meier 19 tat Rechtsanwalt Daniel Vischer. Er verlangte am 5. Februar 1996 als Kantonsratsvertreter der Grünen vom Regierungsrat eine Stellungnahme zu jener Regierungsantwort vom 21. Mai 1973, welche – wie man heute weiss – das falsche Alibi von Hubatka und andere Fehler der Untersuchung zum Zahltagsdiebstahl vertuscht hatte. Vischer fragte auch, ob der Regierungsrat den Fall Meier 19 neu beurteilen könne und ob er eine Möglichkeit sehe, den «Beitrag, den Meier 19 zum Funktionieren des Rechtsstaates geleistet hat, nachträglich zu honorieren».

Der Vorstoss löste Zeitungsartikel mit verheissungsvollen Titeln aus: «Fall Meier 19 wieder aktuell», «Kantonsrat rollt Fall Meier 19 auf», «Wird Meier 19 rehabilitiert?»

Doch der Regierungsrat wich aus: «Die zeitgeschichtliche Bewertung der Tätigkeit von Behörden und Regierungsmitgliedern ist in erster Linie Aufgabe der Geschichtsschreibung, der Presse oder der anderen Gewalten, jedenfalls normalerweise nicht der Exekutive selbst», meinte er und erinnerte auch an den «unverhältnismässigen Aufwand», welchen eine detaillierte und umfassende Antwort erfordern würde. Der Regierungsrat war auch der Ansicht, dass ein Rechtsgrund für eine nachträgliche Honorierung von Meier 19 nicht ersichtlich sei.

Immerhin wurde in der von Justizdirektor Markus Notter (SP) entworfenen Antwort festgehalten, dass «in Polizei- und Justizkreisen noch jahrelang und teilweise bis heute ein grosses Unbehagen über den ungeklärten Zahltagsdiebstahl bestand bzw. besteht». Ferner erklärte der Regierungsrat: «Aufgrund der besonderen Umstände und zahlreicher publizistischer Bearbeitungen ist der Zürcher Zahltagsdiebstahl mittlerweile zu einem Thema der Zeitgeschichte geworden.»

Für eine historische Aufarbeitung der Affäre Meier 19 war es höchste Zeit. Noch sind die wichtigsten Zeugen am Leben, und noch liessen sich die Originalakten – namentlich auch dank des Akteneinsichtsrechts Meiers – zu einem grossen Teil beibringen. In zehn Jahren wäre dies wohl kaum mehr möglich. Die ergiebigsten Quellen sind immerhin zwei Personen im Alter von mehr als 80 Jahren, und immer wieder musste ich bei meinen Recherchen erfahren, dass bestimmte Zeugen gestorben oder dass Archive vernichtet worden seien. Auch zeigte es sich, dass über den Fall Meier 19 nirgends so viele Akten archiviert sind, dass aufgrund eines einzigen privaten oder öffentlichen Archivs ein Überblick möglich wäre.

Bei unseren monatelangen Bemühungen, einen einigermassen seriösen Einblick in diese verworrene Geschichte möglich zu machen, kamen uns nicht nur zahlreiche Privatpersonen, sondern auch die Behörden sehr entgegen. Zu erwähnen sind die Gerichte aller Stufen, die Zürcher Staats- und die Bezirksanwaltschaft, die Zürcher Justizdirektion, der Zürcher Stadtpräsident Josef Estermann, das Polizeidepartement der Stadt Zürich sowie das Zürcher Staatsarchiv, das Stadtarchiv und das Schweizerische Sozialarchiv. Ein grosser Tag war für Kurt Meier der 4. Oktober 1996. Damals betrat er nach fast 30 Jahren erstmals wieder den Polizeihauptsitz. Mit Erlaubnis von Polizeivorstand Robert Neukomm, der ihn persönlich begrüsste, durfte er nicht nur Akten einsehen, sondern auch den Tatort des Zahltagsdiebstahls und den 1963 ausgeraubten Tresor besichtigen.

Ich habe mit vielen Zeitzeugen Kontakt aufgenommen, mit früheren Bundes-, Regierungs- und Stadträten, mit Parlamentariern, Rechtsanwälten, Journalisten, 68er Aktivisten, Justiz- und Polizeivertretern. Viele konnten (oder wollten) sich an die weit zurückliegenden Details nicht mehr erinnern. Einige lehnten ein Gespräch oder die Beantwortung von Fragen ab, weil sie an das Amtsgeheimnis gebunden seien oder weil sie nicht zu einer Aufarbeitung beitragen wollten, die sie für überflüssig oder inopportun hielten.

Leider gelang es nicht, alle Wissenslücken zu schliessen. Schmerz-

Kurt Meier, kurz vor seinem 72. Geburtstag, in der Küche seiner Einzimmerwohnung.

lich war vor allem die Feststellung, dass die Akten der Zahltagsdiebstahluntersuchung nach der vorgeschriebenen Aufbewahrungszeit offenbar vernichtet worden sind. Im Staatsarchiv, wo diese Akten von ihrer zeitgeschichtlichen Bedeutung her hingehörten, sind sie jedenfalls nie abgeliefert worden, wie Staatsarchivar Otto Sigg versichert. Bei der Bezirksanwaltschaft Zürich vermutet man, dass der zuständige Bezirksanwalt damals die Untersuchungsakten nicht als aufbewahrungswürdig bezeichnet hat und dass sie deshalb routinemässig vernichtet worden sind. Peter Veleff, der die Untersuchung in den 70er Jahren als Bezirksanwalt betreut hatte, antwortete auf die Frage nach dem Schicksal dieser Akten kurz, ihm sei «diese Untersuchung nach so langer Zeit naturgemäss nicht mehr sehr präsent».

Von den Zahltagsakten sind somit nur noch bei der Stadtpolizei archivierte Duplikate jener polizeilichen Ermittlungsakten erhalten, die an die Untersuchungsbehörden überwiesen wurden. Die brisantesten Akten waren nur noch teilweise und in der Form von Kopien auffindbar. Auch das gehört zu den Sonderbarkeiten dieses Falles.

Trotz dieser Lücken war es möglich, die Affäre Meier 19 relativ umfassend zu rekonstruieren. Ich entdeckte viele Zusammenhänge, die in der damaligen Berichterstattung nicht ausgeleuchtet worden waren: die Prägung Meiers durch eine unglückliche Jugend, die Diffamierung durch das städtische Disziplinarverfahren, die wegweisende Rolle gewisser Helfer, die Verwicklung mit der Selbstfindung des Schriftstellers Peter Alexander Ziegler, den negativen Einfluss von Justizdirektor Bachmann, die bis heute noch nie eingehend dargestellte Geschichte der Vertuschungen und Verharmlosungen rund um den Zahltagsdiebstahl.

Hoffen auf Rehabilitation

Bei meinen Recherchen lernte ich Meier 19 als sehr liebenswürdigen, humorvollen und charmanten Menschen kennen. Er zeigte sofort Verständnis dafür, dass mein Buch auch Nachteiliges festhalten müsse. Als ich ihm einen Entwurf zu lesen gab, hat er nur wenige und geringfügige Änderungswünsche vorgebracht. Er erwies sich immer wieder als sehr offen und grosszügig und niemals als derart stur, wie er seinerzeit dargestellt wurde.

Meiers Schwäche ist seine Ungeduld. Mehr als einmal geriet er wegen neuer Entdeckungen ins Fieber, und es fällt ihm oft schwer zu

«Tages-Anzeiger»-Aushangplakat vom 6. Januar 1996.

verzeihen. Er klammert sich an jeden Strohhalm, der ihm eine wie auch immer geartete Rehabilitierung verspricht. Kurt Meier lebt aus der Gewissheit heraus, dass sein Handeln grundsätzlich richtig und unumgänglich war: «Ich musste das alles tun und sagen. Ich hätte sonst vor mir selbst nicht bestehen können. Ich bereue nichts, obwohl ich heute ein wohlbestallter Hausbesitzer mit einer guten Pension sein könnte.»

Die Ungebrochenheit des alternden Mannes und sein gutes Recht, Genugtuung zu erwarten, verbieten es, die Affäre Meier 19 als alte Geschichte abzutun. Dies widerspräche auch dem berechtigten Aufklärungsbedürfnis vieler Bürgerinnen und Bürger, die wegen dieser bis heute unbewältigten Abfolge von Ungerechtigkeiten verunsichert wurden oder gar das Vertrauen in den Staat verloren haben. Skandale verjähren nicht.

Unser gemeinsamer Versuch, den Fall wenigstens historisch aufzuarbeiten, hat in Kurt Meier Hoffnungen geweckt, dass es doch noch zu irgendeinem «Durchbruch» kommen könne. Bei unseren zahlreichen Treffen und Telefongesprächen habe ich immer wieder versucht, ihn von übertriebenen Erwartungen und unheilsamer Betriebsamkeit abzuhalten. Meier 19 beruhigte mich jedes Mal: «Keine Angst, ich drehe nicht durch, ich bin auch bereit, eine Nulllösung zu akzeptieren. Ich verliere ganz ruhig, wenn ich wieder verlieren muss.» Dass es doch noch einmal anders kommen könnte, daran glaubt Meier 19 aber immer noch.

Zeittafel

1. Juni 1948
Kurt Meier, geboren am 24. September 1925, tritt in die Stadtpolizei Zürich ein. 1953 heiratet er, 1954 wird sein Sohn, 1955 seine Tochter geboren. 1958 avanciert Meier 19 zum Detektiv.

26./27. März 1963
Im Hauptsitz der Stadtpolizei Zürich entwendet eine bis heute unbekannte Täterschaft Zahltagssäcklein mit 88 350.60 Franken Inhalt.

1. Januar 1965
Meier 19 wird zum Detektivwachtmeister befördert, gleichzeitig aus der Spezialgruppe für Fahrzeugdelikte ausgegliedert und als Revierdetektiv eingeteilt. Im Sommer 1965 erteilt ihm Kripo-Chef Walter Hubatka einen Rüffel, der aber umgehend wieder zurückgenommen wird.

1. Juli 1966
Die Strafuntersuchung zum Zahltagsdiebstahl wird von Staatsanwalt Hans Walder einstweilen eingestellt.

Februar/März 1967
Auf Grund von amtsinternen Dokumenten, die ihr Meier 19 übergeben hat, veröffentlicht Rechtsanwältin Gertrud Heinzelmann Zeitungsberichte über die Milde der Behörden gegenüber einem prominenten Verkehrssünder. Indem Meier 19 der Anwältin amtliche Akten überreichte, beging er eine Amtsgeheimnisverletzung.

20./21. März 1967
Wegen der Amtsgeheimnisverletzung wird Meier 19 vom Polizeivorstand per sofort im Dienst eingestellt; es wird ein Strafverfahren eröffnet. Meier 19 legt gegen die Sistierung im Amt Rekurs ein.

14. April 1967
Tumulte nach Rolling-Stones-Konzert, ein Auftakt zu den 68er Unruhen.

8. Mai 1967
Die Bezirksanwaltschaft Zürich erlässt wegen der Amtsgeheimnisverletzung einen Strafbefehl. Meier wird zu 14 Tagen Gefängnis bedingt verurteilt, legt aber Rekurs ein.

1. Juni 1967
Der Zürcher Stadtrat (Exekutive) weist die Einsprache gegen die einstweilige Amtseinstellung ab. Hierauf wird der Polizeivorstand angewiesen, einen endgültigen disziplinarischen Entscheid zu treffen.

26. Juni 1967
Der Polizeivorstand kündigt Meiers Dienstverhältnis auf Ende September. Meier 19 legt Rekurs an den Gesamtstadtrat ein. Dieser beauftragt die städtische Disziplinarkommission, eine Empfehlung auszuarbeiten.

23. August 1967
Das Bezirksgericht Zürich verurteilt Meier 19 wegen Amtsgeheimnisverletzung zu einer Busse von 400 Franken. Meier 19 legt Rekurs ein.

26. August 1967
Solidaritätskundgebung für Meier 19 in der Zürcher Innenstadt.

4. September 1967
Die Disziplinarkommission empfiehlt, Meier 19 nicht aus dem städtischen Dienst zu entlassen, sondern in eine andere Abteilung zu versetzen. Noch am selben Tag beauftragt der Stadtrat die Kommission mit einer Überprüfung ihrer Empfehlung.

6. September 1967
Der Stadtzürcher Gemeinderat (Legislative) beschliesst die Einsetzung einer parlamentarischen Untersuchungskommission, welche die von Meier 19 erhobenen Vorwürfe wegen rechtsungleicher Praktiken prüfen muss.

30. September 1967
Meier 19 scheidet aus dem städtischen Dienstverhältnis aus. Der seit März zurückbehaltene Lohn und die Arbeitnehmereinlagen in die Pensionskasse werden ausbezahlt, die Arbeitgebereinlagen dagegen nicht. Meier 19 findet während viereinhalb Jahren keine feste Stelle mehr.

8. Dezember 1967
Die städtische Disziplinarkommission weicht von ihrer ursprünglichen Empfehlung ab und legt dem Stadtrat nun nahe, die Kündigung Meiers zu bestätigen.

4. Januar 1968
Der Stadtrat weist Meiers Einsprache gegen die Kündigung ab. Meier ruft das kantonale Verwaltungsgericht an.

12. Januar 1968
Die Bezirksanwaltschaft Zürich nimmt auf Anzeige Meiers hin die Untersuchungen zum Zahltagsdiebstahl wieder auf. Bezirksanwalt Rudolf Gerber ermittelt nun auch gegen Kripo-Chef Hubatka.

26. Januar 1968
Das Zürcher Obergericht bestätigt das erstinstanzliche Urteil wegen Amtsgeheimnisverletzung. Meier 19 ruft das Bundesgericht an.

14. März 1968
Mit Verfügung von Staatsanwalt Oskar Birch wird die Untersuchung gegen Hubatka definitiv eingestellt.

13. Mai 1968
Als Rechtsvertreter des Schauspielers Peter Alexander Ziegler will Meier 19 mit einer Strafanzeige erreichen, dass die angebliche homosexuelle Verführung des minderjährigen Ziegler neu untersucht wird. Eine weitere Anzeige folgt am 13. Juli. Beide Verfahren werden sistiert.

24. Mai 1968
Das Bundesgericht bestätigt die Busse von 400 Franken wegen Amtsgeheimnisverletzung.

31. Mai 1968
Schlägereien nach Jimmi-Hendrix-Konzert im Zürcher Hallenstadion.

15. Juni 1968
Jugendliche besetzen das Globus-Provisorium an der Bahnhofbrücke.

24. Juni 1968
Anzeige Meiers gegen Polizeivorstand Albert Sieber, unter anderem wegen Begünstigung. Das Verfahren wird sistiert.

25. Juni 1968
Der Bericht der PUK wird öffentlich.

29. Juni 1968
Globus-Krawall

3. Juli 1968
Im Gemeinderat werden der Globus-Krawall und der PUK-Bericht behandelt.

1. und 15. August 1968
Zivil- und Ehrverletzungsklage Meiers gegen den Zürcher Stadtrat.

25. September 1968
Das Zürcher Verwaltungsgericht lehnt Meiers Rekurs gegen die Entlassung ab.

3. Dezember 1968
Anzeige Meiers wegen der von der PUK kritisierten Vorkommnisse. Das Strafverfahren gegen Hubatka (wegen Erlassung einer Blutprobe) wird sistiert.

13. Januar 1969
Meier 19 kommt unverhofft in den Besitz der Sistierungsverfügung vom 14. März 1968 in Sachen Zahltagsdiebstahl.

23. März 1969
Erneuerungswahl für die Untersuchungsbehörde des Bezirks Zürich. Meier 19 kandidiert als Bezirksanwalt, wird aber nicht gewählt.

1. April 1969
Anzeige gegen Meier 19 wegen Anstiftung zur Erpressung; das Verfahren wird sistiert.

8. April 1969
Anzeige gegen Meier 19 wegen versuchter Nötigung; die Untersuchung führt zur Anklageerhebung.

15. September 1969
Diverse Anzeigen Meiers gegen Verantwortliche für die Untersuchung zum Zahltagsdiebstahl. Die Klage gegen den damaligen Bundesanwalt Walder beschäftigt bis 1973 alle möglichen Instanzen der Justiz.

18. September 1969
An einer Pressekonferenz legt Meier 19 eine «Denkschrift» vor, in der Hubatka als Zahltagsdieb bezeichnet wird. Ähnliche Verdächtigungen oder Beschuldigungen werden in der Zeitung «Politik und Wahrheit» und an zwei Kundgebungen erhoben.

27. November, 10. und 24. Dezember 1969
Hubatka reicht mehrere Strafklagen wegen Ehrverletzung ein, namentlich auch gegen Meier 19.

21. Juli 1970
Meier 19 verlangt ein Wiederaufnahmeverfahren wegen Diebstahls gegen Hubatka, wird aber abgewiesen.

24. September 1970
Das Bezirksgericht Zürich verurteilt Meier 19 wegen versuchter Nötigung. Meier legt Berufung ein.

18. Januar 1971
Die Polizei räumt im Lindenhof-Bunker die von Jugendlichen eingerichtete «Autonome Republik Bunker».

7. April 1971
Bei einer Akteneinsichtnahme entdeckt Meier 19 das unkorrekte Alibi Hubatkas und Hinweise auf dessen Vertuschung. Deswegen lanciert Meier 19 sechs Strafanzeigen, die aber alle abgewiesen werden.

29. Juni 1971
Das Zürcher Obergericht verurteilt Meier 19 wegen versuchter Nötigung. Meier reicht Nichtigkeitsbeschwerde ein.

1. Februar 1972
Meier 19 tritt bei der «Winterthur»-Versicherung eine feste Stelle an.

16. Februar 1972
Das Zürcher Kassationsgericht hebt das Urteil vom 29. Juni 1971 auf.

28. April 1972
Das Zürcher Obergericht verurteilt Meier 19 zum zweiten Mal wegen versuchter Nötigung. Die Gefängnisstrafe von 7 Tagen wird bedingt erlassen.

18. August 1972
Das Flugblatt mit dem Titel «Wir fragen schon lange: Warum wird Dr. Hubatka gedeckt?» wird in Umlauf gesetzt. Hubatka reicht deswegen, unter anderem gegen Meier 19, eine weitere Ehrverletzungsklage ein.

21. Mai 1973
Kantonsratsdebatte zu einer Interpellationsantwort des Regierungsrats, welcher namentlich zum Alibi Hubatkas Stellung zu nehmen hat.

25. Juni 1973
Das Bezirksgericht Zürich verurteilt Meier 19 wegen übler Nachrede, begangen namentlich durch die «Denkschrift» vom September 1969. Der Prozess muss auf Verlangen des abwesenden Angeklagten wiederholt werden.

21. August 1973
Meier 19 reicht gegen die beiden Justizvertreter, welche die Sistierung vom 14. März 1968 herbeigeführt haben (Oskar Birch und Rudolf Gerber), Klage ein; sie wird nicht anhand genommen.

6. September 1973
Zweitauflage des Ehrverletzungsprozesses vor Bezirksgericht Zürich. Meier 19 wird zu fünf Monaten Gefängnis unbedingt verurteilt. Er gelangt an das Obergericht; dieses stellt am 24. Januar 1974 die Verjährung des Falles fest.

21. Juni 1974
Meier 19 wird vom Geschworenengericht Zürich wegen übler Nachrede zur Höchststrafe von sechs Monaten verurteilt. Der bedingte Strafvollzug wird ihm verweigert. Anlass für das Urteil ist das Flugblatt vom August 1972. Meier 19 gelangt an das Bundesgericht.

4. Juli 1975
Das Bundesgericht hebt das Urteil vom 21. Juni 1974 auf, weil Meier 19 nicht zu den Entlastungsbeweisen zugelassen worden ist.

13.–15. Oktober 1975
Zweitauflage des Geschworenenprozesses. Meier 19 wird erneut wegen übler Nachrede verurteilt, diesmal aber zu drei Monaten bedingt erlassener Gefängnisstrafe. Beschwerden Meiers an das Bundesgericht werden am 14. August 1976 abgewiesen. Die 7 Tage Gefängnis, die ihm am 28. April 1972 auferlegt und bedingt erlassen worden sind, muss er nun absitzen.

Personenregister

Achermann Anton 177
Ardinay Henri 244
Bachmann Arthur 18, 136, 151, 180, 187, 198, 199, 202–204, 208, 220, 225–228, 278, 280–282, 290, 306, 346
Bachofner Hans R. 333
Baechi Walter 68, 96
Balsiger Rolf 162, 163
Bantli Werner 295–297, 315
Baumann Emil 83, 136, 156
Beck Marcel 115
Bertschi Marcel 41, 42, 51, 109
Bertschi Rolf 29, 33, 35, 38–40, 42, 43, 45, 54, 70, 76, 90, 91, 93, 113, 121, 155, 161, 162, 169, 170, 174, 208, 216, 255, 257, 258, 260–263, 265, 320, 322, 323, 326
Bickel Walter 343
Biedermann Traugott 112, 128, 129, 162, 185, 216
Bieri August 176
Bieri Ernst 43, 117, 119, 133, 134, 226, 288, 338
Birch Oskar 153, 154, 214, 215, 218, 219, 232, 235, 254, 264–266, 274, 286, 297, 351, 354
Blatter Carl 114
Bobst Max 48, 49, 141
Böhi Bernhard 312, 313
Bolliger Peter 132
Bosshard Werner 55, 281
Bovet Theodor 183
Bremi Ulrich 280, 281
Brodmann Roman 289, 290
Brogle Peter 262
Brugger Ernst 39, 177
Bryner Max 86, 115, 162
Bühler Roland 315, 317–320, 322, 323, 328–330
Bühlmann Paul 262
Caspar Lorenz 224–229

Chanson André 295
Daetwyler Max 16, 243
Denzler Walter 126
Deubelbeiss Ernst 167
Diener Ernst 51, 53
Dreyfus Alfred 230
Düringer Walter 171, 173–178, 185, 211, 221, 239, 240, 242, 246, 249, 284, 287–289, 310
Duttweiler Gottlieb 84, 172
Eicher Ernst 88
Erb Felix Stephan 240–245, 249
Eschenmoser Alfons 253
Estermann Josef 344
Everts Peter 15, 16, 139, 153, 213
Felix Peter 161
Fink Peter 315–324, 329–333
Frei-Sulzer Max 35, 110
Freimüller Hans 177
Frick Hans 326
Frick Robert 75–87, 91, 184, 252
Friedrich Rudolf 225, 226
Früh Kurt 262
Früh Paul 114
Fuchs Gottlieb 40, 256, 257, 283, 332
Furgler Kurt 18, 305–308, 310, 311, 338
Gähler Heinrich 182–184
Gerber Rudolf 147–154, 217, 218, 221, 232, 235, 244, 254, 257, 258, 260–266, 273, 274, 279, 280, 286, 297, 299, 300, 306–308, 322, 325, 326, 338, 342, 351, 354
Gerwig Andreas 306, 311, 315
Gilgen Alfred 276
Gretler Roland 13, 14, 109
Guex Walter 196, 197, 245, 246, 251, 285, 291, 293, 298–300, 317, 323, 329
Guisan Henri 155, 156
Guldimann Josef 74–83, 85, 86, 89, 90, 96, 116, 122
Gut Hans 162, 167, 168, 197–201, 203, 209–211

Gygli Paul 137
Hartmann Adolf 35, 39, 42, 45, 58, 59
Harvey Lilian 188
Hauser Walter 278–281
Heeb Fritz 69, 70, 79, 96, 99, 101–103, 111, 116, 119, 127, 141, 155–157, 166, 175, 178, 313
Heinzelmann Gertrud 55, 62, 63, 84–89, 96, 98, 99, 137, 161, 164, 168–172, 185, 220, 227, 253, 273, 294, 311, 334, 349
Held Thomas 7, 9, 13, 14, 109, 112, 136
Hendrix Jimmi 158
Hirs Fred 162
Honegger Eric 340
Hubatka Walter 12, 13, 15, 16, 35, 38–40, 42, 45, 47, 49, 53, 54, 56, 64–66, 70–72, 91, 92, 109, 110, 118, 123, 134, 139–144, 146–155, 166, 168–170, 174, 180, 196–198, 200, 213–221, 224, 230, 232, 233, 235–240, 242–246, 249–251, 253–279, 281–283, 285, 286, 288, 291, 293, 294, 296–303, 314–326, 328–333, 335, 336, 338, 341–343, 349, 351–354
Huber Raphael 132, 338
Hug Hans 227
Humbel Rudolf 160
Jäger Peter R. 109
Jeanmaire Jean-Louis 147
Kägi Ulrich 326
Ketterer Daniel 133, 134, 226, 324
Ketterer Karl 134, 226
Ketterer Paul 333
Kiessling Günter 188
Koller Max 109, 133, 226
Kopp Elisabeth 147
Kuhn Manfred 200
Küng Willy 340
Landolt Emil 165, 286
Landwehr Wilfried 324
Lang Erwin A. 106, 212
Lang Hedi 106
Lembke Robert 47
Leuenberger Moritz 58, 338, 339

Lincoln Abraham 284
Litschi Martin 176
Lorenz Jakob 289
Lübke Heinrich 110
Lüthold Walter 239
Lüthy Gerold 141, 147, 153, 197, 224, 229, 235
Mandel Ernest 327
Mauss Werner 131
Mayr Maximilian 284–286, 293, 295
Meier Erich 112, 171, 247, 248
Meier Ernst 290
Meierhans Margrit 24, 122
Meierhans Paul 24–26
Messerli Alfred 89, 106, 107, 115, 116, 144, 171, 223, 239, 248, 323, 325, 326
Messmer Fanny 223
Minelli Ludwig A. 14, 111, 165, 166
Modena Emilio 9, 12, 14, 109, 158
Moser Werner 134, 339
Mossdorf Albert 137, 138, 278
Müller Hansruedi 343
Neri Bella 262
Neukomm Robert 41, 197, 340, 344
Notter Markus 279, 343
Oester Hans 281, 282
Oetiker Hans 177, 221
Rahm Berta 84
Rasser Alfred 304–312, 324, 333
Rehberg Jörg 19, 39, 58, 272, 275, 341
Rennhard Josef 275, 276, 287
Renschler Walter 306
Rueb Franz 109, 158, 306
Ruoff Karl 33–35, 40, 41, 43, 46, 48, 50, 54, 64, 216, 324
Sager Werner 126, 127
Schalcher Emil 155
Scheller Heinrich 299
Schluep Ernst 48
Schmid Walter 242–244, 249, 250
Schmid Werner 311, 333
Schollenberger Werner 325
Schönbächler Robert 40, 49, 51, 59, 148, 257, 258, 260, 274
Schüpbach Hans 60, 62
Schürmann Kurt 167
Schütz Otto 115

Sieber Albert 12, 27, 28, 35, 42, 43, 66, 67, 70, 71, 80, 93, 95, 98–102, 104, 109, 111, 114, 117, 119, 127, 155, 156, 161, 165–168, 174, 183, 204, 227, 326, 351
Sieber Albert Heinrich 226, 227
Sigg Otto 346
Simmen Gustav 49, 51
Solschenizyn Alexander 96, 312, 313
Sorg Hans 294
Spillmann-Thulin Walter 53, 54, 142, 143, 228, 229, 260, 273, 279, 281
Spring Hansjörg 38, 132
Steinmann Valerie 262
Stotz Hans 47, 53
Strebel Jakob 177
Strebel Werner 114, 136, 153, 154, 171–174, 181, 278
Stucki Jakob 137, 138, 278
Suter Hermann 168, 209, 244, 273, 274
Thomann Eugen 131, 132
Uchtenhagen Lilian 306
Veleff Peter 221, 346
Vischer Daniel 279, 343
Vogel Christian 238, 295, 297, 299, 300, 314
Vogelsanger Peter 133, 134, 204
Vontobel Jacques 26, 133, 155
Walder Hans 58, 59, 139, 141–143, 151, 154, 220, 222, 224, 225, 227–229, 235, 240, 254, 273, 349, 352
Weber Heinrich 55
Weck Bernhard 203, 334
Weidmann Walter 132
Weisflog Werner 96, 98, 102, 208, 209, 210, 211
Welter Rudolf 133
Widmer Sigmund 98–100, 102, 117
Wiesendanger Albert 24–26, 33
Willfratt Max 117, 118, 121, 122, 125, 128, 295
Winkler Hedi 304, 305
Winkler Ralf 137, 171, 304–308, 310, 311, 313, 336
Wirth Adolf 164, 339
Wörner Manfred 188
Zanolari Oreste 136
Ziegler Jean 306
Ziegler Peter Alexander 187-195, 197-201, 204, 205, 208, 209, 213, 230
Zola Emile 230
Zurgilgen Leonie 255, 261, 319

Bildnachweis

Eric Bachmann 309
Thomas Burla 36 unten links
Comet Foto 231
Keystone/Photopress 10 unten, 11 oben, 151 oben links
Candid Lang 87
Beat Marti 189
Dominique Meienberg 345
Jack Metzger 151 unten
Ringier Dokumentation Bild: Rudolf Rohr 10 oben und 11 unten, Markus Ammann 25, Felix Aeberli 159
Karl Schweizer 97
Urs Siegenthaler 36 oben
Roland Stucky 151 oben rechts

Die Schweiz und ihre Justiz

Walter Hauser

Im Zweifel gegen die Frau
Mordprozesse in der Schweiz

Seit Anna Göldi hat sich an der Willkür der Schweizer Richter nichts geändert. In Indizienprozessen entscheiden sie nach dem Motto «im Zweifel gegen die Frau». Frauen werden schuldig gesprochen – und zwar nicht etwa wegen Totschlags, sondern wegen des schwersten aller Delikte: Mord. Weit grosszügiger gehen Schweizer Richter mit Männern um. In den Gattenmordprozessen der letzten 75 Jahre wurden alle angeklagten Ehemänner, die ihre Schuld bestritten, letztinstanzlich freigesprochen. Zu diesem Ergebnis kommt der Journalist und promovierte Jurist Walter Hauser in seiner Recherche über die grossen Mordprozesse des 20. Jahrhunderts in der Schweiz.

«Hausers Ausbildung zum Juristen befähigt ihn vor allem zu Klarheit und Intensität in der Darstellung und Wertung eines Rechtssystems, das uns heute eher ein Unrechtssystem zu sein scheint.» *Luzerner Zeitung*

Die Schweiz und ihre Skandale

Die Schweiz und ihre Skandale

Herausgegeben von Heinz Looser, Christian Kolbe, Roland Schaller, Sandra Brutschin, Christian Dütschler, Gregor Sonderegger, Simona Gambini. Mit einem Vorwort von Urs Widmer.

Skandale – sie erschüttern den Glauben der Bürgerinnen und Bürger an ihre heile Schweiz. Der Skandal der «weichen Bunker» etwa zerschlug den Mythos des unbezwingbaren Alpenréduits, der Mirage-Skandal um die überteuerte Flugzeugbeschaffung kratzte am Ruf des Schweizer Militärs und die Umweltkatastrophe in Schweizerhalle sprengte den Bilderrahmen einer sauberen Schweiz. Trotzdem schienen Skandale lange Zeit ein ausländisches Phänomen zu sein. Dieses Buch schliesst eine kollektive nationale Gedächtnislücke.

«Das Buch ist spannend und aufschlussreich. Es müsste zur Pflichtlektüre an unseren Schulen erklärt werden. Aufgearbeitet wird Schweizer Nachkriegsgeschichte.» *Das Magazin*

«Die hausgemachte Schweizer-Skandalchronik kann sich sehen lassen: ein spannendes und entmystifizierendes Nachschlagewerk.» *Die Zukunft*, Wien